1. 羅馬時代倫敦重建圖，西元 120 年前後。

2. 中世紀增建後的羅馬時代城牆殘跡，位於倫敦城內古柏街（Cooper's Row）。

3. 諾曼人的端莊，倫敦塔內的禮拜堂，1080 年完工。

4. 第一座西敏廳（Westminster Hall），1098 年完工，畫家憑印象把西敏寺畫在背景裡。

5. 迪克·惠廷頓（Dick Whittington, 1358?-1423），布商、市長閣下、倫敦城捐助人，和傳說中他的貓畫在一起。

6. 倫敦塔，1500 年前後，遠處是倫敦橋。

7. 1547 年愛德華六世（Edward VI）加冕的遊行隊伍。想像中的景物呈現了塔丘（Tower Hill）、南華克（Southwark）、市場街（Cheapside）和舊聖保羅教堂（St. Paul's）。

8. 1577 年，老倫敦橋上的無雙邸（Nonsuch House）。以荷蘭製造的部件組裝而成。1757 年拆除。

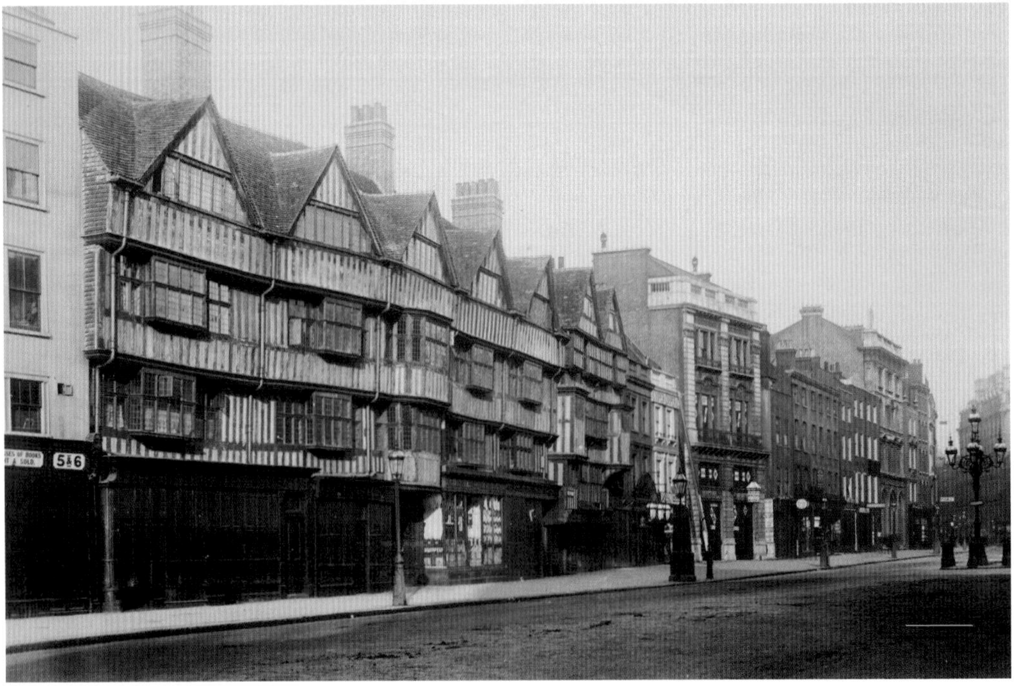

9. 霍本的貿易所預備律師會館（Staple Inn, Holborn），1585 年建成，1886 年修復；極少數倖存至今的大火前倫敦城建築。

10. 牛隻仍被驅趕著穿過街道，走向屠夫。東市場（Eastcheap）肉市，1598 年。

11. 托瑪斯·格雷欣爵士（Sir Thomas Gresham），約1560至1565年間，王室和倫敦城的第一位金融專家；主導倫敦銀行業的霸權地位，創立皇家交易所（Royal Exchange）。

12. 1616 年的環球劇場（Globe Theatre），座落在倫敦城管轄之外的河畔。

13. 泰晤士河對岸的西敏，克勞德・德容（Claude de Jongh）繪於 1631 年；呈現出新建的國宴廳（Banqueting House），以及西敏廳和西敏寺。

14. 倫敦橋和倫敦塔，細部描繪取自 1650 年版的克萊斯・揚茲・費舍爾（Claes Jansz Visscher）《倫敦全景》（*Panorama of London*）。

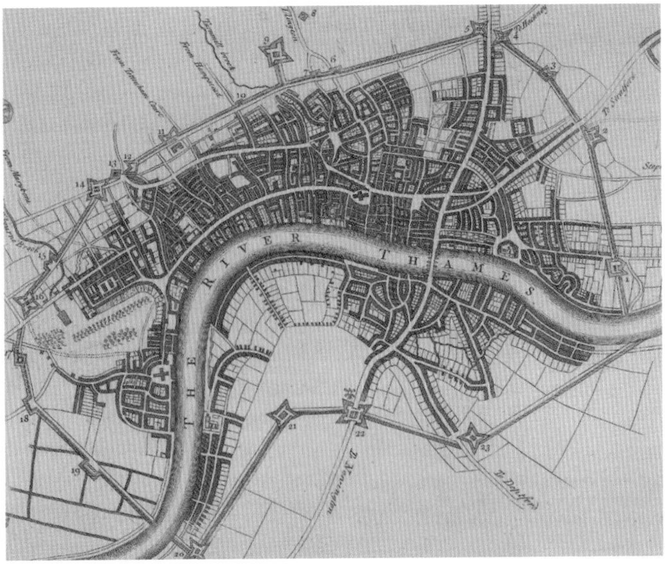

15. 1642年，倫敦為國王軍圍城而備戰。倫敦城和西敏四周由二十三座堡壘和十八英里長的護牆圍繞。其實完全不需要。

16. 戈弗雷·內勒（Godfrey Kneller）繪製的塞繆爾·皮普斯（Samuel Pepys）肖像，1689年前後，皮普斯的日記記錄了倫敦的瘟疫與大火。

17. 倫敦大火。盧德門（Ludgate）的建築陷入火海，市民穿越艦隊街逃生。

18. 克里斯多佛·雷恩爵士（Sir Christopher Wren），以他新建的聖保羅大教堂為背景。

19/20. 雷恩與約翰·伊夫林（Wren and John Evelyn）重建倫敦城的計畫。兩人都援引義大利的範例，以清除一切既有房產和街道為前提。他們的計畫並未被認真考慮。

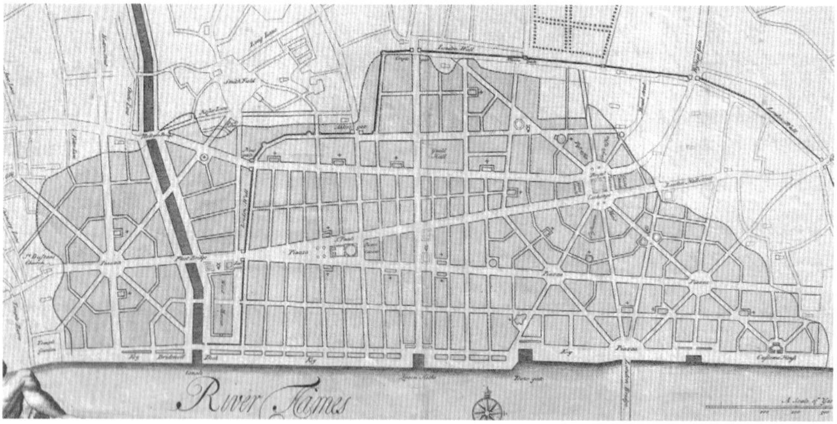

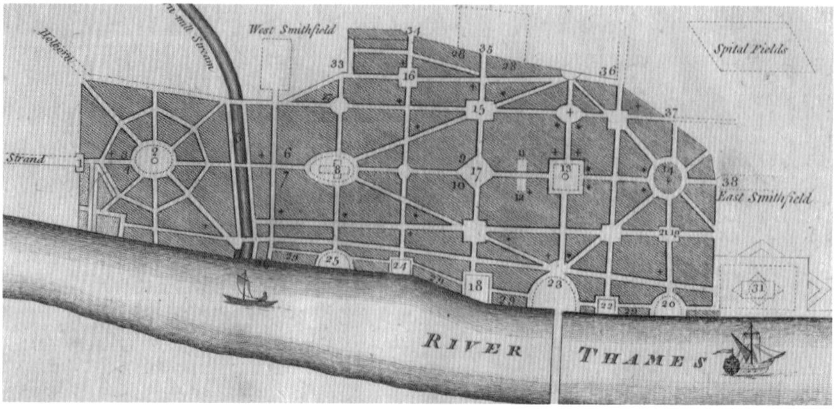

21. 泰晤士河上的冰霜市集（frost fair），1677 年，以倫敦橋和南華克為背景。倫敦進入小冰河期，使得泰晤士河在 17 和 18 世紀屢屢結冰。

22. 亨德里克·丹克茨（Hendrick Danckerts）畫作中，1680 年前後的白廳，還有查理二世和魯珀特王子（Prince Rupert）；他們身後是國宴廳和霍爾拜因門（Holbein Gate）。

23. 柯芬園（Covent Garden）、聖保羅教堂和露天廣場。伊尼戈・瓊斯（Inigo Jones）始建於 1631 年，這是倫敦第一處居住型廣場（residential square）。

24. 聖詹姆士廣場，倫敦最多貴族參與的投機生意，1662 年由亨利・傑明（Henry Jermyn）開發。

25. 漢諾威廣場，1714 年為了歡迎喬治一世而規劃的輝格黨地產，教堂也為了國王而命名為聖喬治。

26. 柯芬園七晷（Seven Dials, Covent Garden），罕見的喬治時代軸輻式布局，由開發者托瑪斯．尼爾（Thomas Neale）設計，始終未能如預想一般流行起來。

27. 作為大運河的泰晤士河。市長節當天的聖保羅大教堂，由加納萊托（Canaletto）以不太可能出現的明亮光線繪製。

28. 皇家交易所，1788年。在格雷欣最初設立交易所之處，先後有過四個交易所，這是第二個。

29. 威廉·賀加斯（William Hogarth）筆下的琴酒巷（Gin Lane），1751 年。在琴酒熱潮極盛時期，對倫敦聖吉爾斯區（St. Giles quarter）的這幅描繪，對於確保禁制與改革發揮了重大作用。

30. 威廉·賀加斯，1735 年自畫像。賀加斯代表了雷恩與詹姆士 · 吉布斯（James Gibbs）的保守傳統，對抗匯聚於伯靈頓伯爵（Lord Burlington）身邊，隨著壯遊而來的那些帕拉第奧式建築（Grand Tour Palladians）。

31. 1800 年代的聖馬里波恩哨所（St. Marylebone watch house）。倫敦城外的倫敦仍在米德塞克斯郡（county of Middlesex）轄下，由古老而腐敗的堂區委員會管理。

32. 東印度碼頭（East India Docks）望向格林威治半島，右方是狗島（Isle of Dogs），1808 年前後，威廉．丹尼爾（William Damiell）繪製。黎河（River Lea）河口在左方。

33. 博．布魯梅爾（Beau Brummell），攝政期巔峰西區（West End）時尚的化身。正是他首創以「黑色套裝」作為男人的正裝。

34. 攝政王的建築師／建築推手約翰．納許（John Nash），由聖詹姆士廣場到攝政公園（Regent's Park）的「皇家大道」（Royal Way）設計者。

35. 納許設計的坎伯蘭連棟（Cumberland Terrace）與切斯特連棟（Chester Terrace），位在攝政公園，1831 年。

36.《倫敦走出城外，又名磚塊與灰漿的進軍》(*London Going out of Town, or the March of Bricks and Mortar*)，1829 年。喬治・克魯克香克（George Cruikshank）諷刺的是越過田野，向漢普斯特德（Hampstead）蔓延的建築熱潮。

37 貝爾格雷夫廣場（Belgrave Square）在一大群「不受控的建築」之中，從海德公園角（Hyde Park Corner）拔地而起。

38.1840 年的托瑪斯・庫比特（Thomas Cubitt），格羅夫納地產的傑出開發者。

39. 1834 年西敏宮付之一炬。取而代之的哥德式建築，激起了「風格之戰」。

40. 納許設計的白金漢宮，1835 年，大理石拱門原先位於前庭，其後被現今的立面遮蔽。

41. 伯明罕來到倫敦——羅伯·史蒂芬生（Robert Stephenson）興建的鐵路，櫻草丘（Primrose Hill）隧道入口，1838 年。

42. 諾福克廣場（Norfolk Square），盡量「接近海德公園」，但距離帕丁頓車站更近。義大利風格倫敦郊區的鼎盛時期。

43. 巴札爾蓋特（Joseph Bazalgette）的龐大下水道，埃利斯沼澤（Erith marshes）的克羅斯奈斯抽水站（Crossness pumping station）中央的八角亭，1865 年。

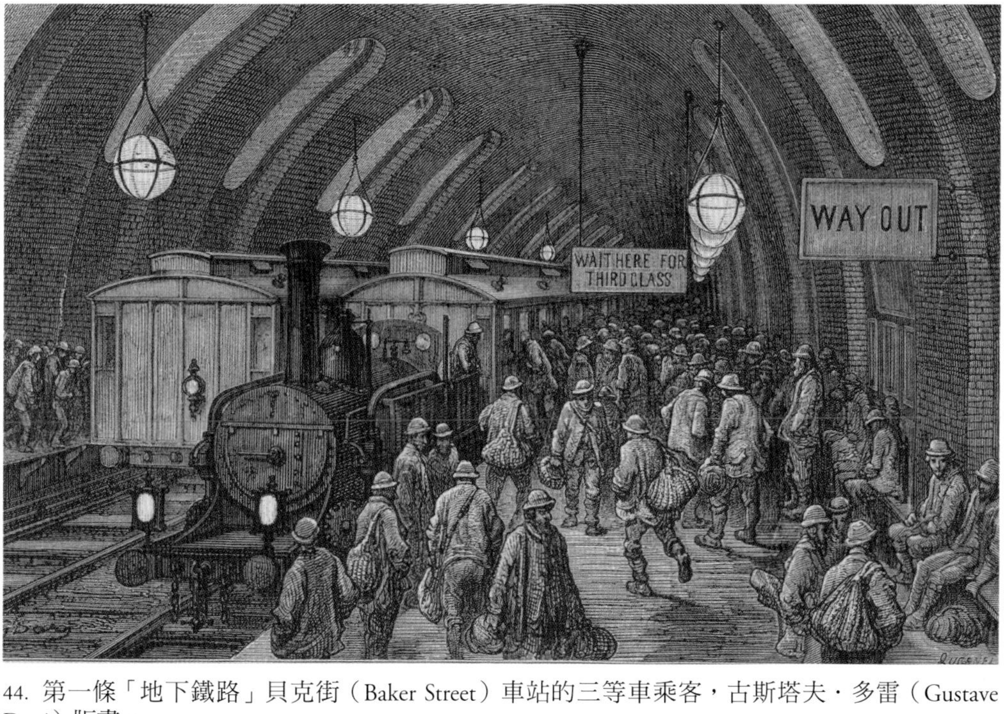

44. 第一條「地下鐵路」貝克街（Baker Street）車站的三等車乘客，古斯塔夫・多雷（Gustave Doré）版畫。

45. 1897 年的艦隊街，圖中出現了早期的公共馬車。

46 伊莉莎白・蓋瑞特・安德森（Elizabeth Garrett Anderson），內科醫生，1870 年成為第一位獲選出任倫敦市公職的女性，以最高票當選倫敦學校董事會（London School Board）主席。

47. 奧塔維亞・希爾（Octavia Hill），倫敦慈善住宅運動的發起人，肖像畫由約翰・辛格・薩金特（John Singer Sargent）繪製於 1898 年。

48. 貝思納爾綠地（Bethnal Green）界限街地產（Boundary estate）的阿諾圓環（Arnold Circus），倫敦郡議會第一次試著冒險投入公共部門住宅。

49. 東漢姆（East Ham）市政廳，1903 年落成；對於早期的自治市鎮來說，只有最好的房舍才合用。

50. 戈德斯綠地（Golders Green）地鐵服務的早期海報——人人共享新鮮空氣、樹木及田野。

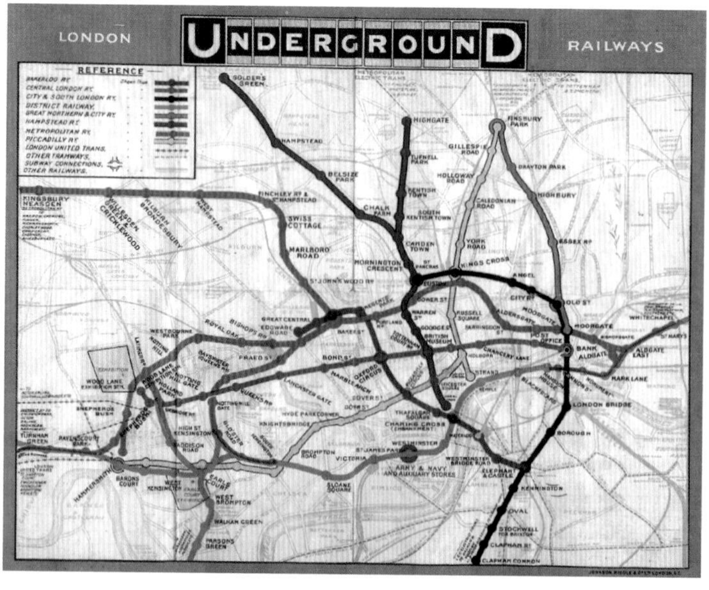

51. 第一張倫敦地鐵路線圖，其中顯示地鐵強烈偏重北區及西區站點。

52. 斯特普尼(Stepney)的普羅維登斯坊(Providence Place)，1909年，貧民區拆遷正在進行中。

53/54. 伯蒙德賽（Bermondsey）韋伯街學校（Webb Street School），這兩張照片說明了 1890 年代與 1930 年代之間，倫敦貧民生活條件的改頭換面。

55. 1934年，職員們在屋頂上享用午餐，俯視著倫敦池（Pool of London）。第一次世界大戰與文書工作的就業增長，使得女性的機會大大改觀。

56. 官方蓄意破壞。赫伯特・莫里森（Herbert Morrison）開始拆除約翰・雷尼（John Rennie）設計的滑鐵盧橋。

57. 空襲中的倫敦：被炸彈毀壞的巴特西（Battersea），1943 年；背景之中有發電廠。

58. 倫敦人在地鐵隧道避難，違抗政府禁令。

59.「豌豆湯」一般的霧霾，皮卡迪利圓環（Piccadilly Circus），1952 年。

60. 幽暗中的色彩：1951 年的英國節（Festival of Britain）。

61. 戰後都市計畫大師：派屈克・阿伯克隆比爵士（Sir Patrick Abercrombie）。

62. 嬰兒潮時代的建築推手：理查・塞弗特（Richard Seifert）與國民西敏大廈（NatWest Tower）。

63. 適宜車行的倫敦：布坎南報告（Buchanan Report）描繪的費茲羅維亞（Fitzrovia），1963 年。

DESPERATE ENGLISHMAN & FRENCH GIRL WOULD CONSIDER ANYTHING SORDID – they missed house we sold in Lilyville Rd. 3 months ago. FULHAM or similar. It really *is* urgent, please respond.
15th January 1967

64 維多利亞式的克里克伍德（Cricklewood），等待縉紳化。

65. 邁向嬉普士（Hipsterdom）的第一步：羅伊・布魯克斯（Roy Brooks）的廣告，《觀察家報》（*Observer*），1967 年。

66. 卡納比街（Carnaby Street）搖擺，馬爾科姆・英格利許（Malcolm English）繪製。

67. 阿伯克隆比的倫敦：斯特普尼綠地（Stepney Green）牙買加街（Jamaica Street），1961 年。

68. 垂直城市的樣板：巴比肯屋村（The Barbican）讓行人走上高處。

69. 不滿之冬：萊斯特廣場上的垃圾，1979 年。

70. 倫敦沒有效用：肯．李文斯頓（Ken Livingstone）在倫敦郡會堂（County Hall），1982 年。

71. 騎單車的市長：鮑里斯．強森（Boris Johnson）展演中，2010 年。

72. 重獲新生的城市：從狗島上的麥塞特（Mudchute）眺望金絲雀碼頭（Canary Wharf），2012 年。

73. 國王十字車站（King's Cross）煤炭卸貨場（Coal Drops Yard）再開發，2019 年。

74. 市長的天際線：從滑鐵盧橋眺望城市風光，2019 年。

75. 世界大都會：諾丁丘嘉年華（Notting Hill carnival），2016 年。

日不落倫敦

創建、破壞與改革，泰晤士河畔的邊境小鎮如何站上世界舞台？

西蒙・詹金斯
Simon Jenkins◆著

蔡耀緯◆譯

A Short History of London

The Creation of a World Capital

獻給漢娜（Hannah）

contents

導讀 比帝國更長遠的存在　盧省言／臺灣師範大學歷史系專案助理教授……19
引言……25
第一章　倫蒂尼恩　西元四三至四一〇年……30
第二章　撒克遜城市　西元四一〇至一〇六六年……39
第三章　中世紀都會　西元一〇六六至一三四八年……49
第四章　喬叟與惠廷頓的時代　西元一三四八至一四八五年……59
第五章　都鐸王朝的倫敦　西元一四八五至一六〇三年……71
第六章　斯圖亞特王朝與叛亂　西元一六〇三至一六六〇年……86
第七章　復辟、災禍、復原　西元一六六〇至一六八八年……99
第八章　荷蘭人的酒膽　西元一六八八至一七一四年……119
第九章　漢諾威王朝肇始　西元一七一四至一七六三年……130
第十章　褪色的時代　西元一七六三至一七八九年……150

第十一章　攝政期：納許嶄露頭角　西元一七八九至一八二五年……166
第十二章　庫比特之城　西元一八二五至一八三二年……178
第十三章　改革時代　西元一八三二至一八四八年……191
第十四章　新都會的誕生　西元一八四八至一八六〇年……200
第十五章　維多利亞時代倫敦的成熟　西元一八六〇至一八七五年……216
第十六章　慈善事業與國家的對決　西元一八七五至一九〇〇年……231
第十七章　愛德華時代登峰造極　西元一九〇〇至一九一四年……242
第十八章　大戰及其後　西元一九一四至一九三〇年……262
第十九章　發散的高潮　西元一九三〇至一九三九年……276
第二十章　戰時大都會　西元一九三九至一九五一年……285
第二十一章　房地產大熱　西元一九五一至一九六〇年……300
第二十二章　搖擺的城市　西元一九六〇至一九七〇年……314
第二十三章　衰退年代　西元一九七〇至一九八〇年……329

第二十四章　都會重生　西元一九八〇至一九九七年　343
第二十五章　孤注一擲　西元一九九七至二〇〇八年　359
第二十六章　浮華的構造　西元二〇〇八年至今　373
終　章　391
倫敦歷史時間表　400
作者的話　408
延伸閱讀　410

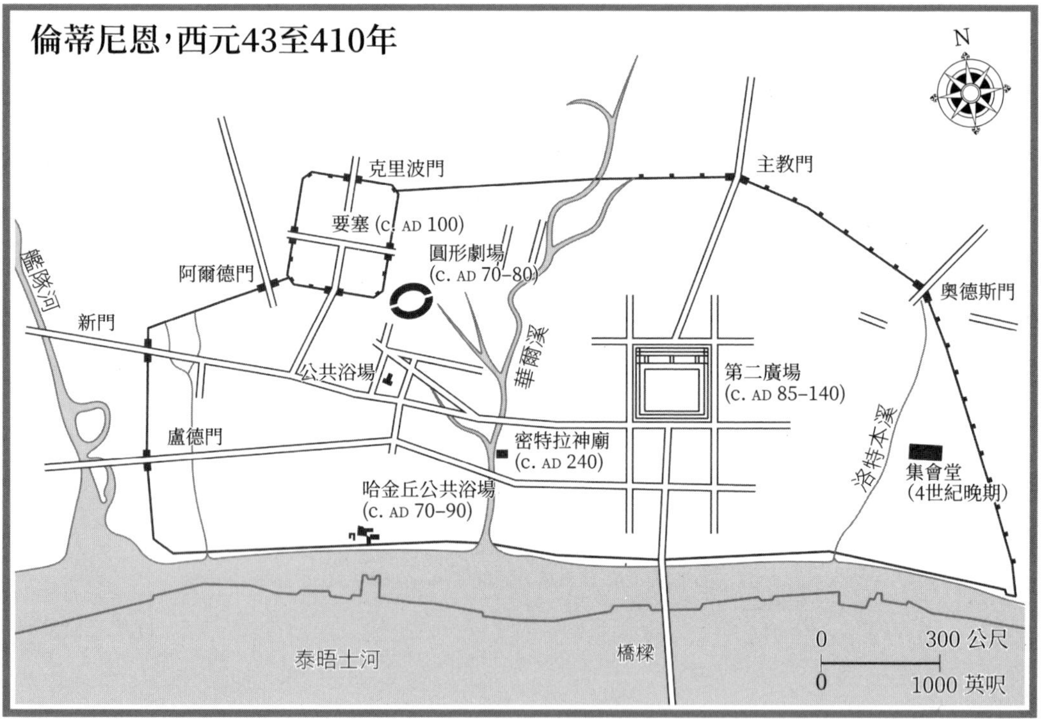
N
克里波門
主教門
要塞 (c. AD 100)
圓形劇場
(c. AD 70–80)
阿爾德門
艦隊河
新門
華爾溪
奧德斯門
公共浴場
第二廣場
(c. AD 85–140)
盧德門
密特拉神廟
(c. AD 240)
洛特本溪
集會堂
(4世紀晚期)
哈金丘公共浴場
(c. AD 70–90)
泰晤士河
橋樑
0
300 公尺
0
1000 英呎

倫蒂尼恩，西元43至410年

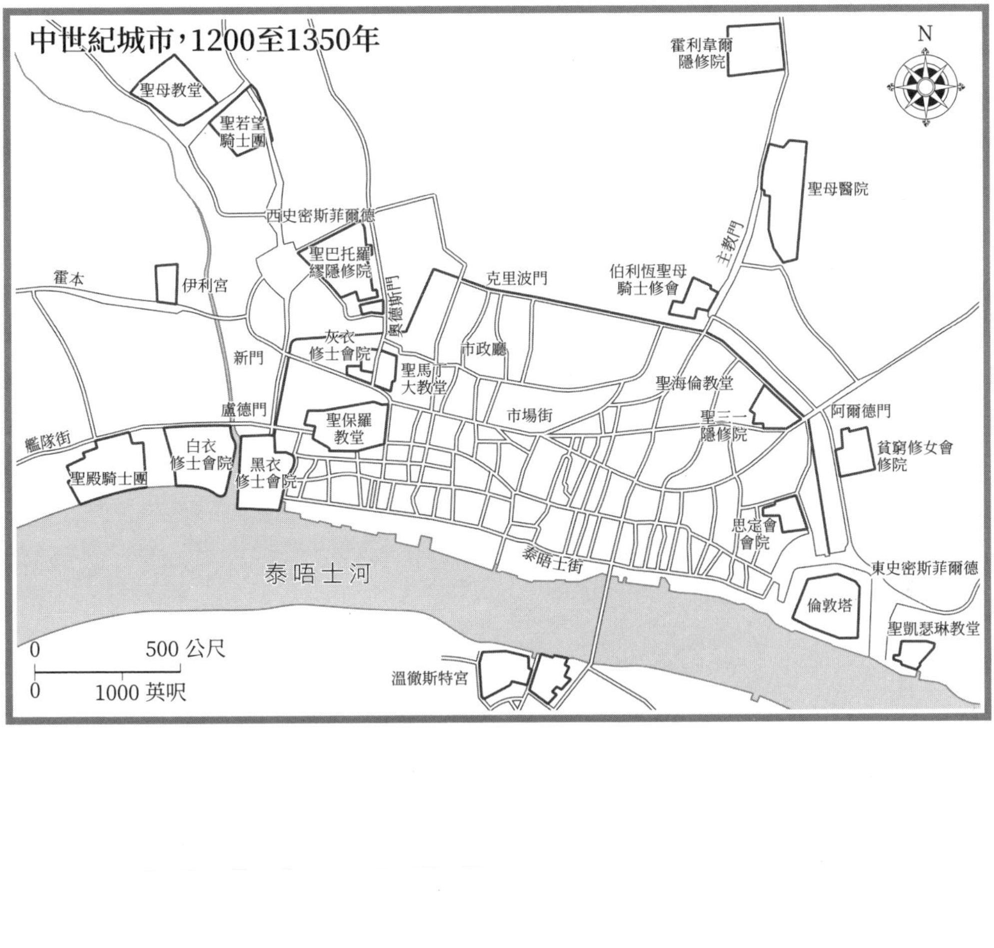

中世紀城市，1200至1350年

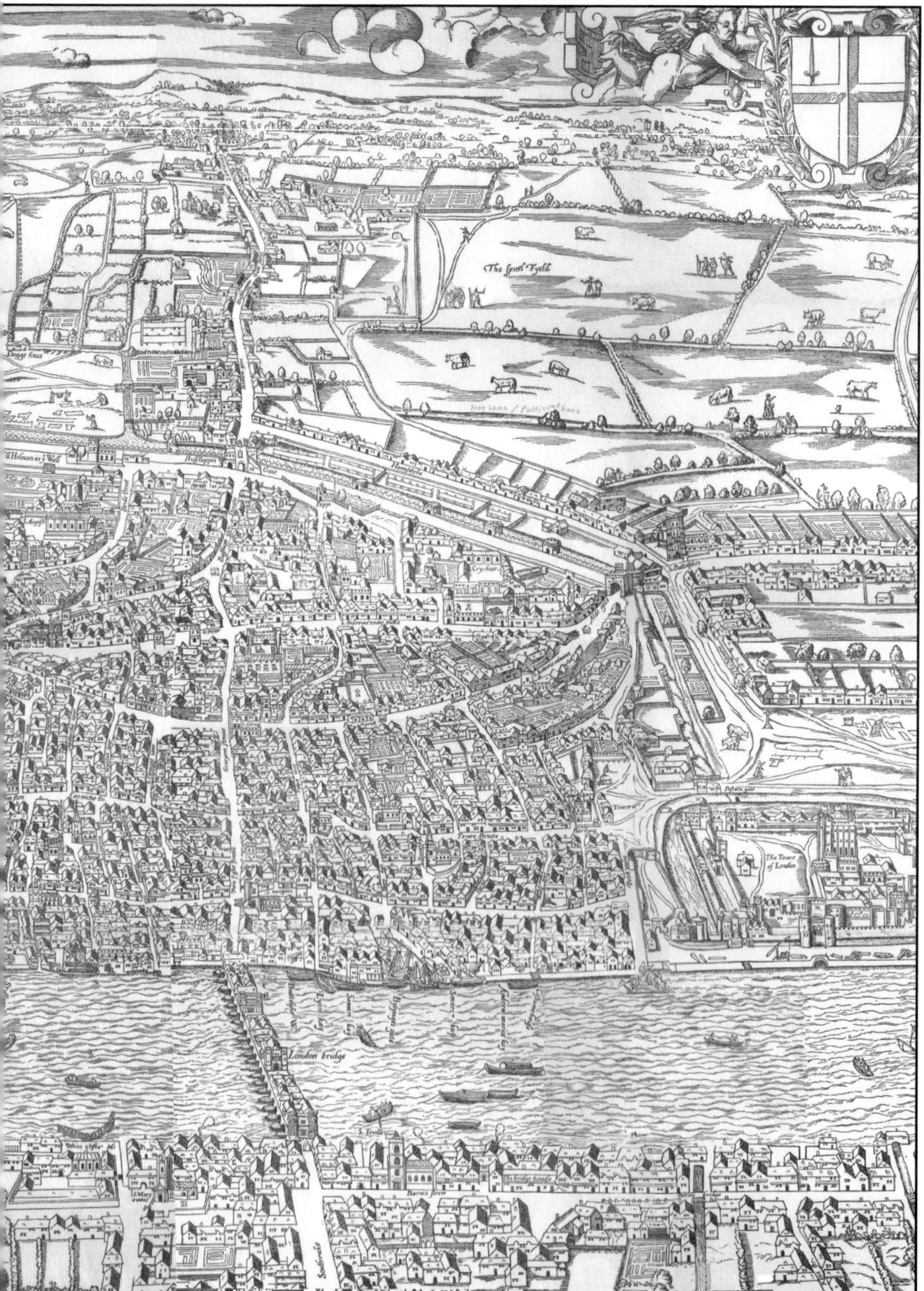
London bridge
The Tower of London

倫敦市，呈現於1560年前後的倫敦木刻地圖

《倫敦城》（Civitas Londinium）

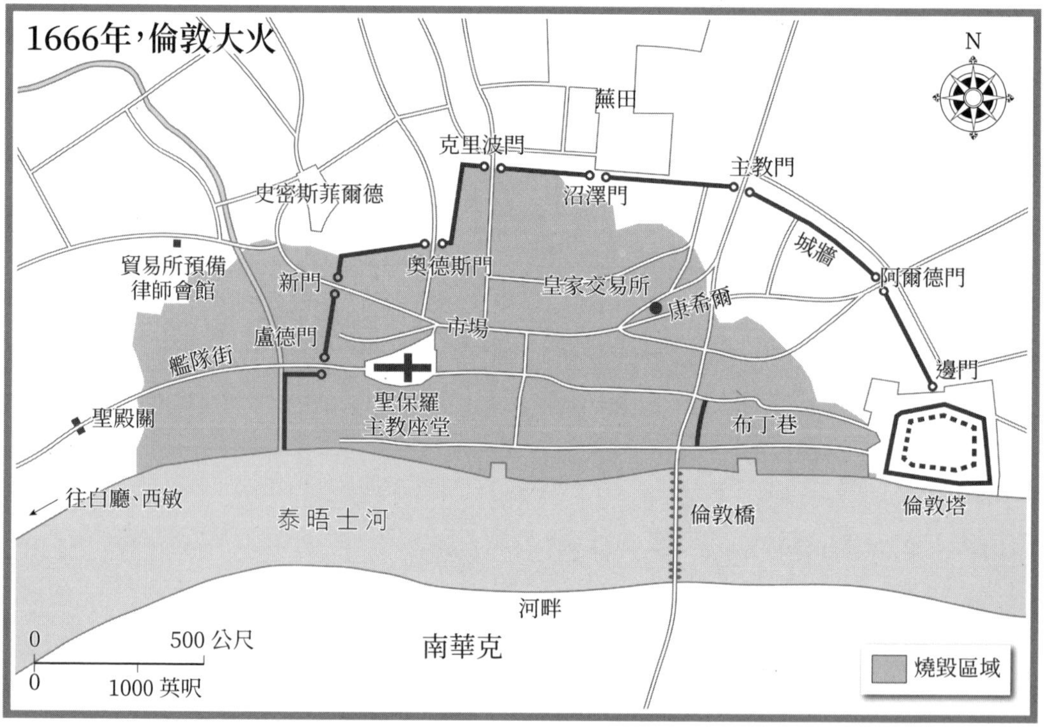
1666年，倫敦大火
N
蕪田
克里波門
主教門
史密斯菲爾德
沼澤門
城牆
貿易所預備
律師會館
奧德斯門
新門
皇家交易所
阿爾德門
康希爾
市場
盧德門
艦隊街
邊門
聖保羅
主教座堂
聖殿關
布丁巷
倫敦塔
往白廳、西敏
泰晤士河
倫敦橋
河畔
南華克
0
500 公尺
0
1000 英呎
燒毀區域

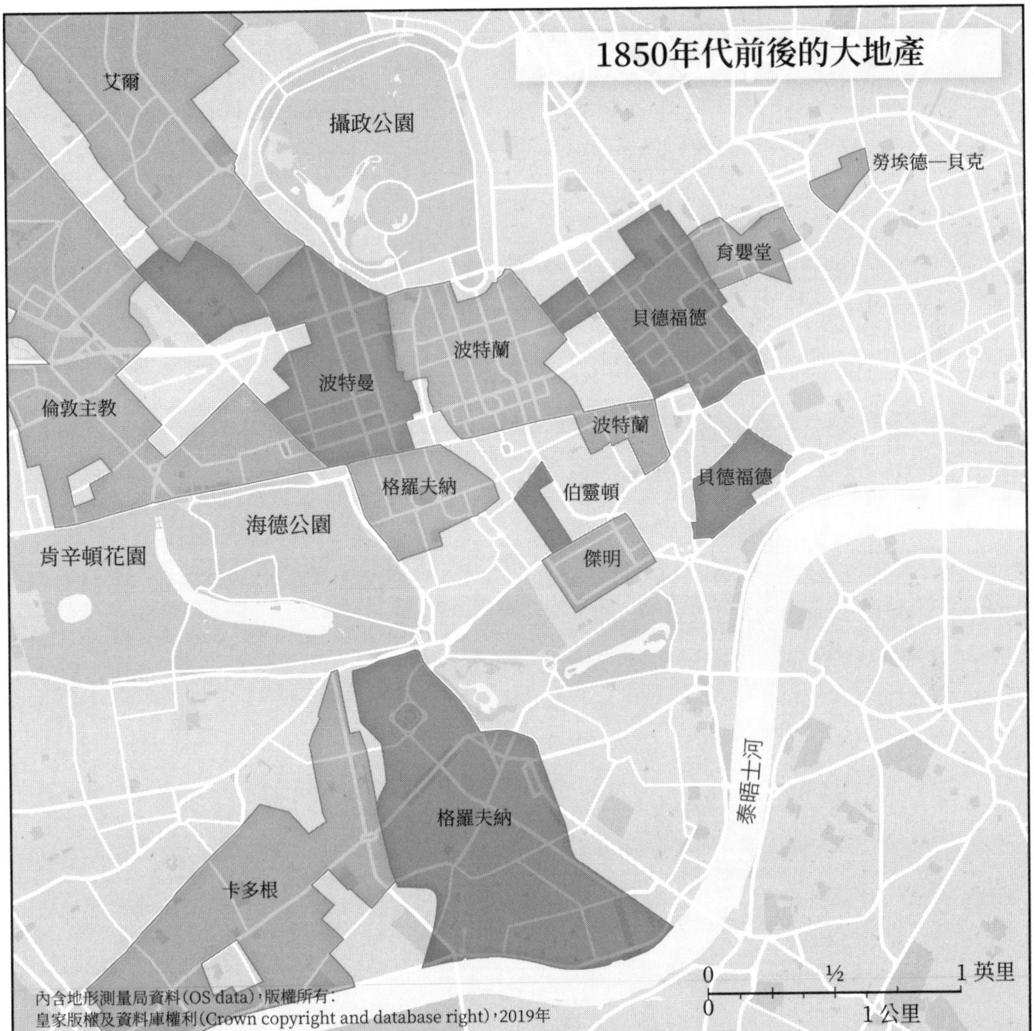
1850年代前後的大地產
艾爾
攝政公園
勞埃德—貝克
育嬰堂
貝德福德
波特蘭
波特曼
倫敦主教
波特蘭
格羅夫納
伯靈頓
貝德福德
海德公園
肯辛頓花園
傑明
泰晤士河
格羅夫納
卡多根
0
½
1 英里
0
1 公里
內含地形測量局資料(OS data),版權所有:
皇家版權及資料庫權利(Crown copyright and database right),2019年

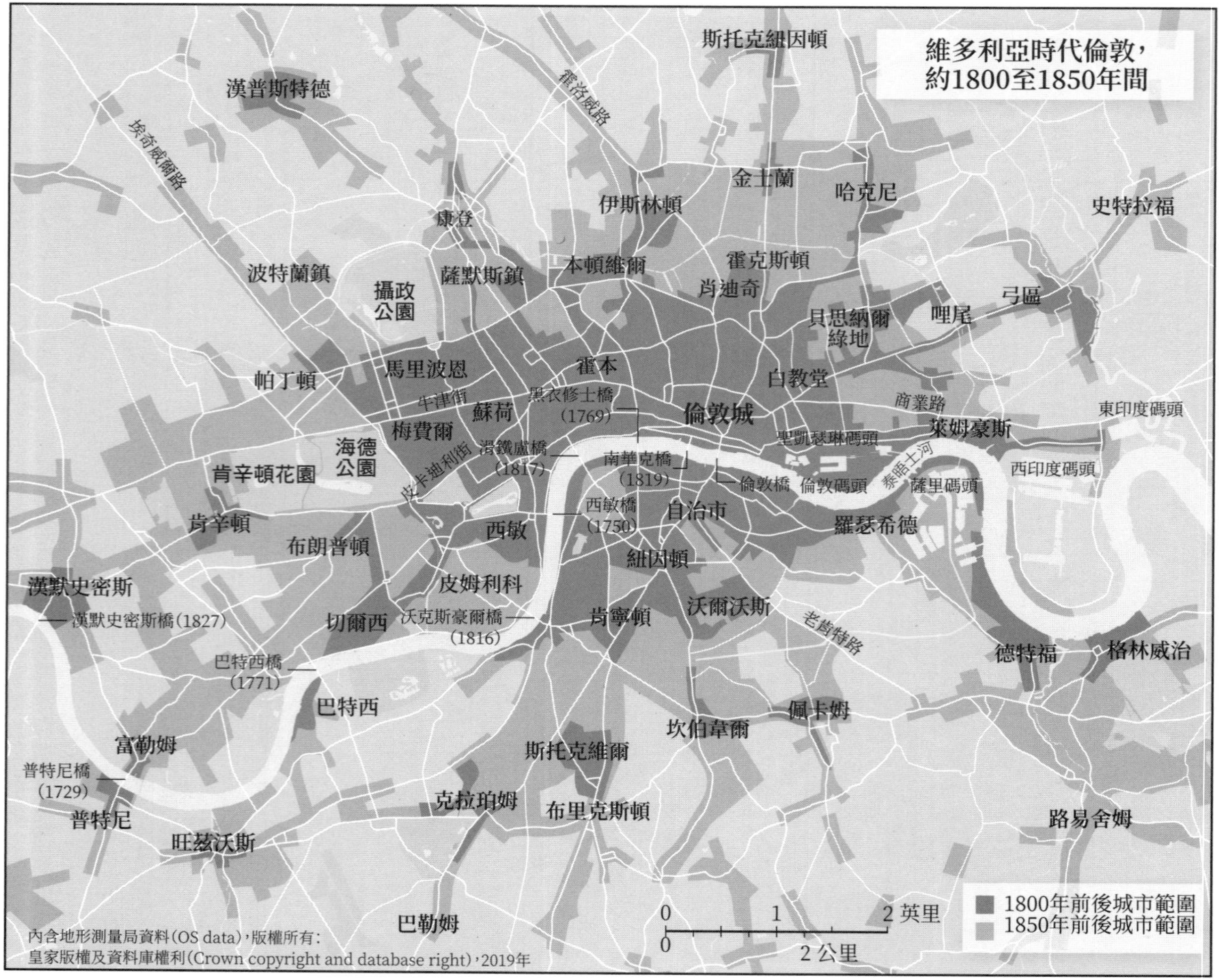
維多利亞時代倫敦，
約1800至1850年間
斯托克紐因頓
漢普斯特德
霍洛威路
埃奇威爾路
金士蘭
哈克尼
伊斯林頓
史特拉福
康登
本頓維爾
霍克斯頓
波特蘭鎮
攝政
公園
薩默斯鎮
肖迪奇
弓區
哩尾
貝思納爾
綠地
馬里波恩
霍本
白教堂
帕丁頓
牛津街
黑衣修士橋
(1769)
商業路
東印度碼頭
蘇荷
倫敦城
梅費爾
萊姆豪斯
聖凱瑟琳碼頭
海德
公園
滑鐵盧橋
(1817)
南華克橋
(1819)
西印度碼頭
肯辛頓花園
皮卡迪利街
倫敦橋
倫敦碼頭
泰晤士河
薩里碼頭
西敏橋
(1750)
自治市
肯辛頓
西敏
羅瑟希德
布朗普頓
紐因頓
皮姆利科
漢默史密斯
沃爾沃斯
漢默史密斯橋(1827)
切爾西
沃克斯豪爾橋
(1816)
肯寧頓
老肯特路
德特福
格林威治
巴特西橋
(1771)
巴特西
佩卡姆
坎伯韋爾
富勒姆
斯托克維爾
普特尼橋
(1729)
克拉珀姆
布里克斯頓
路易舍姆
普特尼
旺茲沃斯
巴勒姆
0 1 2 英里
0 2 公里
1800年前後城市範圍
1850年前後城市範圍
內含地形測量局資料(OS data)，版權所有：
皇家版權及資料庫權利(Crown copyright and database right)，2019年

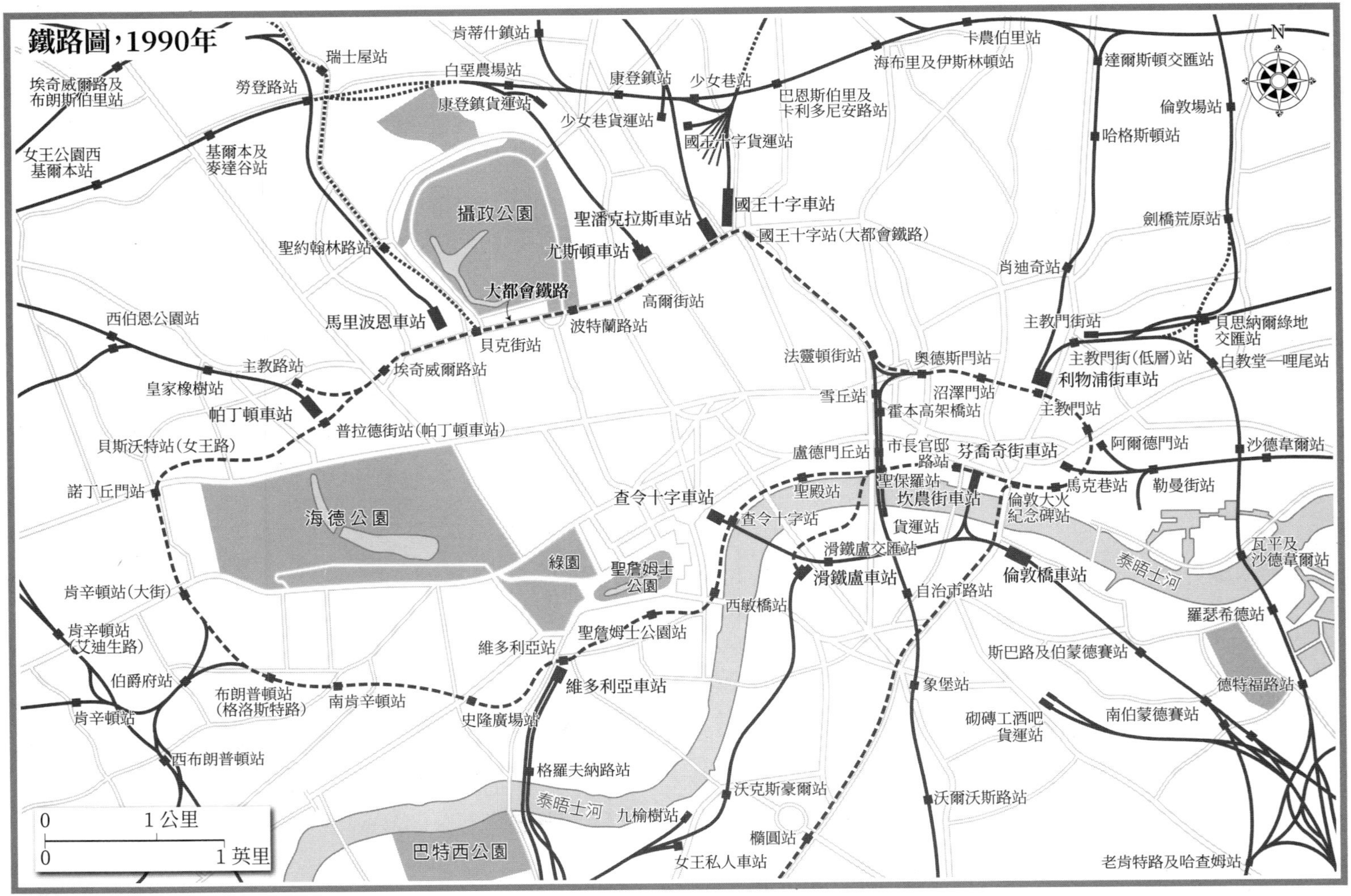
鐵路圖，1990年
N
肯蒂什鎮站
瑞士屋站
卡農伯里站
白堊農場站
康登鎮站
少女巷站
海布里及伊斯林頓站
達爾斯頓交匯站
埃奇威爾路及
布朗斯伯里站
勞登路站
巴恩斯伯里及
卡利多尼安路站
康登鎮貨運站
少女巷貨運站
倫敦場站
國王十字貨運站
哈格斯頓站
女王公園西
基爾本站
基爾本及
麥達谷站
攝政公園
國王十字車站
聖潘克拉斯車站
劍橋荒原站
國王十字站（大都會鐵路）
聖約翰林路站
尤斯頓車站
肖迪奇站
大都會鐵路
高爾街站
西伯恩公園站
馬里波恩車站
波特蘭路站
主教門街站
貝思納爾綠地
交匯站
貝克街站
法靈頓街站
奧德斯門站
主教門街（低層）站
白教堂—哩尾站
主教路站
埃奇威爾路站
利物浦街車站
皇家橡樹站
沼澤門站
雪丘站
帕丁頓車站
霍本高架橋站
主教門站
普拉德街站（帕丁頓車站）
阿爾德門站
沙德韋爾站
貝斯沃特站（女王路）
盧德門丘站
市長官邸
路站
芬喬奇街車站
聖保羅站
馬克巷站
勒曼街站
諾丁丘門站
聖殿站
坎農街車站
查令十字車站
倫敦大火
紀念碑站
查令十字站
海德公園
貨運站
瓦平及
沙德韋爾站
滑鐵盧交匯站
泰晤士河
綠園
聖詹姆士
公園
倫敦橋車站
滑鐵盧車站
肯辛頓站（大街）
自治市路站
西敏橋站
羅瑟希德站
肯辛頓站
（艾迪生路）
聖詹姆士公園站
維多利亞站
斯巴路及伯蒙德賽站
伯爵府站
象堡站
維多利亞車站
布朗普頓站
（格洛斯特路）
德特福路站
南肯辛頓站
肯辛頓站
史隆廣場站
砌磚工酒吧
貨運站
南伯蒙德賽站
西布朗普頓站
格羅夫納路站
沃克斯豪爾站
沃爾沃斯路站
0
1公里
泰晤士河
九榆樹站
0
1英里
橢圓站
巴特西公園
女王私人車站
老肯特路及哈查姆站

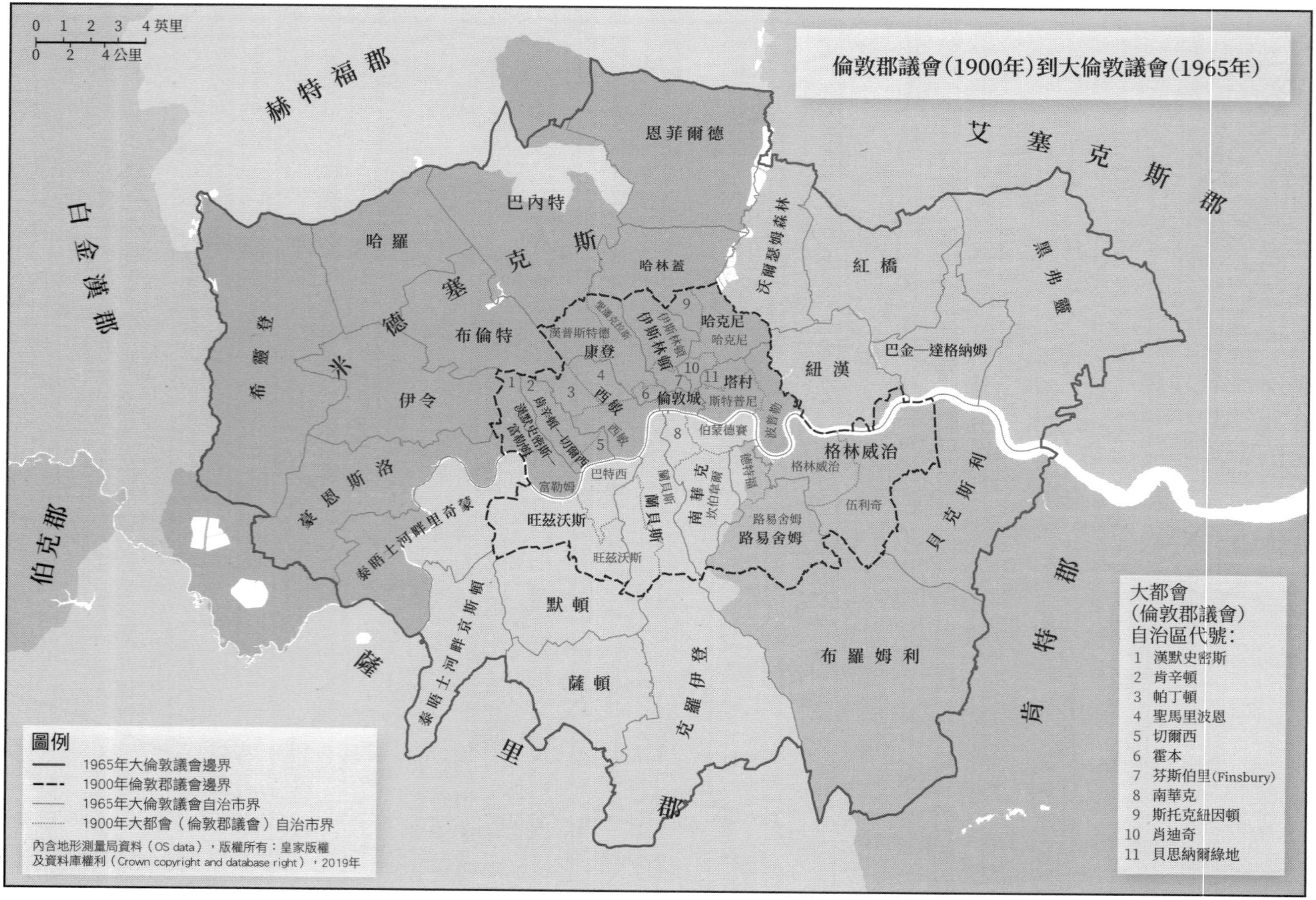

倫敦郡議會（1900年）到大倫敦議會（1965年）

倫敦主要道路，2019年

人口變遷，1801至2019年

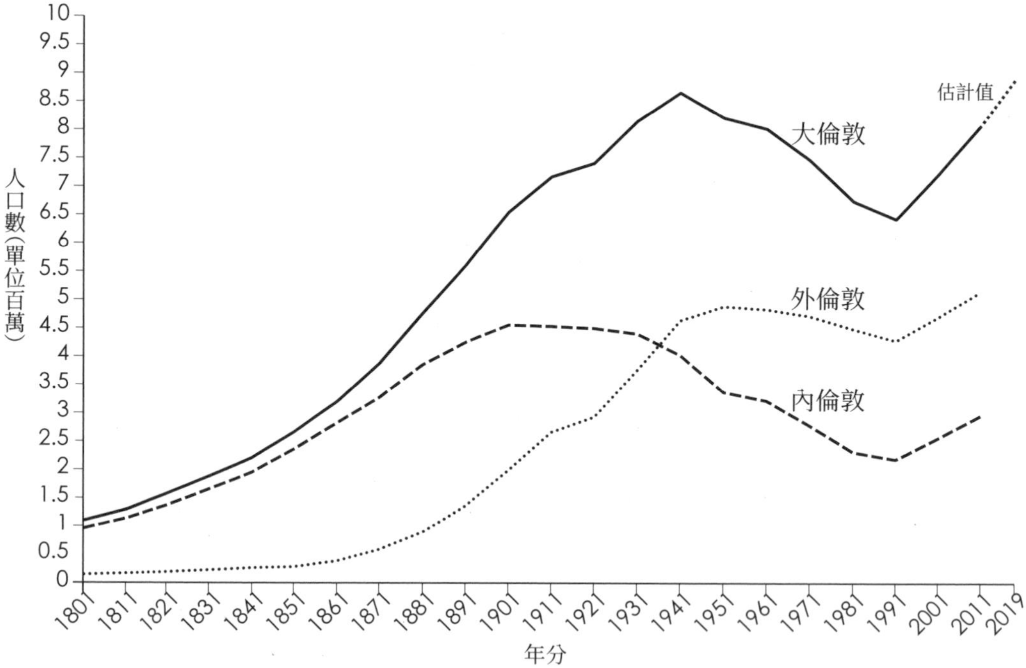

導　讀　比帝國更長遠的存在

盧省言／臺灣師範大學歷史系專案助理教授

對許多人來說，倫敦和其他世界上的大城市並無不同，是少數主宰全球金融的中心。既遙遠又親近。雖然沒有親身拜訪過，卻也每天在報章雜誌以及電視中看到。而對我來說，倫敦幾乎是我二十世代的代名詞，揉合了一個人在異鄉求學的酸甜苦辣。曾經在數度遭到無良房東的欺騙後，咒罵這冷漠的城市，卻又好幾次感動於城中陌生人的幫助，不論是提醒我包包沒拉好，還是幫我將過重的行李搬出地鐵站。

英國我只長住過兩個城市，一是愛丁堡，一是倫敦。若說愛丁堡是美麗清幽，令人時時思念的那家鄉的清新，倫敦就是充滿活力、瞬息萬變，一眨眼便會錯過精彩的城市。讀西蒙·詹金斯的《日不落·倫敦》可以感受到作者對倫敦這座城市滿溢的情感，他就像是個說書人，興致勃勃地說著倫敦幾千年來的歷史。政權會興衰更迭，但一步步發展的大城市的歷史很少會在政權更迭時被摧毀殆盡，因為城市是國家發展的命脈，任何政權都無法忽視城市在經濟生活上扮演的重要角色。而倫敦作為最古老的大城市之一，自然也是那屹立不搖，見證了不列顛島的歷史。

詹金斯從西元四三年的倫蒂尼恩說起。為什麼是西元四三年？因為那是史書記載羅馬人「征服」不列顛的時間。

現今的倫敦大致上可分作四大區：以王十字車站為中心延伸出東、西、南、北。西邊可用高貴來形容，從大家所熟知的白金漢宮、海德公園、皮卡迪利圓環一路延伸到里奇蒙德（Richmond），皇家植物園以及國家檔案館的所在地。傳統上這一區多為白人居住，受教程度也比較高。而東邊，和西邊相比，相對較窮，也是傳統上藍領階級居住的位置。詹金斯也在書中提到，工業革命後東倫敦變成勞工階級以及移民聚集之地，甚至到了一九一〇年，小說家華特・貝森特在其著作中敘述東倫敦「沒有仕紳、沒有馬車、沒有軍人、沒有畫廊、沒有劇場、沒有歌劇院、他們什麼都沒有……沒人往東走，沒有人想看到那個地方；沒人好奇」。

在貝特森筆下的東倫敦如此一文不值，但在現今的倫敦可是所有藝文活動以及樂趣的最大中心，所有倫敦人都知道，如果你想要找了樂子，往東倫敦就對了。不只有歌劇院，還有各種酒吧、舞廳等等。以蘇活區為中心，東倫敦是藝術家生存的食糧，不少藝廊也設在東倫敦。東區雖不如西區來的有錢，但卻有生命以及多元。這裡居住著各國家的移民，是各種文化交會以融合之處。所有想吃正統印度料理或是Kebaba（烤肉串）的人都會往東倫敦去狩獵。甚至是不少人都會去的唐人街，也是在東邊。那兒有我吃過最好吃的港式燒鴨。但這也不奇怪，曾不少香港人在還是大英帝國殖民地一分子時移居至英國。而如同不少第一代移民的故事，作為外來者，用自己家鄉的美食最能建立起一份事業，因此唐人街裡有不少好吃的港式料理。貝森特大概也想不到現今的倫敦也是銀行的集散地，往金絲雀碼頭那走，你會看到在天際線邊的摩天大樓，玻璃閃爍的外觀將其堆積錢財的本性表露無遺。

對我來說，倫敦的迷人之處在於她是移居者的故鄉。

作為經濟重鎮的倫敦是所有想要求溫飽的人最常（或許也是不得已）燃燒自己生命之處，從羅馬時期的倫蒂尼恩開始，外來的征服者以及移民不斷地塑造倫敦，倫敦幾乎等於了英格蘭的歷史。事實上，早在羅馬人來之前，倫敦就已是一頗具規模的城鎮，羅馬人來了之後，在倫敦建起了劇場以及浴場等公共領域，使這座城市更添聲色。即便是在盎格魯薩克遜時期，倫敦也是貿易的中心。詹金斯也在書中提到各種有趣街道的名字，像是魚街（Fish Street）。而我也曾穿梭倫敦街道中，看見蜂蜜街（Honey Lane）等以食品或貨物命名的街道。這些名字代表著在羅馬以及盎格魯薩克遜時期，人們在此交易特定貨物。

倫敦的有錢造就了她至今在不列顛島裡不凡的地位。一〇六六年，在不列顛歷史上的轉折點，也是這座島最後一次受到外來者入侵。諾曼人以及征服者威廉從諾曼第航向英格蘭，結束了由盎格魯薩克森人統治的時期。戰爭不可避免地帶來破壞，但倫敦卻能在這場混亂中以其資金及重要的地位，讓征服者威廉給予倫敦自治地位，不只能選任自己的郡長（Sheriff），倫敦人的財產有能得到保障。光是財產得到保障這一點，就顯示出其地位有多重要。當征服者威廉拿下英格蘭時，不少盎格魯薩克遜的地主被諾曼人侵占土地，土地制度以及所有權也在一夕之間變得紊亂不堪。到了一〇八六年，諾曼人的政權逐漸穩固，因此征服者威廉命令其官員重新丈量英格蘭的土地，以利其分封給跟著他打仗的諾曼人，而這些重新丈量的土地一路記錄在《末日審判書》中，但有趣的是，倫敦就沒有出現在此本對盎格魯薩克遜人來說，根本就是劫掠土地的證據中，反映征服者威廉對倫敦資金及資源的需要。

隨著時間的推移，倫敦愈發蓬勃。詹金斯在書中提到中世紀的倫敦充滿各種消遣以及節慶，花柳業更是層出不窮，而這些都栩栩如生地出現在喬叟的《坎特伯里故事集》。或許有人會覺得喬叟筆下的倫敦似乎暴力又情色，但暴力與情色似乎也是不少大城市的特色。而這點，搬到當代社會，還是一樣。倫敦有其美麗光輝的一面，也有黑暗的一面，踩在蜿蜒的小巷中，拐個彎，或許就會和試圖搶走你身上錢財的人撞個正著，或是被喝醉酒的人們毆打。

詹金斯筆下的倫敦隨著歷史變得愈來愈多樣，而最讓人覺得有趣的部分在於其對二十世紀倫敦交通規劃的批判。的確，倫敦的鐵路以及地鐵都是工業革命後引領世界的重要推手，但這其中也有不少問題，詹金斯甚至詳述了二十世紀後其各黨政府對於倫敦的規劃，並且嚴厲地批評從一九五〇至一九七〇年間倫敦市政、建築以及交通的規劃對於倫敦造成巨大的損壞，「比希特勒的全部炸彈都更加嚴重」。或許有讀者會認為詹金斯的評論過度嚴厲，但也可從其論述中看出其對倫敦的熱愛及不捨。但我以為現今的倫敦即便在詹金斯口中所謂的巨大破壞後，依舊美麗。來過倫敦市中心的人或許都會注意到一點：倫敦市中心看不到高架橋。因此，雖然繁忙的交通常常讓道路狹小的倫敦處在塞車狀態，但也讓大家能將各種美麗建築盡收眼底。乾淨的天際線有著維多利亞時期的浮誇建築，也有新蓋的玻璃商業大樓，比鄰著告訴我們各個時代的光輝。

在詹金斯生動描述下，我們看見一個城市如何在千年中蛻變成今日的樣貌，不論是光輝的還是黑暗的，都交織成我們所熟知的迷人倫敦。我以為，倫敦還是需要親身體會一番。她是個處處充滿歷史的地方，腳踩著自羅馬時期就建立的道路，轉個彎便來到維多利亞時期所建立的公共市場。而這都感謝於英國人對於歷史建築的保存，讓我們能夠在歷史文本的描述外，親自看見，甚至是摸到那些千年以來發生的事物。

《日不落．倫敦》中文版選在二〇二一年疫情當中出版，或許能讓沒去過倫敦的讀者先一睹文字上倫敦的風采，希望在解封後的日子裡，大家能飛出國門，親自到英國看看這詹金斯筆下見證英國千年歷史的迷人城市，眼裡看的，嘴裡吃的，手能觸及的，都是倫敦的歷史。

引言

從滑鐵盧橋（Waterloo Bridge）看去，倫敦的風景是一片亂七八糟——一片怪誕、未經規劃、令人惱火卻又興奮的亂七八糟。我這一輩子都在看著它逐步演變，至今仍在努力理解促成這種演變的力量，而本書正是為這份努力留下的紀錄。倫敦建立於羅馬時代，由盎格魯撒克遜人重新建立，從那時開始不斷地成長，到了十八世紀，它是全歐最大都會，十九世紀時則是世界最大都會。第二次世界大戰過後，人們以為倫敦已經達到極限，由此開始了一段衰退期，但在二十、二十一世紀之交，它又開始增長，從全國各地、歐陸各地以及世界各地吸納人力、金錢與天賦。它的人口預計將在二〇二五年突破九百萬大關。因此有一件事我如今很確定：倫敦有自己的生命。

歷史上的大多數時候，倫敦都與西敏（Westminster）分立，這兩個城市實際上各有不同目的，倫敦是經濟、西敏則是政治，兩者之間的緊張是本書中反覆出現的主題。隨著內戰、大瘟疫和大火，第一座中世紀大都會在十七世紀遭遇危機，由此產生了十八世紀更新與智識豐收的「黃金時代」。接著則是鐵路帶來的劇變，以及因此導致的郊區急遽成長，其程度遠非地球上其他城市所能企及。倫敦在十九、二十世紀之交成為帝國的巔峰，在兩次世界大戰的轟炸中存活下來，戰後則進入了一段衰退與混亂時期。來到新的千禧年之後，它以全球金融中心之姿挺身邁向新的繁榮，但對於它的成長方向、應有之姿和它「屬於」誰，爭論卻仍懸而未決。

本書的關注重點在於倫敦外觀的演進，它何以成為今天這副模樣？比任何相似的城市都更加色彩斑斕、視覺上也更紛亂無序。一切歷史全都以地理為根源，倫敦的外形演進與它的位置和地形密切相關，它的人民及其活動隨著世代而遞嬗，但城市的構造卻始終聯繫著過去與現在。

任何人群聚集之處都有騷亂的可能性，但倫敦存在的兩千年間，它的衝突卻和平得不可思議，在倫敦街頭上死於政治暴力的人數，低於世界上任何一座大城市。它的鬥爭一直是有機的，來自其成長的本質、市場機制的力量，以及規劃或調控市場的企圖。這些企圖大多是失敗的，而這正是倫敦故事不同凡響的實情。倫敦長久以來都自己做主，當它遭受創傷——布迪卡（Boudicca）反叛、諾曼人征服、亨利八世宗教改革、瘟疫、大火或炸彈——它就埋頭顧好自己，並取得不凡的成果。

多數倫敦歷史著作都將它孤立於以它為首都的國家之外，我則試著將它放進全國脈絡裡，且在一定程度上也放進國際脈絡中。倫敦總是小心翼翼地、盡可能對影響國內其他地方的事件保持漠不關心，但它在內戰中發揮了關鍵作用，並且在十九世紀改革鬥爭中再次發揮關鍵作用。倫敦的亂民們有自己的聲音，不該只因為它難得暴力而低估了他們的聲音。

在倫敦城和西敏之外，定義倫敦的任務變得更加困難。維多利亞時代的華特・貝森特（Walter Besant）寫過「無人知曉，也無人好奇」的兩個倫敦：東倫敦和南倫敦。這兩地都大過曼徹斯特，但住在那兒的數百萬人從來不曾跨越橫亙彼此之間的邊界。東倫敦是幾乎完全自成一格的工人階級城市，而貝森特說，南倫敦最趨近於城市紀念碑的事物是象堡酒館（Elephant and Castle pub）——可惜如今已不復見。過去兩個世紀以來，更不起眼的第三個倫敦興起，那是寂靜、缺乏特色、由鐵路創造出來的郊區大都會，在一八八〇年之後五十年間，將倫敦的陸地面積擴大六倍有餘。依照定義，它占了全市面積多達八成，在此我將試著公正予以評價。

至少直到二十一世紀為止，在擁有一個統一行政當局、負責提供全部或大部分公共服務這層意義上，倫敦整體上從來不是自治的，實際上，它長久以來都無所作為。何以倫敦相較於巴黎、柏林、維也納或聖彼得堡，始終欠缺政治活力？這個問題的答案有一部分即在於它接待了新興的全國民主，而我相信另一個理由在於地理。城市是壓力鍋，空間是它的安全閥，每當倫敦即將人滿為患，它就縱情於營建。它的十九世紀貧民區很可怕，但與巴黎貧民區相比卻不太壞。鐵路是它們的宣洩管道，終將城市舒緩到了米德塞克斯（Middlesex）、艾塞克斯（Essex）、薩里（Surrey）和肯特（Kent）等郡可取得的土地上。一八五四年的皇家委員會甚至厭倦地將首都說成是「一個被房屋蓋滿的外省」。當卡爾．馬克思（Karl Marx）思索倫敦的貧民，望向窗外凝視著倫敦沉著端莊的街道與廣場時，他對貧民的革命潛力喪失了希望。

上述這些衝突之中，最嚴重卻又留下最少記載、也是我投入最多關注的衝突，是涵蓋了二十世紀的第三個二十五年。大轟炸摧毀了大半個倫敦城和部分東區（East End），但相較於戰後倫敦的管理者們開動推土機所帶來的毀滅，這樣的損害不過是小巫見大巫。今天駕車穿越倫敦近郊，就是在一張記憶地圖裡穿行，地圖上的工人階級街道多半已埋藏在公營住宅區和公寓高樓之下。絕對主義建築師們試圖從頭開始重建，將他們自己的意識型態及美學模板，強加於一個活著的、呼吸的城市。等到他們由於反感及資源缺乏而停手之時，以維多利亞時代建築占了絕大多數的倫敦已經泰半被毀——幸而並非全毀，讓人鬆了口氣。

隨著歷史臨近今日，敘事不免受到當代經驗影響。我從幼年時就生活在倫敦，住過四個自治市，其中三個在泰晤士河以北，一個在河南。希臘人主張，城邦若要存續，其公民就應當參與治理。我從未出任民選公職，但我這一輩子都在書寫首都的方方面面，也曾在參與城市交通、住宅、規劃、藝術及保存事宜的組織服務。* 我主編過倫敦的一份早報和一份晚報（《泰晤士報》和《標準晚報》），三度擔任陪審員、兩度擔任學校董事。行動主義是始終如一的主題，現在的我宛如退伍軍人，穿行於城市之中，每天見證著過去的成敗。這既令人興奮，同時也令人沮喪。

我對倫敦外觀的興趣既明確，也經過慎重思量。那是對於自古至今的倫敦，不是同一個倫敦，而是同一類型的倫敦。對於縉紳化、貧困、學校教育和公共住宅的鬥爭既真實又重要，但我相信都市政治絕不該獨厚於當今世代。我們都有表達意見的權利，但我們短暫棲居的城市會存續下去，而這些都將傳承給未來的這座城市。我真不敢想像子孫後代會怎麼評價我們處理倫敦天際線的方式，如同我們一想到自己的父母和祖父母在二戰過後的所作所為就忍不住戰慄。我們必須謹記，我們是以他人的名義，選擇我們自己想要的倫敦。

好奇心是對歷史最好的理解方式。我試著回答那些始終吸引著我的問題，我也希望它們能令其他人入迷。為何倫敦城（City of London）始終與西敏大不相同？為何南倫敦（就在河對岸不過一百碼處）看來有如天壤之別，簡直像是外省？為何倫敦內部的街區如此多樣，外部的郊區卻如此整齊劃一？連棟房屋（terrace house）是如何成為不分老少、貧富的人們喜愛的居住方式，為何近代的規劃者對這麼受歡迎的建築形式如此敵視——包括一種吸引了多數建築師的形式？為何倫敦的高樓如此隨機散布？

我努力保持冷靜。倘若愛能夠適用於與另外九百萬人共享的這個地方，那麼我愛倫敦。我發現不在它身邊令我苦惱，回到它懷中令我振奮。從國會山（Parliament Hill）、滑鐵盧橋和格林威治（Greenwich）看去，它遠近馳名的風光始終令我激動。它的失望之處令人尷尬，但它的成功令人欣喜。倫敦從不辜負它令人驚喜的使命，它有著人類最偉大的美德：絕不枯燥乏味。

---

* 英國鐵路理事會（Boards of British Rail）、倫敦交通局（Transport for London）、倫敦博物館、南岸中心（South Bank Centre）、舊維克劇場（Old Vic）、薩默塞特府、帕丁頓住宅協會（Paddington Housing）、英格蘭遺產委員會（English Heritage）、國民信託（National Trust）、拯救英國遺產協會（Save Britain's Heritage）、二十世紀協會（the Twentieth Society）。

第一章　倫蒂尼恩　西元四三至四一〇年

老父親泰晤士河

多數城市都發源於水。河、湖、海所在之處就有貿易，岸邊只要有高地，人們就在那兒紮根，展開交易。倫敦尚未存在之前，人類就已入住泰晤士河谷，他們開鑿溝渠、構築土木工事、宰殺野生動物、種植農作物、將陶壺和金屬物體遺留下來。但他們始終目不轉睛注視著河流。

泰晤士河並非平靜無波的水流。它是被潮汐牽動的激流，寬度是今天的兩倍，深入遙遠的內地。它一如多數河流，從最古早的年代開始就被視為神聖。它的名稱可能來自凱爾特語指稱黑暗的字根，而「父親泰晤士河」的擬人化形象，則呈現出一個宛如水神尼普頓（Neptune）、長髮飄逸的老人。人們向河神獻祭、獻上陶器、斧頭、刀劍、金錢，如同今天的戀人繼續將硬幣投入噴水池祈求幸運。我記得，在人生的某些轉捩點上，我走過滑鐵盧橋，望著橋下的河水，某種原始本能驅使著我將一枚硬幣投入河中。

史前時代沒有倫敦，只有一座雙峰隆起的山丘。要感受山丘的起伏，最好的方法是騎自行車從倫敦塔西行，而且最好是在夜間。等高線由塔丘（Tower Hill）升起，沿著東市場（Eastcheap）和坎農街（Cannon Street）延伸，小巷從坎農街向泰晤士河陡降。坎農街在中段明顯下降，跨越華爾溪（Walbrook）的舊河道，而後再次上升，來到聖保羅教堂（St. Paul's）的另一「峰」。更多的小巷則在卡特巷（Carter Lane）下方下降到河邊。

過了大教堂，盧德門丘（Ludgate Hill）陡降，跨越艦隊河（Fleet River）舊道，如今那是一條被掩埋的輔助下水道。路途再次沿著艦隊街上坡，來到一段重新被稱作「河岸」（the Strand）的石灘地，奧德維奇（Aldwych）就在這裡——撒克遜語「舊集市」之意——這是羅馬時代過後形成，名為倫敦威克（Lundenwic）的定居點，大致位於今天的柯芬園（Covent Garden）。在特拉法加廣場（Trafalgar Square），我們可以繼續往下到西敏的沼地，或右轉沿著乾草市場（Haymarket）上行到蘇荷（Soho）高地。我們或許看不見老倫敦，但我們已經用雙腿感受了它。

倫敦博物館有一幅描繪這片史前時代地景的地圖，圖上顯示燧石斧、骨頭與人類頭骨散落在長毛象、犀牛、野牛和熊的遺骸之間。距離最近的所謂「營地」位於上游更肥沃的土地，在烏克斯橋（Uxbridge）、史坦斯（Staines）、卡爾夏登（Carshalton）和希斯洛（Heathrow）。到了西元前一千年，出現了簡單的田地，包括泰晤士河南端南華克（Southwark）的一處田地。一塊精美的青銅時代盾牌在巴特西（Battersea）出土，地點很有可能是早年的河流渡口。

泰晤士河看來是起源不明的鐵器時代晚期部族之間的邊界，這條河流想必形成了北海與內地之間的天然貿易管道。至於倫敦一名的由來，說法有很多種，最可信的說法是來自凱爾特語的「荒野」（lond）或「急流」（plowonida）。中世紀史家蒙茅斯的傑佛瑞（Geoffrey of Monmouth）則模仿羅馬，宣稱倫敦是由建立羅馬城的艾尼亞斯（Aeneas）之後人，特洛伊人「布魯圖斯」（Brutus）所建。而就連在神話裡，倫敦都被認為與「歐羅巴」（Europa）相關。

羅馬城市

凱撒（Julius Caesar）在西元前五五年和前五四年兩度遠征不列顛，兩次都沒有在倫敦地區留下一絲痕跡。第一次只是在肯特登陸，第二次則是八百艘船隻的大舉入侵，成為諾曼第登陸之前規模最大的跨越海峽行動，只不過方向相反。遠征軍擊破了卡西維拉努斯（Cassivellaunus）率領的不列顛軍隊，渡過泰晤士河，深入米德塞克斯。渡河的地點和這次入侵達成的目標，至今仍無法確認。這看來似乎不過是一次武力展示，凱撒撤回了高盧，沒有留下營地或駐軍。

西元四三年，克勞狄（Claudius）皇帝統治期間，羅馬人更加堅決地捲土重來。奧魯斯・普勞提烏斯（Aulus Plautius）統帥的羅馬軍登陸肯特沿海的里奇伯羅（Richborough），沿著泰晤士河岸進軍，他們很有可能渡河登上南華克對岸的高地，向不列顛人的堡壘科爾切斯特（Colchester）進軍。但我們不知道那座山丘是否已有商人入住，山丘上的定居點不久後便成為倫蒂尼恩（Londinium）。

這處渡河點沿著華爾溪兩岸迅速成長。如同所有羅馬城鎮，它也規劃了布置井然的街道網，以一條道路為導向，這條路向東通往不列顛城市科爾切斯特，向西北則沿著惠特靈大道（Watling Street，今天的埃奇威爾路〔Edgware Road〕）通往聖奧爾本斯（St. Albans）。城鎮的中心是一片開放空間或廣場，地點就在今天的利德賀市場（Leadenhall market）。華爾溪以西有個圓形劇場，一九八八年在市政廳廣場（Guildhall Yard）發現。

街道修築成了羅馬式的，房屋多半為矩形，也有一些圓形房屋，可能是由在地人居住。河岸邊有碼頭接收船舶和物資。塔西佗（Tacitus）評述，它並未「被尊稱為殖民地（如同科爾切斯特），人口以商人為主」。此說由二〇一〇年於彭博社大樓（Bloomberg building）地下出土的蠟版證實，時間可追溯到西元五七年，其內容既表明了貿易活動，還有學校教育和司法裁判。

這第一個倫敦只存在了十七年。西元六〇年，諾福克（Norfolk）的愛西尼人（Iceni）和艾塞克斯的特里諾文特人（Trinovantes），在愛西尼女王布迪卡（Boudicca）率領下起兵反叛，當時羅馬總督蘇埃托尼烏斯（Suetonius）試圖在布迪卡身為羅馬盟友的丈夫死後，將愛西尼領土併入帝國行省。由於至今仍然不明的原因，布迪卡遭到鞭打，她的女兒們則被強暴。這位戰士女王為了報復而集結龐大兵力，搗毀羅馬人在科爾切斯特的基地，然後攻打倫敦和聖奧爾本斯的羅馬人。

蘇埃托尼烏斯的軍隊當時正在威爾斯作戰，這使他無力自衛。未能和他一同出逃的羅馬公民都被屠殺，城市則被夷為平地（考古學家發現了可回溯到這個時期的灰層）。當時估計的四萬人死亡似乎誇大了，但足以說明倫敦在羅馬占領二十年後增長到何等程度。翌年，蘇埃托尼烏斯匯集兵力反攻，打敗了布迪卡，並把她殺掉。

倫敦在戰略上是如此重要，這使它迅速回復了不列顛最大城鎮的地位，成為此時對羅馬帝國極其重要的不列顛尼亞省之省會。華爾溪從芬斯伯里（Finsbury）帶來了淡水，將廢棄物沖入泰晤士河。羅馬別墅的正門面向主要大道，倉庫沿著碼頭區一字排開。跨越泰晤士河通往南華克的第一座木橋，早在羅馬占領之初就興建了。一九八一年，在今天的倫敦橋以東一百碼處發現了木樁，時間可追溯到西元八〇至九〇年。這座橋讓來自聖奧爾本斯的惠特靈大道得以渡河，通往肯特和多佛（Dover），銀貂大道（Ermine Street）則向北沿著今天的金士蘭路（Kingsland Road）通往約克（York）。它們至今仍是倫敦唯一筆直綿延數英里遠的街道。至於橋樑，則在往後千百年間成為倫敦身分的象徵。

倫蒂尼恩在第二個世紀之中持續成長，西元一二〇年前後曾發生大火，但仍存活下來。哈德良（Hadrian）皇帝據信曾在一二二年造訪倫敦，在他統治期間，城市西北角修築了一座堡壘，駐軍一千人，即今日的巴比肯（Barbican）。此外，一道半圓形的石牆在西元三世紀初築起，從今日的倫敦塔延伸到黑衣修士（Blackfriars）的艦隊河口，間斷於盧德門、新門（Newgate）、主教門（Bishopsgate）、阿爾德門（Aldgate）等處。西北角的一處彎曲，標誌著舊克里波門要塞（Cripplegate fort）所在。經過調整，這道牆就構成了倫敦城的基本邊界，直到今天。在此同時，廣場也擴充成了阿爾卑斯山以北最大的廣場，一座集會堂俯視著廣場，考古發掘顯示，這座集會堂的長度甚至超過今天的聖保羅主教座堂。

郊區逐漸在城牆外成長起來，順著今天的艦隊街，以及霍本（Holborn）、阿爾德門和倫敦橋以南的南華克等處。到了西元第一世紀末，倫蒂尼恩的人口據估計達到巔峰，約有六萬居民，按照羅馬的說法，已經是主要都會了。關於它的社會所知甚少，即使巴比肯倫敦博物館的展示是對羅馬城最生動的召喚。博物館提供了一幅奢華的家庭享受場景，有鑲嵌地板、彩繪的客廳、浴場和庭院。DNA分析有一項重大發現：這個倫敦有著極具世界性的人口，來自羅馬帝國各地，包括地中海及北歐。這些人群必定會在寺院和神廟裡敬拜自己的神，在泰晤士河和華爾溪岸邊獻祭。迄今為止發現的最重要神廟，是以密特拉神（Mithras）為敬拜對象，西元二四〇年前後興建於華爾溪附近。一直有人推測，聖保羅教堂可能就蓋在另一座神廟的原址上，或許敬拜的是黛安娜女神。

撤離與消失

倫蒂尼恩在五世紀和六世紀衰敗的原因，至今仍是倫敦歷史最大的謎團。它的人口自西元一五〇年起已經開始減少。可能是因為不列顛尼亞南部通常平靜無事，省會無需軍團駐屯，部隊多半駐紮在威爾斯和蘇格蘭邊境。人群似乎開始漂移到他處，新興的「羅馬—不列顛」文化擴散到了城鎮和村莊，它們一如今日，在鄰近的肯特、薩里及泰晤士河谷山坡上四處散布。倫敦是重要的市鎮，但行省的大部分貿易可能經由水路，運送到了海岸各地。

隨著帝國治安開始惡化，不列顛等遠方行省逐漸受害於「蠻族」入侵——尤其是盎格魯人和撒克遜人——這些行省的治理則落入了抗拒朝廷的將軍手中。卡勞修斯（Carausius）在西元二八六年發動全面叛變，使得君士坦丁大帝的父親「蒼白」君士坦提烏斯一世（Constantius Chlorus）不得不在西元二九三年「重新征服」不列顛。由此帶動了營建復甦，即使為時不久。西元三〇〇年過後不久，就出現了城市喪失其用意的明確跡象，建築物閒置、公共浴場荒廢，連廣場都變得破敗。

基督宗教在西元三〇〇年前後傳入北歐，或許在塔丘附近的一座教堂留下了痕跡。西元三一四年在法蘭西的亞爾（Arles）舉行的大公會議，有一位「來自倫蒂尼恩」的主教雷斯提都圖斯（Restitutus）出席。但考古學研究顯示，四世紀末突然發生了衰退。倫敦或許變得令人不適、半毀、受到污染、治安廢弛，並被瘟疫詛咒。或許新來者寧願在西方更健康、更開闊的土地上落腳。

我們只能知道，西元四一〇年示意著滅亡。羅馬帝國在四面八方受到入侵的蠻族威脅，羅馬城本身就在那一年被西哥德王亞拉里克（Alaric the Visigoth）劫掠。二十六歲的霍諾留斯（Honorius）皇帝從帝國邊陲將軍團撤回，包括不列顛在內。皇帝向為了日耳曼部族入侵而前來朝廷求救的使者們宣告：「為了高盧、義大利、西班牙屬地的安全，他宣布放棄帝國對不列顛的所有權」。不列顛各郡和駐軍「即刻獨立……應當著手自衛」，這是第一次脫歐。

儘管羅馬——不列顛文化仍在不列顛尼亞其他地方存續，但在倫蒂尼恩卻似乎突然被放棄。有多少羅馬人留下來，他們說哪種語言，或他們為何放棄城牆之內的安全，至今仍是一個謎。錢幣、貨物及垃圾，所有廢棄物全都消失無蹤。沒有天災地變，只有一個城市展現出居民打包離開的全部跡象。據考古記載，倫敦被一層黑土覆蓋，這通常是土地回復為碎石及土壤的跡象。這個空蕩蕩的倫敦似乎持續了兩個世紀，成了山丘上失落的定居點，一如威爾特郡（Wiltshire）的老薩勒姆（Old Sarum）。考古學家提示，無從追溯的活動或許仍在城牆內持續，可能是市民或宗教儀典，它顯然足以支持這個地點在兩百年後復興，但除此之外即一無所有。

兒時的我試過沿著這個早已失去的城市周邊行走，但這次冒險一無所獲。一小段羅馬城牆仍存留在倫敦塔對面，另一段則沿著古柏街（Cooper's Row）向北延伸。一座覆蓋著中世紀磚塊的稜堡仍保存在巴比肯倫敦城牆沿線，另一座則在巴比肯一處停車場裡。這些都只不過是碎片。公共浴池潛藏在維多利亞女王街（Queen Victoria Street）附近的哈金丘（Huggin Hill）之下，由一連串水桶注水。它們的外牆在令人愉快的袖珍公園克里瑞花園（Cleary Garden）之內仍清楚可見。浴池本身是羅馬時代倫敦的最佳遺跡之一，它們在一九六〇年代被填平了一部分，好讓辦公樓在它們之上開發。其他偶爾可接近的浴池，仍位於比林斯門（Billingsgate）對面一棟建築物下方。今天的市政廳地址上，古老的圓形劇場遺跡存留更少。

一九五四年，在興建巴克勒斯伯里屋（Bucklersbury House）大樓的過程中，一座密特拉神廟在華爾溪岸出土。此事引發了強烈的興奮，即使仍不足以讓它原地保留。這一堆石頭被遷移到了維多利亞女王街（Queen Victoria Street）的一處前庭。二〇一七年興建彭博中心的重新開發計畫，又將這些石頭搬回了原址，但必要條件是將它們包圍在一處現代地下室的一間暗房裡，看上去宛如一件抽象雕塑。更好的做法會是在一處設想過的位置重建神廟，如同再現於約克銅街（Coppergate）上的維京人街道（Viking Street）。羅馬時代的倫敦仍是一處失落的不尋常所在，來自遙遠土地的陌生移植，因其突然消失而變得無足輕重。

第二章 撒克遜城市 西元四一〇至一〇六六年

倫敦威克插曲

用來描述羅馬衰亡後時期的「黑暗時代」一詞，是歷史學家所不喜歡的。那個詞意味著他們不稱職，但它卻貼切地歸納了被羅馬拋棄之後的倫敦。流浪漢、驅趕牲畜的人和菜農或許都使用過這個地點，但在考古學家的櫥櫃裡，對於將近兩百年的這段時間，只存在被拋棄的物品，卻不見定居的跡象，在相應的考古成層裡，都沒有錢幣、陶器、垃圾，或是可回溯年代的木工構造。羅馬街道網的命運，或許最能反映真實情況。即使古老的城鎮衰敗了，道路往往仍能留存下來，但在倫敦，卻連街道網本身都消失了。

六世紀和七世紀時，肯特（Kent）、艾塞克斯（Essex）、麥西亞（Mercia）等撒克遜人王國逐漸成形，泰晤士河成為它們之間的天然疆界。當時在雅羅（Jarrow）修院度過的史家比德（Bede），以及《盎格魯撒克遜編年史》，都曾提及七世紀時有一處新的「東撒克遜」貿易基地。此地逐漸得名為倫敦威克，即倫敦集市，後來則被稱作奧德維奇（注意名稱中的定冠詞），亦即「舊集市」。倫敦失落的一環肯定就在這裡。

一九八五年，在河岸以北的柯芬園進行的考古發掘，找到了某種確證。艾倫・文斯（Alan Vince）和馬丁・畢德爾（Martin Biddle）兩位考古學家在不同地點開挖，都發現了大量遺物，年代可回溯到倫敦廢棄之時。看來在五世紀時，羅馬時代城市上游的河岸取而代之，成了河運貿易的基地，河岸石灘地則是貨物上岸之處。在倫敦威克並沒有發現碼頭或石造結構的證據。只找到了一座可能用作交易廳的建築所遺留的木柱，恰如其分，就在今天的柯芬園市場地下。

對這些新來的倫敦人而言，東方的舊城似乎是一片陰森的廢墟，或許只在特殊場合才會有人到訪。作家西蒙・楊（Simon Young）在《西元五〇〇年》（*AD 500*）一書中，想像一個希臘／拜占庭使節團造訪倫敦，顯然是為了在西元四一〇年羅馬被洗劫之後，以拜占庭的名義重新對不列顛行使管轄權。他們發現城牆內仍有數百居民，由使用拉丁文的年老貴族和一些撒克遜商人組成議會進行統治。這個想法多少有些道理，但找不到證據支持。

基督宗教重生

要說帝國有哪一種凝聚力能夠比軍力更加持久，那就是信仰了。被棄置的城市裡最有可能存續的，想必是來自羅馬占領時期的基督宗教遺跡。羅馬帝國在西元四一〇年之前一世紀就以基督教為國教，某些吃苦耐勞的羅馬——不列顛人，想必從倫敦威克長途跋涉，越過倫敦橋，登上盧德門丘，來到他們家族供奉的聖壇，即使新的倫敦當權者可能不信基督教、不允許他們這麼做。

這些當權者是誰？來自何方？至今仍不得而知。人們始終假定，英格蘭東南部的不列顛人是說不列顛語、起源於貝爾蓋（Belgic）的凱爾特人，其中多數人此時已是「羅馬—不列顛人」。有些片斷的文字史料提到，他們是被朱特人（Jutes）攻打的「不列顛人」，這是在羅馬撤離之後，不列顛多次遭受日耳曼人入侵的其中一次。史料提及他們在西元四五七年前後避難於舊城牆內，其他人則對「撒克遜人突然入侵凱爾特人的英格蘭」這個概念表達異議。不列顛群島的東部沿海，已有日耳曼部族跨越北海前來定居。東安格利亞（East Anglia）的愛西尼人和特里諾文特人，以及肯特諸部族，甚至有可能說一種日耳曼語，與群島西部及北部的不列顛語相異。倫敦周圍的地名幾乎全是撒克遜語，而非不列顛語。那兒沒有 -abers、-tors 或 -thorpes 等詞尾，而是使用撒克遜語詞尾，集市是 -port、島是 -sey、農莊則是 -ham 和 -ton。格林威治（Greenwich）、達利奇（Dulwich）、伯蒙德賽（Bermondsey）、巴特西（Battersea）、克拉珀姆（Clapham）、斯特雷特姆（Streatham）、肯辛頓（Kensington）和達爾斯頓（Dalston）都是撒克遜語。東安格利亞和東南部地區，長久以來都有來自日耳曼的羅馬軍團老兵定居，「不列顛」凱爾特人則無跡可尋。

歷史在六世紀末撥雲見日，出現了一個值得注意的新日期。奧斯定（Augustine）在西元五九七年率領傳教團來到坎特伯里（Canterbury），英格蘭由此開始向新羅馬進軍，這次是天主教會的羅馬。奧斯定讓肯特國王埃塞爾伯特（Aethelbert，在位期間為五八九至六一六年前後）皈依了基督教，但他的教宗大國瑞（Gregory the Great，國瑞一世）做出重大決定，下令將新設的英格蘭主教區劃分為約克和倫敦。倫敦的定居點由艾塞克斯王國統治，國王塞伯特（Saebert）是埃塞爾伯特的外甥，向他宣誓效忠。由於塞伯特這時也皈依了基督教，倫敦主教區在表面上得到了確保。西元六〇四年，教宗國瑞頒布敕令，任命梅利多（Mellitus）為第一任倫敦教區主教，梅利多則創建了聖保羅主教座堂，其地點可能是一座羅馬神廟、甚至教堂的舊址。

但梅利多的主教任期並不安穩。西元六一六年，塞伯特國王駕崩，可能不信基督教的雷德沃德（Redwald）國王繼位（在位期間為六〇〇至六二四年前後），肯特王國的威信也衰退。梅利多拒絕尚未受洗的倫敦人領聖體，因此引發爭執而遭到驅逐——這是倫敦第一次顯露爭取獨立的本能。被迫避難於高盧的梅利多在六一九年返回，但他高陞為第三任坎特伯里總主教。就這樣，成為英格蘭教會總部的，是地處基督教化肯特王國中央的坎特伯里，而不是教宗國瑞選定的倫敦，至今始終如此。

隨著林迪斯法恩的切德（Cedd of Lindisfarne）就任倫敦教區主教（六五四至六六四年在位），基督教似乎在艾塞克斯重振旗鼓。切德是從諾森布里亞（Northumbria）奉命南下的傳教士，他在艾塞克斯的布拉德韋爾（Bradwell）創立了一座修院，至今仍光榮地孤立於鄰近一段荒涼海岸的田野之中。這是早期基督宗教在英格蘭最動人、卻也最不為人知的遺跡之一。切德的繼任者是懷恩（Wine，六六六至六七二年在位），先前曾任多爾切斯特（Dorchester）與溫徹斯特（Winchester）主教，其後再由埃爾康華（Erconwald）繼任，他是倫敦正式的主保聖人。倫敦定居點這時是由英格蘭中部的麥西亞王國統治，直到九世紀，特別是奧法王時期（King Offa，七五七至七九六年在位）。

對於定都於坦姆沃斯（Tamworth）的奧法王來說，倫敦提供了一條通往歐洲大陸、與查理曼（Charlemagne）和法蘭克人建立外交關係的出路。舊城顯然被重新入住，人口再次被吸引到了城牆之內。人們認為奧法在羅馬要塞的舊址有一個類似居停的落腳處，森林街的聖奧爾本教堂（St. Alban, Wood Street，巴比肯附近）被提示為他的小禮拜堂。

撒克遜人與丹麥人

奧法在西元七九六年逝世，查理曼在八一四年駕崩，其後數年之內，新的威脅出現在歐洲北方的地平線上。倫敦的貿易地位讓它容易遭受沿著東海岸進犯的維京人襲擊。查理曼在臨終前說自己「遙望將來，看見北方人將對朕之子孫和他們的子民帶來災禍，不禁悲慟欲絕」。丹麥人在西元八三〇年代第一次進攻倫敦，城市在西元八五一年遭到占領並被摧毀，但威塞克斯國王埃塞爾伍爾夫（Aethelwulf，阿佛烈大帝〔Alfred the Great〕的父親，八三九至八五八年在位）反攻獲勝，帶來一場《編年史》所述：「直到當日為止，對大批異教徒進行的最大屠殺。」但倫敦的安全仍未能確保，直到西元八七八年阿佛烈大帝在威爾特郡的艾丁頓（Edington）戰役擊敗丹麥人為止。他在西元八八六年占領倫敦，把丹麥人逼退到了東安格利亞和諾森布里亞的所謂「丹麥律法區」（Danelaw territory）。

我們對於阿佛烈大帝（八七一至八九九年在位）重建的倫敦所知甚少。儘管它顯然是一個具有相當程度重要性的貿易站，卻也是威塞克斯最北端一座易受攻擊的邊疆城鎮，長年遭受丹麥人摧殘而一貧如洗。丹麥律法區本身始於黎河（River Lea），就在城東僅僅四英里處。儘管如此，阿佛烈仍修復城牆，將它重建為自己的撒克遜「堡」（burgh，設防城鎮）之一。與歐洲大陸的貿易正式重啟，碼頭分配給諾曼第、法蘭德斯、日耳曼及波羅的海港口輸入的特定貨品。阿佛烈也按照新的街道模式，將倫敦的市集正式定型。主要市場位於東市場、家禽街（Poultry）和市場街（Cheapside）。

阿佛烈似乎設計出了一套與倫蒂尼恩大不相同的街道形式，可能出自羅馬時代結束以來的習俗與慣例。市場街和恩典堂街（Gracechurch Street）由原有的羅馬十字街存續下來。除此之外，只要地皮之間能擠出空隙，就會出現街、巷、院落街和弄堂。這些街道的通行權則獲得了近乎神聖的保障，且存續至今。阿佛烈蜿蜒曲折的街道，是古代倫敦如今僅存、得到倫敦城的工程官們確認的遺跡。摩天樓或許會摧毀建築、破壞景觀，但就連最偉大的摩天樓，都非得嵌入阿佛烈國王下令實施的初步計畫不可。在今天的首都市中心，我們仍能看見撒克遜時代地圖的幻魅輪廓。

倫敦的政府產生於長老會議，它所召開的市民大會（folkmoot）顯然源自日耳曼人的部族集會。這些會議在昔日羅馬圓形劇場的遺跡舉行。理論上，全體自由公民都必須出席。名為市法院（hustings）的法庭也會定期召開，通常是為了裁決商業事務，這或許解釋了用丹麥語詞彙稱呼這類法庭的原因。阿佛烈也將城市劃分為坊（ward），每一坊都有從屬的教會堂區，負責維持地方秩序，執行看似福利的事務。各坊都必須為城防奉獻人力及金錢。這些制度在千百年間緩緩發展，但倫敦這時已經享有仍在萌芽中的自治。

城市未能長治久安。整個十世紀，丹麥人持續發動攻擊。城牆內的城市還能擊退多數攻擊，但經常得支付丹麥金（Danegeld）才能收買入侵者。一〇〇二年，「決策無方者」埃塞爾雷德（Ethelred "the Unready"）為了遏阻這些攻擊，下令屠殺他領土上的所有丹麥人，此即所謂的聖布萊斯紀念日大屠殺（St. Brice's Day massacre）。死者似乎包含丹麥國王八字鬍斯韋恩（Swein Forkbeard）的妹妹，而斯韋恩是維京人最重要的領袖。他不可能受到遏阻。

倫敦是唯一一個能夠武裝起來抵抗丹麥人的英格蘭居民點，但它同樣被斯韋恩攻陷。一〇一四年，埃塞爾雷德為了收復倫敦，而向皈依基督教的挪威國王、對丹麥毫不友善的奧拉夫二世（Olaf II）求援。在可能純屬傳說的一次事件中，奧拉夫的兵船撞壞了倫敦橋的支柱，讓橋倒了下來，他因此得以航向上游，從斯韋恩手中收復城市。暗示著倫敦獲救的倫敦橋倒塌，是兒歌〈倫敦大橋倒下來〉（London Bridge is Falling Down）的可能由來之一。一首北歐傳奇（Norse saga）把這首歌接著唱下去：「贏取黃金，威名遠揚，／盾牌轟響，鼓角齊鳴……／奧丁神護佑奧拉夫王勝利。」但倫敦仍然易受攻擊，一〇一五年，斯韋恩的兒子與繼位者克努特（Cnut）率領大軍入侵，一年後進入倫敦，成為英格蘭國王（一〇一八至一〇三五年在位）。這座城市成為克努特的斯堪地那維亞帝國之一部分，直到他駕崩為止。

在撒克遜人統治下，英格蘭國王將溫徹斯特看作政治首都，他們加冕於斯，死後安葬於斯，財寶也貯藏於斯。而在克努特統治下，倫敦後來居上。它在貿易上的重要性讓它成為金融活動中心，包括徵稅及鑄幣。倫敦也資助克努特的大軍，獲得的回報則是與波羅的海國家和斯堪地那維亞貿易繁盛，跨越北海和波羅的海，深入俄羅斯的大河，再沿著這些大河來到基輔、黑海和拜占庭。

克努特的帝國信奉基督教，效忠羅馬教廷。人們認為，倫敦的教堂數量在他駕崩時已增長到二十五座，其中可能包含獻給城市救主、死後封聖的挪威國王奧拉夫的六座，以及獻給（奧拉夫之子）殉道者聖瑪格努斯（St. Magnus Martyr）的一座。南華克的圖利街（Tooley Street）源自遙遠的聖奧拉夫，丹麥聖克萊蒙教堂（St. Clement Danes）或許曾服務過奧德維奇城牆外的丹麥駐軍或丹麥商人。作為一個遠離帝國中心的城市，這些名稱是少有能讓人體會到這段異域時期的存在。

西方興起第二座城市

克努特在一〇三五年駕崩，使得王位最終傳給了他的繼子懺悔者愛德華（Edward the Confessor，一〇四二至一〇六六年在位）。愛德華由其母諾曼第的艾瑪（Emma of Normandy）在法國撫養長大，艾瑪先是嫁給了埃塞爾雷德（愛德華的生父），再嫁克努特。他和克努特一樣，對於倫敦人民來說都是陌生的。他說的是諾曼法語，把諾曼第教養下的習俗與時尚也一併帶來。最重要的是，他不在倫敦的撒克遜城市設立基地，而是在奧德維奇上游，索尼島（Thorney Island）沼地上一處小小的本篤會隱修院——小到被稱作「小修院」（monasteriolum）之處開始建設。

愛德華在此將他的「西大教堂」（west minster）築成了新羅馬式建築，從諾曼第的瑞米耶日（Jumièges）修院，找來院牧羅伯特（Robert）出任坎特伯里總主教。這座長達九十八公尺的大教堂，大過當時任何已知的諾曼人教堂。教堂隔壁興建了一座新修院，而在東面，愛德華自行在河畔為他的王廷建立了一座宮殿。倫敦城內聖保羅教堂旁原有的王室飛地，送給了一〇五六年前後創立的聖馬丁大教堂修院。這一個將英格蘭權力顛峰遷移到倫敦之外的決定，正是這座城市歷史上最關鍵的決定。它創造了日後的第二首都，一個與商業及貿易中心分離開來的政治焦點。說法語的王廷與盎格魯—丹麥商業中心的分離，也就不免要導致兩者之間的衝突。而衝突很快就發生了。

一〇五一年，愛德華的首席顧問及權力掮客——盎格魯—丹麥貴族威塞克斯的戈德溫（Godwin of Wessex），遭到愛德華以諾曼人占多數的會議——賢人會議（witan）流放。一年後，戈德溫乘著高漲的反諾曼人情緒捲土重來，其子哈羅德（Harold）則成為軍隊統帥，也是事實上的王國統治者。一〇六六年愛德華駕崩時，哈羅德被宣告為繼位者。但他除了身為王后的兄長和軍隊統帥之外，別無王位繼承權利。諾曼第公爵威廉（William, Duke of Normandy）宣稱，愛德華曾允諾由他繼位，哈羅德多年前漂流到諾曼第時也曾經同意過。王位爭奪戰不可避免。

中世紀初期時的倫敦，存續至今的幾乎不比羅馬時代的倫蒂尼恩更多。在萬聖教堂（All Hallows by the Tower）內，還有諾曼人征服前的殘跡，近年來的考古也在西敏寺南邊發現了修院區最初的石造建物。至今仍然最為清晰的是倫敦的脊梁，也就是從今天的倫敦城蜿蜒而去，穿越艦隊河谷、沿著河岸通往西敏的兩英里大街。自從愛德華創建西敏寺開始，這條路在實質與譬喻意義上，都成了連結權力與金錢的管道。它從來不曾被重修為一條禮儀上或其他用途上的康莊大道，它就只是一條平凡的街。但從最早的泥土小徑，到它貴為帝國大動脈，它沿著泰晤士河岸伸展，宛如一條拉緊的橡皮筋。它正是今日十一路公車的路線，而我發現，踏上這段旅程不可能感受不到它的政治緊張。

倫敦的故事此時成了雙城記，這兩座城市各有不同關注、部族、利益、統治集團與治理形式。在西敏施展君權之際，倫敦則掌握財政及市場經濟。任何一方都不可能戰勝對方，即使在首都演變的過程中，市場多半占了上風。倫敦城身為歷史更悠久的一方，得到了大寫 C 這份榮耀。從現在起，我只會稱之為「城」(the City)，西敏則仍是西敏，即使西敏日後也成了「市」。

第三章　中世紀都會　西元一〇六六至一三四八年

諾曼人征服

倫敦的賢人會議一宣告由哈羅德繼位為王，他立即受到兩名對手挑戰：挪威國王「無情者」哈拉爾德（Harald Hardrada）；以及諾曼第公爵威廉，他是首先立足於法國這一地區的維京殖民者——丹麥人羅洛（Rollo）之直系後裔。這兩名英格蘭王位的索取者，都決意派兵入侵奪取王位。那一年稍晚，哈羅德在約克城外擊破並殺死了哈拉爾德，但他接著又得匆忙南下，迎戰在薩塞克斯的佩文西（Pevensey）率軍登陸的威廉。他沒能集結全部兵力就從倫敦出發，隨後在一〇六六年十月，於哈斯汀（Hastings）被威廉的騎兵擊破而戰死，這一天永遠都是英格蘭歷史上最著名的日子。

學校教的歷史把哈斯汀戰役描繪成了英國對抗法國，但它本質上是兩位同等牽強的英格蘭王位索取者之間的戰鬥，其中一位是盎格魯－丹麥人，另一位是丹麥－諾曼人。這場鬥爭標誌著查理曼所說的「北方人」在歐洲舞臺上真正崛起。哈斯汀戰勝之後，威廉向倫敦進軍，對倫敦堅強的城防感到緊張不安。他燒毀了南華克，但未能渡過泰晤士河，而是向上游迂迴到沃靈福德（Wallingford）再轉向東進，沿途摧毀城鎮和村莊。來到伯克姆斯特德（Berkhamstead），他「出於必要」，終於接受了倫敦市民領袖們的降伏——其中包括哈羅德十來歲的嗣子埃德加（Edgar）。他承諾「做一個慈祥的領主」。至於降伏，《盎格魯撒克遜編年史》評述：「他們未能更早降伏，是一大蠢行。」

威廉在一〇六六年耶誕節加冕為王，他選在愛德華建造的西敏寺加冕，而非溫徹斯特，藉此強調自己的合法性。他的諾曼人貴族們現在需要得到獎賞，因為他們認為這次入侵是他的私人事務，不屬於他們有責任奉行的封建義務。為了贏得他們支持，威廉承諾過要讓他們得到撒克遜英格蘭的財富。一開始的做法是對與哈羅德並肩作戰的人們課處罰款，但它隨後發展成了英格蘭歷史上最大規模的土地轉手。據估計，蒂斯河（Tees）以南多達百分之九十五的英格蘭各省土地，從撒克遜貴族和教會手中轉讓給了諾曼入侵者。將近四千名伯爵、大鄉紳（thane）和修院院牧，被兩百名諾曼男爵取代。這一切全都記載於一〇八六年的《末日審判書》（*Doomsday Book*）之中。當英格蘭東北部發動反叛，他們遭到駭人聽聞的鎮壓，此即「犁平北方」（harrowing of the North）。

倫敦則是例外。其後兩年間，英格蘭人受到刺激而挺身反抗，主因在於「奪財之恨」（the loss of their patrimonies），但倫敦幾乎沒有這樣的麻煩。它被特意排除在威廉的破壞之外，獲頒特許狀，傳統權利及保護都得到尊重。威廉宣布倫敦人繼承而來的財產受到保障，並聲明：「朕絕不容許任何人虧待你們。」倫敦的自主地位就這樣由於威廉的精明外交手腕而牢牢確立。倫敦的撒克遜參議（aldermen）和市民大會受到承認，如今也確定了其下再細分為坊及堂區。它可以自行選任郡長（sheriff），推行自己的法規，而以貿易相關規範最為重要。即使法國修院攫取了原有的撒克遜修院，文獻資料上記載的倫敦重要地主姓名，遠到下一世紀仍是撒克遜人名。

商業城

其實，倫敦的性格已經是世界性的了。說拉丁語的歐洲大陸人創建了它，繼承他們的是說日耳曼語的盎格魯撒克遜人，以及說古北歐語的丹麥人。這時它向說法語的諾曼人宣誓效忠。城市人口約有二萬五千人，相當於布魯塞爾（Brussels）和根特（Ghent），但與巴黎的十萬人相比，只是一小部分。不過倫敦很繁榮，街道名稱反映出它們在貿易上的顯著地位，不只是布料、麵包、家禽、魚和煤粉的傳統市場，也進口絲綢、皮革、毛皮和貴金屬。它有自己的魚街（Fish Street）和家禽街。最顯貴的商人是布商、雜貨商、織品商和葡萄酒商。

從這些市場產生了壟斷與行會，有著複雜的入行要求、學徒期和規範，以捍衛品質並排除外人——有金錢或生意進行交易的人們除外。它們有自己的「手藝」（misteries），即技藝規則，在我年輕時，艦隊街的老印刷工人曾經提過這回事。它們不只是生意和手工藝群體而已，更為會員們提撥福利，照顧他們一輩子。既然獲准加入行會，最終也會通向城市所享有的自由，行會實際上為城市的權利排定了次序，掌控了城市治理。

倫敦與諾曼人國家的協議，就這樣締造於征服之初。倫敦向威廉納稅以提供收益，由此換取對自身事務的自主權。儘管威廉認可協議，他仍讓倫敦城對他的至高無上地位毫無疑慮。他在倫敦城周邊建了三座城堡：盧德門旁的蒙特菲奇特堡（Montfichet）、艦隊河口處的貝納德堡（Baynard's），以及朝向大海的一角，起初為木造、日後改用石造的一座令人畏懼的塔樓，表面塗上石灰而被稱為白塔。最後這座城堡仍在倫敦城管轄範圍之外，但其存在本身就確認了倫敦是一個國中之國。貝納德堡和蒙特菲奇特堡於十三世紀約翰王（King John）在位時被拆除，土地撥給了黑衣修士會院。今日呈現華麗新藝術（art nouveau）風格的黑衣修士酒館（Black Friar Pub）則標誌了地點所在。

教宗支持對於威廉的征服至關重要，他在哈斯汀戰役中帶著教宗的徽章上戰場，他完全報答了這份支持。英格蘭的教會建築，與軍事建築同樣驚人地激增。往後半世紀間，諾曼人重建了幾乎每一座撒克遜主教座堂、隱修院和教堂。他們興建了新的城堡和修院，找來騎士和院牧定居，創造出新的貴族制。原有的撒克遜聖保羅教堂，在一〇八七年大火過後重建，成為歐洲長度最長的主教座堂之一。一〇九七年，威廉之子魯夫斯（Rufus）在西敏興建了一座大廳堂，據說又是當時最大的廳堂。屋頂是日後重修的，但它至今仍是十一世紀工程的一項證明。如此的縱情建築在歐洲歷史上無可比擬。一度木造的教堂、城堡及私人住宅，這時全都重建為石造，石材大多從諾曼第運來。

儘管倫敦人懷疑國王的權威，他們卻不懷疑教會的權威。他們或許獨立、吵鬧、貪財牟利、經常使用暴力，但他們很虔誠。諾曼人的倫敦興建了一百二十六座教堂，加上十三座修會會院內的小禮拜堂。新建的教堂往往相距只有一百碼，每一座都各自效忠於不同主教、男爵、商人及行會，他們全都渴望在城內建立一處據點。

隱修院建立於主教門和阿爾德門附近。一一二三年，聖巴托羅繆隱修院（Priory of St. Bartholomew）在倫敦城西北城牆外的「平滑田地」(smooth-field，因此成為史密斯菲爾德〔Smithfield〕)上拔地而起。十字軍的耶路撒冷聖若望騎士團（St. John of Jerusalem，即醫院騎士團）在一一四五年前後抵達克勒肯維爾（Clerkenwell），從此不曾離開過，今天他們的組織（聖約翰救傷隊）仍營運救護車。他們的夥伴聖殿騎士團（Knights Templar）則在艦隊街落腳，但在十四世紀遭到鎮壓，財富被沒收。他們的地產如今接待著律師，但以耶路撒冷聖墓教堂（Holy Sepulchre）為藍本的圓形教堂仍然存在。聖母醫院（St. Mary Spital）和伯利恆聖母騎士修會（St. Mary Bethlehem）接著來到城北。而在倫敦橋址以南，修院早已存在於伯蒙德賽和南華克。

教會與在俗權威的這一結合，決定了整個中世紀的倫敦城政治。當王位陷入爭議，例如在史蒂芬（Stephen）與瑪蒂爾達（Matilda）爭位的無政府時期（一一三五至一一五三年間），倫敦城的市民大會決議支持史蒂芬，即使瑪蒂爾達已在溫徹斯特加冕。亨利二世與托瑪斯・貝克特（Thomas Becket）爭奪教會權力的衝突之中，倫敦不願站在任何一方。即使貝克特是倫敦人——倫敦橋上日後有一座紀念他的小禮拜堂——這座城市卻不介入他所參與的衝突。倫敦出於直覺，對政治衝突不聞不問，除非衝突產生了它可資利用的結果。

隨著十二世紀逐漸進展，倫敦城發展出了由二十四坊參議組成的治理議會。都會內部的權力不以任何君王、軍閥或軍事制度為基礎，實際上是以有組織的商業為基礎。參議們的議會禁止以茅草覆蓋屋頂，並且多半出於防火考量，要求酒館用石頭建造。倫敦橋在一二〇九年重建為石橋，設計出自一名神父——科爾丘奇的彼得（Peter de Colechurch）之手。這是倫敦城的一份榮耀，中世紀工程的奇蹟。它有十九座尖拱，豎立在深入河床的二十英呎寬基座「分水樁」（starlings）上，其後數百年持續強化，使得河流在每次漲退潮時幾乎都成了瀑布。更寬廣的第二十座尖拱由一座開合橋橫跨。這座橋出奇強韌，它日後能夠支撐樓高五層的房屋即為明證。經過不少次修繕，它一直存續到了一八二〇年代。

一一八九年，倫敦選出第一位市長，「市長」這個法文詞衍生於「大」管家（"major" domo），即領主城堡之內的最高官員。這個職位直到一二一二年都由亨利・費茲－阿爾文（Henry Fitz-Ailwyn）擔任。他肩負重任，要籌募一筆鉅額的「國王贖金」，贖回第三次十字軍歸國途中被奧地利人俘虜的獅心王理查（Richard the Lionheart）。理查死後，繼位的約翰王（一一九九至一二一六年在位）正式賦予倫敦城選任市長的權利，期望藉此確保倫敦城支持他對抗男爵們，徵稅問題和法國境內的戰事，使得許多男爵已經開始公然反抗約翰王。但這個期望白費了。倫敦城在頒布《大憲章》的蘭尼米德（Runnymede）會議上支持男爵一方，贏得一系列明文規定的自主與自由。第四十一條宣布：「一切商人……均得遵陸道或水道安全出入，逗留或經過英國以經管商業，並得免繳一切苛捐雜稅，惟須遵從舊時正當之習慣。」歐洲將成為單一市場，國王則不會利用自身權力，簽訂條約及核發許可以損害他們的利益。

如同在另外那個商業大城——威尼斯，把太多權力長期給予單一個人被認為有害於生意，市長任期最終被限定為僅只一年。合格選民是「謹慎而有力的公民……一如舊慣，更富有、更睿智的男性」。出任市長一職的人，往往來自歷史悠久的參議家族，而這些家族本身就與最主要的行會相關。這是寡頭統治，不是民主。倫敦城會在每年一度向國王致敬的姿態裡，將市長「呈獻」給國王，在今天仍然舉行的「市長巡遊」（Lord Mayor's Show）之中，各行會遊行出城，沿著河岸行進到西敏。順序先後的規則一再受到挑戰。兼售衣料的裁縫（merchant tailored）和皮貨商為了爭奪遊行隊伍第六順位而結怨，據傳是「亂七八糟」（being at sixes and sevens）這句成語的由來。這一衝突在一五一五年獲得解決，雙方協議每年輪流換位（至今仍是如此）。這場巡遊名義上是表示臣服，實際上卻是炫耀性消費。財富的力量顯擺於政治權力的席位之前，這是倫敦城每年一度的實力展示演練。

亨利三世：一場危險的反叛

倫敦並不樂於成為金雀花王室君王們的金主，尤其不滿於他們到處發動昂貴的戰爭，又要插手干預貿易。亨利二世時代的爭議、為其子理查支付的贖金，以及約翰王在法國代價同等高昂的挫敗，乃至他和男爵們的戰爭，全都對生意有害。隨後的亨利三世當政（一二一六至一二七二年在位）也是持續不和的源頭之一。在法國受教育的他認為倫敦是文化落後之地，急需歐洲大陸的新建築和新時尚。他熱衷於在歐洲政治舞臺上扮演角色，並鼓勵來自歐陸的新修會——一二二一年的道明會

（Dominicans），以及一二二四年的方濟會（Franciscans）。當亨利在一二三六年迎娶年方十三的普羅旺斯的艾莉諾（Eleanor of Provence），據編年史家記載，這個女孩由法國國王、以及「法國南部所有騎士與美女，一隊氣宇軒昂的貴族、仕女、吟遊詩人和樂師」伴隨著來到倫敦。其中許多人盼望能獲得英格蘭的莊園和主教職位。

艾莉諾的到來激起了倫敦最排外的姿態。她乘坐的平底船上行經過時，被人們投擲腐爛的食物。男爵們和倫敦城抗議王廷使用「外國的」普羅旺斯語，而不說「英格蘭話」——他們指的是諾曼法語。亨利三世賜給倫敦人第一座動物園，卻也無法安撫他們，這座動物園位於倫敦塔，園內有一隻熊、一隻犀牛、一隻大象，還有獅子和蛇。遊客入園參觀要交出一隻貓或一隻狗，做為動物們的糧食。

亨利著迷於自己的遠祖——同樣熱愛法國的懺悔者愛德華。這使得他把西敏寺重建成了獻給這位先祖的紀念堂，以及他自己和家人的陵墓所在，全都建成了新的法國哥德式。這項計畫不僅需要向倫敦城橫徵暴斂，還要向廷臣們橫徵暴斂。亨利宣告，「只要它證明了值得呈獻於天主和聖彼得，並且得蒙悅納」，就不應「權衡過去或未來的開銷」。這種在後世君王和某些國家政府看來司空見慣的公共支出觀念，不被倫敦城認同。

一二四五年，亨利決定在西敏舉辦兩場一年一度的市集，城裡的商人們則視之為敵對行徑。行會會員們在街頭暴動，派出武裝隊伍支援西蒙・德蒙福特（Simon de Montfort）起兵反抗國王。一二六四年，德蒙福特在雷威斯（Lewes）戰役獲勝，亨利被俘。隔年，第一次自行選舉的議會在西敏召開，但在混亂中解散。失序與迫害到處發生，在一場無緣無故的屠殺中，四百名猶太人被一群亂民殺害。編年史家托瑪斯．威克斯（Thomas Wykes）大感震驚。他寫道：「即使他們『身上沒有我們信仰的印記』，『無緣無故殺害他們是一次殘暴不仁、不敬神的行為。』」

倫敦城難得一次誤判了政治情緒，為了支持德蒙福特而付出慘痛代價；一二六五年，德蒙福特在伊夫舍姆（Evesham）戰役落敗之後，倫敦城六十位地位最顯赫的公民被褫奪財產。倫敦人被廣泛課以罰款，即使許多罰款後來被取消。亨利去世後，參議們小心謹慎也就可想而知，他們奢華地慶祝一二七二年愛德華一世加冕為王。西敏廳舉行的一場宴會上，食用了天鵝、孔雀、狗魚、鰻魚和鮭魚，還有六十頭牛和四十頭豬。而在城內，市場街的噴泉裡交替流出紅酒和白酒。

分歧的都會

儘管受到了如此歡迎，愛德華卻開啟了一個倫敦城與君王頻頻發生衝突的時代。他強化了倫敦塔、取締了行會多項限制性的慣習，並在市政廳安插自己的郡長維持秩序。倫敦城司法體系被納入宮廷管轄，國王也要求參議會向更廣大的中間商人選民開放。他行使權力，向外來商人核發貿易執照，讓倫敦城大感不悅。接著在一二九〇年，愛德華驅逐英格蘭境內全部猶太人，並逼迫他們將所有貸款移交王室。除了極少數例外，他們直到奧立佛．克倫威爾（Oliver Cromwell）統治時期才回到英格蘭，那時已是將近四百年後。猶太人的地位有部分由湧入的義大利銀行家取代，他們留名於倫巴底街

（Lombard Street）。漢薩同盟（Hanseatic League）的商人們也在泰晤士河河濱的鋼院（Steelyard），得到了一處由他們自行設防的飛地。

正如即將在整個倫敦歷史中定期發生的情況，與君王的關係受到創傷，產生了重振及更新倫敦城的限制性慣習，同時刺激競爭的結果。此時支撐著倫敦經濟、實際上還支撐著英格蘭經濟的是羊毛。羊毛傳統上經過倫敦運往歐洲大陸上的「貿易中心」（staples）或市場，但開往這些市場的船隻，是由赫爾（Hull）、林肯郡波士頓（Boston in Lincolnshire）、金斯林（King's Lynn）、南安普敦（Southampton）等港口啟航的，許多船舶直接航向法蘭德斯。對這項貿易的許可與課稅是君王特權。

後果是加強了倫敦城與君王之間金錢與權力的物物交換。愛德華一世是個好戰的國王，他需要錢才能打仗，特別是在威爾斯和蘇格蘭。他定期召開議會籌募資金，讓這個實體對他取得某種程度的影響力。這些稅金使得倫敦城置身於與西敏交換權利及特權的地位上。結果，在整個十四世紀，三位愛德華國王都必須商請倫敦效忠。金雀花王室代價高昂的交戰，正是英國憲制中這兩個彼此抗衡的權力中心得以崛起的關鍵因素所在。君主的財富並非自食其力而來。

第四章 喬叟與惠廷頓的時代 西元一三四八至一四八五年

瘟疫與叛亂

對於中世紀倫敦，我們沒有地圖或圖像，不得不從後世的證據中對它建構印象。據信它的人口約有八萬人左右，但這同樣只是推測。它還是比巴黎更小，也小於阿姆斯特丹、威尼斯和那不勒斯等歐洲城市。君士坦丁堡人口超過四十萬，倫敦仍是一個築有城牆的定居點，磚瓦地基上的建築多半仍是木框架結構。只有最華麗的宅第和教堂是石造的。巷弄和庭院裡流淌著污水，空氣充滿了難聞的味道，原始的「倒夜香」清潔服務幾乎減輕不了這股味道。疫病盛行壓低了預期壽命，中世紀期間只能活到三十歲前後，唯有移民不斷湧入才能防止人口減少。倫敦仍是社會向上流動之地，仍是冒險與機會之地，即使生活條件可能駭人聽聞，但倫敦人極少挨餓。

誰都逃不過疫病侵襲。一場從亞洲傳出的致命瘟疫，可能經由熱那亞船隻而在一三四七年傳進歐洲，一三四八年秋天傳到了英格蘭。這場人稱黑死病的瘟疫持續了一年才減輕，一三六一年捲土重來，但程度較輕。人們認為約有一半的倫敦人口喪生，一天就有多達六十具屍體送往史密斯菲爾德的

「瘟疫坑」(plague pit) 掩埋。整個倫敦境內的教堂墓地，地面層全都隆起。一部編年史如此描述這場苦難：許多「在早上染疫之人，中午前即已藥石罔效；它想要殺死的人，至多只能活三四天。」神父呼籲市民們悔罪，遺產大量流入了施主捐建的歌禱堂（chantry chapels）裡。

後果十分嚴峻，即使一如全國危機中屢見不鮮的情況，但在倫敦並未持續太久。勞動力嚴重短缺，薪資隨之上漲，即使法律明文禁止增加薪資。據說，西敏寺石匠們的酬金比瘟疫前增加了一倍。雇用趕車人、手套匠、蹄鐵工甚至家僕的人們，發現工匠和僕役們要求的價錢，比瘟疫前「他們慣常領取的，更多到不可計量」。然而，人滿為患的問題卻及時得到了解脫。

愛德華三世因應瘟疫，允許外省及外國商人在倫敦城管內交易。元氣大傷、勞力短缺的倫敦城別無他法，只能承認。限制性慣習因此緩解。移民而來的義大利人、法蘭德斯人及漢薩同盟商人，或許經常遭受倫敦城的幫派襲擊，但他們協助倫敦復甦的作用至關重要。他們也帶來貸款，支持國王在法國的持久戰事，這場軍事冒險此時已陷入一團混亂，在倫敦城和外省貴族之間同樣不得人心——至少在無法帶來勝利及戰利品時如此。

倫敦城的政府這時已正式存在。二十五人參議會從十二個主要行會的著名成員中選拔產生，通常為終身職。雖然這一寡頭統治會發展出強烈的性格，但家族權力卻很少能長久持續，因為倫敦城的商業可不斷得到新血補充——這是一座本質上朝向遠洋發展的商業城市，與歐洲大陸立足於陸地經濟之間存在重要的差異。倫敦沒有《羅密歐與茱麗葉》的蒙太古與凱普萊特家族（Montagues and

Capulets）、沒有義大利的教宗派與皇帝派（Guelphs and Ghibellines），即使行會工匠的變遷性質產生了頻繁的衝突，有時甚至外溢到了街頭上。

參議會之下是庶民會議（Common Council），由二十五坊的一百名代表組成，時日既久，他們變得愈來愈吵鬧，影響力也愈來愈強。其成員掌控了倫敦城榮譽市民（freedom of the City）之遴選，也是行會遊說及規範的焦點所在。庶民會議並不統治倫敦城，但依照習俗，參議會的決議必須諮詢庶民會議，尤其在金錢事務上。次要行會在宴會上「遠離鹽罐」，地位敬陪末座，但隨著倫敦城變得愈來愈多元，行會會員也伸展到了社會上較貧窮的人群之中。到了十四世紀晚期，行會會員據信已經涵蓋了男性人口的四分之三。

瘟疫讓所有這些團體都得到更高薪酬、地位更穩固，也更加堅定自信。遲早，他們也不免要受到平民領袖影響。庶民議會裡的一名織品商北安普敦的約翰（John de Northampton）是天生的煽動家，日後崛起成為參議，為倫敦城裡相當於「亂民」的這些次要行會發聲。當愛德華三世駕崩，由十歲的孫兒理查二世（一三七七至一三九九年在位）繼位，倫敦城與君王的關係變得更傷腦筋。

當北安普敦的某些支持者，在一三八一年六月瓦特．泰勒（Wat Tyler）的農民軍從坎特伯里來到倫敦城時加入他們，並且為了爭取更高薪酬而放手造反，事態發展成了危機。三天的暴力行動到處燒毀房屋和修院，並且殺害倫敦流氓們最熟悉的那些目標——外國人。但倫敦各坊的民兵多半設法讓泰勒手下的暴動者們在城牆外尋找攻擊對象，因為他們被告知，要以坎特伯里總主教的蘭貝斯宮

（Lambeth Palace）、聖殿區的律師們、岡特的約翰（John of Gaunt）宅第薩伏伊宮（Savoy Palace）、新門監獄和王室內務法庭監獄（Marshalsea prison）為攻擊目標。

當十來歲的國王終於接見並撫慰叛軍，倫敦城市長殺死了泰勒，倫敦城民兵則圍捕他的徒眾，將他們遣送回家。北安普敦本人隨後當上了市長，再次展現出倫敦城換人效忠、支持贏家的天賦。但這場反叛證明了倫敦有一個新的權力來源，那就是平民群眾。如何應對及監控這群亂民，對於引領城市度過往後的動盪時代，將是至關重要的。西敏寺裡展示著理查二世在一三九〇年的肖像畫，二十三歲的他看來憂戚又弱不禁風，這可能是第一幅極為逼真的英國君王肖像。

喬叟的倫敦

倘若農民暴動時期的倫敦令人一無所知，它沒過多久就突然為人所知了。傑佛瑞・喬叟（Geoffrey Chaucer）在變幻莫測的愛德華三世和理查二世時期，是一位政府官員和侍臣。他是一名外交官，曾出使歐洲大陸，會晤過佩脫拉克（Petrarch）和薄伽丘（Boccaccio）。他獲選為肯特選區的下議院議員，也當過海關監督和國王產業管理員。他娶了岡特的約翰的小姨子菲利帕・洛埃特（Philippa Roet）為妻。而他從年少時代就寫作不懈，成為第一位開啟門戶，描繪所見世界之豐饒的英文詩人。

喬叟在描述他所見的英格蘭時，聚精會神於刻劃一群個性鮮明的朝聖者，某年復活節從南華克啟程前往坎特伯里，一路上各自講述的故事。《坎特伯里故事》（*The Canterbury Tales*）撰寫於一三八〇年代，一四〇〇年喬叟去世時，仍未完成也未出版。這些朝聖者的出身都不特別高貴或低微，他們反倒都是中世紀晚期英格蘭的新興中產階級：一名騎士、一名律師、一名商人、一名磨坊主人、一名女修院院長，合計約有三十人。人物塑造驚人地鮮活。

商人除了自己的錢財和妻子外遇之外說得很少。巴斯婦人（Wife of Bath）是個獨立的人，她說著自己的四個丈夫，以及她對衣服、魔法、八卦和婦女地位的興趣。騎士說起他「整個星期一不是跳舞就是比武／為了要把這一天獻給維納斯」。但他早早上床睡覺，好恢復元氣，在翌日「看那場廝殺」。廚師的故事裡那位「尋歡作樂的學徒」，「是個多情種子，滿懷著愛情，就像蜂窩裡滿是蜜甜的蜂蜜」。他完成學徒修業，只是因為師父如此一來就能擺脫他，他便跟著朋友一起縱情宣淫去了。*

這些人在《坎特伯里故事集》裡，並不是以身陷迷信過往的漫畫形象現身，而是最為滑稽、犬儒、世故、懷疑且充滿社會自覺。坎特伯里朝聖是一趟前往時髦地點的中世紀團體旅行。參加者們對性愛念念不忘，這些朝聖者似乎無拘無束地撻伐當時的習俗，包括教會、當道，以及同時代人不分老少的古怪之舉。他們是開放社會中擁有獨立思想的公民。

倫敦的街頭也是節慶與消遣不輟之地。花柳業無所不在，反映於普佩科蒂巷（Puppekirty Lane，或「撥裙」〔poke-skirt〕巷），甚至摸屄巷（Gropecunt Lane，如今令人遺憾地消失在市場街一棟辦公樓

＊譯者按：此處參看喬叟著，黃杲炘譯，《坎特伯雷故事》（臺北：遠足，二〇一二），上冊頁一一〇、下冊頁一七四。

底下）這樣的街角裡。喬叟的城市也可以變得危險，外國人可能在某一天受到隆重歡迎，但隔天就被毆打。華茲華斯（William Wordsworth）對一年一度的巴托羅繆市集（Bartholomew Fair）提問：「那麼，你又要怎麼說／對半個城市就要爆發的那些時候／滿溢著一種熱情——復仇、狂怒或恐懼／對處決、對燃燒的街道／亂民、暴動，或歡慶？」

長久以來，我都在找尋可能表達出喬叟倫敦印象之一二的其他城市。我所能想像到最接近的，是把一九七〇年代加爾各答（Calcutta）的污穢，移植到現代紐約的有形街頭上。檢視卡帕齊奧（Vittore Carpaccio）和他的同時代人描繪十五世紀威尼斯的畫作，或許更為可靠。卡帕齊奧所描繪的「真十字架的奇蹟」（Miracle of the True Cross，收藏於學院美術館〔Accademia〕）必定類似於倫敦的同類慶典，身穿鮮豔服裝的人們擠滿了一場遊行，不分老幼和貧富，無論虔誠或瀆神，最重要的是信心滿滿又招搖賣弄。這肯定就是喬叟的倫敦了。

教會與政治

這一時期倫敦的特點之一，在於教會的地位。教會擁有倫敦城的四分之一和城郊的大部分土地，在議會和地方行政上都發揮重大作用。它教育倫敦的兒童、餵養倫敦的貧民、照護倫敦的病人。但教宗此時駐節於亞維儂（Avignon），受法國保護，而英格蘭當時據說正在與法國交戰。因此可想而知，倫敦人積極回應針對教會腐敗與教條的批判，例如約翰·威克里夫（John Wycliffe）和他的羅拉德派

（Lollards）。威克里夫反對教廷統治集團，反對販售贖罪券，也反對流於極端的聖徒崇拜。他嘲弄教士們的懶惰。威克里夫說：「信仰只能從聖經裡找到。」這個訊息在隨後一百年間被宗教改革的先驅們延續下去，例如布拉格的揚．胡斯（Jan Hus），以及沃姆斯（Worms）的馬丁．路德（Martin Luther）。

威克里夫對教會權威的挑戰，不僅在一般市民中找到了現成的聽眾，也受到喬叟和岡特的約翰等顯貴支持。但羅拉德派在領袖去世後未能長久延續。倫敦人或許心胸開闊，但他們不是宗教激進分子。國王對羅拉德派並無好感，倫敦城在與西敏關係麻煩不斷的這段時期裡，也無意挑戰宗教議題。而倫敦城也選出了一位新人物繼任北安普敦，他就是不同凡響的理查．惠廷頓（Richard Whittington）。

惠廷頓是格洛斯特郡（Gloucestershire）一名地主之子，也是標準的新倫敦人。本業為布商的他是理查二世的供應商，在一三九七至一四一九年間，極其非比尋常地四度出任市長。他後來在童話劇中的名聲是一個謎團。他既不貧窮，也沒有經由高門離開倫敦，更不曾被贈予一隻專抓摩爾老鼠的貓。惠廷頓真正的發展是成為一名至關重要的外交官，也是國王的寵臣，他以王室財寶和羊毛稅為擔保，提供國王鉅額貸款。他接著又繼續向亨利四世和亨利五世提供同一種服務，在奉承王室之際捍衛倫敦城的利益。

一四一五年，亨利五世在阿金庫爾（Agincourt）戰役獲勝之後，惠廷頓想必也在迎接國王班師倫敦的人群中。一份佚名的記載提到，亨利在黑荒原（Blackheath）受到隆重歡迎，然後穿過了以織錦和塔樓裝飾的倫敦城，城裡的每個地點「都有一位美麗女孩擺出雕像的姿態；她們手持金盃，在國王策馬行經時，十分輕柔地把金葉子噴在國王頭上……葡萄酒從噴泉的渠道與泉眼中流出。」倫敦城的作風從不吝嗇。

惠廷頓日後的名聲幾乎肯定建立在倫敦城的另一項傳統上：得自倫敦城商業的財富，應當還諸倫敦城。他沒有後嗣，遺澤卻無與倫比。他重建了市政廳、為比林斯門周圍的貧民區排水、並資助聖托瑪斯醫院（St. Thomas Hospital）的未婚修女們和一個司祭團。他也在河畔建造了一間一百二十八個座席的公共廁所，人稱惠廷頓的長屋（Whittington's Longhouse），定期由潮水沖洗。高門的惠廷頓醫院（Whittington Hospital）並非出於他的善行，而是為了紀念傳說中他聽見拱頂聖母堂（Bow Church）的鐘聲，就決定返回倫敦城。

英法百年戰爭逐漸平息，以及百年戰爭隨後變異為一場更加兇殘的內戰，由約克家族與蘭開斯特家族爭奪王位，為倫敦城帶來了焦慮，卻並未引發災難。倫敦城多半支持約克家族，且公開支持愛德華四世。但當愛德華四世在一四八三年駕崩，兩年後亨利・都鐸（Henry Tudor）在博斯沃思原野（Bosworth Field）戰勝理查三世，倫敦卻也感到滿意。倫敦城擺出喇叭手、詩人，以及價值一千馬克的贈禮，在肖迪奇（Shoreditch）列隊歡迎亨利七世。它這時成了都鐸王朝的城市。

一座中世紀城市的墓誌銘

博斯沃思戰後迎接亨利七世的市長與參議們，代表著一個仍然處於新歐洲邊緣的城市，那是文藝復興與宗教改革的新歐洲。倫敦城的人口緩緩地從黑死病恢復——十五世紀結束時，回復到了瘟疫前的人口總數——卻比不上巴黎，巴黎的人口仍是倫敦的四倍。它的貿易深深仰賴羊毛，勞力供給則仰賴來自英格蘭各省的移民。由當時姓名及方言的研究指出，十四世紀開始很久之後，倫敦人仍然說著某種東安格利亞的盎格魯撒克遜語，但接著就轉換為「東中部」(east Midlands) 方言。紀錄顯示，瘟疫過後，獲選為倫敦城榮譽市民的人，有四分之一來自約克郡及其北方。

在歐洲經濟中，倫敦仍然離群。就貿易事務而言，倫敦是安特衛普的次要合夥人。後者的建築更壯麗、商人更富裕、船員更勇於冒險。英格蘭與威尼斯不同，它沒有貿易前哨站。哥倫布時代之前跨越大西洋航海的傳聞，提及「布里斯托（Bristol）船長們所知之地」，而不是倫敦船長們。通行於英格蘭的安特衛普印刷書，比倫敦印刷書更多。英格蘭可以說自己擁有托瑪斯・摩爾（Thomas More），也款待了伊拉斯謨（Erasmus），但它的畫家比不上杜勒（Albrecht Dürer）或老克拉那赫（Lucas Cranach the Elder）、建築師比不上布魯涅內斯基（Filippo Brunelleschi）或布拉曼帖（Donato Bramante）。正當佛羅倫斯陶醉於文藝復興建築之際，倫敦正在展現中世紀哥德式建築的最後風華，即垂直哥德式（Perpendicular）風格。亨利七世在西敏的禮拜堂建於一五〇三年，設計者不詳，它至今仍是歐洲建築的傑作，但與歐洲建築主流相去甚遠。

但倫敦確實擁有兩種要素，為其長期發展所不可或缺。倫敦城牆外有大量土地，它也擁有政治穩定，得以利用這片土地。不同於歐陸城市，它不受圍城威脅。由羅馬人修築、阿佛烈王強化、其後又經過修補的城牆，多半是行政用途。有錢的市民可以逃離倫敦擁擠又令人厭惡的街道，移殖四周的鄉村。商業力量也並不與政治力量毗鄰而居。倫敦城地界內的每一片地產都有自己的地理。倫敦的歷史根本上是土地的歷史。

儘管依據早在諾曼人征服時頒賜的王室特許狀，倫敦城或許可以享有獨立，但西敏實際上不受任何管轄。西敏的人口在十五世紀時頂多三千，幾乎全是王室雇員和教士。唯有在議會召開之時，通常也就是國王需要錢的時候，貴族、主教、下議院議員和他們的隨扈才會湧進這片飛地，吵鬧著要求投宿和供給。擁有西敏三分之二土地，因此也治理這些土地的老西敏寺，靠著這份收益而致富。隨著王廷擴張，許多部門不確定自己該在何處開展業務。一四七六年，威廉・卡克斯頓（William Caxton）在西敏寺附近設立了他著名的印刷廠，以接近教會總部，遠離倫敦城印刷業者的行會限制。其他出版商則搬到了另一座教堂——聖保羅教堂附近，一直待到了英倫大轟炸為止。

最早在十二世紀，托瑪斯・貝克特的秘書威廉・費茲斯蒂芬（William Fitzstephen）就提及，「幾乎所有主教、修院院牧和大貴族（magnate）」都占居了泰晤士河沿岸，日後達到三十多棟之多的宅第，或所謂會館（inn）。倫敦的河道成了顯貴們的通衢大道，比起後方擁擠的街道更易於通行。君王在西敏。坎特伯里和約克的兩位總主教，官邸各自位於蘭貝斯宮和約克宮（日後的白廳）。溫徹斯特大主教的官邸也在南華克俯瞰著河面。

沿著河岸是杜倫（Durham）、卡萊爾（Carlyle）、伍斯特（Worcester）、索爾茲伯里（Salisbury），

以及巴斯和威爾斯主教們的宅第。只有約克宮旁的一塊狹長土地，仍由一位平民亞當・斯考特（Adam Scot）堅決保留，日後被稱為「斯考特地」(Scotsland)，最終成了蘇格蘭場（Scotland Yard，但其實與蘇格蘭毫無干係）。就在艦隊河西邊，則是一片律師會館區，位於倫敦城與西敏王廷之間的便利位置。其中一些會館規模擴大，按照牛津大學各學院的樣式蓋了方庭和廳堂，四間律師會館至今尚存：內殿（Inner Temples）及外殿（Outer Temple）、林肯律師會館（Lincoln's Inn）及格雷律師會館（Gray's Inn）。

倫敦城的東邊是聖凱瑟琳醫院（Hospital of St. Katharine），隔壁則是早已被遺忘的「東敏」（Eastminster）寺，一三五〇年由愛德華三世創建，為他在海上遭遇風暴獲救表達感謝。它始終不曾與西敏寺並駕齊驅，日後被皇家鑄幣廠（Royal Mint）取代。而在南華克以東的泰晤士河南岸，則散布著曾屬於本篤會、占地廣闊的伯蒙德賽隱修院，據記載建立於西元八世紀。釀酒人、屠夫、製革工、石灰製造者和製瓦工人，以及不斷擴充的海洋事業所構成的棚戶區，圍繞著這些機構成長起來。造船公司及供應商從瓦平（Wapping）向沙德韋爾（Shadwell）伸展，索具在纜線街（Cable Street）手工製成。倫敦富人區與貧民區的分歧變得根深蒂固，而且只會持續加深。

亨利七世（一四八五至一五〇九年在位）開創了都鐸王朝。他渴望確立都鐸王朝在歐洲的地位，於是為兒子亞瑟娶了西班牙費迪南國王與伊莎貝拉女王（Ferdinand and Isabella）的女兒——亞拉岡的凱瑟琳（Catherine of Aragon），從而將英格蘭王室帶入了神聖羅馬帝國的半影之中。當亞瑟英年早逝——國王太過悲痛，連喪禮都沒參加——王位改由亞瑟的弟弟繼承，是為亨利八世，他立即娶了寡嫂為妻。他們的伴侶關係起先很幸福，但凱瑟琳無法生下兒子，因而引發了倫敦歷史上自諾曼人征服以來最嚴重的動盪。

第五章 都鐸王朝的倫敦 西元一四八五至一六〇三年

宗教改革之都

亨利八世統治的最初幾年繁榮又和平。一五〇九年六月，他在登基前兩週娶了凱瑟琳，他們享用亨利的父王留下的全部財富，過著奢華生活。年輕的國王允文允武，全力投入此時席捲了大半個歐洲教會的宗教爭論。王后聰穎又活躍，扮演著西班牙駐倫敦大使的角色。有一位同樣是大使的人物，提供了一扇觀看倫敦城的幸福之窗，蘇格蘭詩人威廉．鄧巴（William Dunbar）在一五〇一年的家書中寫道：「倫敦，你的藝術是萬城之花……／你四周聳立的高牆雄壯……／你的教堂歡悅，你的鐘聲悠揚；／你的商人富裕，財貨出眾；／你的妻子窈窕，健康可愛，白皙嬌小。」鄧巴顯然認為倫敦是個理想的駐地。

國王在位之初，國政多半交由雄心勃勃的王室顧問托瑪斯．沃爾西（Thomas Wolsey）處理，時任約克總主教的他，日後當上了樞機主教。但在沃爾西培訓亨利治國之道時，年輕的國王被激起了野心，變得好高騖遠。長年困擾著英格蘭國王的心病也吸引了他，那就是對法戰爭。一五一二和一五一三年間，亨利為了奪回原先的英格蘭領地亞奎丹（Aquitaine）而發動兩次戰事，卻都無功而返。這幾次戰事促成沃爾西漫無章法的反法外交，他與神聖羅馬帝國皇帝查理五世聯手，查理五世是王后凱瑟琳的外甥。一五二〇年，亨利試圖與法國國王弗朗索瓦一世和解，在加萊（Calais）城外的金帛盛會（Field of the Cloth of Gold）上，極其聳人聽聞地展演王者的自負，與會的僕役多達六千人。為了抬高自己的身分，他下令此後不得稱他為「閣下」（your grace），而須稱為「陛下」（your majesty），這個稱號從此由王室保留至今。

即使一百年前有威克里夫的講道，但在宗教改革迸發於歐洲北部之初，倫敦一直都是旁觀者。亨利是忠實的天主教徒，對改革宗的興起漠不關心。一五一七年，當路德在威登堡（Wittenberg）宣布與羅馬教廷決裂，亨利站在教宗一方反對路德，獲得羅馬教廷頒贈「信仰捍衛者」榮銜，弔詭的是，「信仰守護者」（Fid Def）一詞至今仍裝飾著英國的錢幣。大法官（Lord Chancellor）托瑪斯・摩爾爵士迫害改革宗信徒，把他們燒死在火刑柱上。威廉・丁道爾（William Tyndale）不得不逃往日耳曼才能進行聖經翻譯工作，他的翻譯本聖經一五二五年在日耳曼和安特衛普發行。當其中一本翻譯聖經被夾帶到英格蘭，書被燒毀，他則被宣判為異端。

但亨利的一切信仰，全都經不起他對求子壓倒性的執迷，又因為他從一五二六年起與安妮・博林（Anne Boleyn）私通，以及他需要與凱瑟琳離婚而變本加厲。離婚需要教宗准許，而教宗實際上是凱瑟琳外甥——查理五世的囚徒，當然被否決。因此英格蘭與羅馬決裂起先並非神學問題，而是個人與制度問題。一五三四年的《至尊法案》（Act of Supremacy）將亨利尊為英格蘭教會首領，「除天主之外，不承認地上有更高權威」。堅決反對這項立法的托瑪斯・摩爾一年後被處死——並由羅馬教廷封聖。倫敦幾乎偶然成了一座新教城市，但它卻是最堅決的新教城市。

修院解散

亨利這時繼續應對他的決策所產生的後果，而這些後果對他和倫敦城都大大有益。一五三六年，亨利與新任財政大臣托瑪斯・克倫威爾（Thomas Cromwell）解散了所有隱修院、小修院和修會會院，驅逐所有修士和修女。全國八百到九百個這類機構的土地與財產都被沒收，收益由國王納為己有，或分給廷臣及支持者。據歷史學家估計，十六世紀初，倫敦城內多達三分之一產業，以及西敏的幾乎全部產業，皆為宗教機構所有。解散命令涵蓋了倫敦三十九個會院，其中二十三個在倫敦城內。最堅決的抵抗來自嘉都西會（Charterhouse）的隱修士們，其中十八人最終因抗拒王命而被處死。他們都被天主教會封為聖徒。

幾乎在一夜之間，倫敦城及其周邊土地就經歷了所有權及財富轉移，規模之大為諾曼人征服以來僅見。倫敦城外的產業多半直接移轉到了國王的金庫，而倫敦城內及四周的產業，則移轉到了貴族、商人和君王的親信手中。國王取得了沃爾西位於河畔的宅第約克宮——國王先前已經拿走了沃爾西的漢普頓宮（Hampton Court）——目的是要興建一座新的白廳宮（Whitehall Palace）。切斯特

（Chester）主教與伍斯特主教的行館被拆除，給了後來成為國王大舅子、受封為薩默塞特公爵（Duke of Somerset）的愛德華・西摩（Edward Seymour），原址築起了薩默塞特府。巴斯與威爾斯主教行館落入諾福克公爵（Duke of Norfolk）之手，舊會院花園（old convent garden）的卡萊爾主教行館落入貝德福德伯爵（Earl of Bedford）之手、索爾茲伯里主教的行館落入多塞特伯爵（Earl of Dorset）之手。格拉斯頓伯里（Glastonbury）、雷威斯（Lewes）、馬姆斯伯里（Malmesbury）、彼得伯勒（Peterborough）及賽倫塞斯特（Cirencester）等隱修院，也都喪失了位於倫敦的會院。位於阿爾德門的聖三一隱修院（Holy Trinity Priory），落入大法官托瑪斯・奧德利（Thomas Audley）手中。擁有七百年悠久歷史的伯蒙德賽大隱修院被拆除，三十年內換了三次主人。

解散修院為倫敦城同時帶來了契機與危機。貧民救濟嚴格說來是堂區的責任，但修院在提供教育，以及照顧病人、殘疾者、赤貧者等領域裡，都布施了大量慈善工作。倫敦城的代表團懇求國王，無論他如何處置修院，都應當放過修院的慈善工作，或至少將這些慈善工作移交給倫敦城。否則「窮人、病人、盲人、老人和無能之人……都倒在街頭，骯髒難聞的臭味侵犯著路過的每一名潔淨之人」。國王對這點多半應允。一五四七年，基督醫院（Christ's Hospital）成為照顧孤兒的慈善事業，嘉都西修院最終則成了貧民救濟院，至今依然。聖托瑪斯與聖巴托羅繆仍繼續作為醫院，因此亨利的雕像至今仍不尋常地裝飾著史密斯菲爾德的聖巴托羅繆醫院門樓。當聖巴托羅繆小修院被移交給倫敦城，預想中收容一百名貧民的養老院被發現已然廢棄，「那時只有三四個妓女躺在產褥上」。布萊德韋爾（Bridewell）起先是亨利興建的王宮，但後來移交給倫敦城，成為流浪青少年和輕罪罪犯的庇護所，是一間原始的濟貧院。學校迅速興起，取代修院教育。聖保羅中學（St. Paul's School）在一五一〇年重啟。布商在一五四一年成立學校，兼售衣料的裁縫則在一五六一年設立學校。基督醫院與嘉都西慈善之家，日後都在既有的慈善事業上增設公學。

重要性更為持久的，則是亨利攫取教會土地以擴充自己的倫敦狩獵莊園。今天的綠園（Green Park）、聖詹姆士公園（St. James's Park）、肯辛頓花園（Kensington Gardens）和攝政公園（Regent's Park），都是這樣取得並保存下來的。有鑑於隨後地產運動的巧取豪奪性質，要不是安妮·博林和她的王夫熱愛打獵，倫敦很有可能連一處中央公園都不剩。即使到了現在，倫敦市中心擁有的開放空間，仍少於任何大小相仿的歐洲首都。

遍地黃金的城市

亨利八世和他早夭的兒子愛德華六世接連駕崩之後，他信奉天主教的女兒瑪麗（一五五三至一五五八年在位）展開反改革，而倫敦始終作壁上觀。倫敦城始終有一部分人口強烈信奉天主教，當然也有一部分人口堅定信仰新教。一五五四年，某些學徒朝著信奉天主教的西班牙國王腓力二世一行人丟雪球，當時腓力二世前來倫敦迎娶瑪麗，順道要求繼承英格蘭王位。但當瑪麗下令在塔丘燒死三百名新教徒，此舉卻也未曾引起暴動。在信仰問題上，倫敦由來已久的門戶開放所帶來的寬容，就連不寬容都能受到寬待。瑪麗死後，新教史家約翰・福克斯（John Foxe）的《殉道者名錄》（*Book of Martyrs*），成了當時銷售量僅次於聖經的暢銷書。

伊莉莎白一世登基（一五五八至一六〇三年在位）為倫敦帶來了勉強的穩定。女王的首席顧問伯利勳爵（Lord Burghley）處理城市與君王關係的外交手段爐火純青，而他的情婦生活節儉令人讚賞，也提供了助益。於此同時，倫敦城的地產市場仍在消化亨利解散修院的後果。威尼斯大使報告，倫敦城「由於眾多教堂和修院的廢墟而面目全非，它們在此之前皆為修士與修女所有」。另一位使節記載：「由於近年解散會院之故，許多房屋仍然空置，無人想要收歸己有」。市場宛如蓄水被抽乾一半的水庫，重新填滿需要時間。解散修院後，約有六萬人居住在倫敦城內，（大）倫敦的人口則是十萬左右。到了一六〇〇年，入住修院地產使得倫敦城人口增長到十萬，整個倫敦總計則是十八萬人口。倫敦城人口仍占多數，但只是略高於多數。

伊莉莎白在位期間的倫敦，愈來愈受到國外事件制約。一五七二年，法國王太后凱薩琳・德・梅迪奇（Catherine de Medici）引發了屠殺新教徒的聖巴托羅繆節大屠殺，成千上萬雨格諾派（Huguenots，法國新教徒）逃往倫敦避難。他們多半是技藝純熟的工匠和商人，迅速融入了城市經濟中。四年後，西班牙將天主教的宗教裁判所施行於法蘭德斯，導致安特衛普在「西班牙之怒」（Spanish fury）中慘遭亂軍洗劫，七千名市民遇害。安特衛普長久以來都是倫敦的貿易夥伴和競爭對手，倫敦再次成為這場天主教迫害的受益者。十年後，倫敦城強壯而獨立的形象，由於一五八八年腓力二世的西班牙無敵艦隊入侵英格蘭失敗而更為加強，這場戰敗也終結了他將英格蘭納入羅馬教廷管轄的企圖。

歐洲大陸的這些發展，將英格蘭的外交政策帶往新方向，朝著直到此時仍被視為西班牙、葡萄牙與尼德蘭等國專屬之地的新世界發展。正當伊莉莎白的對手們試圖將自己的信仰強加於其他歐洲人，她的船隊則乘著貿易風揚帆出航。法蘭西斯・德雷克（Francis Drake）曾在一五七七至一五八〇年間繞行世界一周，宣告加利福尼亞（California）屬於英格蘭王室。他和水手同儕們受到鼓勵，把握每一個機會探勘和牟利，這樣的追求在無敵艦隊入侵之後，變得跟海盜沒有兩樣。腓力二世懸賞要砍下德雷克的人頭，金額相當於今天的六百萬鎊。在伊莉莎白治下，英格蘭踏出了從歐陸近海列島邁向海外帝國的第一步，即使謹慎的伯利懇求把搶來的戰利品歸還西班牙，也是徒勞無功。

準備好迎接這種機會的其中一位典型倫敦城商人，是來自諾福克的布商理查・格雷欣（Richard Gresham），他在二十五歲時已經開始貸款給亨利八世，他後來當上了參議、市長和下議院議員。修院解散時，格雷欣受託進行前文所述的談判，以確保修院的醫院移交給倫敦城。他的兒子托瑪斯・格雷欣爵士（Sir Thomas Gresham）則成為王室代理人和駐安特衛普大使。他的財富超越了父親，操控金融肆無忌憚，即使在他的時代裡都被看成是個騙子和貶值貨幣的人。儘管如此，都鐸王朝所有四位君王——亨利八世、愛德華六世、瑪麗和伊莉莎白一世——全都仰賴他管理他們的貸款。

格雷欣監督了倫敦發展的一個關鍵時刻，那就是它接替安特衛普，成為歐洲北部商業樞紐的時刻。他反對倫敦城的排外姿態，請求女王接納逃離西班牙迫害的法蘭德斯流亡者，因為這將會「令倫敦城獲益良多」。格雷欣提議在倫敦成立證券交易所，超越安特衛普的證券交易所。皇家交易所（Royal Exchange）由法蘭德斯建築師設計，使用法蘭德斯的石材和玻璃，在一五七一年啟用，樓頂上裝飾著格雷欣家的蚱蜢家徽。由柱廊迴繞的交易所，是倫敦第一座文藝復興形式的城市建築。它的拱廊可以容納四千名商人，其中包含一百六十個出租攤位。

在逐步鞏固倫敦作為歐洲最重要金融中心地位的許多聰穎資金管理人之中，格雷欣是第一位。伊莉莎白稱他為「必要之惡」，並且樂於前往他在米德塞克斯奧斯特利（Osterley）的宅第拜訪他。據說有一次，她在晚餐桌上說到，要是築起一道牆穿過院子，院子會更好看許多。到了早上，就出現了一道牆。這是一項公開宣告的證明，證明的不是格雷欣對女王的敬愛，而是他所主張的「有錢能使鬼推磨」。他創辦了格雷欣學院（Gresham College），這所學府足以匹敵牛津和劍橋，日後成為皇家學會（Royal Society）的榜樣。一五七九年格雷欣逝世時，這所學院位於他在主教門的豪宅裡。如今它在霍本的巴納德律師會館（Barnard's Inn）裡，繼續以講座形式存續著。

倫敦城這時跨出了第一步，從產品交易者轉變為信貸供應者，實際上是金錢的買家和賣家。信貸以信任為基礎，信任的是對方會償還債務，這涉及一個彼此認識且能夠彼此仰仗的人際網絡。對信貸至關重要的是倫敦城穩定的政治結構，與上游乃至境外的君王們瞬息萬變的人格成為對比。位居倫敦城頂峰的不是單一人物，而是二十四個參議，受到親戚關係與終生任期強化。但他們即使是朋黨，卻是個開放的朋黨，不斷由惠廷頓、格雷欣這類來自外省、胸懷大志的青年刷新。

整個動盪不安的十六世紀裡，倫敦大有可能成為異議與反叛的溫床。但即使在亨利八世宗教改革與瑪麗女王反改革期間，它都保持著距離。社會史家羅伊・波特（Roy Porter）寫道：「缺乏草根叛亂意味著，倫敦城的機制即使由富人操縱，卻不被看作是外來和專制的，而是某種程度的負責任且反應積極的。」最重要的是，「倫敦顯然是由倫敦人治理。」換言之，一種民主政體的初次萌芽，對於賺錢和政治穩定同樣至關重要。

大城市的第一眼

一五五〇年，第一幅可靠的倫敦風景畫問世，由一名歐洲全景畫專家——親眼目睹倫敦的法蘭德斯人安東尼斯・凡・登・溫加德（Antonis van den Wyngaerde）速寫在七張紙上。他以自己步行穿越首都街頭的見聞為基礎，從南華克上空「鳥瞰」的視角，將這座城市描繪成從西敏寺延伸到遠處格林威治高塔的一個弧形。不久，第一張真確的地圖隨之產生，是一幅作者佚名的「銅板」地圖，一五五九年在安特衛普發行。它被運用在一五七四年法蘭斯・霍根堡（Frans Hogenberg）發行的新地圖之資料來源，同時也被認為是十七世紀拉爾夫・阿加斯（Ralph Agas）等人著名的倫敦「木刻」地圖之基礎。德蒙福特大學（De Montfort University）藉由一次數位空拍，在一幅都鐸時代倫敦的造像中複製了它們，精采地召喚了一座中世紀城市。

這些作品如實呈現了倫敦從解散修院到斯圖亞特時代開始之間的樣貌。地平線上仍以教堂最為顯著，聖保羅教堂俯臨其他教堂。建築風格幾乎不受文藝復興影響。豪宅仍有哥德式立面，街道兩旁則是上層外推且築有山牆的房屋。當時在羅馬和巴黎出現的正式規劃、筆直街道、裝飾性花園和古典立面，倫敦都還沒有，只有市場街明顯看得出是條大街。倫敦橋得到了強烈的特寫，橋上仍有一排叛國者的頭顱恐怖地釘樁示眾。

而在城牆外，建築密集的區域主要局限於南華克（一五五〇年後納入倫敦城管轄），以及法靈頓（Farrington）、克勒肯維爾、霍本等區。再向外就是曠野了。牛群徜徉於自治市大街（Borough High Street），弓箭手在芬斯伯里的田地中習射，田野四周是菜園。在西邊，蘭貝斯宮位於農地中央；而在東邊，泰晤士河蜿蜒流過散佈於河濱的定居點，來到格林威治逍遙宮（Placentia）的哥德式塔樓。亨利八世和伊莉莎白都出生於此，也在這裡度過夏天。

正如溫加德風景畫和霍根堡地圖清楚呈現的，除了西敏寺與聖保羅教堂之外，十六世紀的倫敦沒有幾座足以裝飾偉大首都的建築。它不會讓一個到處遊歷的外國人刮目相看，也還沒有王室莊園開始修建林蔭大道和華麗立面。亨利八世在薩里的尤厄爾（Ewell）興建了無雙宮（Nonsuch Palace），試圖仿效弗朗索瓦一世的楓丹白露宮（Fontainebleau），但它遠離城鎮，隨後式微，最終拆毀。伊莉莎白沒有修築新的宮殿，她對白廳、格林威治和里奇蒙三座宮殿已經滿足，她的創造力則投入了奢華的化妝品和服飾。她交由廷臣花錢（多半取自先前的修院財產）修築英格蘭文藝復興風格的「奇特大宅」（prodigy houses），特別是羅伯・史密森（Robert Smythson）在哈德威克（Hardwick）、沃萊頓（Wollaton）、朗利特（Longleat）等地興建的大宅。伊莉莎白僅是不請自來前往暫居，她完全無需花費，開銷卻讓東道主破產。

倫敦最擅長的強項是文學。文藝復興在此棲息於艾德蒙・史賓賽（Edmund Spenser）的詩歌、克里斯多佛・馬羅（Christopher Marlowe）和班・瓊森（Ben Jonson）的戲劇，以及最重要的，威廉・莎士比亞（William Shakespeare）的著作之中，莎士比亞的詩歌在他有生之年與戲劇同樣著名。但戲劇不同於書籍，戲劇需要劇場，而倫敦城當局厭惡戲劇，因為觀眾吵鬧且普遍滋擾。一項要求壓制戲劇的請求提到，它們「不過是些瀆神之言、淫蕩之事、騙人伎倆和誹謗行徑」。倫敦城查禁轄區內的劇場，並提交訴狀要求全面壓制，將劇場逼出城牆外，特別是搬到了城坊邊界之外，泰晤士河沿岸南華克的自由地（liberty）。唯一的例外是位於黑衣修士的一群王室唱詩班歌手，他們綁架男童加以訓練的行徑惡名昭彰。

木匠詹姆士・伯比奇（James Burbage）於一五七六年在肖迪奇的芬斯伯里田地興建了第一座木造劇場，名為劇場（The Theatre）。接著是相鄰的帷幕劇場（Curtain），以及一五八七年菲利普・亨斯洛（Philip Henslowe）在南華克的玫瑰劇場（Rose），地點在既有的鬥牛和鬥熊場地。據記載，玫瑰劇場單單在一五九五年一年之內，就舉行了三十六部劇作的三百場左右演出。伯比奇的劇團試圖在一五九六年從肖迪奇遷往黑衣修士，但被迫關門。他一根樑柱接著一根樑柱，把劇場建築原封不動搬到南華克，在一五九九年重新開幕為環球劇場（Globe）。這裡成了莎士比亞所屬宮內大臣劇團（Lord

Chamberlain's Men）的家，伯比奇的兒子理查則成為莎士比亞作品的明星演員。這兩個競爭激烈的劇場都很容易遭受祝融之災，也都一再重建。

戲劇既是文學現象，也是大眾流行。就連相對貧窮的人們，也付得起區區幾便士的門票。劇作家托瑪斯·戴克（Thomas Dekker）小心留意，既讚頌有錢的恩主，也讚頌收入來源所恃的「看熱鬧的和站在迴廊的平民」（grounding and gallery-commoner）。這些觀眾涵蓋了趕車人與搬運工、教皇黨人（papist）與清教徒、情郎與娼妓，他們彼此不斷鬥毆。表演內容包括鬥熊、馬戲和畸形秀。劇場不只是娛樂場所，也是社會混合之處，它的作家、出資者和表演者，則是貴族、仕紳與群眾之間的橋樑。或許正因如此，樞密院對於管制或審查劇場有所顧忌。最終，當更為開明的斯圖亞特時代人將戲劇迎進了宮廷與西敏，南華克也隨之沒落。但「河南」仍值得我們致敬，它曾經一度是倫敦的無拘無束、娛樂消遣與天才之家。

約翰·史鐸的城市

據估計，伊莉莎白時代結束時，最富有的倫敦人有一半住在城牆外。其中有些人住在北邊的芬斯伯里，但多數人住在西邊的法靈頓。紀錄顯示，一百二十一人擁有「鄉村宅第」，實際上是第二個家。多半經由解散修院及分發教會財產，倫敦形成了一個中產階級，同時獨立於宮廷和教會之外。來訪倫敦的符騰堡公爵（Duke of Württemberg）在家書中寫道，倫敦人「衣著光鮮、極其自豪又盛氣凌人，由於其中多數人（尤其商人）幾乎沒去過別國，而是始終待在城裡的家中照顧生意，他們幾乎不關心外國人，而是嘲弄和譏笑外國人。」至於倫敦的婦女，她們「擁有的自由或許比別處更多。她們也深知如何運用，因為她們穿著極盡華美之能事，一門心思全放在皺領之類事物上。」

第一部逐坊、逐街對這個大都會進行的詳盡調查，一五九八年出自古文物家約翰．史鐸（John Stow）之手。他冒險深入倫敦城四周此時成為郊區的那些地方，他發現新建築徹底覆蓋了開放空間，巷弄「被小型廉價公寓和不起眼的家屋糾纏……出自那些關心私人所得更甚於城市共同利益的人。」在史鐸看來，時代跟過去完全不同了。他的倫敦「是前所未見最訕笑、最不敬、最不知感恩的時代」。倫敦若是想要繼續作為一個適於居住的都會，就必須停止成長，這一連串困擾將會在後來的倫敦歷史裡持續迴響。

史鐸在到處都看得見移民。「各郡的紳士們成群奔向這座城市，年輕人來觀看和展現虛榮，老人……來尋找快速賺錢的現成市場。」就連交通都引發他的抱怨。「世界裝著輪子運行，而許多人的父母則樂於步行。」史鐸是倫敦第一位都市經濟學家，他可以預見，首都人口增加將會導致「城市範圍內眾多或大多數古代城鎮與市集損失及衰敗」。倫敦正在損害外省的貿易，他提議將某些貿易強制驅趕到其他城鎮進行。

但就連史鐸都不得不承認，沒有任何事物足以抵銷君王宮廷的吸引力，「如今遠比古代更為眾多和華麗。」當索爾茲伯里伯爵（Earl of Salisbury）進城來，他會帶著「一百名騎士」隨行。據說，史鐸「唯一的痛苦和關懷就是秉筆直書」。他在晚年請求伊莉莎白的繼任者詹姆士一世發給養老金，卻只得到一份特許，讓他「向朕之臣民尋求自願捐獻及仁慈賞錢」。換言之，史鐸獲准乞討。他在聖安德魯教堂(St. Andrew Undershaft)的紀念雕像是手持著鵝毛筆，每當毛筆解體都會被小心替換。記者之筆不死。

規劃的開端

都鐸王朝的倫敦試圖替代一直以來由修院（即使三心兩意地）提供的那些福利功能，卻多半失敗。城市的幾所醫院和堂區的某些慈善工作，不敷日益增加的人口所需。某些補救行動得到採用，即使殘酷無情。包括被遺棄的兒童在內，流浪者定期遭到圍捕，送進布萊德韋爾收容所，其中有些人再從那裡被遣送到維吉尼亞（Virginia）。接著在一五七六年發布命令，由倫敦城此時已有一百多個的堂區，首度強制為貧民徵收地方「稅」。這邁向城市福利的第一步，形式上將照顧病人與窮人的責任施加於堂區，而新稅卻不可能承擔這項重任。

一五八〇年，倫敦第一次認真試圖規劃控制。伊莉莎白頒布公告，不許在倫敦城城門方圓三英里之內再從事任何建設，這是一條早期的綠帶。公告禁止分租，或「容許不只一個家庭安置、或從今而後居住於任何房屋中」，還有其他命令禁止米德塞克斯內地新建房舍。但即使祭出了最嚴厲的處罰，這些命令卻都起不了作用。每當房主認為利潤大過於被檢控的風險，這些命令就只是讓過度擁擠變本加厲。

不久，當局就只能讓步，多家占住在支付一筆「津貼」給王室的條件下獲得允許。政府就這樣從破壞自身法令之中獲得了某種既得利益。伊莉莎白並不比她的任何後繼者更有意願正視這個衝突——直到今上皆然。她在統治末年抱怨：「儘管她發出了仁慈高貴的命令……卻落得這般結果，因為某些人貪得無厭的性格，他們毫不尊重王國的共善與公益，只顧自己的特定利潤。」女王撻伐官員們怠忽職守，他們「理應確保上述公告如實施行」。

到了一五九〇年代，部分出於西班牙戰爭對貿易的損害，倫敦遭受了經濟衰退。取得修院原址的地主們，多半並未將它們改建為富人的豪宅，而是以收容貧困市民的廉價公寓塞滿了它們。外省的新來者們壓低了工資，但連同歉收，導致食物價格隨之飆漲。伊莉莎白在位最後十年間，食物價格上漲了百分之四十，倫敦經歷了糧食暴動，這是人們記憶中的頭一遭。在都鐸王朝末年的倫敦，一項新的現實開始揭曉。正如史鐸的警告，人力與財產的自由市場施壓將城市擴張，就連君王都無力抗拒。謀事或許在於政府，但成事則取決於倫敦的地產市場。

第六章　斯圖亞特王朝與叛亂　西元一六〇三至一六六〇年

神聖官僚制

詹姆士一世從蘇格蘭來到倫敦即位（一六〇三至一六二五年在位），讓人們得以從伊莉莎白末年的清教徒風氣中解放。即使養育過程歷經精神創傷——父親被謀殺，母親（蘇格蘭女王瑪麗）則被處死——詹姆士卻是一位博學多聞、格調高雅又有創新精神的君王。身為多部神學及哲學書籍作者，他贊助發行聖經的新譯本，即欽定本聖經（King James version），並迎接莎士比亞的演員們入宮。莎士比亞參與的劇團成了國王劇團（King's Men），在黑衣修士開了第二家劇場。

詹姆士的到來，以及他對國王職責的具體理念，為首都開創了新概念。伊莉莎白的君王政體是中世紀和個人的，建立在她持續巡行於領土各地的實體存在之上——至少巡行於較為安全的南半部領土。日常權威在倫敦是由她的樞密院行使，首都之外則由全權欽差大臣行使，因此，她的政府在倫敦時官員人數不過一千，其中包括國庫及宮廷官員。

在詹姆士統治之下，都會不只在絕對意義上擴張，相對於全國其他地方也更大了。在十六、十七世紀，倫敦從歐洲第五或第六大城，躍升為僅次於君士坦丁堡的第二大城。一五〇〇年時，倫敦的規模是英格蘭境內與它最為接近的對手——諾里奇（Norwich）和布里斯托的三倍。在斯圖亞特王朝時期，它變得比這些城市至少大了十倍，到了一六八〇年，英格蘭城鎮居民每三人就有兩人住在倫敦。

這種成長規模令歷史學家困惑。它不能再單純被歸因於倫敦城的貿易經濟，而必定是因為隨著倫敦作為英格蘭首都、行政部門所在地這一地位而來的新責任。國王不只認為是君權神授，更認為君王矗立於具有創造力的官僚體系最頂端。他把倫敦的文官人數差不多增加了一倍，引來了律師、承包商、求官者、懇請者和諂媚者，他們全都渴望侍候國王。這些人的住所、衣食、起居和娛樂都需要照應。倫敦充斥著各色人等：隨行牧師、內科醫生、私人教師、音樂家、畫家、公證人、代書、秘書、引座員、傳令官、吟遊歌手、珠寶商、書商、假髮匠、馬夫和雕刻工。

倫敦至少有空間可以供應這群新人口。阻止移民湧入多數歐洲城市的首要抑制因素，是這些城市惡劣的生活環境，倫敦城內也不例外。道門（Dowgate）坊內有一間房屋，被發現收留了十一對夫婦和十五名單身者。銀街（Silver Street）的另一間房屋，則有十家人住在十個房間裡，這些人家多半也跟自己的房客住在一起。這些房屋都沒有排水管，各式各樣廢棄物直接就傾倒在街上，指望收夜香的人收走。倫敦只差在有錢人可以逃出去，至少逃往北邊和西邊。向西去則有著王座這塊磁石，有宮廷生活的誘惑。金錢所到之處，逐利之人也隨之而來。

更美好的家園

一六一五年，詹姆士任命一位名叫伊尼戈．瓊斯（Inigo Jones）的威爾斯青年出任工部監督官（Surveyor of the King's Works）。瓊斯曾到義大利旅行，在那兒習得的品味並非矯飾主義（Mannerism）和巴洛克的怪癖，而是追求復歸塞利奧（Sebastiano Serlio）和帕拉第奧（Andrea Palladio）的古典主義。王室贊助摒棄伊莉莎白時代的文藝復興風格，改採義大利的帕拉第奧風格。結果創造出兩座這種風格的建築：為詹姆士的王后——丹麥的安妮（Anne of Denmark）興建的格林威治王后宮（Queen's House，一六一六年興建），以及白廳宮新建的國宴廳（Banqueting House），完工於一六一九年。不可思議的是，這兩座建築至今都還屹立著，它們革命性的存在被周邊的建築給遮蔽了，這些建築都設計成了由它們最初提供靈感的古典式樣。

詹姆士在男性時尚方面則更加無拘無束。斯圖亞特王朝的宮廷爆發出一陣爭奇鬥艷的時髦，展現於威廉．拉金（William Larkin）和丹尼爾．米滕斯（Daniel Mytens）在肖像畫中描繪的那些奇裝異服裡。拉金為廷臣們繪製的絕妙全身畫像，如今收藏於肯伍德府（Kenwood House），可能是從詹姆士一世時代的《時尚》（*Vogue*）雜誌上撕下來的，奢靡程度驚人。據傳，國王在五年內購買了一百八十套衣服和兩千副手套，為了炫耀它們，他向大眾開放了海德公園，作為他本人和他的宮廷兜風的場所。

即使詹姆士盡其所能為倫敦生活的魅力推波助瀾，但他很快就變得跟伊莉莎白一樣，想要加以抑制。據估計，此時有一百名貴族（占總數三分之二）一年大半時間都住在「城裡」，詹姆士警告，「群聚的仕紳受到妻子慫恿，要給女兒們新的榜樣和流行款式……他們確實疏忽了鄉間的殷勤待客之道」。他們「妨礙了城市，普遍製造麻煩」。根據計算，召開一次議會（通常是為了國王的開銷募集資金）就有一千八百人會來到西敏。西敏成了客店林立的郊區。

國王堅稱：「我們的倫敦城就要成為基督教世界下一個偉大城市，完全停止新建築正是時候。」一六二五年的一道抑制成長命令規定，城門方圓五英里之內未持有執照的新建房屋一律拆除，建造者入獄，最長可適用於落成七年的房屋。建材應予出售以救濟貧民，或者，貧民也可以入住任何空置五年的房屋——這項一石二鳥的政策值得重新施行。國王也擴大對公共工程的贊助。史密斯菲爾德市場即將鋪平路面、蕪田（Moorfields）則設計成花園。修築了水道、設置了噴泉，也重建了醫院，至於任何新建房屋，則以「最終及強制命令」勒令停止。對於節約宮廷奢靡則隻字未提。

抵銷掉這些措施的，則是詹姆士陷入負債，他同樣很快就被當初破壞伊莉莎白政策的那些「津貼」給吸引。為執照支付的錢此時稱為「罰款」，大排長龍的地主證明了他們願意付錢，其中多數人在解散修院時入主了教會產業。他們樂意從外省朝臣和富裕的倫敦人身上獲利，後者正拚命逃離時人威廉·佩悌（William Petry）所謂「東邊那一疊的煙霧、蒸氣和臭味」，也就是倫敦城。

首先掙脫法令約束的是索爾茲伯里伯爵，他在一六〇九年取得執照，開發他在聖馬丁巷（St. Martin's Lane）周遭的土地，位於今天的特拉法加廣場以北。那兒的房屋一蓋好，國王就開始抱怨污水往山下流，流進了他的白廳宮。今天的塞西爾庭（Cecil Court）和克蘭伯恩街（Cranbourn Street），令人回想起索爾茲伯里的姓氏。索爾茲伯里也以倫敦城內格雷欣的交易所為榜樣，沿著河岸興建商店。它迅即成為當時的龐德街（Bond Street）。

審美之王

詹姆士在財政上的鋪張，由其子查理一世（一六二五至一六四九年在位）繼承，並在他很快就變得一塌糊塗的統治中造成了損害。此時強烈擁護新教的倫敦，對他的天主教徒王后——法國的亨利埃塔・瑪麗亞（Henrietta Maria of France）並不友善。一六二六年，十五歲的她前來倫敦受封為后，二百位神父和僕從隨行，行囊滿載著鑽石、珍珠和繡花服裝，由盛裝打扮的馬匹馱運。抵達後，她立刻前往泰本（Tyburn），為被都鐸王朝處死的天主教殉道者的靈魂祈禱。

查理與議會的關係，在金錢事務上變得更不相容，終於在一六二八年催生了《權利請願書》（Petition of Right）。議會拒絕提供國王資金長達一年有餘，查理因此試圖自行徵稅，他開徵船稅，卻未能如願取得收入。隨之而來的「暴政」一直持續到一六四〇年危機發生。

在政治對立愈演愈烈的這段時期，倫敦持續發達。索爾茲伯里開發聖馬田教堂（St. Martin-in-the-fields）上方的土地之後，一六三〇年，貝德福德伯爵也尋求一張執照，要在鄰近的地面建屋，地點位在河岸北方的舊會院花園。樞密院先前要求他為這個地點的北邊，名為長畝（Long Acre）的巷道鋪設路面並維護，但貝德福德認為這個要求不公平，除非他能夠興建房屋作為補償。他不是國王的友人，而是《權利請願書》的擁護者之一，直到支付了二千鎊（今天的二十五萬鎊）天價之後，才能取得建築許可。許可的其中一項規定，要求貝德福德新建一座教堂和一處廣場，兩者都必須由國王的工部監督官伊尼戈．瓊斯設計。據說，關於教堂，憤怒的貝德福德對瓊斯說過，他「蓋的不會比穀倉好到哪去」。瓊斯則反駁，它會是「英格蘭最漂亮的穀倉」。

這座與穀倉稍微相似的立面，如今占據了柯芬園廣場西側，按照巴黎孚日廣場（Place des Vosges）的古典主義樣式設計。貝德福德盡責地為四周的街道冠上自己家族和王室成員的名字，因此有了羅素街（Russell Street）、詹姆士街（James Street）、國王街（King Street）甚至亨利埃塔街（Henrietta Street）。伯爵藉由出租廣場本身尋求更多收益，廣場不被當成公共便利設施，而是成為一處蔬果市場。此舉嚴重貶損了這處地產的價值，它不久就成為一處紅燈區。市場一直存續到了一九七〇年代。

接著在一六三八年，一位營造商威廉．牛頓（William Newton）登場，他買下了林肯律師會館西邊的田地。林肯律師協會的委員們大怒，在一六四三年以該建築純屬牛頓「一己之私利」為由，設法取得了停工命令。實際上發揮內閣功能的國王星室法庭（Star Chamber）則發出許可，但與貝德福德一樣，只有一條但書：設計師由瓊斯出任，廣場的一部分必須保持開放，以「挫敗那些終日試圖興建非必要且無益之建築，填塞一小片殘存天空之人的貪得無厭行徑」。

在這些例子裡，星室法庭的見解清晰而開明。西區（West End）的發展不會仿效倫敦城。柯芬園的建築許可明文規定了布局、設計師和教堂。林肯律師會館廣場（Lincoln's Inn Fields）的建築許可也同樣表明，倫敦應當從開發者手中受到保護，「非必要且無益」的營建應當停止——意思是對大眾無益。換言之，在建築品質及便利設施兩方面，建築必須符合某些公益概念。由此建立了一套標準，日後反映於倫敦大地產的組織方式，以及一連串建築規範之上。林肯律師會館廣場五十九號到六十號可能是由瓊斯設計的，至今尚存，廣場本身則是倫敦規劃初期的一大勝利。斯圖亞特王朝對於他們統治的這座城市，理解能力確實不同凡響。

查理也為倫敦帶來了另一項持久的遺澤。他是卓越的藝術贊助者，積攢的畫作收藏無疑是王室歷史上最精美的，他還在宮廷裡任用魯本斯（Peter Paul Rubens）的高足——畫家安東尼・范戴克（Anthony Van Dyck）。王室宮殿裡此時充滿了杜勒（Dürer）、達文西（Leonardo Da Vinci）、曼帖那（Andrea Mantegna）、小霍爾拜因（Hans Holbein der Jüngere）、提香（Titian）、丁托列托（Tintoretto）和魯本斯等人的畫作。即使這些畫作在克倫威爾統治時代四散，但售出的畫作多半在復辟時期收回，成為今日王室典藏的核心。

一六四七年，天賦異稟的波希米亞藝術家溫策斯勞斯・霍拉（Wenceslaus Hollar），為了逃離三十年戰爭（一六一八至一六四八年）而來到倫敦。他從南華克小修院教堂（如今是主教座堂）的塔樓上，為這座城市畫了一系列速寫，然後再將這些速寫發展成一幅畫，於同年發行。其中描繪的這座都會，比起一世紀前溫加德描繪的樣貌已經大不相同。舊城這時由郊區圍繞，特別是前景中大幅擴張的南華克。西敏則以聖司提反教堂（St. Stephen's Chapel）、大西敏廳和西敏寺最為顯眼，在它們之外仍有田地。但新倫敦的焦點顯然往西方移動了。霍拉的畫作是在一六六六年大火之前，我們所見最後一幅尚稱精確的舊倫敦風景。

內戰

斯圖亞特王朝的王權，不自在地與倫敦城並存著。當議會拒不撥款給君王，倫敦城介入提供貸款，君王的回報則是向倫敦城領袖們頒賜諸多榮銜，並尊重城市的自主權。這項交易在查理統治下開始逐漸遭受破壞。起初，倫敦城的參議會領導支持穩定的王權，這是可想而知的，因為國王對倫敦城經常負有債務。倫敦城裡也一直都有著潛在的親天主教勢力，這股勢力自然支持查理。但這樣的領導隨著庶民會議的意見而變動，而庶民會議強烈反對國王專斷的顧問——第一代史特拉福德伯爵托瑪斯・溫特沃斯（Thomas Wentworth, 1st Earl of Stratford）。一六四〇年召開的新議會——隨後成為長期議會（Long Parliament）——向查理遞交《大諫章》（Grand Remonstrance），重申一六二八年《權利請願書》。《大諫章》所抗議的失政之一，包括國王濫發倫敦城的營建執照，這被表述成了「販售假裝的公害」，被認為是國王實際上不受議會控制即自行徵稅。查理拒絕接受《大諫章》，國王與倫敦城和議會的關係同時惡化。一六四〇年冬，倫敦見證了農民暴動以來幾乎不曾經歷過的街頭政治復甦——其中包括所謂的「亂民」。為倫敦發聲的不再是參議會，而是庶民議會。

隨著危機在一六四一年持續升高，群眾會定期遊行，穿過倫敦前往西敏，在街上起鬨斥罵議會、騷擾議員，甚至騷擾王室成員，那年的「十二月之日」倫敦人民甚至前所未有地趨近於公然暴動。一群學徒和勞工在清教徒牧師鼓動之下，在西敏遞交請願書，要求將主教們趕出國會。群眾攻擊坎特伯里總主教，占領西敏寺，搗毀「教皇黨的」聖物。

一週後，查理試圖以叛國罪捉拿五名議員，卻未能得手。耐人尋味的是，這五位下議院議員前往倫敦城內的市政廳避難，國王追趕著他們來到市政廳，卻「受到市民們驚嚇」，支持保王派的倫敦城市長則被囚禁於倫敦塔。當國王逃往溫莎（Windsor），倫敦城採取了在亨利三世時代之後就不曾採取過的行動，正式支持反對國王的勢力。倫敦城出力支持議會派軍隊抵抗國王，城市與議會聯手公開反叛。英格蘭陷入內戰。

一六四二年的倫敦，發生了自古以來未曾目睹之事：倫敦城的市民們開始準備圍城戰。國王軍向首都進發的消息傳來，當時的一位佚名人士寫道：「倫敦人每天都帶著鏟子和橫幅上街，裁縫和船夫與紳士葡萄酒商和律師並肩而行……上至仕女、下至賣牡蠣的姑娘，都在壕溝裡為前鋒們幹活。」數週之間，十八英里長的土牆和壕溝就圍繞在城市四周，其間散布著二十四個堡壘。土牆從倫敦塔向北環繞倫敦城，穿過霍本和今天的牛津街，向下穿越現在的海德公園角（Hyde Park Corner）和維多利亞，到達西敏寺。梅費爾（Mayfair）的山丘街（Mount Street）令人想起其中一座堡壘，街名來自「奧立佛的山丘」（Oliver's Mount）。

內戰是一場不顧一切、且往往漫無章法的事件。起初，從倫敦城各坊抽調而來的倫敦民兵——訓練團（trained bands），構成了議會軍的核心主力。一六四三年第一次紐伯里戰役（Battle of Newbury）未能取得決定性勝利，其後倫敦城的民兵歸來，在艦隊街的聖殿關（Temple Bar）獲得市長和參議們迎接，他們「高興地款待我們，數千人歡迎我們回家，祈求上帝賜福……拯救我們免於敵人的肆虐和蠻橫。」但到了一六四三年底，保王派軍隊再也無法對倫敦構成威脅，倫敦城的部隊也就不再可靠，常常開小差。倫敦的情緒變得極其厭戰，使得議會不得不仰仗奧立佛·克倫威爾的半職業部隊新模範軍（New Model Army），該部隊兵員多半來自東安格利亞。到了一六四七年，倫敦城內已經開始出現了請求國王歸來的聲音。唯有克倫威爾的軍隊開進倫敦，才終結了這種可能性。

實情是，倫敦的模稜兩可一如既往。它大抵同情清教徒，敵視英國國教的許多教會體制，尤其敵視主教。在議會派人士約翰·彌爾頓（John Milton）看來，倫敦是「庇護之城、自由之邸，由祂（上帝）的保護涵括與圍繞」。少數幾個行會甚至支持平等派（Levellers），他們所要求的宗教寬容和普選權，預示著十九世紀的革命。平等派領袖約翰·李爾本（John Lilburne）是倫敦人。但即使倫敦城的四位下議院議員都是清教徒，根深蒂固的和平運動卻持續施壓，要求雙方簽訂協議。當戰爭在一六四八年接近尾聲，倫敦城上書請求釋放被俘的國王，這項請願受到渴望和平及重啟貿易的參議們支持。

聯邦的興衰

當時的歐洲大陸經歷了黑死病以來絕無僅有的創傷。路德教派興起後的一百年來，宗教衝突你來我往，主要發生在德語區，終於在一六一八年爆發三十年戰爭。歐洲北部大半地區不分城鄉，都退回了中世紀以來不曾經歷過的狀態。到了一六四八年，筋疲力盡的歐洲大陸將希望寄於《西發里亞和約》（Peace of Westphalia），以及全歐各地步入寬容新時代的承諾。相形之下，英格蘭內戰規模不大，本質上是政治衝突而非宗教衝突，倫敦此時期望，君主與議會的爭議無需更多流血就能解決。

情況卻並非如此。一六四九年，議會最高法院判決查理一世叛國罪名成立，下令將他處死。克倫威爾擔憂，要是試圖押解國王穿越倫敦城，前往塔丘的斷頭台，恐將遭受阻礙甚至引發暴動，於是在白廳的國宴廳門外架設了一個臨時斷頭台。處死國王並未帶來多少喜悅。一位來自牛津大學的旁觀者寫道：「我看見的那一擊……我清楚記得，現場成千上萬人發出的那一聲哀嘆，是我從未聽過、也希望不會再聽到的。」克倫威爾本人只能深思處決國王一事的「無情必要」。

其後的聯邦時代（Commonwealth，一六四九至一六六〇年）見證了倫敦在眾多新教教派中分化，如雨後春筍般出現的小教堂，不只有長老會和浸信會的，也有獨立派（Independents）、公理會（Congregationalists）、貴格會（Quakers）、喧囂派（Ranters）甚至「麥格爾頓派」（Muggletonians）的教堂。一六五二年，克倫威爾對荷蘭宣戰，因為荷蘭在《西發里亞和約》簽訂後重新開始與西班牙貿易。但倫敦城就連貿易戰都不喜歡，因為這意味著稅負增加。同樣不受歡迎的，還有克倫威爾在一六五五年邀請猶太人從歐洲各地返回倫敦城，這是愛德華一世驅逐猶太人之後頭一遭。反猶主義與抗拒競爭合而為一，但克倫威爾需要猶太人的錢，不久，一個約有四百人的猶太人社區就在貝維斯馬克斯（Bevis Marks）附近重建起來，至今仍在。

除了耶誕節、教會音樂和戲劇表演遭到禁止之外，倫敦倖免於某些外省所遭受到更為嚴厲的清教徒治理方式。日記作者約翰·伊夫林（John Evelyn）曾因慶祝耶誕節而短暫被捕，但他描述了公園裡愉快的一天，和一位舞繩者、一位蓄鬍的女士和一場馬車競賽共度。將空位期（Interregnum）說成文化沙漠的描述，如今受到了質疑。克倫威爾本人贊助了倫敦第一部使用英語、由女性歌者演出的歌劇《羅德島之圍》（*The Siege of Rhodes*）。音樂促進委員會（Committee of the Council for the Advancement of Musicke）成立，或許是英格蘭最早的藝術委員會（Arts Council）。倫敦第一家咖啡屋於一六五三年開業。

首都生活的持久活力，也表現在管控蓬勃發展的出租馬車市場這一需求之上。一六五四年的一項法規，試圖對抗「由於出租馬車及出租車夫近期激增及嚴重不合規範，而天天產生的諸多不便」。出租馬車夫以粗魯和行為惡劣而聞名，核發的執照只有二百張，但不久就加倍了。

克倫威爾臨終前任命其子理查繼位，由此產生的權力真空令倫敦城驚恐。政局預設由軍方控制，但軍方沒有明確的領袖。克倫威爾任命的蘇格蘭總督蒙克將軍（General George Monck）於是揮軍南下，但他並未接掌政權，而是與長期議會剩餘的議員商量，發現他們達成堅定共識，支持國王復辟。

在一六六〇年的《布雷達宣言》（Declaration of Breda）中，流亡國外的查理二世同意將主權授予議會的嚴格條件。

不出所料，倫敦城大舉歡迎復辟，兩萬名克倫威爾的鐵騎軍（Ironsides）在黑荒原遊行。伊夫林看到他們「揮舞長劍，高聲歡呼，喜悅難以言喻；路上鋪滿花朵、鐘聲齊鳴、街頭懸掛織錦、噴泉湧出美酒」。當國王跨越倫敦橋，穿越倫敦城前往西敏，「一百多位良家婦女身穿白衣，籃子裡裝滿花朵和香草，在他騎馬經過時，灑滿他眼前的道路。」

一六四一年時，倫敦城在反叛者和效忠國王派之間分化，而以前者為最多。它選擇了反叛國王，然後強力表達立場要求和解。倫敦城的影響力難得像內戰期間這麼強大，它的「亂民」每天走上街頭，遊行到政府權力的源頭——西敏。它讓國王及其家人懼怕，堅定了議會的意志。倫敦是一座和平的城市，但暴力威脅從來不曾深藏不露。當國王宣戰，是倫敦資助了議會軍和克倫威爾的軍隊。

史家托瑪斯・巴賓頓・麥考利（Thomas Babington Macaulay）日後得出結論：「若不是倫敦城的敵意，查理一世永不會被擊敗；若沒有倫敦城的幫助，查理二世亦不可能復位。」這就彷彿倫敦城追求自身利益的本能，使其得以判斷出一條審慎卻堅持的道路，安度動盪與危險時期。它不會為了新教或天主教的目標而尖聲叫嚷多久，同樣不會為了議會或國王而如此。倫敦城發動了革命，但革命一表明立場，常識就命令它慎重並退卻。金錢總是無所不能。一位權力受到適當限制的新君王，是最好的前進之道。該是回頭做生意的時候了。

第七章 復辟、災禍、復原 西元一六六〇至一六八八年

黑暗過後的光明

查理二世（一六六〇至一六八五年在位）立刻就令人印象深刻。新王的公眾形象與其父可謂天差地遠，與克倫威爾的差異就更不在話下。他的形象是一種性格的變革。風度翩翩、身高六呎的他個性外向，在友好的法國和荷蘭宮廷度過流亡生活。他是個放蕩不羈的人，贊助藝術與科學，熱心委派公共工程，其缺點則是斯圖亞特王朝的弱點——奢靡。王后布拉干薩的凱瑟琳（Catherine of Braganza）不育，成了他擁有至少七個情婦的牽強藉口，他和她們已知育有十四名子女。他幾乎把這些私生子女全都冊封為貴族。

查理王會帶著始終與他相伴的幾隻西班牙獵犬，一同徜徉於倫敦的公園，並與路人親切寒暄。他成了「快活王」（Merrie Monarch），是第一位在首都街頭與自己的臣民們交流的君王，因此在危難時刻，也多少能分擔一些臣民的痛苦。傳記作家羅納德．赫頓（Ronald Hutton）說，查理是個尋歡作樂的統治者，「淘氣卻好心，所有重視殷勤、寬容、幽默、追求歡愉更甚於認真、嚴肅或物質美德的

人，都以他為英雄。」這些品質無法被低估為權力的附庸。

國王同等要求娛樂與學習。皇家劇院（Royal Theatre）在德魯里巷（Drury Lane）開幕，約克公爵劇院（Duke of York Theatre）在林肯律師會館廣場開幕，同時指示今後應由女性扮演女性角色，不再由男孩扮演。於此同時，為了科學家與哲學家創辦了皇家學會，日記作者約翰・伊夫林提交的第一篇短論，題為〈論森林與林木繁殖〉（A Discourse on Forest-Trees and the Propagation of Timber）。其中要角包括牛津的自由派經驗主義者約翰・洛克（John Locke）、物理學家伊薩克・牛頓（Isaac Newton）、化學家羅伯・波以耳（Robert Boyle），以及科學家兼建築師羅伯・虎克（Robert Hooke）。國王在白廳為他們建了一座實驗室，而學會的另一位創始會員，則是青年克里斯多佛・雷恩（Christopher Wren），他接受過的通才教育正是獲致偉大成就之關鍵所在。雷恩在牛津研習古典學、數學和科學，二十九歲就成為天文學教授，審閱皇家學會的宇宙學、力學、光學、測量學、醫學及氣象學相關論文。

倫敦廣場的來臨

不論君王可能有些什麼志向，倫敦貴族的志向都和它不相上下，他們是散布於西區的豪宅主人，多數豪宅都有廣闊的花園。此時有一位廣受愛戴的國王，他的宮廷迅速擴張，而宮廷需要住所，住所必須與其成員的體面相稱。巴黎的同類住所稱為私人府邸（hôtel particulier），內有前院，以高牆與周圍的街道隔開。倫敦的貴族們只想要一處適合「社交季」（season）的豪華居停，西區則有許多這類豪宅，尤其在皮卡迪利街（Piccadilly）兩旁，以及綠園和海德公園周圍。但這些還不夠。同樣從巴黎引進的「廣場」概念，內戰前即已創始於貝德福德伯爵的柯芬園，但個別房屋在此從屬於整體美感，這是一種統一的建築布局。而在林肯律師會館廣場及日後的廣場，廣場則假託為一處私人宮殿，內含山牆、壁柱及粗面砌築，兩旁由界牆包夾，卻彷彿俯視著自己的花壇。

住戶會乘坐著四輪馬車，在傑出的鄰居們（他們如此期望）注目下抵達正門。同時，僕役、馬夫、商人、運貨馬車、四輪馬車和馬匹的喧囂與麻煩，則如同在宮殿裡一般被打發到後面去。這裡有一片混亂的巷弄與馬房（mews），全都通往面向通衢大街的大宅後門。廣場周圍則是直角相交的次要街道網，匯集著教堂、市場、商店、酒館和廉價公寓。

這正是往後兩百年間幾乎每一處內倫敦地產的布局，就連較為貧窮的城東和城南也是一樣。它成了倫敦規劃的特徵，它的「都市中的田園」（rus in urbe）特色受到樹木強化，起初精心布置，但時日既久逐漸任其蔓生。一九三〇年代的丹麥都市規劃專家斯蒂恩．艾勒．拉斯穆森（Steen Eiler Rasmussen）認為，廣場體現了倫敦的神祕（即使只有蘇荷廣場真的是方形）。他回想，在夏日的濃霧中，「倫敦的廣場彷彿置身於海底，在樹枝之下，樹枝的模糊輪廓構成的圖案，宛如海草在頭上漂浮。」它們如今還是一樣，即使樹木往往長得更大，唯一的悲哀在於這麼多廣場都不再向大眾開放。

這些投機活動都帶有高度財務風險。廣場可不是連棟房屋，它不能按照市場力量所需延長或縮短，它有賴於不想為了營建、甚至不想為了投機買賣而把手弄髒的貴族地主。他們寧願用長期租約，將建築連同風險外包給營造者／開發者，租期往往長達九十九年。持有者會犧牲短期收益，換取固定地租和長期的歸復價值（reversionary value）。

這就需要小心留意一處廣場入住者的社會地位，也意味著早期的廣場往往落成得很慢。倫敦某些廣場——特別是聖詹姆士和梅費爾的早期廣場——相較於貝爾格拉維亞（Belgravia）或布魯姆斯伯里（Bloomsbury）等處的廣場，具有一種雜燴式的外貌，原因即在於房屋通常直到「夜間」租戶能夠入住之後才興建。如此獨占的市場始終都在飽和邊緣。

就在一六六〇年復辟過後，南安普敦伯爵托瑪斯・里奧斯利（Thomas Wriothesley, Earl of Southampton）實現了抱負，得以開發他在柯芬園北邊都鐸式豪宅前面的土地，這塊地的名稱來自它的諾曼人地主——布勒蒙的威廉（William de Blemond），因此得名為布魯姆斯伯里。里奧斯利想要為自己新建一座豪宅，面向一個三邊形的廣場，廣場後面則是供商人、傭人通行的街道，以及馬廄和市場。他贏得了許可，但布魯姆斯伯里廣場歷時六年才完工。

一六六二年，聖奧爾本斯伯爵亨利・傑明（Henry Jermyn）不甘示弱，也申請在他持有的聖詹姆士痲瘋病院（St. James leper hospital）舊址土地上營建。這是更加敏感的問題，因為它就在國王的聖詹姆士公園旁邊。傑明仰仗聯邦時代避難巴黎時，相傳與國王之母——亨利埃塔・瑪麗亞王太后密切的交情，於一六六五年獲頒許可，准許興建一座廣場，以及向北通往皮卡迪利街、向西通往聖詹姆士街的街道。東面則座落著傑明市場（Jermyn's market），買賣牛隻和必不可少的乾草，因此得名為乾草市場。

有鑑於它的所在位置，聖詹姆士廣場幾乎不可能失敗。六位公爵、七位伯爵居住在那裡。對某些人而言，倫敦排屋的垂直發展是一件新鮮事。強納森．史威夫特（Jonathan Swift）拜訪奧蒙德公爵（Duke of Ormonde）時，發現自己在樓梯下面跟主人交談，然後上樓，和公爵夫人在地面層交談，再到一樓和他們的女兒貝蒂女士（Lady Betty, Elizabeth Butler）交談。當史威夫特接著提議要貝蒂的侍女到閣樓找他，他寫道：「她年輕健美，而她不願意。」

服侍這些房產需要小心留意。一棟排屋可能會有二十名僕役，至少在春天社交季是這樣，他們需要的空間超過房屋本身所能供給。結果，即使是倫敦最時髦的廣場，它的後方也成了一片由低層小屋、馬廄、倉庫和作坊縱橫交錯的兔穴。聖詹姆士廣場有奧蒙德場（Ormond Yard）和石匠場（Mason's Yard），格羅夫納廣場有三王場（Three King's Yard）和牧羊人坊（Shepherds Place），這樣的格局也被伯克利（Berkeley）、卡文迪許（Cavendish）、波特曼（Portman）、貝爾格雷夫（Belgrave）等廣場到處複製。就連更小的廣場都有馬房，其名稱來自於過去存收在這些小屋裡的鷹籠。儘管廣場受到嚴格管控，但廣場的僕役居住區卻不受控制。結果，倫敦地產的間隙成了社會階層混合之地，日後容納了倫敦某些最窮苦的貧民區。它們在縉紳化過後被保存下來，如今蓋起了不起眼的小小排屋。

瘟疫降臨

西敏的這次復興在查理即位的第五年戛然而止。一六六三年已經發生了一次嚴重的鼠疫傳染，但隔年來勢更為兇猛。倫敦城悶熱的巷弄和露天的排水道、溝渠和泥沼，全都是沿著倫敦河濱登陸的老鼠，以至於牠們身上的跳蚤得以輕易地大量繁衍。這場瘟疫看似在冬季的寒冷中減緩，但在一六六五年春天又猖獗起來。門上畫了十字架，街頭的新喊聲成了「把死人搬出來」，並伴隨著「死人車」（dead carts）車輪隆隆作響。應對這場恐怖的責任，由一百多個地方堂區當局承擔，它們自行任命的堂區委員（vestrymen）負責收集死者，為他們挖掘並填滿瘟疫坑。

構成倫敦故事的所有這些人之中，很少有誰比當時海軍部的一位年輕文書更加迷人，他名叫塞繆爾・皮普斯（Samuel Pepys）。瘟疫復發的那一年，國王為了爭奪美洲貿易權利，重新開始了克倫威爾與荷蘭人之間斷斷續續的戰爭，終於導致一支荷蘭艦隊在一六六七年沿著梅德韋河（Medway）上行，擊毀或俘虜了十三艘英國船。皮普斯與其他人正在努力改革海軍，卻遭遇了英國海軍史上絕無僅有的一次羞辱。他在一六六〇至一六六九年這十年間的日記，鉅細靡遺地描述了他的公眾生活與私生活。

瘟疫期間，皮普斯得留在崗位上工作。他把妻子送到鄉下避難，修改了遺囑，同時留意到：「主啊，街頭何其空蕩，憂傷的是，街上這麼多貧病交加、滿身疼痛的人，我所到之處聽見這麼多悲傷的事，人人都在說這個人死了、那個人病了。」有錢人逃走了。皇家交易所空無一人，過不了多久，連記錄死者的人力都不夠，更別提埋葬了。皮普斯強烈反對宮廷從「辦公處所」疏散，「使得公共事務全都毀於一旦，他們高高在上毫不思考。」

瘟疫影響人們的方式各自不同。皮普斯的同時代人丹尼爾・迪福（Daniel Defoe）論及「倫敦人的怪異脾氣」，他們相信自己犯了罪而被神拋棄，或者至少是因為他們不道德的君王犯了罪。街上迴盪著遊方傳道人的呼喊，預言末日將至。但皮普斯似乎能夠從苦難中獲利，他設法讓財富增長三倍，手段我們不得而知。他甚至得出結論：「我從來不曾過得像這次瘟疫期間那樣歡樂（此外，我也不曾進帳這麼多）。」一六六六年一月，寒冷的氣候使得疾病減輕，四輪馬車又回到城裡，生意重新開始。沒人能準確估計死亡人數，但大概在十萬左右，相當於人口五分之一。

皮普斯是出類拔萃的日記作者，能將公眾事件的恐怖與私生活嫁接起來，在正史裡灑上人們的日常喜悅。他的日記之所以持續引人入勝，多半是因為他與妻子吵吵鬧鬧的關係、他的社會活動與性事、他去觀看死刑執行，還有他開刀清除腎結石。他喜愛美酒、音樂和女人，始終不太知道該怎麼解釋自己的行為，更談不上改正。被妻子捉姦在床的他承認：「我對此完全不知所措，那個女孩也是。」他是和喬叟一樣寶貴的倫敦人，這些人設法短暫地打開一扇窗，讓我們看見人們在他的時世裡如何行事與思考。

大火

倫敦城幾乎沒有時間復原，另一場災禍又在六個月後來到。一六六六年九月二日，倫敦城內布丁巷（Pudding Lane）一間麵包店失火。皮普斯一聽到消息，就把自己的文書、美酒和帕瑪森乾酪全都埋起來，把全家人和他的大鍵琴送到泰晤士河的一艘船上。大多數人口逃往南華克，或向北逃到伊斯林頓（Islington）和高門，皮普斯則加入了試圖救火的隊伍。市長起初對火災不予理會，說「找個女人撒泡尿就可以澆熄」，但不久就絕望起來，因為他下令拆除在大火蔓延路徑上的房屋，卻被置之不理。皮普斯設法指揮水手們炸掉倫敦塔四周的房屋，搶救了倫敦塔。三天後，隨著東南風轉為西南風，他站在河對岸，看見「一整個拱形火門，從橋的這一頭延燒到那一頭……拱形長逾一英里。」他說，那就像「一道火弓」。

同樣為復辟時期倫敦留下編年紀事的皮普斯友人約翰·伊夫林寫道，不計其數的市民恍惚又狂亂，「什麼都聽不見也看不見，只是哭號和悲嘆，像慌張的動物那樣到處奔跑」。當古老的聖保羅教堂開始在火海中爆炸，他看著教堂的石頭「如榴彈般飛散，熔化的鉛在街上流淌成河，流過的路面灼熱得赤紅」。倫敦城這個區域唯一能夠躲過毀滅的，就只有市政廳的檔案，它貯存在中世紀築成的地窖深處。伊夫林也幫忙拆除建築，將火勢阻止在霍本。霍本的貿易所預備律師會館（Staple Inn）大半經過重建，是現存最佳的大火前倫敦建築立面遺跡。在伊夫林看來，「倫敦曾經有過，卻已不復存在」。

遠處肯辛頓的一位居民寫道：「我的花園被紙張、麻布和灰泥的餘燼覆蓋，它們被暴風吹到這兒來。」

這一週結束時，舊倫敦城四百四十八畝的土地，共有三百七十三畝被燒毀，城外的法靈頓各坊也被燒毀了六十畝。全市一百零九座教堂損失了八十七座。聖保羅教堂和所有公共建築都被認定為無法修復。這無疑是一〇八七年大火以來，侵襲倫敦城最為慘重的災禍，早年的聖保羅教堂也毀於上一次大火。倫敦城八萬居民，約有七萬人無家可歸。同時，絕望的難民們聚集在伊斯林頓和高門的田地上，蜷縮在帳篷和原始的遮蔽處中，看著他們的城市焚燒。據記載，葬身於大火中的死者頂多十來人——而在完全付之一炬的新門監獄內，死亡人數恐怕不得而知。

鳳凰重生

儘管留下了大災難的敘述，歷史學家如今卻逐漸懷疑火災真正造成的毀壞程度，尤其在房屋由磚石打造的區域中。倫敦博物館估計，真正的毀壞僅僅影響了倫敦城大約三分之一的區域，這或許也足以解釋倫敦城其他地區的快速重建。四天之內，難民就開始從城北高地遷往距離較近的村莊，或遷往蕪田和克勒肯維爾，回到仍在悶燒的房產附近。許多人回去占居，唯恐土地落入鄰居手中。一種名為倫敦火箭（London rocket）的新品種可食用水蒜芥，被人們留意到在廢墟裡茁壯生長——據報導，它在英倫大轟炸過後再度出現。

不管返回家園的市民想要什麼，積極進取的人很快就開始帶著寫生簿和捲尺，在悶燒的廢墟中到處徘徊。九月十日，大火過後不到一星期，國王就收到雷恩的上書，提議重建一座全新的城市。九月十三日，他接獲伊夫林的另一份上書，其中寫道「雷恩博士先我一步」。一週之內，羅伯・虎克、瓦倫丁・奈特（Valentin Knight）等人的提案蜂擁而至。一如倫敦在大轟炸之後所見，建築師最大的渴望，莫過於重新設計一座城市的機會。

雷恩看來受到國王聽信。他把「灰燼與廢墟的廣闊平原」看成一個新倫敦，與南歐文藝復興的瑰寶不相上下。他的計畫取自教宗思道五世（Sixtus V）的羅馬，有兩個圓形大廣場（ronds-points），一個在皇家交易所，另一個幾乎在河岸上。兩者之間是由新建的聖保羅教堂向四面八方發散的街道網。城市裡會有宮殿、教堂、方尖碑、林蔭大道、圓形廣場，以及泰晤士河沿岸的碼頭。城內的一切都會是美景。

伊夫林同樣高瞻遠矚。他要把所有「令人厭煩的買賣」東移，由「散發芳香的植物」樹叢取代。他的布局就像個龐大的西洋棋盤。伊夫林是最早對倫敦的空氣表示憂慮的倫敦人之一，他寫道，「統帥大洋，直到東印度」的這座城市，不該「將她威嚴的頭包覆在煙霧和硫磺之中」。他說，倫敦人「呼吸的就只是一團不潔的濃霧，烏黑又骯髒的蒸氣」，他們應當燒木柴，而不是燒煤炭。伊夫林是倫敦第一位真正的園藝師，他甚至預見了一條圍繞郊區的綠帶，即使伊莉莎白一世在某種意義上也同樣提議設置綠帶。

其他構想還包括威廉・佩悌爵士提議新設「大倫敦」（Greater London）政府，五百萬居民住在遍布於四周鄉間的花園城市裡。他是時代的先行者。有一位伯奇上校（Colonel John Birch）提議由國家強制買下整個倫敦城，重新來過。此外皇家學會也加入戰局，發表一篇短論，駁斥那些將瘟疫與火災歸咎於倫敦犯下罪惡的人。該是時候揚棄舊的「桀驁情緒與可怕冒瀆……因為人類如今到處都開始再次尋回自己的精神，想要修補舊物和重建新的城市。」

國王一開始採納了雷恩的建議，致函倫敦城當局，禁止立即重建房屋，否則「將再次予以拆除並夷平」。國王看過雷恩的計畫，「對其表示不少認可之意」。但三天之內，查理就改變了心意。或許是意識到拆毀倫敦城剩餘的全部建築，並驅逐居民的可能後果，他對於「重建這座名城表達掛念與關切，盡其所能迅速處理」。它應該由磚石、而非木材打造，著手進行前必須徵求許可，但應「在短時間內獲得命令與指示」。

最值得注意的是，在拓寬街道及進行其他調整時，官員應當勘查現場，並將任何爭議提交陪審團，陪審團則可授予補償。在任何開發令持有者獲利之處，估定的「附加價值」皆應付給「社區」。五年內未被重新入住的任何房產，都會由市鎮沒收。政策尊重私有財產，但倫敦城應當得到協助以恢復生活，為了更廣泛的公共利益而被管控及課稅。斯圖亞特王朝政府採納街區保存、建築標準、房產檢查、陪審團裁決與補償。在我看來，倫敦的都市更新從來不曾像大火過後這幾個月那樣，得到如此認真的考量。

監督重建的六人委員會成立，雷恩是委員之一，他對於「大多數市民固執不願變動原有房產」感到憤怒，而這也是世世代代倫敦建築師的呼喊。重建倫敦城法案在一六六七年通過，其中規定必要物資為磚、石和瓦片。四種等級的房屋空間得到固定，向後移到更寬廣的街道沿線，由繩索標定的界限之內。任何人移動房產的沿街建築線，都會「在犯事地點附近被公開鞭笞，直到血流滿身」。最值得注意的是，房產在街道拓寬中遭受損失的人，都會得到一定程度的補償，資金來自煤稅收入，即使絕非大方。

儘管新建築立面符合規範，倫敦城的居民對於堂皇規劃者們的眼光卻不耐煩。當他們成群穿越灰燼歸來，他們盡其所能攜帶著這些建材，重開店鋪、重拾生活。他們幾乎別無選擇。有一位名叫伊莉莎白・皮考克（Elizabeth Peacock）的居民，據報在大火前才剛花了八百英鎊裝修房屋，但大火過後僅得到十鎊補償。實際上，倫敦博物館說，修復的建築物是多種「重新披上磚面的伊莉莎白和詹姆士風格房屋形式」。但新的下水道和石頭路面鋪設了，街道中間拱起，向邊溝傾斜。新建的國王街和王后街，提供了從市政廳直通河邊的道路。速度決定了新倫敦城的樣貌，它在四年內大半得到重建，可說是一項非凡的事業。

永恆之城

這場大火似乎讓倫敦備受尊崇的自治猝不及防。恢復與重建由西敏下令。國王本人無所不在，大火期間，他在街頭策馬穿行鼓舞救火員。即使雷恩的計畫落空，查理卻展現了自己是個聰穎的行政管理者。倫敦人默認了他的決定，以及那些受命調解大火後爭議的仲裁人的決定，這足以說明他的權威。大火前的街道計畫得到小心遵守，對此無疑也有幫助。

結果，約有九千棟房屋取代了一萬三千二百棟舊有房屋，由於人口在前一年的瘟疫中損失，生活空間的縮減得以紓緩。由於舊有街道保留下來，布局仍是非正規的。房屋通常建在花園裡，需要開闢新巷道與它們連通。約翰・奧吉比（John Ogilby）一六七七年的地圖，部分是為了協助規劃新城市而繪製的，其中顯示的布局與大火前的版本差異極小。製圖者們估計新倫敦城有一百八十九條街道、一百五十三條巷道、五百二十二條弄堂、四百五十八條院落街和二百一十個場。舊有的行政區劃未經改革即獲得恢復，包含二十四坊加上南華克，其下再分為一百二十二個堂區。彷彿一切都變了，卻又什麼都沒變。

有個機會被把握住了：在更便利的地方規範了開放市場。多數同業公會會館和半數教堂得以重建。損失的一百零九座教堂重建了五十一座（其中二十四座至今尚存）。新建的教堂全都由雷恩監工，傳統上都歸功於他，但西蒙・布萊德雷（Simon Bradley）為佩夫斯納指南進行的研究，則將其中許多座歸功於他的副手羅伯・虎克（Robert Hooke）。既然多數教堂地點從中世紀就存在，堂區整併則意味著空間最大化，雷恩和虎克就必須展現強大的創造力。計畫從方形、矩形、橢圓形到不規則形狀，不一而足。塔樓全都不同，據現存紀錄顯示，室內也各不相同。

布萊德雷從雷恩的作品中看出了「科學家樂在實驗，看看有多少種有用的堂區教堂形式能被開發出來」。人們認為，沃爾布魯克聖司提反教堂（St. Stephen Walbrook）是重建聖保羅教堂的微型試運轉。雷恩最完美的室內設計，位於比林斯門附近洛瓦特巷（Lovat Lane）的山上聖母教堂（St. Mary-at-Hill），被約翰・貝傑曼（John Betjeman）認為是「倫敦城中變質程度最低、最漂亮的室內設計，因其隱身於鵝卵石小巷、鋪面過道、磚牆之中，由英國梧桐掩映著，而更令人激動」。這座教堂位於一處令人聯想起戰前倫敦城的飛地之中，一九八八年失火受損，它的十七世紀木構件被收存起來。即使倫敦城富可敵國，至今卻仍拒絕修復這座教堂。它還在等待更高貴的一代人。

至於聖保羅教堂，自從七世紀以來，它始終都是倫敦城的精神核心。教堂尖頂在一五六一年倒塌，伊尼戈・瓊斯（Inigo Jones）在一六二〇年代為它設計了古典式的西向正面。大火發生時，雷恩正提議在十字交叉處上方新建穹頂，人們認為，包圍住教堂的木造鷹架助長了大火將它吞沒。當時曾有過將教堂燻黑的空殼恢復為原有哥德式的討論，但雷恩堅決採用近代巴洛克式——它的美感來自於幾何構造。他依舊盼望，教堂有朝一日仍有可能成為向外發散的街道格局之中心。

爭論接著與雷恩計畫的執行方法結合起來。教士不擅長妥協，優柔寡斷逼得雷恩幾乎絕望。他的模型是十字型的，在大火後六年建成，但傳統主義者要求中殿延長、耳堂縮短。最後國王要求進展，允許雷恩自己作主，「不時進行他認為適當的調整」。開銷上漲到驚人的七十二萬鎊，接近於今天的一億鎊，這座主教座堂花了三十多年才完工。

聖保羅教堂成了倫敦大火後復興的外顯表現，至少到一九六〇年代為止，都是從四面八方觀看這座大都會的視覺焦點。它博學的古典主義，大受研究十八世紀倫敦的最優秀史家約翰．薩默森（John Summerson）讚賞，他寫道：「這樣一座紀念物，不是從西敏的新街道和廣場中間升起，而是從商業據點缺乏智性的貧瘠土地上升起，這是歷史上的一件離奇之事。」老邁的雷恩至少還能看見它完工，一七一一年他坐在籃子裡，由兒子吊上了教堂屋頂。

倫敦城可以修復建築，卻無法強迫任何人入住。大火的現實是成千上萬人從此一去不返。比較富裕的市民在西邊暫時寄宿，許多人決定留下。商人們發現他們在柯芬園和市場街都能工作，也可以從市場街步行到柯芬園。斯圖亞特王朝宮廷的誘惑與娛樂，提供了倫敦城所無法匹敵的魅力。其他郊區也並未閒置，投機者們很快就靠著需求激增而獲利。而在東邊，霍克斯頓（Hoxton）、肖迪奇、芬斯伯里、斯皮塔菲爾德（Spitalfields）等地都提供短期租約。價格愈高、街道就愈筆直，特別是在斯皮塔菲爾德。同時，不太令人滿意的房產則沿著被污染的泰晤士河伸展開來，從聖凱瑟琳延伸到瓦平和沙德韋爾。一六五〇年的調查顯示，沙德韋爾有七百棟房屋，幾乎每一棟都是一層到兩層樓。

參議會大感驚恐。數百間新建房屋無人居住，等待著租客上門。一六七二年的調查顯示，大火過後興建的房屋仍有三千間無人入住。參議們受到警告，要是他們不在各自所屬的坊居住，就會喪失特權——無論那時還是現在，這都是一條毫無指望的規定。倫敦城的公會公開招收學徒，由此欣然將倫敦城的自由權利授予他們。倫敦城不顧一切地遊說，反對在上游的西敏興建新橋的提案，唯恐外省貿易前往肯特及沿海的路徑從此繞過倫敦。它在這方面得以如願，南倫敦的成長因此多受一世紀的延宕。

儘管如此，新來的工匠們卻發現他們在倫敦城轄區之外落腳，就能夠規避行會限制。珠寶商在哈頓園（Hatton Garden）、銀匠在克勒肯維爾、裁縫則在柯芬園以北聚集。珠寶商直到今天都集中在哈頓園。倫敦城步上了喪失工藝及製造業的漫漫長路。人口從大火前的二十萬人，減為大火後的十四萬人。全體倫敦人的四分之三此時居住於倫敦城外，倫敦城開始勢不可擋地向「中心商業區」演變。

大火有失也有得。要是雷恩或伊夫林如願以償，恢復受到延遲，不只倫敦城經濟有可能崩盤，拚命想恢復貿易的行業也有可能逕自搬家，遷往西敏——如同五世紀時盎格魯撒克遜人對於倫敦威克的作法那樣。舊倫敦城恐怕在商業上也會跟政治一樣，把優越地位拱手讓給弟弟，而淪為郊區的貧民區。

因此，倫敦城遊說查理聽任市場自由發展是對的，即使為重建頒布規範的是國王，不是倫敦城法團。保持中世紀的街道計畫也有好處，要是倫敦採用了雷恩的幾何布局，就很容易受害於二十世紀的再開發，步上約翰．納許（John Nash）設計的攝政街（Regent Street）之後塵。即使到了今天，古代的街道計畫都令倫敦城的規劃者著迷，他們心甘情願拆除老建築，卻對阿佛烈大帝的布局肅然起敬。

西敏成熟

西敏是倫敦大火的首要受益者。環繞倫敦西邊的田野，過去多半是牧場和菜園，它們這時消失在磚場、馬車道、石灰窯和勞工營地下方。執照從繼承星室法庭的樞密院裡傾瀉而出。需求很瘋狂。倫敦早期房地產投機的故事，讀來宛如《德倍禮年鑑》（*Debrett's*）的內容。索爾茲伯里、貝德福德、南安普敦、聖奧爾本斯等等這些復辟早期的大貴族們首開風氣之處，其他人則在大火過後起而效法。萊斯特伯爵（Earl of Leicester）在萊斯特園地（Leicester fields）附近大興土木，此時開闢成了廣場。阿靈頓勳爵（Lord Arlington）蓋了一棟面向綠園的房屋，即使他住在道路另一端，日後成為白金漢宮的地點。同樣面向綠園的還有伯克利勳爵（Lord Berkeley）、阿博馬爾公爵（Duke of Albemarle），以及科克與伯靈頓伯爵（Earl of Cork and Burlington），他們都有豪宅以他們為名，後來街道也以他們為名。普通人也隨之而來。

克拉倫登伯爵（Earl of Clarendon）失勢後，他在皮卡迪利街上由羅傑・普拉特（Roger Pratt）設計的帕拉第奧式豪宅，被托瑪斯・邦德爵士（Sir Thomas Bond）領銜的一個開發聯合會買下，並立刻拆毀。日後成為馬格斯菲爾德伯爵（Earl of Macclesfeld）的傑拉德勳爵（Lord Gerard），在蘇荷（Soe Hoe）的部分田地動工。一位名叫潘頓上校（Colonel Thomas Panton）的賭徒取得了乾草市場，市場北邊的土地則分別落入理查・弗萊斯（Richard Fryth）、法蘭西斯・康普頓（Francis Compton）、愛德華・瓦爾多（Edward Wardour）、威廉・普特尼（William Pulteney）、托瑪斯・尼爾（Thomas Neale）等人之手。這些人全都在倫敦地圖上留名，這份紀念物比西敏寺的任何一塊石匾都更為家喻戶曉。

最勤奮的則是尼古拉斯・巴蓬（Nicholas Barbon）。他不是貴族，而是浸信會派議員「讚美神」巴蓬（Praise-God Barbon）之子。巴蓬一六四〇年生於荷蘭，本業是內科醫生，一六六四年定居於艦隊街，成為倫敦第一位「職業」開發商。整個西敏都是他的獵場。巴蓬靠著請客、行賄乃至恐嚇，在城裡橫行無阻。要是他的提議被拒，他可能就會派出打手，趁夜搗毀一處房產。歷史學家克里斯多佛・希伯特（Christopher Hibbert）寫道，要是巴蓬挨告，「他就用上訴、反控、避不出庭、道歉、撤告、似是而非的詭辯、不老實的藉口、謊話和費解的發言，讓對手疲乏。」如同伊莉莎白時代的格雷欣，他在倫敦警方的罪犯照片集裡也是個要角。

巴蓬無所不在。艾塞克斯伯爵去世後，他在河岸邊的住宅立即消失，艾塞克斯街和德弗羅街（Essex and Devereux Streets）出現。白金漢公爵（George Villiers, Duke of Buckingham）在查令十字路（Charing Cross）的宅第也同樣消失。公爵懇求巴蓬至少把他的名字保留下來，答案則是喬治街（George Street）、維利爾斯街（Villiers Street）、公爵街（Duke Street）、歐夫巷（Of Alley）和白金漢街（Buckingham Street），其中只有巷名如今是「舊稱」。在紅獅廣場（Red Lion Square），巴蓬率領他的兩百名工人，和隔壁格雷律師會館挺身抗爭的律師們，用棍棒和石塊展開激戰。他也在聖殿區，以及霍本北方的貝德福德市（Bedford City）開發街道。他就跟許多同類一樣，不自量力而耗盡錢財。他對批評者提出的辯解，則是每一個開發商都會講的話——他不過是順從於需求。

一六六九年，雷恩被任命為工部監督官。他的艱鉅任務是要推動宮殿營建計畫，與查理流亡歐洲大陸期間仰慕過的那些宮殿匹敵。首先是王室的白廳宮修繕。這座宮殿成了一片廣袤的庭院與王室住所建築群，受寵的廷臣和僕役獲准任意擴充自己的房間。據說這是歐洲最大的宮殿（儘管不久就被擴大的凡爾賽宮取而代之），二十三畝地上有一千五百間房。伊尼戈・瓊斯先前為詹姆士一世在泰晤士河畔興建一座杜樂麗宮（Tuileries-on-Thames）的計畫，只進展到白廳的國宴廳。

查理首先決定要把宮殿用地向西延伸到海德公園，他任用法國園林設計師安德烈・勒諾特爾（André Le Nôtre），重新設計聖詹姆士痲瘋病醫院舊址的一部分地產。他為了當時風行的長距離槌球（palla al maglio）納入了一條運河和一條林蔭道，從位於今日帕摩爾（Pall Mall）的地點搬來。公園西端則有一片老桑樹叢，由詹姆士一世栽種供養蠶之用，但收益不彰。這片樹叢後來轉手給了阿靈頓伯爵、又轉給了白金漢公爵，成了日後的白金漢宮。

至於白廳本身，零星修繕仍在持續，但沒有興建泰晤士河畔的杜樂麗宮，或按照雷恩的遠見，興建水上凡爾賽宮的跡象。查理的錢花完了。最終在一六九一年，查理二世駕崩、弟弟詹姆士也下台之後，除了國宴廳之外的整個建築群都被火燒毀。日後的君王拋棄了潮濕、受污染的西敏，不再回來。

倫敦歷史上大火過後的這段時期，只有極少數大宅留存至今。倫敦城內有老總鐸區（old Deanery，一六七二年），距離聖保羅教堂墓園不遠，還有附近的紋章院（College of Arms），以及某些至今尚存的同業公會會館。除了霍本經過重建的貿易所預備律師會館，離史密斯菲爾德不遠的布市（Cloth Fair）有些房屋可能也建於大火之前，這些是十七世紀中葉倫敦城的遺物，磚砌表面上開著寬大的出挑凸窗（oriel windows），俯視著一片巷弄與過道的迷宮。未曾消失的則是復辟時期的典型風格，四到五層樓的單一房屋連棟，每間房屋都有自己的前門，有地面層和一樓的會客室，有地窖或沒有地窖，而後臥室繼續向上延伸。它以誇張形式呈現於最壯麗的廣場，以較小的規模呈現於不起眼的後街裡。它既不鋪張也不過分寬敞，就只是端莊又漂亮。除了最貧困的廉價公寓之外，這種形式是整個十八到十九世紀倫敦的常態，直到至今仍然流行的公寓樓在維多利亞末年出現為止。

自十八世紀啟程的這個倫敦，是歐洲最現代的城市。無論貧富，幾乎所有房產都興建於前一個世紀之內，同時其他城市則多半仍是中世紀核心的積累。由此產生的結果之一是，當歐洲終於在十九世紀翻新城市中心，且多半翻新成為多層公寓樓時，倫敦卻仍保留著一條條街道的排屋，支持著低上許多的居民密度。這意味著倫敦若要容納不斷成長的人口，它就需要占有更多土地。所幸，它有大量的額外土地可供運用。

第八章 荷蘭人的酒膽 西元一六八八至一七一四年

繼承危機

復辟時期的倫敦，正在經歷後人所謂的小冰河期。平均氣溫下降了兩度，靠著進口大量燃煤而得以紓解。當時的泰晤士河比今天更寬、流速更慢，舊倫敦橋實際上構成了一道水壩，結果使得泰晤士河經常結冰。一六八三至一六八四年，泰晤士河封凍長達六週，由此產生了著名的冰霜市集。從聖殿區到倫敦橋，建造了一條臨時商店街，四輪馬車載著商品往來兜售。

伊夫林記錄了一種節慶氛圍：攤販們帶著「小棚子，在裡面烤肉……雪橇，和溜冰鞋一同滑行，有鬥牛、賽馬和馬車賽、偶戲與幕間表演，還有廚師、飲酒場地及其他風化場所，讓它看似一場酒神的勝利。」國王與王后在白廳附近盡情享用一頭烤全牛。當然也有缺點：「許多鹿園被破壞了，還有如此珍貴、對窮人維生貢獻甚大的各式各樣燃料……由於空氣酷寒，煙霧升騰受阻，倫敦充滿了煤粉的烏黑蒸氣，讓人幾乎不能呼吸。」

查理的首都開始喪失了復辟時期的某些光采。國王與議會為了大建宮殿的資金問題而愈來愈不和，國王暗中信奉天主教的傳聞，由他的弟弟和繼承人——約克公爵詹姆士實際信奉天主教而坐實。議會強烈反對，導致雙方在一六八二年為了王位繼承問題公開決裂，倫敦城則多半站在議會這方。倫敦熱烈支持復辟，反對內戰衝突再起。儘管如此，倫敦的新教精神根深蒂固，不願見到天主教君王捲土重來。

憤怒的查理做出了史無前例的回應，廢止倫敦城各行會獲頒的王室特許狀，接著又廢止倫敦城法團獲頒的特許狀。當這個決定上訴到法院，擁護王室的法官們支持國王。首席法官傑佛瑞（Judge George Jeffreys）指出：「英格蘭國王同樣是倫敦之王。」並且認為首都「不過是個大一點的村莊」。倫敦城的參議們從來不曾聽過這種語言。

一六八五年，法王路易十四廢止了先王亨利四世的《南特詔令》，據信這份詔令容許了新教信仰。這個與聖巴托羅繆節大屠殺遙相呼應的舉動，再次催逼著大量雨格諾派信徒流亡倫敦，許多人擠進了蘇荷和斯皮塔菲爾德的法國人聚居地，帶來了他們遭受迫害的恐怖故事。同年，查理二世駕崩，天主教徒詹姆士二世繼位（一六八五至一六八八年在位），他完全沒有試著消除大眾對其支持對象的猜疑，他運用自己的任命權，在整個政府、軍隊、文官體制和牛津大學內外提倡天主教。他看來站在法國施加宗教迫害的那一方。

詹姆士缺乏兄長的處事手腕與魅力，這時又再娶天主教徒摩德納的瑪麗（Mary of Modena），他的地位很快就開始動搖。即使他在倫敦城部分地區能夠仰賴一群天主教徒的核心支持者，但他能夠掌權的脆弱基礎卻在於他的繼承人——女兒瑪麗·斯圖亞特（Mary Stuart）是新教徒，並且嫁給了法荷戰爭的新教英雄——奧蘭治的威廉（William of Orange）。而在一六八八年，詹姆士的第二任妻子生下男孩，取代瑪麗成為王位繼承人，這份保障也就終止了。天主教王朝出現，並與詹姆士的法國恩主——路易十四結盟，而路易十四正在攻打奧蘭治的威廉，這種設想令倫敦忍無可忍。

英格蘭在一六五〇年代和一六六〇年代都與荷蘭交戰過，但那是在海上進行的貿易戰爭。多數英格蘭人覺得，他們和過去一百年來大半時間都在對抗好戰天主教徒的荷蘭人處境相同。隨著復辟傳入倫敦的是荷蘭品味，不是法國品味，邱宮（Kew Palace）被稱為荷蘭屋（Dutch House）。倫敦的肖像畫由彼得·萊利（Peter Lely）和戈弗雷·內勒（Godfrey Kneller）主宰，揚·基普（Jan Kip）和倫納德·克內夫（Leonard Knyff）則為貴族提供鄉間豪宅的壯觀全景畫。英格蘭在為政治動亂尋求援助時，自然望向了北海彼端、而不是海峽對岸。

入侵、政變、新政權

奧蘭治的威廉幾乎不需要被誰鼓動，一群輝格黨密謀者受到他在倫敦的代理人漢斯·威廉·本廷克（Hans Willem Bentinck）慫恿，「邀請」他入侵英格蘭，奪取詹姆士的王位。一六八八年十一月，威廉率領艦隊入侵英格蘭，兵力是一百年前西班牙腓力二世無敵艦隊的兩倍。他向西航行到德文郡布里克瑟姆（Brixham）登陸，從那裡向倫敦進軍，期待著預定的反詹姆士起義發生。但起義並未發生，在保王軍統帥之一約翰・邱吉爾（John Churchill，日後受封為馬爾伯羅公爵〔Duke of Marlborough〕）倒戈投向威廉之後，保王軍只做了象徵性的抵抗。

威廉來到倫敦，是這座城市自諾曼人征服以來，第一次正面遭遇外來侵略者，雙方都極其謹慎小心。詹姆士還在白廳，手上沒有一兵一卒，他被獲准逃往法國；而威廉則發布宣言，重申內戰前的《權利請願書》和《大諫章》。宣言聲稱他「極不情願、極其謙遜地」不得不拯救英格蘭脫離詹姆士的「邪惡顧問們」。洛克為這次行動努力論述，一六八九年寫成了《政府論》（*Two Treatises of Government*），並將它呈獻給「我們的偉大恢復者」（our Great Restorer），他說，威廉「在國家瀕臨奴役與毀滅之際拯救了它」。它巧妙地包裝了一次武裝推翻合法繼位國王的行動。

不同於復辟時的查理二世，威廉不敢走近倫敦城，他知道倫敦城有詹姆士的支持者。歡迎儀式小心地在聖詹姆士公園舉辦，發送了大量橘子和橘色絲帶。荷蘭軍在白廳列隊，他們奉命使用「解放」一詞，而非「征服」。儘管如此，所有英格蘭軍人全都奉命撤出首都，由荷蘭駐軍接替。伊夫林回想內戰時期，不覺驚奇：「這可憐的國家落得這副怪脾氣，過去任何時代都前所未聞，而我是一個目擊者。」

威廉的入侵被其宣傳者稱呼為「光榮革命」。它的結果當然是良性的，避免了議會與斯圖亞特君王之間迫在眉睫的衝突。許多托利黨人和天主教徒認為威廉是篡位者，有些人積極密謀想要迎回詹姆士，但議會由輝格黨人牢牢掌控，通過一系列措施，一勞永逸地確保議會主權之下由新教徒繼位。新王威廉三世（一六八九至一七〇二年在位）對此表示贊成，唯一條件是由他和瑪麗共同統治，兩人是平等的國王與女王地位，他們也共治到一六九四年瑪麗去世為止。一六九〇年通過法案，恢復倫敦城先前獲頒的多種特許狀，下令「從今而後，倫敦城的特許狀無論如何都絕不取消」。這邁向民主的有力的一步，倫敦街頭未曾濺血就得以達成——即使往後數年間，蘇格蘭與愛爾蘭將會流更多血。

郊區的郊區

自懺悔者愛德華以來，君王都是從首都上游，位於米德塞克斯的西敏堂區統治英格蘭。君王首先入住愛德華興建的舊西敏宮，現在是議會與王室法庭的所在地。然後在都鐸王朝和斯圖亞特王朝統治下，君王人在倫敦的時候，就遷居到隔壁的白廳宮，那兒擠滿了新舊建築，由大批扈從的王室雇員和官員居住。

威廉和瑪麗不喜歡白廳，也不再喜歡聖詹姆士宮這個小一點的住處。威廉患有氣喘，瑪麗說白廳「除了牆壁和水，什麼也沒有」。這對夫婦決定完全遷出城外，買下肯辛頓村附近的諾丁罕屋（Nottingham House），並請雷恩裝設宮殿套房。為了強調兩人君權的二元性，國王與女王得到了各自的區域，以及個人的王室會客室。就連在漢普頓宮（Hampton Court）用於禮儀活動的出入口，他們也都是分開的。

此舉讓君王實際上與都會分隔開來。威廉和瑪麗，乃至他們的繼承者安妮，都沒有使用聖詹姆士宮。倫敦政治地理的這項演變，與它的憲法相符合。一六八九年《權利法案》的原則，也連帶被標舉於西敏宮裡，它這時是正式擁有主權的議會所在地。隨著議會的聲望提高，君王的主權似乎向西漂移，在肯辛頓花園的林間隙地裡漸漸消失。

安妮女王（一七〇二至一七一四年在位）將姊姊對城外住所的喜愛延續下去。詩人亞歷山大・波普（Alexander Pope）深情地寫到漢普頓宮，在那兒，「偉大的安娜，三國臣服於她／時而徵求意見，時而飲茶」。女王在內室裡接見大臣們的習慣，使得「內閣」一詞成為大臣們的集體名稱。一七〇七年《聯合法》（Act of Union）讓倫敦不再只是英格蘭（和威爾斯）的首都，也是蘇格蘭的首都。欣喜的安娜身穿薊花勳章（Order of the Thistle）禮袍遊行，宣告自己是一個國家的君主，「人心皆願成為同一國人民」，這是個美好卻微弱的願望。《聯合法》讓四十五名蘇格蘭下議院議員加入議會，增強了輝格黨的優勢地位，此後雖有間斷，卻仍持續了半世紀之久。

金錢萬能

隨著人口在大火後疏散，倫敦城的傳統製造業多半也隨之離開。作坊關門，工匠四散。殘留的勞動力不得不集中心力於先前商業活動的改進，也就是處理金錢的銀行業。這個詞來自義大利文，指的是將貸款攤放於其上，讓所有人都看到的那張板凳。這取代了以金銀交易商的金銀儲備為抵押借貸的傳統借款方式。英格蘭銀行（Bank of England）於一六九四年創立，起初是為了協調政府公債而設立的私營事業。兩年後由此催生了本票形式的「紙幣」，憑藉的是英格蘭銀行的黃金儲備。東印度公司和南海公司（South Sea Company）促成了政府借款增長，它們實質上是國營事業，讓銀行家、大臣和大眾能在此購買高額投機債。

一如中世紀的威尼斯，財富取決於遠航海外的船舶，以及海外發生的事件。這相應地使得社會關係和資訊都具有極高價值，而事實也證明，倫敦城非常適合建立必要的關係與經營。新的銀行業機構逐漸取代了舊的同業公會，銀行家不再是金匠或布商，有些人甚至不費事就成為自由人，也就不參與倫敦城的政治生活。英格蘭銀行最初有二十六位董事，其中六人是雨格諾派，半數則是不信奉官方英國國教的人士。他們的生意不再受到行會人脈潤滑，而是由康希爾（Cornhill）和針線街（Threadneedle Street）咖啡屋裡蒐集來的情報潤滑。從這時候起，倫敦行會變得更像是俱樂部，而非貿易壟斷集團。

一七〇〇年時，倫敦有五百多家咖啡屋，許多家專門提供特定商品和服務，收取入場費，因此勞埃德咖啡屋（Lloyd's house）成了保險業中心，喬納森（Jonathan's）則是家畜中心。一般相信，「股市」（stock market）一詞即來自後者的地點接近原有的刑枷（punishment stocks）。第一份市場物價清單《交易行情表》（*Course of the Exchange*），一六九八年由喬納森咖啡館發行，而英格蘭第一份日報《每日新聞報》（*Daily Courant*）則在一七〇二年創辦於艦隊街。

因此，倫敦新聞業的根源在於金融，這些報紙成了寡頭金錢市場的潤滑劑。富人或許會逃往新興郊區，享受舒適和新鮮空氣，但咖啡屋的緊湊交流卻無可取代。資訊在成為印刷文字之前仍是口語，而且是地理限定的。鄰近市場和碼頭是倫敦城獨一無二的優點，至少在電報來臨前都是如此。

倫敦逐漸發展出一套獨特的世界觀，與西敏的世界觀大不相同。倫敦城為了英格蘭（如今是大不列顛）參與西班牙王位繼承戰爭（一七〇一至一七一三年）而分歧。馬爾伯羅的勝利令它歡欣，但它支持托利黨，渴望和平。這反映於一七一四年最終簽訂的《烏特勒支和約》（Treaty of Utrecht），英國談判代表奉指示，無視歐洲的領土分割問題，只專注於貿易事宜。烏特勒支會議將直布羅陀、梅諾卡島（Minorca）和紐芬蘭割讓給英國，並確認英國在牙買加、百慕達和美洲殖民地的權利。這份和約也為英國贏來了一項獲利豐厚（爭議性也愈來愈大）的獨占權利，那就是對非洲與西班牙美洲殖民地之間奴隸貿易的獨占權。

向西漂移

即使大火後的建築熱潮，在讓倫敦城住房過剩之後已趨於停歇，但管控郊區成長的熱情卻未曾消褪。一七〇三年造訪倫敦的索爾頓的弗萊契（Fletcher of Saltoun），呼應都鐸時代的約翰·史鐸。他說，倫敦「就像個軟骨病童的頭，自己吸收了本應依照適當比例，分散到羸弱的身體其他部分的營養，變得超載，導致瘋狂和死亡必定隨之而來」。但議會的作為就只是進一步管制倫敦房屋的實際設計。一七〇七年和一七〇九年的法令，禁止任何木材突出於房屋，以防失火，並要求窗戶內凹，讓火勢不致延燒到外牆。一七〇七年前的房屋，至今仍可從倫敦城內勞倫斯·龐特尼山（Laurence

Pountney Hill）、西敏的安妮女王門（Queen Anne's Gate）和史密斯廣場（Smith Square）等處的精美門罩看到。了不起的倖存者之一，是位於帕摩爾，一六九五年前後興建的紹姆貝格府（Schomberg House），它大概是西敏一座豪華的十七世紀宅第現存僅有的外觀，這座宅第是為了一位荷蘭雨格諾派教徒而建造，如今分成了三部分。

至於新興的郊區，這些地方的信仰狀況、至少教堂的缺乏引發了憂慮。開發商無法提供教堂，部分原因是既有的堂區害怕喪失會眾。許多地產不得不湊合著使用方便小教堂（chapel of ease），像是馬里波恩（Marylebone）和梅費爾——為了與堂區主要教堂的距離「提供方便」。東郊和北郊幾乎沒幾座任何宗派的教堂，於是在一七一〇年設立了委員會，新建五十一座教堂，資金來自大火後為了支應重建費用而首先開徵的煤稅。

起初，所謂的「安妮女王」教堂（"Queen Anne" Church）只興建了十二座。它們不只興建在西敏，也建在斯皮塔菲爾德、斯特普尼（Stepney）、萊姆豪斯（Limehouse）、伯蒙德賽、格林威治和德特福（Deptford）等較為貧困的堂區。它們將由當時最優秀的建築師設計，這些人繼承了雷恩，成為英格蘭巴洛克風格的大師。尼古拉斯・霍克斯穆爾（Nicholas Hawksmoor）在倫敦城內建造了斯皮塔菲爾德基督教堂（Christ Church Spitalfield）、東聖喬治教堂（St. George's-in-the-East）和伍爾諾斯聖母堂（St. Mary Woolnoth），每一座都是一個巴洛克主題的怪異變體。托瑪斯・亞契（Thomas Archer）的史密斯廣場聖約翰堂（St. John's Smith Square）和它的四座高塔，被稱為「安妮女王的腳凳」（Queen Anne's footstool），據說是因為她在被問到想要教堂如何設計時，一腳踢翻了腳凳。詹姆士・吉布斯（James Gibbs）的河岸街聖母教堂（St. Mary-le-Strand）至今仍是這一系列教堂的瑰寶，足以匹配貝尼尼（Gian Lorenzo Bernini）與博羅米尼（Francesco Borromini）所設計的羅馬。這些教堂是在雷恩與約翰・納許的時代之間，最優秀的公共贊助建築。

城外的倫敦最重要的治理機構，仍是米德塞克斯和艾塞克斯兩郡的堂區委員會，通常與古代的莊園接壤。它們經常以代牧為主席，據說是要負責維持法律與秩序、福利，以及所有被當成公共設施的事物。這些管理機構如今正接待著成千上萬新來者，其中許多是在建築業，以及從舊倫敦城擴散開來的作坊裡工作的外省人。但他們很快就發現無助感超乎想像。

這個新倫敦毫無倫敦城各坊及行會的內聚力，除了新地產開發自行巡守的邊界，倫敦人幾乎生活在無政府狀態。街頭騷動頻傳，包括住在貧民區的愛爾蘭人和倫敦城反天主教亂民的鬥毆。一七〇九年，高教會派人士（high churchman）亨利・薩切弗雷爾（Henry Sacheverell）在聖保羅教堂的一場佈道中，攻擊了異議人士和雨格諾派教徒，引發多達五千名亂民連日暴動。這樣的事件夠嚴重了，使得嚴酷的《暴亂治罪法》（Riot Act）在一七一四年通過。一經當眾「宣讀」，當局（在米德塞克斯是郡治安官）就得以依照該法取締十二人以上的集會，並對協助驅散群眾的任何治安維持力量提供保障。

斯圖亞特王朝統治下，倫敦人口從二十萬增長到六十萬，但從十八世紀開端以來，增長速度放慢了。來自各省的移民再也無法替代出生率下降。雪上加霜的是，死亡率升高了。主因看來是一種外來威脅。奧蘭治的威廉解除了琴酒的關稅，以提振其消費，讓它取代白蘭地，懲罰可恨的法國人。他也終結了蒸餾商的獨占權利，讓琴酒無需取得執照即可製造，同時繼續控制啤酒釀造。白蘭地銷量確實崩盤了，迪福回報：「蒸餾商找到了新方法投合窮人的品味，用他們新調製的、名為日內瓦(Geneva)的化合水。」琴酒對十八世紀初期倫敦的衝擊極為嚴重，就連安妮女王都成了酷嗜琴酒的人。

第九章　漢諾威王朝肇始　西元一七一四至一七六三年

輝格黨當權

倫敦人迎接喬治一世（一七一四至一七二七年在位）到來，與其說是熱烈，不如說是解脫。五十四歲的他是日耳曼一個小國的小君王，一舉跳過了五十五個天主教徒繼承王位，而他唯一的繼位資格是新教徒身分。他幾乎不會說英語，只到過倫敦一次，而他記得自己不喜歡倫敦。喬治帶著兩位情婦前來，分別叫做大象和五朔柱，據說他每夜和她們各自輪流玩牌。難得有一個歐洲國家如此平庸地改朝換代。

喬治在聖詹姆士宮定居下來，但很快就跟先王瑪麗和安妮一樣，選擇了西倫敦更潔淨的空氣。雷恩已經建造好的肯辛頓宮，再度由柯倫・坎貝爾（Colen Campbell）和威廉・肯特（William Kent）重新安排。它成了漢諾威王朝最重要的住所，直到一七六〇年喬治三世遷居白金漢宮。新王一開始試圖使用法語召開內閣會議，但隨即放棄，將政府事務交給一群輝格黨貴族。他的下議院由一位和藹卻精明的諾福克貴族——首席財政大臣（First Lord of Treasury）羅伯・沃波爾爵士（Sir Robert Walpole）領導。

國王與其子——威爾斯親王喬治（George, the Prince of Wales）之間的衝突最為持久，國王將他逐出聖詹姆士宮，嗣子則在萊斯特廣場分庭抗禮，這個地址成了政治不滿分子的庇護所，在當時一如今天的伊斯林頓。

喬治證明了自己不是笨蛋，他細心尊重一六八八年的協議。但如同奧蘭治的威廉想向英格蘭徵稅支持荷蘭的戰爭，喬治也想向英格蘭徵稅支持日耳曼的戰爭。沃波爾最終為了由此產生的支出而辭職，但在一七二〇年「泡沫經濟」和南海公司股價崩盤引發的金融危機期間，他又復職。這場醜聞有多位大臣捲入，嚴重到了《暴亂治罪法》在議會內宣讀的地步。倫敦城的一份報紙要求把銀行家「綁起來塞進裝滿蛇的麻袋裡，倒進骯髒的泰晤士河」。這標誌著銀行業如今獲得的顯著地位——而這種情緒並未隨著時代而消散。

沃波爾這時身為英國的第一位「首相」（一七二一至一七四二年在位），享受著二十年的政壇至高地位，他大大得益於漢諾威王朝對於君權的自由放任態度。隨著議會在政治上走向明處，倫敦對批判新聞學的品味也隨之興起。沃波爾被一群諷刺作家嘲弄，約翰．蓋伊（John Gay）在《乞丐歌劇》（*Beggar's Opera*）裡嘲弄他，喬納森．史威夫特、丹尼爾．狄福、亨利．費爾丁（Henry Fielding）、薩繆爾．詹森（Samuel Johnson）也都嘲弄他，在詹森看來，他是「知更鳥」，不久就要「被殺掉」。這種政治懷疑主義傳統鼓舞且影響了倫敦的大眾生活精神，卻也讓當時歐洲大陸上慣用的國家審查概念變得不可想像。倫敦將要看到言論自由與法律之間的大量衝突，但這種特許批評（licensed criticism）

的觀念，仍跟「忠誠的反對派」一樣根深蒂固。

首相有一件事確實需要君王協助：他在倫敦時的住處。一七三二年，喬治二世（一七二七至一七六〇年在位）賜給沃波爾一座小小的連棟房屋「五號」，位於白廳一條無尾巷裡，起先是為了復辟時期廷臣喬治・唐寧爵士（Sir George Downing）的投機買賣而建造。沃波爾把三棟房屋合而為一，房間由無處不在的肯特重新裝潢，面向騎兵衛隊校場（Horse Guards Parade）。如今面向街道的「十號」立面是日後重建的，原先是後門。儘管這棟房屋是私人贈禮，但沃波爾將它宣告為首相的正式官邸。直到二十世紀為止，他的繼任者們多半只將它作為辦公室使用。

藉聯姻而發展

西敏這時的面積與人口都大於「城內」。但如同倫敦城缺乏具有資本主義特色的建築，西敏也同樣缺乏能與首都匹配的建築。白廳是一片廢墟，聖詹姆士宮是一片都鐸時代的兔穴。泰晤士河沿岸沒有王室的大廈、大道或壯麗美景，沒有氣派的橋樑和儀典專用道路，更沒有杜樂麗宮、克里姆林宮（Kremlin）或埃斯科里亞爾修院（Escorial）。安靜的廣場取代了大廣場（grandes places），富人或未必富有的人並肩住在那兒的連棟房屋裡。倫敦唯一真正壯觀的建築——西敏寺和聖保羅教堂都不屬於國家，而是教會所有。聖保羅教堂是幾乎每一幅倫敦地景畫和版畫的焦點，宛如守護天使一般漂浮在倫敦城上空，由許多高聳入雲的尖塔伴隨。它著名的見證者是威尼斯人加納萊托（Canaletto），他筆下的泰晤士河是一片銀湖，由不太可能出現的清澈陽光照耀著。

西敏的成長多半以一種型態進行：街區圍繞著、或取代連同其庭園遍布於十七世紀梅費爾及聖詹姆士的貴族豪宅而發展。它不再是倫敦的一處郊區，反倒是一座仰賴政府產業、專業與休閒而存在的「第二城市」。限制其發展的最後一項法令在一七〇九年通過，但在一陣豁免請求之後被撤銷。從這時候起，不會再有星室法庭或樞密院頒布的禁令了。反倒只有一群富裕的開發者在政府部門前排隊，尋求建築許可，他們在議會裡有朋友、有錢購買執照。重要的是，仲裁者是中央政府，不是地方政府。首都屬於國家。

這些開發者與今天的開發商最大的區別，在於幾乎沒人對土地交易有任何興趣。多數貴族家庭將地產留給子嗣限定繼承，因此無法買賣。這意味著不論持有者多麼積極進取，都幾乎無法擴充到隔壁的地產，除非經由意外（或密謀）的聯姻。結果是倫敦在十八世紀的成長，完全由適婚的女繼承人市場所主導，其人數非比尋常。

第一組這樣的配對發生在一六六九年，是由貝德福德伯爵（此時已是公爵）的嗣子，住在柯芬園的威廉・羅素（William Russell）與布魯姆斯伯里的南安普敦伯爵嗣女瑞秋（Rachel）結婚。這使得他們的兩處地產結合起來，將柯芬園廣場和布魯姆斯伯里廣場合併為同一片領地，其周圍仍多半布滿了小型廉價公寓和菜園。

八年後接續這場婚姻的，則是「出售瑪麗・戴維斯」（the selling of Mary Davies）。瑪麗是休伊・奧德利（Hugh Audley）幼小的嗣女，奧德利這位富有的斯圖亞特時代律師，從米德塞克斯伯爵手中買下了原屬西敏寺的艾耶莊園（Manor of Eia）。莊園廣闊的田野大片綿延於西倫敦，從米爾班克（Millbank）的泰晤士河岸向北延伸到海德公園角。另一片土地則延伸到梅費爾以北和泰本路（Tyburn Road，今天的牛津街）以南。這片地產被原屬聖詹姆士醫院的舊乾草丘農場（Hay Hill Farm）隔開。

一六七二年，瑪麗肆無忌憚的母親，以八千鎊（大約相當於今天的一百萬鎊）代價把七歲的瑪麗「賣」給了伯克利勳爵，作為勳爵十歲兒子未來的妻子。伯克利在皮卡迪利街有一間豪宅，這個交易會讓他在今天的梅費爾和貝爾格拉維亞擁有大片土地。但伯克利湊不出尾款三千鎊，於是瑪麗的母親中止交易。這個女孩又在海德公園的騎馬道（Rotten Row）上被炫示了五年，最終獲得了二十一歲的柴郡顯貴托瑪斯．格羅夫納爵士（Sir Thomas Grosvenor）出價。

瑪麗在河岸的丹麥聖克萊蒙教堂嫁給格羅夫納時，才十二歲。她的餘生是一場由法庭訴訟和失智構成的苦痛。格羅夫納家族從此一帆風順。托瑪斯之子理查爵士在一七一〇年爭取到一項開發梅費爾田野的法案，即使直到一七二〇年之後才動工，貝爾格拉維亞則要到下一個世紀才開工。它至今仍是英格蘭最大也最富庶的私人地產。

地產管理，城市作風

倫敦的成長這時有了規律。地主看待自己地產的方式，可能就跟看待鄉間的莊園一樣，認為永遠都會是他們的。他們把管理工作交給代理人，用家族成員和鄉下莊園村落的名字為街道命名。倫敦歷史學家唐納．歐森（Donald Olsen）如此描述布魯姆斯伯里：「地產辦公室的全部工作，若是少了這個假定就會讓人無法理解：土地出租人的第一要務，是把地產的價值毫髮無傷地傳給後代，可能的話還要予以提升。」

業主多半謹慎行事。他們以終身「修繕」租約為己任，因此這樣的租約愈接近截止期限就愈棘手，立約各方也都有興趣確保地產價值隨著時間推移而產生變化。貝德福德家族對於他們擁有的地區之長期「基調」，審慎到了拒不允許任何商店或酒館在布魯姆斯伯里開設的地步。結果，在尤斯頓廣場（Euston Square）和大英博物館之間，除了一家書店之外幾乎全無商店。

貝德福德與格羅夫納的「併合」，在西區其他地方激起了建築狂熱。漢諾威王朝在一七一四年到來，受到輝格黨人斯卡布羅伯爵（Earl of Scarbrough）盛大歡迎，他在自己位於皮卡迪利街伯靈頓勳爵宅第北方的土地上，興建了一個奇特的漏斗狀「廣場」。這座廣場忠實地命名為漢諾威廣場，有一座「聖喬治」教堂，房屋甚至還按照日耳曼式樣，在窗戶底下裝了「裙牆」（apron）。這些罕見的構造，今天還是能在教堂對面的連棟房屋看到。

而在漢諾威廣場北方，半個馬里波恩莊園在一七一〇年由新堡公爵約翰．霍利斯（John Holles, Duke of Newcastle）買下，他也是瑪格麗特．卡文迪許（Margaret Cavendish）的丈夫。他死時並無子嗣，女兒亨利埃塔（Henrietta）被當時最重要的政治家，牛津和莫蒂默伯爵羅伯．哈利（Robert Harley,

Earl of Oxford and Mortimer）之子愛德華（Edward）搶先迎娶。哈利就這樣不只獲得了半個馬里波恩，也一併得到了霍利斯在諾丁罕郡維爾貝克（Welbeck, Nottinghamshire）和劍橋郡溫波爾（Wimpole, Cambridgeshire）的兩處莊園。馬里波恩不被允許遺忘哈利、卡文迪許和霍利斯，以及他們位於博爾索弗（Bolsover）、卡伯頓（Carburton）、克里普斯通（Clipstone）、曼斯菲爾德（Mansfeld）、莫蒂默、維爾貝克及威格莫爾（Wigmore）等地的鄉間莊園。

哈利父子是難纏的托利黨人，渴望對南邊斯卡布羅的輝格黨暴發戶表達輕蔑之意。於是他們在一七一七年規劃了托利黨人的卡文迪許廣場，與輝格黨人的漢諾威廣場恰好同一年。卡文迪許的承租者等於逐一點名了哈利的政治盟友：卡納芬伯爵（Earl of Carnarvon）、達特茅斯伯爵（Earl of Dartmouth）、錢多斯公爵（Duke of Chandos）、哈科特子爵（Viscount Harcourt）和巴瑟斯特男爵（Baron Bathurst）。地產開發商約翰·普林斯（John Prince）和他的建築師詹姆士·吉布斯（托利黨人，也是天主教徒），是倫敦前所未見最雄心勃勃的營造者。錢多斯公爵提議在廣場北邊興建一座宅第。南邊的維爾街（Vere Street）上則興建一座方便小教堂——聖彼得教堂（St. Peter's）。即使錢多斯公爵的宅第在南海泡沫事件之後被廢棄，星羅棋布的排屋不久即向西延伸到馬里波恩巷（Marylebone Lane）、向東延伸到蘇荷上方伯納斯勳爵（Lord Berners）的地產。為了凸顯它是「都市中的田園」，普林斯甚至還在卡文迪許廣場上牧羊。

愛德華與亨利埃塔·哈利夫婦又未能生下子嗣，他們的女兒瑪格麗特則被說成是英格蘭最有錢的年輕女子。於是在一七三四年，她嫁給了合適的對象——二十四歲的威廉・本廷克（William Bentinck），奧蘭治的威廉駐倫敦代理人之孫。一六八八年的事件讓他的家族享盡榮光，受封為波特蘭公爵（Dukes of Portland）、蒂奇菲爾德侯爵（Marquesses of Titchfield）和伍德斯托克子爵（Viscounts Woodstock）。彷彿這些爵位還不夠，威廉更被譽為「英格蘭最英俊的男人」。他成了瑪格麗特的「甜威爾」(sweet Will)，她則是公爵夫人。她的嫁妝是半個馬里波恩莊園，這時成了波特蘭地產。

瑪格麗特是個了不起的人物。她的相貌與身為著名書籍和手抄本收藏家的祖父哈利神似，她將自己位於倫敦郊外布斯卓（Bulstrode）的宅第，改建成了動物園和植物研究中心。當來訪的百科全書編纂者讓—雅克・盧梭（Jean-Jacques Rousseau）宣稱女人不可能成為科學家時，她堅決予以駁斥，使得盧梭詢問自己是否能為她效力。瑪格麗特是伊莉莎白・孟塔古（Elizabeth Montagu）的藍襪會（Blue Stockings set，參看後文）早期成員。歷經分割與橫向繼承，地產的大部分落入霍華・德・瓦爾登（Howard de Walden）家族之手，至今仍由這個家族監護。

漢諾威和卡文迪許廣場一開始動工，拖拖拉拉的格羅夫納家族也活躍起來。格羅夫納廣場在一七二一年設計成漢諾威廣場的兩倍規模，內有五十棟四層樓高的房屋。計畫是要把廣場的每一邊組成一套連貫的古典布局，如同貝德福德隨後在貝德福德廣場、以及納許在攝政公園周圍達成的那樣。柯倫・坎貝爾甚至提交了一幅合適的設計圖。但到了一七二〇年代，市場開始衰退，格羅夫納廣場的建造者們，不得不在身分匹配的買家們即將來臨時才興建房屋。因此產生的大雜燴，被當時的一位批評者斥為「達成非凡事物的悲慘嘗試」。直到二十世紀，格羅夫納家族才能將生硬的古典秩序施加在整個廣場上。而在南方，被瑪麗・戴維斯的母親摒棄的伯克利勳爵，要讓伯克利廣場動工也遭遇了相同困難。它從一七三九年開始零零星星地進行，即使由肯特建造的一座絕佳排屋，至今仍保存於廣場四十四號。

一七五五年，這些地主之中的許多人和他們的代理人一同請願，要求新建一條道路穿越馬里波恩莊園北端，以紓解泰本路沿線的壅塞。他們主張，讓牛群羊群被驅趕著經過他們的門前，無益於他們的地產行銷。這個結果形成內倫敦極少數「經規劃的」大街之一，從帕丁頓沿著今天的馬里波恩路和尤斯頓路，到達本頓維爾路（Pentonville Road），再前行到沼澤門進入倫敦城。這是一條收費道路，日後也是地鐵大都會線（Metropolitan Line）的行經路線。它是今天的交通管理員們在首都境內試圖保持暢通的極少數道路之一。

十八世紀幾乎唯一一處真正建造起來並實際出售的地產，是威廉・切恩（William Cheyne）的地產。他父親在內戰期間購得了遙遠的切爾西（Chelsea）莊園，他在一七〇九年修築了切恩街（Cheyne Row），然後隱退到白金漢郡。一七一二年，他把莊園賣給了醫師、古文物家，以及大英博物館的創辦人漢斯・史隆爵士（Sir Hans Sloane）。

史隆繼而沿著泰晤士河修築了切恩道（Cheyne Walk），然後在一七五三年將莊園平分給他的兩個女兒，西半給莎拉、東半給伊莉莎白，伊莉莎白嫁給中世紀威爾斯軍閥卡德根・伊利斯坦（Cadwgan ap Elystan）的後裔。她的丈夫身為卡多根勳爵（Lord Cadogan），隨後讓建築師亨利・霍蘭德（Henry Holland）在莊園北方的騎士橋（Knightsbridge）開發了漢斯鎮（Hans Town），以慷慨的岳父為名。霍蘭德也為自己建造了一座亭子，從亭子路（Pavilion Road）的名稱可以聯想到。一八八〇年租約到期時，漢斯鎮成了所有地產之中重建得最不留情的一處，蓋成了維多利亞時代新荷蘭式（Victorian neo-Dutch）的紅磚屋。卡多根地產如今仍然活躍。

啟蒙的都會

倫敦的「黃金時代」就在這個舞臺上演，從喬治時代中期到拿破崙戰爭時期。舞臺必定總是看來雜亂。牧羊人和園丁曾經徜徉之處，此時空氣中滿是煙塵和噪音，新買家們抱怨，因為答應他們的明明是鄉村的幸福。但馬里波恩的房屋反倒「如吐氣般升起」。理查・斯蒂爾（Richard Steele）劇作《說謊的愛人》（*The Lying Lover*）之中，有位學者說他幾乎不需要返回牛津，因為「要是我多待一年……他們就會蓋給我」。

但倫敦又是個幾乎沒有城的城市。社會史家雷蒙・威廉斯（Raymond Williams）認為，它「強烈地被看成一種新風景、一種新社會」，既非城鎮、亦非鄉下。同樣的兩極對立成了喬治時代的主旋律。在政治上，它表現為托利黨人與輝格黨人較勁、「愛國」老斯圖亞特派與「歐洲」新漢諾威派較勁，以及潛伏的天主教與主宰的新教較勁。它表現在興旺的諷刺期刊市場上，由艾迪生（Joseph Addison）

和斯蒂爾的《旁觀者》（*Spectator*）領軍，這是今日報紙的先驅，自一七一一年起每週出刊三次。

這場衝突也是風格衝突，是雷恩、霍克斯穆爾和吉布斯的英國巴洛克與伊尼戈．瓊斯的帕拉第奧式再起之間的衝突。後者由於《烏特勒支和約》簽訂後，壯遊（grand tour）再起而得到激勵。由伯靈頓、萊斯特領軍的富有青年貴族，滿載著義大利和法國繪畫、家具，以及羅馬時代建築師維特魯威（Vitruvius）的建築式樣書返回倫敦。一七一九年，伯靈頓和他的建築師友人坎貝爾與肯特，重建了皮卡迪利街上的家族宅第——如今是皇家藝術學院（Royal Academy）所在地——並開發延伸到漢諾威廣場的宅第花園。新街道以伯靈頓家族成員命名，即科克街（Cork Street）、克利福德街（Clifford Street）和薩佛街（Savile Row）。這群人也在奇西克（Chiswick）的泰晤士河畔，興建了一座完美的帕拉第奧式別墅和花園。

正當伯靈頓一派以時尚極致自居之際，他們也成了托利黨保守派的笑柄。他們在奇西克聚會時，「英國牛頭犬」藝術家威廉．賀加斯（William Hogarth）則在鄰近的鄉居裡對著圍牆發怒，他在《時髦婚姻》（*Marriage à la Mode*）和《浪子歷程》（*The Rake's Progress*）兩個版畫系列裡譏諷他們。波普如此讚美恩主伯靈頓：「你向我們呈現，羅馬是光榮的，而不過剩／浮誇的建築曾經也有用途」。這段頌詞又使得賀加斯在畫作《風雅之人》（*Man of Taste*）裡嘲弄他們兩人，他描繪這兩人正在把伯靈頓府的大門刷白，同時把油漆翻倒在駕車經過的（托利黨人）錢多斯公爵頭上。

賀加斯憑藉一己之力，批判這個輝格黨人的新倫敦，以及他所見新倫敦的孱弱墮落。他是典型的下層中產階級倫敦人，是一位負債入獄的拉丁文教師之子，受訓成為名片雕版師。他在自畫像裡和他那頭有名的哈巴狗同框，隨時隨地都是個托利黨沙文主義者。他把法國人描繪成卑屈、病弱、迷信又愛吃青蛙，特別是在遭受約翰牛（John Bull）和英國沙朗牛排威脅之時。但賀加斯也不放過倫敦。他的創作背景從聖吉爾斯（St. Giles）的紅燈區到聖詹姆士的沙龍，他也即將成為反琴酒鬥爭的鼓吹者。賀加斯和喬叟、皮普斯一樣，都是我心目中最重要的倫敦觀察家。我們如今還是可以佇立於他在奇西克的花園，望向圍牆彼端伯靈頓的宮殿——中間的別墅姑且放過——想像他大發雷霆。

倫敦與巴黎的競爭，此時更像是後起之秀與歷史上歐洲品味的仲裁者之間的競爭。一七一五年路易十四死後，法國的智識得到了不同凡響的釋放。由狄德羅（Denis Diderot）、伏爾泰（Voltaire）、孟德斯鳩（Montesquieu）、盧梭和他們編寫的《百科全書》領軍的法國啟蒙運動，帶領著歐洲的思想進入求知的新領域和理性追求。但啟蒙運動的發起者們也承認，它的弱點之一在於法國不容許公開辯論。它不斷遭受君王和教會夾擊。倫敦的皇家學會或許一度相形失色，但科學已交棒給了文學，由波普、史威夫特、德萊頓（John Dryden）、吉朋（Edward Gibbon），以及最重要的薩繆爾・詹森等人的才華接棒，詹森的筆尖一如賀加斯的畫筆，為觀看喬治時代的倫敦城開了一扇窗。

詹森跟賀加斯一樣，都是托利黨人。外型高大而笨拙的他，一緊張就神經抽動，喪失了部分視力和聽力，還患有痛風、抑鬱和睪丸癌。他大量飲酒喝茶、和所有人交談到深夜，很幸運能有個仰慕他的書記詹姆士・博斯韋爾（James Boswell）在身邊記下他說的話。詹森身兼批評家、散文家、詩人和辭典編纂者，創作了第一部英語字典。他熱情地崇拜理性。「人人都有權說出他所認為的真理，」他在充滿名言警句的一生中如此宣示：「其他每一個人也都有權為此打倒他。」最重要的是，他把倫敦擬人化。詹森說，厭倦倫敦的人「也就厭倦了人生，因為人生所能給予的一切盡在倫敦。」他說：「你找不到任何一個稱得上知識分子的人想要離開倫敦。」詹森的住家至今仍矗立在距離艦隊街不遠處。

來自歐洲大陸的訪客也同意這個論點。令倫敦沙龍和出版社喜悅的魯莽諷刺，讓他們震驚不已——出版商此後永遠都是「出版社」。伏爾泰一七二六年被逐出巴黎來到倫敦時，他讚頌這個「人人都能說出心中想法」的城市。而在巴黎，巴斯卡（Blaise Pascal）只能「拿耶穌會來開玩笑，而倫敦的史威夫特則拿全體人類來娛樂和教導我們。」百科全書編纂者狄德羅抱怨，倫敦的「哲學家回應公共事務，死後和君王合葬，反觀法國則發出令狀」要逮捕他們。到了一七五〇年代，蘇荷區有八百棟房屋由法國流亡者入住。它們的外貌和氛圍，由斯皮塔菲爾德佛格特街（Spitalfields' Folgate Street）的丹尼斯・賽佛斯之家（Dennis Severs' House）鮮活地喚起，此地如「時空膠囊」般，重現了一七二〇年代一位雨格諾派絲綢商人的住家。

娛樂蓬勃發展。德魯里巷的皇家劇院由演員科利・希柏（Colley Cibber）兼任經理，即使波普抨擊他「把釘上十字架的莫里哀（Molière）和不幸的莎士比亞都可悲地弄殘了」。夜間出沒的賭徒湧向拉內拉赫（Ranelagh）和沃克斯豪爾（Vauxhall）花園。蘇荷廣場的卡萊爾屋（Carlyle House）則有向所有人開放（但絕非人人免費）的舞會和化裝舞會，特別是卡薩諾瓦（Casanova）的威尼斯情人特蕾莎・

科內利斯（Teresa Cornelys）登臺的舞會。其中最著名的娛樂是喬治一世給倫敦的最佳贈禮，他的宮廷作曲家格奧爾格・弗里德里希・韓德爾（George Frideric Handel）。

一七一七年，國王委託製作的韓德爾《水上音樂》（*Water Music*），使得泰晤士河上擠滿了一隊隊平底船，「隨波而行，無須划槳，遠達切爾西」。根據《每日新聞報》，國王太喜歡這樣的音樂，「以至於讓它演奏了三遍」。韓德爾引進外國歌手的作法，通常都會引起倫敦抱怨，不是因為他們的品質，而是因為沒用到英國歌手。韓德爾受到歡迎的程度可以用這種方式衡量：他可以每季付給自己的頂級演員二千鎊（相當於今天的二十五萬鎊）。直到一七四〇年代，韓德爾的歌劇之星才開始黯淡下來，於是他轉而創作神劇，獲得同等成功。

漢諾威王朝會認真對待的一項職責，是他們對英國國教會的領導。喬治一世繼續興建尚未完工的「安妮女王」教堂。河岸街聖母教堂的設計者——天主教徒吉布斯，在一七二一年獲選興建著名的聖馬田教堂。它獨特的尖頂從古典風格的柱廊上升起，成了英語世界各地英國國教會（聖公會）信仰的原型。但即使得到王室恩庇，國教會卻變得懶惰和腐敗。有錢的教堂禮拜信眾壟斷了（並且花錢買了）堂區教堂的長椅，反觀貧民卻被迫站在走道上，賀加斯在他大受歡迎的諷刺版畫《沉睡的會眾》（*The Sleeping Congregation*，一七三六年）中，為這些貧民聲援。

這樣的教會是脆弱的，就算不被官方查禁的天主教攻擊，也會被約翰・衛斯理（John Wesley）的「循道宗」宣講攻擊。衛斯理的呼求就跟威克里夫和路德一樣基本，「宣揚內心當下的救恩只需信仰即可實現」。他始終堅持自己虔誠的國教會信仰，卻被教會拒於門外，這使得他在露天宣道，對他大大有益。他在倫敦的布道場所是芬斯伯里的蕪田，成千上萬人聚集起來聽他講道。就連詹森博士也對衛斯理「平實親切的舉止」刮目相看，同時，喬治三世則從德特福的船塢捐贈桅杆，為衛斯理的城市路禮拜堂（City Road chapel）提供柱子。

法律、秩序與琴酒

許多倫敦人頭一次公開覺察到，他們的城市多半並非一切安好。泰晤士河沿岸「棲居地」（rookeries）的狀況，自都鐸時代之後幾乎未曾改善。詹森博士恐懼得誇大其辭，他說自己竟與「既不周到、更沒有政府的人群，一群野蠻人或一個霍屯都人（Hottentot）群落」共享一座城市。詹森對下層階級的評論毫不留情，即使他始終以窮人自居。街頭生活的放蕩糜爛，同樣也令小說家薩繆爾・理查森（Samuel Richardson）驚駭。他發現學徒能夠放一天假到泰本觀看犯人處決，人稱「泰本市集」（Tyburn fairs）。他有一次遇到一大群人前往絞架看行刑，但他可能把人數高估到了八萬人；那些待決的死囚則在經過的酒館停下，和朋友一同喝醉。理查森說，這樣的事件「在其他國家……據說除了必須到場的官員和悲痛的朋友之外，幾乎沒有任何人到場」。但在倫敦卻被當成了節慶，行刑過後，群眾為了把屍體賣給外科醫師解剖而大打出手。「我國同胞的行徑，可謂罄竹難書。」理查森說。一七八三年，處決地點轉移到新門監獄以限制群眾觀看，但群眾就是跟著去。

倫敦城與城外的差異，以治安維持最為顯著。在倫敦城內，每一坊都必須派出某種形式的警察部隊巡邏，緊急情況下則可召集「訓練團」志願兵。在西敏及其他地方，秩序則由堂區公安委員會（vestry watch committee）負責維持，多半由老年志願者充當警力。如同莎士比亞的說法，他們除了避開麻煩、或收賄無視麻煩之外，幾乎沒有理由採取任何行動。卡薩諾瓦造訪蘇荷的時候，有人建議他隨時攜帶兩個錢包，「小的給搶匪，大的我們自己留著」。一群西敏堂區在一七二〇年試圖建立一支常備巡守隊，卻同時遭受教會和議會反對，除了前所未有之外，似乎別無其他反對理由。但在一七三五年，皮卡迪利街聖詹姆士教堂（St. James Piccadilly）和漢諾威廣場聖喬治教堂（St. George Hanover Square）的兩個堂區委員會，設法建立一支領薪水的夜間巡邏隊，招募了最早的受雇警力。

一七四八年，當小說家亨利・費爾丁受命在弓街法庭（Bow Street court）出任倫敦第一位有給職治安法官（stipendiary magistrate），這些措施得到了強化。王室付給他的每年五百五十鎊薪資（相當於今天的六萬五千鎊）祕而不宣，唯恐堂區委員會反對任何中央政府指派的警力。費爾丁不同凡響地結合了作家與官僚兩種身分。歷史學家桃樂絲・喬治（Dorothy George）認為，他審視「貧民的可怕狀態與法律的僵化，藉由一位兼具熟練律師身分的偉大小說家別出心裁的同情。」費爾丁接續著一七五一年的小說《湯姆・瓊斯》（*Tom Jones*），寫下《近期搶案增加起因考察》（*Enquiry into the Causes of the Late Increase in Robbery*）。他對「窮人的苦難比起他們的罪行更少被注意到」感到憤怒。他們「在自己人之間挨餓、受凍和朽壞，但在處境勝過他們的人群中乞討、偷竊和搶劫」。費爾丁創立了海事學會（Marine Society），將流浪的男童安頓在船上，也成立一所遺棄女童孤兒院（Orphan Asylum for Deserted Girls）。

到了一七五〇年代，倫敦面臨一場公認的琴酒危機。廉價酒類的容易取得導致了大規模成癮，倫敦中區每十戶就有一戶是「小酒店」（dram shop）。西敏每八戶就有一戶，貧民區所在的聖吉爾斯堂區，則是每四戶就有一戶。體面的輿論震驚於四分之一琴酒商是女性。酒精成了瘟疫。據說「花一便士就能喝醉，兩便士就能醉死」。據估計，此時有十萬倫敦人只靠著喝琴酒過活，每年有九千個酗琴酒的兒童死去。

費爾丁宣告，要是「這種毒藥在今後二十年照著當前的高峰持續下去，到了那時，就沒剩多少平民能夠喝它了。」他說的毫不含糊。立法機構及其對琴酒供應商的遷就難辭其咎，他將他們形容為「恐怖之王的首席官員，送入死地的人數多過刀劍或瘟疫。」一七三九年，由此產生了一項驚人的慈善之舉，托瑪斯・科拉姆（Thomas Coram）在布魯姆斯伯里東邊的土地上，創建了育嬰堂（Foundling Hospital）收留被遺棄的兒童，很大程度上是在因應琴酒的危害。它成了一項時髦事業，公爵和伯爵們紛紛加入委員會，服裝由賀加斯設計，堂歌由韓德爾譜寫。一七四一年啟用之後，遺留在門前的嬰兒多得令它應接不暇。即使育嬰堂如今已不存在，它的舊牆內仍能看到收容棄嬰的架子。

一七二〇至一七五〇年間，是倫敦人口成長實際上陷入停滯的唯一一段時期，嬰兒死亡率升高，琴酒造成的死亡人數驟增。賀加斯描繪的「琴酒巷」（Gin Lane）在一七五一年出版，十分駭人。畫中呈現出骨瘦如柴的醉鬼們橫陳於街頭，母親把嬰兒扔下樓梯，以及客店的棺材標誌或當鋪的球標誌。而在遠方，布魯姆斯伯里的聖喬治教堂（St. George Bloomsbury）盤旋在聖吉爾斯的廉價公寓上方，背靠著城市最時尚的區域。賀加斯將琴酒巷與無害的啤酒街（Beer Street）對比，啤酒是「普遍必需品，不列顛人視之為與生俱來的權利」。這些廣泛流傳的複製版畫，是政治性臻於極致的藝術。賀加斯說起它們對大眾辯論的影響：「我很自豪能畫出它們，更甚於畫出拉斐爾圖稿（Raphael's Cartoons）所應有的自豪。」

費爾丁和賀加斯，以及其他人發起的運動產生了效果。他們在一七五一年設法通過一項法案，向琴酒課徵重稅，並規定琴酒產銷場所必須以高價取得執照。七年內，喝琴酒的人據說就改喝啤酒，大概比倫敦的水更安全，大大有利於他們的健康。一七五一年喝掉的一千一百萬加侖琴酒，在一七六七年減少到三百六十萬加侖。五歲以下幼兒的死亡率，從一七四〇年代的百分之七十五，下降到一七七〇年代的百分之三十一。送入科拉姆育嬰堂的嬰兒人數也明顯減少。結果，倫敦人口恢復成長，在十八世紀結束時達到一百萬。不經由禁止、而是以理智的管控抑制這種有害消費，最精采的演示莫過於此了。

亨利・費爾丁死於一七五四年，但他的工作由他同等犀利的弟弟——盲眼治安法官約翰爵士延續了二十五年。亨利組織了一群名為「費爾丁先生人馬」（Mr. Fielding's Man）的偵探，後來成了弓街偵探（Bow Street Runners）。約翰・費爾丁如此宣傳：「立即派遣一隊勇敢的人，乘著可靠的坐騎……

隨時準備好在十五分鐘內出發前往本城或國內任何地方。」儘管只有八人，但他們的名聲、紀律和誠實卻遠近馳名。他們起草了倫敦周圍公路上的事件紀錄，以一週時間記下了芬奇利（Finchley）、帕丁頓、古納斯伯里（Gunnersbury）、錫永（Syon）、特南綠地（Turnham Green）、豪恩斯洛荒原（Hounslow Heath）、漢普斯特德（Hampstead）及伊斯林頓附近搶劫旅人的案件。費爾丁兄弟是倫敦歷史上的兩位偉大改革者。

跨越泰晤士河

犯罪並非倫敦成長所付出的唯一代價，壅塞是另一項代價。倫敦城對於倫敦治理的諸多面向長年施加的箝制，如今已到了荒誕的地步。倫敦橋的堵塞是一大恥辱，但議會內倫敦城的遊說者們，卻能夠阻礙任何新橋在京斯頓以下的泰晤士河興建。渡口主人們也在遊說，包括勢力最大的坎特伯里總主教，以及他從蘭貝斯到米爾班克的「馬渡」。結果，泰晤士河南岸迄未開發，寂靜、寬敞的田野，與北岸熙熙攘攘的碼頭區和成群的廉價公寓之間，隔著河水只有一百碼遠。

一七二二年，另一項在西敏興建橋樑的法案又被倫敦城封殺，倫敦城法團宣稱該法案「對於倫敦自由民的基本權利與特權而言」令人不齒。它會「從（倫敦城）口中奪食……簡言之，它會讓西敏成為美好的城市，讓倫敦淪為荒漠。」但倫敦城的權勢正在衰退，這是它的最後一搏。不到四年，議會通過了興建普特尼橋（Putney bridge）的法案，最終於一七三六年在西敏築橋。

倫敦城這時被刺激著行動，好讓自己跟上最新發展。一七三三年，艦隊溝（Fleet Ditch）被導入涵洞並覆蓋，地面上則設立一處市場。一七三五至一七六七年間，倫敦城法團的工程監督官是帕拉第奧風格建築師喬治・丹斯（George Dance），一起共事的還有他同樣名為喬治的兒子，以及具有建築師身分的參議羅伯・泰勒爵士（Sir Robert Taylor）。一七三九年，丹斯設計了市長的新住所——市長官邸（Mansion House），終於帶給倫敦城一座與其地位匹配的建築物。

這還不夠。一七五四年，經濟學家約瑟夫・馬西（Joseph Massie）斥責倫敦城「軟弱又遲鈍」，面臨「被國內外其他城市」趕上甚至超越之虞。他建議將此時仍然矗立的中世紀城牆和城門拆除，拓寬街道，並拆除倫敦橋上的房屋，以利交通。倫敦城也應當在黑衣修士自行興建新橋。

倫敦城難得一次採納了這個建議。它爭取議會通過一項法案，以拓寬城內街道，並將倫敦橋上古色古香卻破敗不堪的房屋拆除一空。這次清拆為這座六百年歷史的橋樑多爭取了六十年壽命。至於由瑞士人夏爾・拉貝黎（Charles Labelye）興建，於一七五〇年啟用的新西敏橋，以及一七六九年在黑衣修士落成的新收費橋樑，它們都是精美的結構體，跨越河面的拋物線令人愉悅。倫敦的南岸終於開放營業了。

第十章　褪色的時代　西元一七六三至一七八九年

新時代、新政治

喬治時代的倫敦，是一座對產業革命和世界貿易的時代缺乏準備的城市。它的建築翻新了，郊區擴張紓解了過度擁擠，但它的治理要不是呆滯，就是完全欠缺。倫敦城和西敏的堂區委員會光是為了拓寬街道或修建橋樑，就需要國會通過法案，充分顯現出城市的領導是多麼不成熟。貧民區清拆還不存在，合適的污水處理系統、供水系統和治安部門也還不存在。

政治這時敲響了城門。一七五六年，威廉・皮特（William Pitt）將國家帶入了七年戰爭（一七五六至一七六三年）以及一七五九年這個「奇蹟年」（*annus mirabilis*），一位維多利亞時代史家說，「在一陣心不在焉之中」，英國在那一年成為帝國。首都已經將商業關注從歐陸重新導向全球。羊毛布料、毛皮、香料及稀有木材的舊有貿易所，已由煤、錫、糖和船運貿易所取代。但英國的產業焦點，則轉向煤、鐵產地和港口面向大西洋的北部。倫敦的商業從經手貨物演變成了經手金錢，這需要它以新的型態對政府表示同意。

一七六一年，年方二十四歲的新王喬治三世（一七六〇至一八二〇年在位）將皮特撤職，並選擇透過他先前的私人教師布特伯爵（Earl of Bute）所領導的貴族聯盟進行「統治」，因此引發了一場政治危機。倫敦重新成為西敏的反對者。它面臨著物價上漲、需要食物或住處的人口重新開始向上移動的壓力，以及產業騷動持續加劇。倫敦城的雇主與勞力之間長久存在、並由行會鞏固的協定，此時正在瓦解。工人們示威反對見習學徒，並破壞新發明的機械織布機，因為兩者都造成工資下跌。

儘管來到西敏郊區的富有新住民或許仍對政治無動於衷，但一七六〇年代的倫敦城卻變得動盪不安。街頭騷亂變得頻繁，倫敦過去的鬼魂——「亂民」又回來了。一七六三年，東區七十六部雨格諾派商人的織布機在一夜之間被搗毀。一個有能力的激進領袖遲早一定會出現，而那一年也的確誕生了一位，他是身兼艾爾斯伯里（Aylesbury）選區下議院議員的記者約翰・威爾克斯（John Wilkes），因誹謗布特伯爵而被捕。

威爾克斯身材矮小、鬥雞眼、不討人喜歡——他被宣告為「英格蘭最醜陋的男人」——但他卻有著鼓動群眾的非凡才華。他逃往法國躲避起訴，但在一七六八年歸國，所到之處都有不受控制的群眾追隨。在他那年競選米德塞克斯選區下議院議員並當選的過程中，一群亂民打破了市長官邸的每一扇窗戶，而在南華克聖喬治廣場（St. George's Field）的一場暴動中，則有六人被民兵開槍射殺。街頭上呼喊的口號「威爾克斯和自由」（Wilkes and Liberty）也被拿來要求路人附和，不從就加以痛打。威爾克斯是公眾秩序的一大威脅，被下議院三度禁止入內的他，對於下議院議員是由選民選出、而不是由大臣選出的論證，使他獲得了包括皮特本人在內的廣泛同情。

威爾克斯絕非尋常的煽風點火之輩。他很富有，是皇家學會的成員，也是貴族組成的地獄火俱樂部（Hellfire Club）一員。他獲得足夠的支持當選倫敦城參議，最終在一七七四年贏得了重返國會之路，這年他也當上了倫敦城市長。一七七六年，他提出了第一個選舉改革法案。威爾克斯的主張得到夠多輝格黨人支持，足以確保選舉權問題在往後五十年間始終是大眾及國會爭論的議題，直到改革終於在一八三二年獲得成功。無論威爾克斯的亂民有多暴力，掌控爭論的始終是國會。

戈登暴動

這群亂民很快就有了一項比選舉權更加直接的議程。這次的起因是立法解放愛爾蘭天主教徒，即使真正的爭議點在於愛爾蘭工人大量湧入倫敦正在分裂的勞力市場，加上市民普遍同情當時正在反抗英國的美洲殖民地。一七八〇年，倫敦經歷了突發的無政府狀態，由一位反天主教的蘇格蘭人喬治・戈登勳爵（Lord George Gordon），率領著約六萬名學徒及其他人等。他們準備了支持解放天主教徒的治安法官、下議院議員及許多人士的住址，在首都各地到處攻擊住家。歐洲多數城市裡的統治階級，生活在沒有窗戶的牆和厚重的大門背後。而在倫敦，他們的房屋面向街道，包括窗戶及其他一切，這些窗戶成了被稱為「亂民王」（King Mob）的這群人最喜愛的攻擊目標。

戈登的暴動者們對抗的是諾斯勳爵（Lord North）的政府，這個政府對於應付或鎮壓他們全都毫無準備，大臣們嚇得動彈不得。一位倫敦人伊納爵．桑丘（Ignatius Sancho）為由此引發的混亂提供了目擊證詞。出生在一艘奴隸船上的桑丘，是孟塔古公爵（Duke of Montagu）的男管家，也是演員大衛．蓋瑞克（David Garrick）的朋友，根茲伯羅（Thomas Gainsborough）為他畫像，小說家勞倫斯．斯特恩（Laurence Sterne）也和他通信。他寫到那些衝過他樓上窗戶的群眾：「折磨著最瘋狂時代的最瘋狂人群……一群貧窮、悲慘、衣衫襤褸，年紀從十二到六十歲不等的暴民『招搖過市』，準備帶來一切損害。」最終出動了民兵。估計數字各有不同，但暴動看來以超過五百人死傷告終，有些統計則認為有八百五十人死傷，多半是軍事行動、私刑、火災及處決所致。這是倫敦近代史上最嚴重的一次市民暴力突發。

諾斯政府當時正陷入與新殖民地的貿易糾紛，先是激怒了波士頓人民，接著又試圖壓制波士頓的商業利益。一七七五至一七八三年間，美洲各邦群起反擊，並由法國提供大量現成援助。國會內部和倫敦城都有很大一部分人公開支持反叛者，包括皮特（這時受封為查塔姆伯爵〔Earl of Chatham〕）、激進人士查爾斯．詹姆士．福克斯（Charles James Fox）以及保守派艾德蒙．伯克（Edmund Burke）。伯克對喬治三世利用「日耳曼諸侯傭兵的刀劍……對付英格蘭的血肉之軀」怒不可遏。當新興的大英帝國終於失去「皇冠上的寶石」，喬治三世大感屈辱，情急之下，他在一七八三年請求查塔姆伯爵之子，二十四歲的小威廉．皮特（William Pitt the Younger）領導政府。

倫敦城對美國獨立的反應不出所料，商人們爭先恐後和新成立的合眾國做生意。倫敦經歷了第一次規模龐大的黑人移民，殖民地反叛期間曾為英王而戰的獲釋奴隸得到了庇護。十八世紀結束時，倫敦的黑人人口據估計有五千到一萬人，倫敦人對他們夠熟悉了，賀加斯的許多幅倫敦版畫裡都出現了黑人。詹森博士雇用了一位黑人僕役。兩年後，第一任美國大使約翰・亞當斯（John Adams）在格羅夫納廣場的一棟街角房屋住了下來（如今尚存）。學乖了的喬治三世熱情迎接他，即使亞當斯受到許多倫敦人排擠，他們將他貶斥為一個從不可能獨立多久的國家前來的人。

改進精神

小皮特的任命為英國政府帶來相當程度的穩定，但一七八〇年代的歐洲卻不穩定。來自路易十六統治之法國的移民，抵達倫敦的人數愈來愈多，他們傳來了國家因為波旁王室和支援美洲革命的開銷而破產的消息。法國政府瀕臨崩潰邊緣。倫敦很緊張，它還正在從威爾克斯和戈登的暴動中復元。國會支持改革和損失美洲殖民地，導致了難得一見的政局脆弱。

在倫敦，這反映於人們質疑大都會是否準備好迎接愈來愈多的移民，而又不致引起既有市民以暴力回應。約翰・格溫（John Gwynn）廣為人知的著作《改進倫敦與西敏》（*London and Westminster Improved*，一七六六年），譴責西區日益擁擠卻缺乏規劃。開發或許人人想要，但格溫警告「這麼寶貴又令人嚮往的機會……卻被如此惡用」。新倫敦「不便利、不雅觀，連最起碼的自詡富麗堂皇都沒有」。他重提斯圖亞特時代的呼籲：「可能需要劃定適當界限，抑制這股看似支配了營造者同仁的狂潮，防止他們以……仍然持續著的巨大風格擴張城鎮。」另一位作者喬納斯・漢威（Jonas Hanway）提到，曾是鄉村的倫敦周遭，如今「景象與氣味都令人不悅，被一連串磚窯包圍，宛如天花留下的疤痕。」

格溫的話被聽了進去，這次，就連怠惰的米德塞克斯堂區委員會也被刺激著行動。一百多項倫敦「改進」法案在一七六〇年代和一七七〇年代獲得通過，多半涉及治安維持、濟貧院和鋪路委員會。一七六二年的《西敏鋪路法》（Westminster Paving Act）很激進。它設立新的委員會，專責處理倫敦城界聖殿關以西所有街道的下水道維護、清潔及照明。街道應有緣石保護行人，也要有街溝載走雨水。甚至有法案禁止林肯律師會館廣場「可鄙又可怕」的狀態，「該處成了乞丐與竊賊的苗圃」。這類事務需要王權干預，正顯示了倫敦地方政府的無能。

新西敏橋驅策著地方委員們將白廳延伸到舊宮門之外，來到今天的國會廣場（Parliament Square）。即使到了今天，白廳的官方界限仍止於唐寧街，此外也開闢了一條橫向街道，將新橋與聖詹姆士公園連接起來。類似政府辦公區的機能開始出現於西敏中心。

兩座新橋啟用，終於促成了泰晤士河南岸的開發。一七七一年，倫敦城工程監督官羅伯・米爾恩（Robert Mylne）計畫在蘭貝斯濕軟的土地上，興建與老南華克的「妓院區和廉價公寓」恰好相反的寬敞建築。他的提案在倫敦前所未見——除了雷恩的提案之外——要在新的聖喬治廣場（St. George Circus）興建一個圓形廣場和方尖碑。道路將從這個樞紐向四面八方輻射，通往西敏、黑衣修士和倫敦橋。路線筆直地足以讓雷恩心花怒放。

結果，倫敦的規劃者看待米爾恩的計畫，一如阿佛烈大帝看待羅馬城的計畫，把它當成了草稿。米爾恩的輻條狀街道兩旁有一條條連棟房屋，甚至散布著一些廣場，例如西廣場（West Square）和三一教堂廣場（Trinity Church Square）。但南倫敦已經被延誤了太久。圓形廣場和方尖碑至今仍在，但形狀被扭曲、交通方案也剝奪了原先意在產生戲劇效果的布局。南岸絕不可能與北岸競爭大都會核心的地位。

一七七四年建築法

對待倫敦新方式的最有力標誌，是《一七七四年建築法》，出自倫敦城的丹斯和泰勒之手。這項法律更新了始於大火過後，並於一七〇七和一七〇九年兩度修訂的法規，具有高度規範性。它規定了四「級」連棟房屋，對其空間、界牆、材質及防火都制定規則。外露的木構造這時被禁止，大門周圍除外。每條街道的形式應當劃一，只有房屋「大小」不同，每棟房屋前都要有一片「區域」用來存放燃煤，並將光線導入僕人房。屋後則要有一片長條型的院子，並設戶外廁所。最不起眼的房產應當是最華麗房產的縮小版，法規在理論上也應當適用於最貧窮的人。

適應環境、具延展性、賞心悅目，這些房屋在友好睦鄰之中體現了隱私，完全與新城市的社會階序相稱。不論多麼缺乏特色，一棟驕傲地面向街道的房屋就是倫敦的城堡，是伏爾泰所謂自由精神之城的家園。不同凡響之處在於，由此產生的房屋在今天也和興建之時一樣受歡迎。就連（多半）宣講著柯比意現代主義（Corbusian modernism）要求的倫敦建築師們，下班後也更喜歡在一間依照一七七四年法律建造的排屋裡休息。倫敦每平方英呎最昂貴的辦公室，不是倫敦城內的高樓大廈，而是梅費爾的「第一級排屋」（first-raters）。

這項法律的缺陷在於，它無法應付城市裡最貧困也最擁擠的區域。瓦平、沙德韋爾、斯特普尼和南華克都被置之度外，得等到下個世紀才有同樣的法規與救濟，然後受到私人慈善事業援助。另一個缺陷則隨著時間推移而顯現，也就是它的枯燥。在薩默森看來，這項法律的制訂產生了「典型倫敦街道無以名狀的單調，這樣的單調必定曾經一度是不可抗拒的。」班傑明・迪斯雷利（Benjamin Disraeli）日後責怪該法導致了「那些平坦、枯燥沉悶的街道全都彼此相似，宛如一大家子平凡的孩子。」這是維多利亞時代人拚盡全力想要矯正的一大缺點。

有一位建築師確實設法想要改變這套公式，他就是蘇格蘭人羅伯・亞當（Robert Adam）。在他看來，從伯靈頓伯爵延續到喬治三世的工部監督官威廉・錢伯斯（William Chambers），一路支配著喬治時代建築的古典主義，是「一個會幕框架的帕拉第奧式監獄」。受到不久之前在今天的克羅埃西亞發掘出土的戴克里先（Diocletian）皇帝宮殿激勵，亞當將《一七七四年建築法》推到了極限。他用天窗、圓盾和灰泥裝飾自己在倫敦建造的房屋。屋內則舞動著布幔、絲帶、面具和柱子，「輕盈的線腳塑形優美、富麗精緻」（light mouldings, gracefully formed, delicately enriched）。它們大受歡迎。

亞當與錢伯斯的競爭成了城裡的熱門話題。錢伯斯代表的是漢諾威王朝當權派的保守分子。身為工部監督官，他在一七七五年開始進行一項重大計畫，要提供倫敦一座「國家建築」(national building)，為其迅速發展的文官隊伍提供空間，地點位於薩默塞特府舊址。結果它成了官僚的英靈殿，進駐機構包括「鹽業、印花、所得、海軍、海軍給養、博彩、稗販、馬車」等。錢伯斯帶隊參觀預定地上由伊尼戈・瓊斯興建的舊宅第，指出它華麗的特色，而後由他的人馬將它們徹底搗毀。

而在上游緊鄰之處，亞當著手展現他的新風格所能創造的面貌。以他們兄弟為名的阿德爾菲（Adelphi，希臘文「兄弟」之意）是一項私人住宅投機事業，即使它成了一項經營不善的事業，不得不經由樂透抽彩才能免於破產。由此產生的這些互相競爭的宮殿，是首次築堤圍堵泰晤士河，而非沿著河邊留出花園的嘗試。薩默森說，它們「從瀑漉漉的河道邊緣，在宮室壯麗的拱廊上」拔地而起——今天則被困在日後築起的堤岸後方。

錢伯斯認為亞當是個暴發戶，他的作品俗艷又做作。他拒絕讓亞當加入他在一七六八年新設、十年後在薩默塞特府開張的皇家學院。亞當成了時尚寵兒，倫敦各處和城外的奧斯特利（Osterley）、肯伍德（Kenwood）和錫永都有他設計的大宅。他的作品是倫敦設計的極致時刻，以波特曼廣場、聖詹姆士廣場和安妮女王街（遺憾的是，今日已無法進入）的排屋為典範。但錢伯斯贏得了最後勝利，他的薩默塞特府仍輝煌地矗立在河岸上，反觀亞當的阿德爾菲中央街區，則在兩次世界大戰之間被拆除。只有它的後街留存下來。

大地產重獲新生

《一七七四年建築法》最令人驚嘆的產物，在貝德福德公爵的布魯姆斯伯里地產上。不同於格羅夫納、伯克利、卡文迪許廣場雜亂無章且零散的臨街正面，貝德福德廣場有四個連貫的正面。它們都是第一級排屋，三開間寬、四層樓高，門框是束制的（with restrained door cases），周遭布置著新的人造石，取自蘭貝斯的艾莉諾・科德（Eleanor Coade）製造廠。這位了不起的女商人，起初是來自德文郡的一位亞麻布商人和女雕刻家，她發明了一種複合式的灰泥，可供鑄模、耐高溫，並開始在整個喬治時代的倫敦用來裝飾家屋、教堂和公共建築。科德人造石布置的貝德福德廣場，從那時到現在都完美無瑕。

在仍然跟隨著泰本溪（Tyburn stream）彎曲河道而行的馬里波恩巷西方，地主亨利・威廉・波特曼（Henry William Portman）從一七八〇年開始興建以他為名的廣場。為了標示它的地位，他請亞當在廣場西北角為一位牙買加糖男爵（sugar baron，甘蔗種植園主）之女休姆伯爵夫人（Countess of Home）設計一棟房屋。她喧鬧的派對讓她被出租馬車夫稱作「地獄女王」（Queen of Hell），但亞當為房屋設計的內部，卻是（至今仍是）他最精美的作品之一。在此同時，社交女主人伊莉莎白・孟塔古表面看來搬到了「高檔地方」，從梅費爾的山丘街（Hill Street）搬到波特曼廣場伯爵夫人隔壁的房屋，這棟房屋由另一位蘇格蘭人詹姆士・「雅典人」・斯圖亞特（James “Athenian” Stuart）設計。她是藍襪會的創辦人，也是積極行動的廢奴運動人士。她和伯爵夫人不是好鄰居。

波特曼廣場的建築迅速延伸到西馬里波恩。它們的名稱來自他的先祖西摩家族（Seymours）、費茲哈丁格家族（Fitzhardinges）和溫德姆家族（Wyndhams），以及他位在多塞特郡布蘭福德（Blandford）、布萊恩斯頓（Bryanston）、克勞福德（Crawford）、布里德波特（Bridport）和德威斯特（Durweston）等地的莊園。一個迷人的打破傳統之處是孟塔古廣場（Montagu Square），它不是以孟塔古公爵為名，而是向伊莉莎白·孟塔古致謝，因為她每年都為這片地產的煙囪清潔工人舉辦派對；其中一位清潔工大衛·波特（David Porter）日後成了這個廣場的開發商。

向東走，波特曼地產此時已接近完成。一七八八年，它委託亞當兄弟開發佛利府（Foley House）北方的田地，佛利府由佛利勳爵（Lord Foley）長期租用，條件是他向北眺望的視野不受阻礙。這個條件在形式上得到滿足，即使精神上未必如此。亞當兄弟設計了一條寬闊的大道，這是全倫敦最寬闊的波特蘭坊（Portland Place）。霍華·德·瓦爾登家族在戰間期摧毀了它的和諧，這是一場悲劇，使得倫敦最漂亮的風景之一遭受慘重傷害。

營造者們這時看得更遠。查理二世私生子格拉夫頓公爵（Duke of Grafton）的後人——費茲洛伊（Fitzroy）家族，開發了他們位於托登霍爾（Tottenhall）的莊園，它從牛津街向北延伸，穿過新路（New Road），與康登勳爵（Lord Camden）的產業接壤。費茲洛伊廣場再次由亞當設計，一七九一年動工，但因拿破崙戰爭期間的蕭條而中止，「馬里波恩破產」（Marylebone bankruptcies）當時成為該區營造者的流行語。費茲洛伊廣場的十八世紀形式如今仍顯而易見。更壯麗的尤斯頓廣場橫跨新路，名稱來自格拉夫頓公爵在索福克的宅第，但廣場日後為了新建火車站而犧牲。

再往東去，育嬰堂的院長們在一七九〇年時，將布倫瑞克(Brunswick)和梅克倫堡(Mecklenburgh)廣場租給一位積極進取的開發商詹姆士·伯頓（James Burton），他在科拉姆的土地上興建了六百棟房屋。這對最高檔的租戶來說太偏遠，是為了所謂的「中間階級」而建，也就是醫師、律師和商人。珍·奧斯汀（Jane Austen）的小說《愛瑪》(*Emma*）裡，同名女主角的姊姊覺得必須堅稱，布倫瑞克廣場的品質「比多數其他地方更優越得多……鄰居無疑最討人喜歡，空氣也是。」

西區的地價此時開始飆漲。皮卡迪利街附近的一塊地，由一位啤酒釀造者以三十鎊買進，隨後不久便以二千五百鎊售出。梅費爾乾草丘的另一塊地，在安妮女王時代價值二百鎊，到了一七六〇年代則漲為二萬鎊。這股熱潮也不限於中倫敦，營造者們轉向通勤距離之內的邊遠村落。早在一七二〇年代，喬治時代的連棟房屋就出現在斯托克紐因頓（Stoke Newington）、漢普斯特德的教堂路（Church Row）、肯辛頓的荷蘭街，以及里奇蒙的伴娘街（Maids of Honour Row）。到了一七七〇年代，它們在奇西克、坎伯韋爾(Camberwell)、格林威治，乃至任何有新鮮空氣、有馬車到倫敦的地方都興盛起來。

乘坐最原始的交通工具進行的這類通勤，很快就蔚為流行。一位作者在一七五〇年如此評論特南綠地：「辦公室裡的每個小文書一定都有自己的別墅，每個商人都有自己的鄉居」，不論每天或週末通勤。特威克納姆（Twickenham）居民霍勒斯·沃波爾（Horace Walpole）在一七九一年寫道：「很快就會有一條街道，從倫敦一路通到布倫特福德（Brentford）……到方圓十英里內每一座村莊。康登勳爵才剛在肯蒂什鎮（Kentish Town）出租土地，要興建一千四百棟房屋。」沃波爾有一次得在皮卡迪利街停下馬車，害怕有亂民湧入，但「那只是行人」，顯然那是正在上班的路上。

時尚風向轉變

隨著倫敦居民逼近一百萬人，一七九〇年代的倫敦與一世紀之前大不相同了。西區從一處居停聚集之地——為了前來出席國會和「社交季」的人們——演變成了一個固定且有人居住的都會。據《評論》（*Critical Review*）報導：「幾乎每一間房屋都有一盞玻璃燈和兩條燈芯……人行道下方有龐大的下水道拱起，把廢水送走，這在其他城市是極其令人厭惡地暴露於地面上。」最顯而易見的是，「木造水管為每一間房屋供應充足用水，由鉛管導入廚房或地窖，每週三次，花費是微不足道的每季三先令。」據說牛津街上的燈比整個巴黎還要多。這太不尋常，使得一位造訪倫敦的摩納哥親王，以為燈光是為了向他致敬而準備的。

但並非整個倫敦都如此幸運。儘管試圖自我提升，但生活在舊倫敦城內的樂趣卻持續衰退。喬治・科曼（George Colman）的喜劇《祕密婚姻》（*The Clandestine Marriage*）裡，有一位仕女抱怨自己被困在「奧德斯門、市場、坎德威克（Candlewick）與內外法靈頓的乏味區域裡」，而她渴望「被送到格羅夫納廣場的高價地區」。就連在西區之內，地位都有層次差異。切斯特菲爾德勳爵（Lord

Chesterfield）害怕自己在皮卡迪利的宅第太過偏遠，使得他需要一隻狗陪伴。

詹森博士的傳記作者詹姆士．博斯韋爾，強調在龐德街選擇「正確的一端」租公寓的微妙之處。他說，尋找租屋處「就像找老婆……每週兩幾尼（guinea）是個富有的名媛……一幾尼，就像個騎士的女兒。」他一年只付得起二十二鎊（相當於今天的二千五百鎊），他認為這「就像一位財產適中的好紳士之女」。拜倫（George Byron）在毗鄰的阿爾巴尼公寓（Albany）租房間，那兒「有空間放我的書和軍刀」。他說，倫敦是「世上唯一的享樂之地」。卡薩諾瓦也同意，他形容妓院是「絕佳的墮落之地，只花六幾尼」。

樂趣有許多種形式。查爾斯．蘭姆（Charles Lamb）試著向遠在坎布里亞（Cambria）的華茲華斯夫婦表達，他們在那一片「死寂的自然」裡錯失了什麼。那兒有「河岸街與艦隊街發光的商店……柯芬園周圍的忙碌與惡事，那些城裡的女人，看守人，醉酒鬧事，慌亂，生命甦醒……深夜的每個小時，都不可能乏味……人群，那些塵土與泥巴，陽光照耀在人行道上……咖啡屋，廚房湯鍋的蒸氣，童話劇。」蘭姆說，倫敦是「童話劇和化裝舞會」。我們沒看到華茲華斯的回應，即使他描寫西敏橋的十四行詩——「地上別無他物更加美好」——或許就足以表示同意。

倫敦的兩處遊樂花園，同時體現了倫敦的活力和它被覺察到的放蕩。沃克斯豪爾花園於一七二九年開放，米爾班克旁邊的拉內拉赫花園則在一七四一年開放。只要一先令入場費，任何人都能以自己選擇的身分化裝前來，與他們中意的任何人交往。當英格蘭最大的室內空間——萬神殿（Pantheon），一七七二年在牛津街成了「冬季拉內拉赫」，它的化裝舞會吸引了一千七百人參加，每季十二晚要價六幾尼。霍勒斯・沃波爾宣稱，自己對「英格蘭最美麗的大廈」感到驚奇。同樣的活動也在貴族的排屋裡舉行，通常只是為了看看有多少人會來參加。諾福克府（Norfolk House）一場這樣的「盛大聚會」，被一位日耳曼訪客說成是毫無意義的擁擠，「人人都在抱怨壓力……但所有人都為了被如此極力擠壓而滿心歡喜」。另一個人則宣稱，那兒「沒有牌戲、沒有音樂，只有肘擊」。

藝術家們前來滿足迅速增長的肖像畫需求，最重要的肖像畫家是約書亞・雷諾茲（Joshua Reynolds）和托瑪斯・根茲伯羅。幼小的莫札特（Wolfgang Amadeus Mozart）一七六五年在倫敦演奏第一首交響曲，年方九歲。同年，「倫敦的巴哈」約翰・克里斯蒂安・巴哈（John Christian Bach）定居下來，在漢諾威廣場演出。約瑟夫・海頓（Joseph Haydn）一七九〇年從奧地利前來。聽眾很喧鬧，經常打斷臺上的樂手。蓋瑞克主宰了一七四〇年代至一七七〇年代的劇場圈，但他在一七五四年搬演中國節慶時，演員陣容裡有外國演員的謠言卻引起了暴動，舞臺被搗毀。火災經常吞沒劇場，包括乾草市場、柯芬園、德魯里巷和林肯律師會館廣場的劇場。

購物成為女性的一項社交活動而蓬勃發展。威廉・福南（William Fortnum）和休伊・梅森（Hugh Mason）在一七〇七年開了第一家雜貨店，威廉・漢姆利（William Hamley）在一七六〇年開了玩具店，詹姆士・克里斯蒂（James Christie）在一七六六年開了拍賣行，約翰・哈查德（John Hatchard）則在一七九七年開了書店。珍・奧斯汀坦白承認，她在柯芬園亨利埃塔街上的雷頓與席爾衣料店（Layton and Shear's）購物成癮。她記載自己一天之內花掉五鎊。

這類活動消融了社會階級分界，至少消融了富有的新住民之間的分界。在外省的家鄉受困於僵固社會階序的人們，發現倫敦的開放令人陶醉。他們在遊樂花園、劇場、音樂會和公園散步之中混雜交融。當喬治二世的王后卡洛琳（Caroline of Ansbach）詢問沃波爾，她需要付出什麼代價，才能把大眾從聖詹姆士公園趕走，讓公園只供她私人使用，她得到的答案是「三座皇冠」——英格蘭、蘇格蘭、愛爾蘭的皇冠。外國訪客注意到，就連倫敦的乞丐和頑童都缺乏敬意，他們不覺得自己有理由在人行道上讓路給紳士。街道上人人平等。這是一座新的都會，令人興高采烈、難以預料，或許也不穩定。

第十一章 攝政期・・納許嶄露頭角 西元一七八九至一八二五年

革命與拿破崙

一七八九年的法國大革命大大振奮了倫敦。倫敦市民長久以來一直認為波旁王朝的巴黎就算不是敵人、也是對手。他們數百年來庇護著巴黎的逃亡者，自豪於倫敦是歐洲專制統治荒漠中的一片自由綠洲——即使他們一時興起就會虐待「外人」。隨著巴黎起義的消息輾轉傳來，市民的共識如同青年華茲華斯：「那個在黎明仍健在的人有福了……將獲得意外的幸福」。激進輝格黨人查爾斯・詹姆士・福克斯宣告，攻占巴士底監獄是世界史上最重大的事件。小皮特難得判斷失準，他在國會宣布，這次事件預示著英國即將與新的法國結盟十五年。只有艾德蒙・伯克發表了懷疑論調，他預言革命會陷入無政府狀態，接著「某個受到愛戴的將軍，就會建立軍人獨裁」。

皮特政府堅守英國事不關己的傳統，不參加歐洲其他君王派兵攻打新興共和國的行動。但巴黎的事態令倫敦政府憂慮。一七九二年，法國向一切反君主制勢力提供援助，促使皮特頒布反煽動告示，下令逮捕同情革命的人。其中一位同情者湯姆・潘恩（Thomas Paine）在一七九二年流亡巴黎。到了一七九五年，與法國開戰的可能性，催生了制裁叛國罪、實施審查制度和限制政治集會的新法，倫敦備受稱道的自由之光黯淡下來。激進派和保守派同感困惑，巴黎究竟是指向改革的急迫需求、亦或是鎮壓之必要？

當拿破崙在一七九九年發動政變，這證明了伯克的預言，他讓倫敦面臨了敵人入侵的前景。這位法國皇帝憎惡英國的優越感，也憎惡漫畫家詹姆士．吉爾雷（James Gillray）把他描繪成矮小的狂人。他確信不列顛人渴望掙脫漢諾威王朝的束縛，因此於一八〇五年在布洛涅（Boulogne）集結了一支二十萬人的龐大入侵部隊，要是拿破崙能夠橫渡英倫海峽，那就幾乎無法阻止他進軍倫敦。但事實上，特拉法加海戰讓他平安橫渡海峽的希望完全破滅。莎士比亞筆下的護城河發揮了功能。倫敦大肆慶祝特拉法加海戰勝利，廣場、街道、酒館都以它為名，三十年後更為戰勝的主帥納爾遜（Horatio Nelson）豎立了紀念柱。這個習俗在一八一五年滑鐵盧戰役過後再次上演，一座橋樑、後來還有一個火車站都以滑鐵盧為名。

戰時經濟

法國戰爭對倫敦的最重要影響，在於貿易中斷。法國人嘲笑英國是個「店主」國家，乃是由於他們誤譯了「商人」一詞，但實情仍然不變。倫敦城最擔心的是英國新近取得的殖民地，在拿破崙擴張主義威脅下能否安全。一八〇六年，英國對奴隸貿易的參與告終，儘管蓄奴行為本身，以及靠著奴隸勞動而收成的糖和棉花銷售並未停止。倫敦城受到的最大威脅，是拿破崙企圖封鎖英國商船隊運送貨品往返波羅的海各國和俄國的航線。這導致皇家海軍一八〇七年在哥本哈根港摧毀一支可能用於封鎖的敵方艦隊。

倫敦很快就從歐洲的困境中獲利。商業市場已經從咖啡屋的交流中脫穎而出，成為專門的交易所。勞埃德保險交易所（Lloyd's insurance exchange）甚至還保留著咖啡屋舊名。波羅的海交易所（Baltic Exchange）與南海公司合併，成為商船運輸的國際市場。其他交易對象還有羊毛、金屬、啤酒花、穀物和煤，但商業的至尊地位頭一次遭受地理挑戰。隨著帝國貿易在一七二〇至一八〇〇年間增長兩倍，貿易開始經由布里斯托、利物浦（Liverpool）和格拉斯哥（Glasgow）進行。倫敦的碼頭位置不佳又過時，每一個停泊處都有自己的獨占權和限制性慣例，貨物可能得等上幾天才能卸貨，然後又得擱在倉庫長達數週。

一七九三年，國會授權倫敦城在東方更遠處購買土地，建設新港口。狗島（Isle of Dogs）的西印度碼頭（West India Dock）在一八〇〇年動工，兩年後，壯觀的倫敦碼頭在瓦平落成，那兒豎立著皮拉內西式（Piranesian）柱廊。隨後則是薩里碼頭（Surrey Docks）、黑牆碼頭（Blackwall Dock），以及位於倫敦塔陰影下，由托瑪斯・泰爾福德（Thomas Telford）設計的聖凱瑟琳碼頭（St. Katharine's Dock），它掃除了一處約有一千三百間房屋的貧民區聚落。這些碼頭全都由防潮閘門包圍。廉價住宅蝟集在這些新的就業中心後方，沿著纜線街、公路（the Highway）和窄街（Narrow Street）延伸到萊姆豪斯，以及波普勒（Poplar）的舊村莊。在下一個世紀之中，東區會成為英格蘭最大的工人階級城市，且多半不為倫敦其他地區所知。

納許到來

一八一一年，喬治三世罹患精神疾病，其子威爾斯親王喬治受命攝政。他身材臃腫，而他的糜爛生活淹沒了他的自由派觀點和半吊子品味。他對拿破崙著迷，即使拿破崙敗亡在即，仍關注著他的一舉一動，並且下令自己的加冕禮服也要仿效拿破崙皇帝。最重要的是，攝政王如同在他之前的查理二世，認為英國值得擁有一個勝過拿破崙帝都巴黎的首都。

說也奇怪，吸引攝政王的，並非歐洲各國首都司空見慣的雄偉建築風格，而是倫敦資產階級長年支持的一種概念：更加精緻的郊區。過了馬里波恩之後的新路以北，租給波特蘭公爵的原皇家獵場，正好提供了一個契機，租約將在一八一一年屆滿。攝政王設想了一條大道，這是一條香榭麗舍大街（Champs-Elysées），從他位在林蔭大道（the Mall）的新宮殿卡爾頓府（Carlton House），延伸到新建的公園內一處別墅地產。他在國會裡有盟友，眼下也還能動用資金，他只需要一個計畫。

約翰·納許出身威爾斯，在蘭貝斯長大，並且在倫敦城建築師羅伯·泰勒爵士身邊見習。因此他接受的訓練是泰勒的帕拉第奧風格，而非羅伯·亞當的裝飾性創新。納許在一七八三年破產，退隱到威爾斯為鄉紳蓋房子，他與景觀設計師亨弗里·雷普頓（Humphry Repton）結為盟友。他接單供應建築，古典式、義大利式、哥德式或城堡型不拘，且都會考慮到他的夥伴所設計的景觀。

一七九八年，納許的生涯突然時來運轉，原因不明。他那年四十八歲，是一個鰥夫，異常矮小，「臉長得像猴子，但客氣、和善到了極點」。他如何結識迷人的二十五歲女子瑪麗．安妮．布萊德雷（Mary Anne Bradley），至今仍是一個謎。她正在懷特島（Isle of Wight）上「撫養」五個姓彭納索恩（Pennethorne）的孩子，孩子們的生父據傳是攝政王。納許的傳記作者們無法確定，他究竟是為了幫攝政王而「娶」安妮，還是攝政王把納許的妻子也收為情婦。我們也知道，納許和他的律師約翰．愛德華茲（John Edwards）是密友，愛德華茲小他二十歲，納許把自己的遺產留給了這位後輩的兒子，兒子則取名為納許，以紀念他。這兩人形影不離，他們的家人共享納許位於滑鐵盧坊（Waterloo Place）的倫敦宅第。

不論理由是什麼，一八〇六年，這位迄今為止都在到處接案的建築師，突然成了林木委員會（Commission of Woods and Forests，今天的皇家財產局〔Crown Estate〕）的實質主席。他在倫敦和懷特島上都獲得了豪宅，也有了資源能投注於自己的計劃。更重要的是，納許成了攝政王的靈感泉源。早先的計畫是將建築密集的馬里波恩向北延伸，跨越今天的攝政公園，但這項計畫被放棄了，納許接受了攝政王的「皇家大道」（Royal Way）願景，它將從卡爾頓府向北穿越西區，到達一片新近規劃的大地產。

皇家大道

納許的任務兼顧美學與實用。他得把攝政王的夢想，與倫敦房產市場的現實結合起來，讓風景如畫的浪漫承受商業必要性考驗。納許的布局在一八一二年出版，是將新的非正式地景（informal landscape）應用於都市，並受到「全能」布朗（Lancelot "Capability" Brown）與雷普頓贊成。這是規模驚人的「都市中的田園」，是倫敦自從雷恩胎死腹中的大火後重建倫敦城計畫之後僅見，最震動人心的事物。

路線以卡爾頓府正門為起點。它向北穿過傑明的聖詹姆士地產，摧毀那兒的舊市場，上坡到皮卡迪利的一個圓環。接著它拆毀舊燕子街（Swallow Street），繞著扇形轉彎，來到梅費爾東邊。納許的意圖很明顯，他承諾「將貴族與仕紳居住的街道和廣場，與社會上的技師和貿易人口居住的更狹窄街道、更寒酸房屋徹底隔開」。在後來興建沙夫茨伯里大街（Shaftesbury Avenue）之前，從攝政街只有狹窄的通道巷可通往蘇荷的舊貧民區。

街道需要略作彎曲才能到達牛津圓環，以免侵入波特蘭地產的卡文迪許廣場。路線接著向左偏移納入波特蘭坊，又向右偏移穿越新路。納許在此展現了自己的本領，提議以巴斯（Bath）圓形廣場的形式興建一個圓形廣場，接著是一個由雷普頓設計的公園，樹林之間有五十棟別墅。意圖在於「別墅不應望見彼此，但每棟別墅應當看似擁有整個公園」。一座蜿蜒的湖泊和一條造景的攝政運河

（Regent's Canal）將會穿過這片綠意。向東在坎伯蘭市場（Cumberland market）周圍，納許也設計了一片廣闊的工人階級街區，為這片開發區服務。它在二十世紀時被拆除。

由於這片土地多半屬於王室，變更用途需要民意許可，可能也需要公共資金，攝政王與國會的關係也就至關重要。但到了一八二〇年代，財政部不再資助這項商業冒險——財政大臣仍然對於必須出資重建卡爾頓府怒不可遏。結果，攝政王得到了許可，卻得不到資金。不同於設計羅馬的教宗思道，或後來設計巴黎的奧斯曼（Georges-Eugène Haussmann），納許既不能徵收房產、也不能控制資金。這意味著整個方案一如整個倫敦的開發，都必須倚仗投機買賣的現金。它從一開始就是有風險的商業冒險。

由於倫敦成長的間歇性質，納許的計畫極有可能步上雷恩的後塵。結果它完成了，儘管並不盡然一如預期。一八一二年開工的圓形廣場，成了半圓形加上方形的廣場，公園裡也只興建了八棟別墅。更大的問題出在新的攝政街。原先計畫興建商店，樓上則是公寓房，但它必須一舉完工，否則沒人想買一處建築工地。納許的樣品——通往皮卡迪利圓環，帶有柱廊的扇形街道，起初是一場災難。由於每一個營造者／租戶都要求與眾不同，納許會設法協商出一個合適的變體，像是一座教堂、一間會館、一間旅館，拚命想要保持美學上的一致。在攝政街轉進波特蘭坊之處，納許親自設計了朗豪坊（Langham Place）的諸聖堂（All Souls' Church），面向兩角，至今依然。

換言之，這個方案成了納許自己的計畫。他必須拿自己的錢冒險，並引進一位開發商夥伴，就是已經活躍於育嬰堂和貝德福德地產的詹姆士・伯頓。納許雇用了伯頓身為建築師的兒子德西穆（Decimus Burton），他設計了其中一些公園別墅。但它們證明了不易出售，而德西穆也接手了納許的替代概念，以連棟房屋圍繞整個開發區，這些連棟房屋設計成宮殿模樣，但隱藏了排屋，每棟都只有一間屋的深度。公園成了馬術表演場地、植物園和大眾喜愛的倫敦動物園（London Zoo），動物園仔細設計成了「動物學公園」（zoological garden），以免冒犯其田園背景。

由於財務必要而產生、建於一八二〇年代的這些連棟房屋，即將證明為整個開發區最轟動的高潮。切斯特連棟（Chester Terrace）以羅馬式的凱旋門裝飾，坎伯蘭連棟（Cumberland Terrace）以連續的門廊裝飾，薩塞克斯連棟（Sussex Terrace）則以穹頂和彎曲成八角形的側翼裝飾，將印度與古典風格熔於一爐。它是沒有水的聖彼得堡，可想而知與《一七七四年建築法》的簡樸天差地遠。倫敦或許沒有塞納河岸的富麗堂皇，但也相去不遠。

任何人在今天提議興建這樣的建築物，都會被斥為迪士尼樂園的怪胎。一九四〇年代，守舊的薩默森說這些連棟房屋「馬虎又笨拙……虛假、惡名昭彰又荒謬……建築的兒戲。」但就連他也不能否認它們令人無法抗拒，穿越「時光之霧」看來，宛如「夢中宮殿，充滿壯麗的浪漫想法……這讓格林威治變得平淡，漢普頓宮變得狹隘。」我小時候住在阿爾巴尼街後方，納許設計的園村東街（Park Village East），正是這幅在穿透樹蔭的陽光下令人目眩的灰泥夢幻景象，讓我第一次驚奇於倫敦的城市景觀。一九四五年，聖馬里波恩議會（St. Marylebone Council）採取措施，要拆除這些連棟房屋，因為它們當時年久失修。皇家藝術委員會（Royal Fine Art Committee）堅決奔走才得以搶救它們，即使直到一九六〇年代才能全部安然無恙。

瑪門與上帝

喬治時代的一大特徵，在於英國國教會的至尊地位衰退。倫敦城仍有約莫一百處禮拜場所，其中多數興建於雷恩時代。此外，除了二十四座安妮女王教堂之外，就沒有新的教堂了。幾乎整個十八世紀裡，倫敦唯一興建的教堂，是擴建那些被城市成長所吞併的村莊裡的教堂，例如在哈克尼（Hackney）、伊斯林頓、漢普斯特德、帕丁頓和巴特西。倫敦面臨嚴重的「教堂不敷所需」。

這項缺乏由非國教徒（Nonconformist）的前進發展給填補了。一如猶太人的處境，從大部分公共生活中遭到排除，確保了集體凝聚力。貴格會、長老會、浸信會和摩拉維亞弟兄會（Moravians）與此時發展迅速的循道宗（衛理會）聯手，等於建立起了一個基督徒的另類倫敦。當國教會信眾在一七二〇至一八〇〇年間減少，非國教徒的人數則加倍。在某些地方，宗教異議成了祈禱中表述的政治異議。紐因頓綠地（Newington Green）的自由教會派人士理查・普萊斯（Richard Price）先後聲援美洲革命和法國革命，他為伊斯林頓帶來的激進名聲，至今仍然保持著。國教會的福音派克拉珀姆派（Clapham sect）以威廉・韋伯福斯（William Wilberforce）和約翰・索恩頓（John Thornton）為中心，培養了奴隸制度的早期反對者。

最終，就連主教都被刺激著行動。一八一八年《教堂興建法》（Church Building Act）重申一七一二年的《安妮女王教堂法》，提撥一百萬鎊，興建人們懷著更強烈的愛國熱情稱呼的「滑鐵盧教堂」（Waterloo churches）。一八二〇年代興建了三十座，到了一八五〇年代，已經有一百五十座。它們從西倫敦的地產，均勻分散到了倫敦城東和城南的貧民區。如同安妮女王時期，它們也由當時首屈一指的建築師設計。托瑪斯・哈德威克（Thomas Hardwick）興建了新路聖馬里波恩教堂（St. Marylebone on the New Road），約翰・索恩（John Soane）設計了大波特蘭街聖三一教堂（Holy Trinity in Great Portland Street），斯默克（Robert Smirke）則在旺茲沃斯、哈克尼，以及溫德姆坊（Wyndham Place）的波特蘭地產上興建教堂。教堂也湧現於滑鐵盧橋對岸，出現在切爾西的伊頓廣場（Eaton Square），以及伯蒙德賽和貝思納爾綠地（Bethnal Green）的貧民區。許多教堂的設計足以容納兩千名信眾禮拜，這對於人口更少的現代堂區構成了無法克服的挑戰。

這些建築為倫敦品味的故事開啟了新篇章。依照一八一八年法律設計的這些新教堂，幾乎全是希臘古典式。聖潘克拉斯新教堂（St. Pancras New Church）要穿過門廊才能進入，而它的耳堂外牆則以雅典厄瑞克忒翁神廟（Erechtheum）的翻版增色。它孤單的女像柱如今向外凝視著尤斯頓路上的喧囂。這些教堂未必普遍受到歡迎。在薩默森看來，這些建築物呈現出古典主義復興的最後一搏，「制度性特徵」與安妮女王教堂的友善家居性質大不相同。沒過多久，青年奧古斯都・普金（Augustus Pugin）更加直言不諱：滑鐵盧教堂是「時代之恥……再沒有比這一大群蹩腳的教堂更加粗劣、可悲的表現，不得體和荒謬亦莫此為甚。」每一個世代都輕視前一代人的作品。

而在西區，倫敦城的咖啡屋則變形為紳士俱樂部。聖詹姆士街的懷特俱樂部（White's）在一六九三年創立時是懷特巧克力屋（White's Chocolate House），但不久就得到了一群高檔主顧，並由布鐸斯俱樂部（Boodle's）和布魯克斯俱樂部（Brooks's）仿效。另一種不同傳統則在拿破崙戰爭期間由卡斯爾雷勳爵（Lord Castlereagh）創始，旅人俱樂部（Travellers' Club）為無法前往歐洲的人們提供了避靜處，與之競爭的服務俱樂部也大量湧現。一八二七年，納許在滑鐵盧坊以「羅馬」風格設計了軍人之友俱樂部（United Service Club）——倫敦就是忍不住要痛打法國人。一年後，他的助手、後來成了競爭對手的德西穆・伯頓，以「希臘」風格的雅典娜俱樂部（Athenaeum）回敬。今天，這兩棟建築物在馬路兩邊遙遙相望，而它們的大門故意朝向不同方位。

大眾的倫敦分化和私有化了。社會群體開始退入街區和俱樂部。化裝舞會和盛大聚會不再對所有人開放。聖詹姆士街的阿爾馬克俱樂部（Almack's）只准許持有委員會發放的「允許券」（vouchers of approval）者入內，而且只供應檸檬汁和茶。話雖如此，來訪的皮克勒—穆斯考親王（Prince Pückler-Muskau）發現自己只因為頭銜就被當成名人，「每天」都有「五六份邀請函」送到他桌上。

更為莊重的時代則以博・布魯梅爾（Beau Brummell）為象徵，他是最早的聖詹姆士「花花公子」（dandy），也是時尚派頭的體現。他有一次在「遙遠東邊」的河岸街被人看見，大受驚嚇，堅稱自己只是迷了路。但他成了男性風格的仲裁者，他每天花五小時著裝，並且大力支持致力於個人衛生與簡樸衣著的「新男人」。他說，每個紳士都應該把衣服穿得「不引人關注」。適當的衣著是乾淨的白襯衫、黑色緊身長褲和黑色外套，搭配高領子和領巾。布魯梅爾的影響力如此強大，讓他的個人靴匠喬治·賀比（George Hoby）得雇用三百名工人才能滿足需求。

在攝政期奔放的刺繡大衣和燈籠褲之後，這種新風格是男性自制的典範。不久，模仿這種風格的就不僅限於倫敦西區，而是全國中產階級男性，最終連海外都爭相模仿。我不久之前注意到，聯合國大會上的所有男性，除了某些阿拉伯人之外，全都穿著黑西裝、白襯衫，打著領帶。布魯梅爾想必會默默地喝采。他因為欠下賭債而流亡巴黎，死於梅毒。但他的雕像仍矗立在傑明街（Jermyn Street），無疑是要獻給這位全世界影響最深遠的品味獨裁者。

第十二章 庫比特之城 西元一八二五至一八三二年

庫比特與貝爾格拉維亞

正當納許為了攝政王而從事投機買賣之際，戰後復甦則使得更謹慎的開發者進入市場。一八二〇年代，貝德福德公爵決定在他位於布魯姆斯伯里廣場以北的土地上營造，他找來一位積極進取的年輕營造者——托瑪斯．庫比特（Thomas Cubitt），負責開發羅素廣場（Russell Square）、塔維斯托克廣場（Tavistock Square）和戈登廣場（Gordon Square）。羅素廣場的造景出自一位不遜於雷普頓的人物之手。

白手起家的諾福克木匠之子庫比特，對於倫敦中產階級的意義，等同於納許之於浮誇的攝政王。他曾在印度工作過，相對於納許到處承包工程，他是從格雷律師學院路（Gray's Inn Road）的營造者起家，並且自雇工人。納許的營造者馬虎草率之處，庫比特的營造者卻是仔細又完美。庫比特在懷特島上為維多利亞女王興建了奧斯本莊園（Osborne），女王日後說他是「前所未有的一個更好、更善良的人，或者更淳樸、更謙遜的人」。

但庫比特的雄心壯志幾乎沒有極限。他很快就受到富裕更甚於布魯姆斯伯里的選擇所誘，並被新興的白金漢宮西方誘人的潛在需求所吸引。此處座落著格羅夫納家族的南莊園伊布利（Ebury），是一片牧地和菜園。跨越西伯恩溪（Westbourne stream）的「騎士橋」彼端，崔佛廣場（Trevor Square）和蒙彼利埃廣場（Montpelier Square）周圍已經有些樓房。霍蘭德的漢斯鎮已經建立在卡多根地產上。但漢斯鎮與海德公園角之間是一片沼澤，由西伯恩溪注入水源。

一八二五年，庫比特向格羅夫納地產取得一份租約，租用海德公園與國王路（King's Road）之間的十九畝地。兩年後，他也向朗茲家族（Lowndes）租用了橫跨西伯恩溪兩岸的土地。他接著重建舊有的拉內拉赫下水道，並以倫敦塔旁開挖聖凱瑟琳碼頭產生的土方填實泥濘的土地。接著就產生了兩個倫敦最華麗、也最大膽的投機事業：得名於萊斯特郡一處格羅夫納家族所有村莊的貝爾格拉維亞，以及得名於霍克斯頓一位酒館老闆的皮姆利科（Pimlico，原因無人知曉）。它們和攝政公園一同名列於倫敦歷史上最漂亮的都市開發。

庫比特的營造者來到了貝爾格拉維亞，數以百計。《泰晤士報》在一八二五年評述：「建築怒潮持續不衰……（皮姆利科和切爾西的）菜農們收到通知，要他們離開。」當市場瀕臨飽和，庫比特開發格羅夫納地產的兩位營造者——威爾頓月牙街（Wilton Crescent）的賽斯．史密斯（Seth Smith）和切斯特廣場的約瑟夫．昆迪（Joseph Cundy）雙雙負債。後者的窘境正反映於切斯特廣場及周邊街道的逼仄布局裡。庫比特堅決不放棄原先的計畫，若有必要，就由倫敦城重新向他提供資金。他同時身兼開發者、出資者與營造者。對庫比特來說，設計就是一切。當他在一八三八年開始興建皮姆利科，他實驗了一套由斜對角大道縱橫交錯的廣場構造。從那時到現在，它都跟華盛頓特區一樣令人困惑。

這些房屋在各方面都很先進。它們有自來水和天然氣供應，還有通風的地窖和有效的排水管。道路以道碴鋪底、鵝卵石鋪面。納許建造的連棟房屋很快就開始傾頹，庫比特的卻仍堅如磐石。梅費爾、馬里波恩、貝斯沃特和布魯姆斯伯里隨後遭受痛擊、惡用並被割裂，但貝爾格拉維亞和皮姆利科幾乎完好無缺地留存下來，它們偉大的奶油色灰泥高牆，逐漸成為世界各地有錢僑民眼中的高檔生活象徵。庫比特的傳記作者赫敏·霍布豪斯（Hermione Hobhouse）引述了一位仰慕他的居民獻給他的頌詩：「戴在你額頭上的花冠應當比雷恩更美／他立起一座穹頂——你建造了無與倫比的市鎮！」近代難得有哪個租戶會對自己的地主說出這樣的話來。

太遙遠的廣場

庫比特並非獨自一人。滑鐵盧戰役過後不久，帕丁頓和貝斯沃特這兩處倫敦田野的主教也著手開發，並交由主教的工程官薩繆爾·皮普斯·柯克雷爾（Samuel Pepys Cockerell）執行。它們規劃得跟貝爾格拉維亞一樣氣派，特別是在倫斯特連棟（Leinster Terrace）、波契斯特連棟（Porchester Terrace）和蘭開斯特門（Lancaster Gate）周圍。這裡有廣場、月牙街和連棟房屋，房屋又是義大利式灰泥外牆，有些街道兩旁還加上了豪華的樹木排列成行。貝斯沃特始終未能達到貝爾格拉維亞的顯赫地位——它離市中心太遠——當租約在一百年後到期，教會派出推土機剷平房屋，把攝政期的端莊換成了現代房屋與公寓。

此時，羅盤上沒有任何一處能倖免於工程官的指揮棒，鷹架成了新倫敦的標誌。一八二九年，喬治·克魯克香克（George Cruikshank）發行了一幅大量流傳的漫畫，把倫敦畫成了一支走出城外引戰的大軍。他的《磚塊與灰漿的進軍》（*March of Bricks and Mortar*）乃是激發於通往漢普斯特德的芬奇利路（Finchley Road）沿線的新建築。穿上軍裝的鶴嘴鋤、鏟子和煙囪管帽整隊編成了一個連棟房屋團。他們行軍穿越米德塞克斯，向驚嚇的村民、牛群和羊群齊射磚塊。

野心最大、實際上不計後果的一項計畫，遠在諾丁丘西方。此處的拉德布羅克（Ladbroke）家族早在一八二一年就搭上了投機熱潮。他們將租約授予建築師托瑪斯·阿拉森（Thomas Allason）設計的一項計畫，華麗程度更甚於納許或庫比特冒險從事的任何計畫。其中包括一個方圓一英里，控制著諾丁丘的圓形廣場，位於一處俯瞰諾丁谷（Notting Dale）的坡地上。這處地產將會點綴著別墅，每一座別墅都建在五英畝的私人花園裡。

結果這證明了沒有市場。山頂在一八三七年短暫闢為賽馬場（Hippodrome），想要與雅士谷（Ascot）匹敵。但它的黏性土質，加上鄰近北肯辛頓的磚場和陶器場，吸引來的群眾遠遠不如它在伯克郡（Berkshire）的榜樣那麼適宜。實際上，按照《泰晤士報》的評論：「我們難得不幸碰上的一群更骯髒、更噁心的人。」賽馬場和別墅一樣淪為失敗。到了一八四一年，阿拉森的別墅也跟納許在攝政公園的別墅一樣，被連棟房屋取代。在惡性循環中受困於租約的諾丁丘，就要成為倫敦地產開發中的南海泡沫。成千上萬人賠掉了積蓄。

北部與東部各點

更多成就隨著攝政公園以北的艾爾（Eyre）地產而來。早在一七九四年，一項拍賣計畫就指出要在托瑪斯·洛德（Thomas Lord）的第一座板球場周圍，開發獨棟和「半獨立」的別墅。即使艾爾直到一八二〇年代地產熱潮時才實現，它卻以紳士們「安頓」情婦的地方而聞名。霍爾曼·杭特（Holman Hunt）後來會用聖約翰森林（St. John's Wood）作為他收藏於泰特美術館（Tate Gallery）的畫作《良心覺醒》（*The Awakening Conscience*，一八五三年）之背景，描繪一名情婦正要與情夫斷絕關係。

隔鄰的櫻草丘（Primrose Hill）山坡地，直到十九世紀末都由伊頓公學（Eton College）在它的貝爾塞斯（Belsize）地產上抗拒開發，但在費茲洛伊家族的恰爾卡特（Chalcot）地產上，規模不大的連棟房屋卻蓬勃發展。十八世紀由薩默斯勳爵（Lord Somers）取得的田地上興起了薩默斯鎮（Somers Town），阿加爾鎮（Agar Town）則繼續向外延伸到聖潘克拉斯周邊。將地產稱為「鎮」是為了有助於行銷，但即使康登勳爵的城鎮發達了，薩默斯和阿加爾這兩個鎮卻都受害於低檔消費暴跌，最後在鐵路的攻擊下犧牲。

越過育嬰堂地產，在俯瞰國王十字路和舊艦隊河谷的山腰上，亨利·本頓（Henry Penton）建立了本頓維爾——他情願以更時髦的法文字稱呼「鎮」。隔壁的田地屬於威廉·貝克（William Baker）及其妻瑪麗・勞埃德（Mary Lloyd），它規劃成了今日勞埃德—貝克（Lloyd Baker）地產端莊的連棟房屋。彎曲街道上恬靜的灰泥別墅，讓它成了中倫敦最迷人的街區之一。這些開發的結果，讓伊斯林頓堂區的人口從一八三一年的三萬七千人，僅僅三十年後就增加到十五萬五千人。

克勒肯維爾和卡農伯里（Canonbury）這兩處莊園，誘人程度也不遑多讓。它們的持有人是倫敦城的顯貴約翰・史賓賽爵士（Sir John Spencer），人稱「有錢人史賓賽」（Rich Spencer），他的女兒與一位北安普敦郡貴族康普頓勳爵（Lord Compton）私奔，被藏在籃子裡偷運出父親的宅邸。按照真正的地產作風，女方得到了男方的頭銜，男方則獲得了西區之外倫敦最昂貴的產業。營建在一八〇〇年代隨著北安普敦廣場（Northampton Square）、康普頓街（Compton Street）與史賓賽街（Spencer Street），以及北邊的卡農伯里廣場（Canonbury Square）而開始。

倫敦城東方的土地或許較不出色，獲利較少，但市場同樣活躍。斯特普尼莊園大半為布商公會（Mercers Company）所有，在一八三〇年代和一八四〇年代開發。特雷德加勳爵（Lord Tredegar）在哩尾（Mile End）建了一座以他為名的廣場，滿心想要仿效肯辛頓。而在北邊，哈克尼、克萊普頓（Clapton）和維多利亞公園（Victoria Park）綻放著中產階級住所。泰晤士河南岸由於新建的橋樑而逐漸顯現生機，地產在坎伯韋爾的達利奇公學（Dulwich College）土地上，以及克拉珀姆公地（Clapham Common）的舊城鎮周邊開發。薩默森為喬治時代尾聲的都會編纂的目錄顯示，它北到漢普斯特德、西到漢默史密斯（Hammersmith）、南到路易舍姆（Lewisham）、東到波普勒。

儘管這些郊區有許多都發展出自己的產業，但多數倫敦人仍在倫敦城和西敏上班。他們的通勤狀況極壞，多半沿著擠滿行人、商人和動物的街道步行數英里遠，只有富人才負擔得起私人馬車。直到一八二九年，喬治・席利比爾（George Shillibeer）才引進了公車，由三匹馬並排拉動一輛加蓋馬車，每趟載運十八位乘客，這是他首先在巴黎開發的交通工具。他的「巴士」從帕丁頓沿著新路開往英格蘭銀行，廣告則承諾由「一名極為體面的人隨行擔任車掌」。它立刻就大受歡迎，壟斷了公共運輸市場，直到強大的競爭對手——鐵路出現為止。

攝政期尾聲

父王喬治三世逝世之後，攝政王繼位為喬治四世（一八二〇至一八三〇年在位），從卡爾頓府遷入白金漢府（Buckingham House），不久即更名為宮，他委託納許將它重建成王者的雄壯氣派。這座建築在一六三〇年代是戈靈大宅（Goring House），而後是阿靈頓大宅（Arlingotn House），由喬治三世在一七六一年買下，作為王后住所。於此同時，尚未完成的攝政街則落得在一英里長的鷹架和爛泥之中瘋狂尋求租戶。納許不曾放棄，運用巧思和妥協應對每一次危機。他和國會為了提供白金漢宮資金而衝突，於是拆除完工僅僅三十年的卡爾頓府，代之以兩座龐大的投機性連棟房屋，俯視聖詹姆士公園，據說是以巴黎協和廣場（Place de la Concorde）為榜樣。他也重新設計了勒諾特爾的公園，使它與攝政公園相配。運河被轉變成一座蜿蜒的湖泊，公園南側則規劃了更多連棟房屋，但並未興建。

這項計畫舉步維艱地進入一八三〇年代，由於西區房地產市場在鐵路來臨前的最後一波飛漲而獲救。納許這時在西倫敦被煤煙燻黑的結構裡，到處濺起了一道奶油色的灰泥屋。他為喬治時代倫敦的品味帶來了一些皇家城市的想像，提高它的溫度、為它注入天賦。皇家之道從來不是拿破崙式的。沒有龐大的閱兵場或壯麗的景觀，只有首都發展故事裡一次福至心靈的轉折。往後三十年間，沒有一個營造者膽敢從他的建築立面省略灰泥。新倫敦從黑色變成了白色。

正當西區在納許出神入化的表演中顫慄，攝政期倫敦也終於成熟了。泰晤士河渡口的短缺，得到南華克、沃克斯豪爾，以及河岸下游亨格福德市場（Hungerford Market）的新建橋樑補足。它們全都是私有且收取通行費的商業冒險，推廣於一八〇九年之後，那時歐洲大陸戰火正熾。河岸橋（Strand Bridge）日後更名為滑鐵盧橋，由工程師約翰・雷尼（John Rennie）設計，耗資一百多萬鎊（在今天則遠超過一億鎊）。義大利雕刻家卡諾瓦（Antonio Canova）稱它為「世上最高貴的橋」。它在一九三〇年代和倫敦的眾多榮耀一樣，遭遇了悲慘的結局。

倫敦這時獲得了首都預期要有的某些公共建築。在布魯姆斯伯里，新的大英博物館一八二三年由羅伯・斯默克開始興建，原先是為了收藏從此時落得一文不名的喬治四世手中購得的皇室藏書。斯默克的石柱呈現一種冰冷的紀念性，使得納許的連棟房屋看上去肯定是友好的。斯默克也搶救了米爾班克監獄，它在一八一三年依照傑瑞米・邊沁（Jeremy Bentham）的先進布局動工，但到了一八一六年，耗資甚至超過了白金漢宮。同時，創新的建築師約翰・索恩則建成了舊西敏宮的法院，以及倫敦城內的英格蘭銀行新址，這兩棟建築如今都不復存在。

至於白金漢宮，它本該是喬治時代倫敦的無上光榮，卻落得一場糊塗。納許設計了一座大理石拱門，守衛入口處的庭院，但計畫超支到了二十五萬鎊預算的兩倍，國會因此對支出展開調查。一八二八年，當國王在溫莎臥病不出，納許不得不面對提取公款時犯下重大詐欺的指控，他被指控成了「那個將毒藥倒入君王耳中的奴才」。如此鋪張地揮霍公款的行為卻讓建築師受封為騎士，納許的騎士頭銜被刻薄地否決，一八三〇年更被工部革職。拱門被搬到了泰本，至今仍矗立在那兒，一八四七年再由愛德華・布羅爾（Edward Blore）為維多利亞女王設計的臨街正面取代，其表面後來又被重修。

納許在倫敦最後一次驚人的商業冒險，是要興建第二條「皇家一英里」（royal mile），從白廳向北通往大英博物館。一八二〇年，他把皇家馬廄（Royal Mews）從面向聖馬田教堂搬到白金漢宮後方，將原址清理之後新建皇家學院，日後則是國家美術館（National Gallery）。但這項計畫始終沒有進展。納許在一八三五年去世時，只留下「西河岸街改進計畫」（West Strand Improvements）的「胡椒瓶」形狀角樓與查令十字車站相對，成為他第二項願景的幻影。

最終的國家美術館由威廉・威金斯（William Wilkins）設計，與大英博物館南轅北轍：古怪、家居、缺乏戲劇性。查爾斯・巴里（Charles Barry）最終執行納許的特拉法加廣場計畫，本意是要成為由白廳上行的大道之建築頂點，但一如往常，倫敦的不拘禮節最終說了算。這個廣場變得不對稱又笨拙，而威金斯的美術館除了填滿空間之外再無更高用途。直到一八三九年，倫敦終於以納爾遜紀念柱，讓它的特拉法加戰勝慶祝達到頂峰。埃德溫・蘭希爾（Edwin Landseer）的四隻銅獅子像在一八六七年添加，以一隻從倫敦動物園送到他工作室的獅子屍體為模型。但它的爪子當時已經腐爛，使得底座上這四隻銅獅子像的爪子，不得不以蘭希爾的貓為模型。

納許的攝政街開發，按照他的陳述終究是成功的。它將聖詹姆士和梅費爾孤立成了高檔飛地，保護他們的產業不受貧民區從柯芬園和蘇荷西移影響。聖詹姆士宮由王室下級成員入住，兩側則是受保護的貴族住所，表現為馬爾伯羅府（Marlborough House）、克拉倫斯府（Clarence House）、斯塔福德府（Stafford House，日後為蘭開斯特府〔Lancaster House〕）。俯瞰綠園的一連串則是克利夫蘭邸（Cleveland House，日後為橋水邸〔Bridgewater House〕）、史賓賽邸（Spencer House）、德文郡邸（Devonshire House）、巴斯邸（Bath House）、埃格里蒙特邸（Egremont House，日後為進出俱樂部〔In and Out Club〕，即陸海軍軍官俱樂部〔Naval and Military Club〕），以及威靈頓公爵（Duke of Wellington）的豪宅阿普斯利邸（Apsley House），計程車司機至少知道它叫做「倫敦一號」（No. 1, London）。

西敏此時憑著一己之力，完成了從郊區到城市的演化——實際上，在倫敦的兩座城市之中，它已經是人口和面積較大的了。當煤氣在一八一三年引進，第一個被煤氣燈照亮的地點不是倫敦城或倫敦橋，而是除夕的西敏橋。由英格蘭北部輸入的煤製成的煤氣，起初僅限於街道照明之用，首先是帕摩爾街沿線，由堂區執事（vestry beadle）或治安官負責。需求立刻變得熱切起來。不到兩年，已經裝設了四千盞街燈，到了一八二二年，倫敦已經有七家煤氣公司。七年後則有兩百家，這是城市事業深入街坊層級的早期範例。

誰在掌權？

但首都仍然不存在任何權威支配一切的跡象。一八二〇年代和一八三〇年代的市政改革運動，多半是由外省推動的，來自曼徹斯特、伯明罕、諾丁罕及其他地方。儘管倫敦工人迅速組織起來，捍衛薪資及勞動條件，他們卻更難被政治目標激發起來。倫敦城繼續享有自己的一套關係緊密的部分民主參與，這根植於它的工藝和行會，以及他們的行業與參議之中。任何種類的改變都是眼中釘。而西敏則恰好相反，它完全不存在地方政治。它的人口由十多個堂區委員會統治，是一群變動不居的遷徙租客，渴望的只是休息空間，以及一個賺錢或享樂的機會。

結果就形成了一個城市幾乎不關心自己身為首都的國家之狀態，甚至不關心身為樞紐的這個區域之狀態。它在整個歷史上都依照客觀形勢需求，支持或反對君王及政治運動。每一次都是由都會本身概念上的利益來判斷。倫敦確實知道一件事——它不是西敏中央政府的朋友。自從諾曼人征服以來，協議就規定了君王未經正式許可及護送，不得跨越倫敦城界。正因如此，日後開往桑德令罕（Sandringham）的皇家列車都必須從國王十字車站以迂迴路線行駛，而不是合情合理地從倫敦城內的利物浦街車站出發。

最終，這種中央與地方的失靈，在倫敦治安維持的問題上達到了巔峰。地方的「巡邏隊」遠遠不敷所需。一八二九年，銳意改革的內政大臣羅伯．皮爾（Robert Peel）設法通過了《大都會警察法》（Metropolitan Police Act），由此建立了一支身穿制服的受薪警力，取代此時聲名掃地的堂區執事，以及人手不足的弓街偵探。這支新警力不久就以創始人之名被稱作「巴比們」（bobbies）和「皮爾的人」（peelers），而他們大獲成功。有三千人申請加入，多數來自既有的巡邏隊。堂區自然為了不得不額外收稅支應他們的薪資而抗議，但「大都會警察」（the Met，即倫敦警察廳）從此到來。

改革來臨

遲早，就連倫敦都不能再忽視法國革命以來即使不無遲疑、卻持續增長著的政治異議。伯明罕、曼徹斯特、雪菲爾（Sheffield）和里茲（Leeds）沒有代表權，反觀西南六郡卻有多達一百六十八席議員，這樣一個國會是無可辯護的。倫敦只有十席議員，而當時更公平的分配應當要有七十席。改革充塞著大眾辯論，輝格黨的首要人物、乃至大量托利黨人都同意改革是不可避免的。

一八三〇年，由於喬治四世駕崩而促成的選舉中，選舉權改革與選區分配改革成為最優先的政治議題。托利黨首相、退伍軍人威靈頓公爵宣告：「只要我還擁有任何身分……我將始終認為，我的職責是抗拒一切改變。」改變是足以燎原的星火，倫敦的亂民們則再次大批走上街頭，以回應威靈頓。威靈頓辭職，將首相職責交給了由格雷伯爵（Earl Gray）和約翰．羅素勳爵（Lord John Russell）領導的輝格黨人。他們的改革法案獲得下議院通過，卻被上議院否決。一八三一年的第二次選舉再次選出了支持改革的下議院，但羅素的法案又一次被上議院否決，上議院多數的世襲貴族顯然存心要在制度上自殺。

一八三二年的英國比起任何時候都更逼近革命危機。激進派領袖法蘭西斯・普萊斯（Francis Place）盡其所能嚴肅地寫信警告輝格黨領袖，由抗爭引發的暴動將會變得無法控制。威靈頓在海德公園角的宅邸被亂民們圍困。他之所以被稱為「鐵公爵」（iron duke）不是由於他的軍事統帥能力，而是他豎立起來保護百葉窗的那些鐵柵欄。政府的常備軍力毫不足以保衛首都。

一七八九年法國革命的回聲終於產生了效果。經由奏請新王威廉四世（一八三〇至一八三七年在位）冊封夠多的支持改革人士成為新貴族，僵局告一段落，危機得以解除。威靈頓和上議院讓步了。《一八三二年大改革法案》（The Great Reform Act of 1832）僅僅增加了六成的選民人數，令改革者大失所望。它對倫敦特別不友善，下議院議員席次總數僅僅增加為二十二。但水壩有了破口，改革狂潮隨之襲來。

第十三章 改革時代 西元一八三二至一八四八年

英格蘭革命

一八三三年當選的新科下議院議員，所作所為一如改革者的期望，令保守派懼怕。這時通過了規範工廠的立法，廢止童工、將工會合法化、在帝國全境禁止奴隸制，並強迫道路車輛靠左行駛。一八三五年，國會兌現了都市議員的承諾，在外省以選舉產生的法團取代不經選舉的市鎮參議。但國會並未將這項改革擴大適用於倫敦。倫敦城和西敏「郡」堂區委員會拚命讓自己成為例外，它們也如願以償。倫敦城外的倫敦市彷彿不被當成都市中的自治市鎮，反倒像是一群鄉村。

有一項改革確實適用於倫敦，那是《一八三四年救貧法》(Poor Law 1834)。地方福利救濟長久以來始終偶然隨意，有些堂區委員會興建了濟貧院，其他則作為甚少，甚至無所作為。貝思納爾綠地的織工社區是處境最惡劣者之一，一位當地教士敘述，一千一百名無業人口住在濟貧院裡，六人一張床，還有六千人在接受堂區救濟。堂區委員會徹底債臺高築，因為每日「窮人數量增加」，減少了「納稅人數量……以小店主為主，他們因稅負而陷入貧困。本區完全處於無清償能力及徹底貧窮之狀態」。

依照新法，堂區的福利工作被取消，福利改由三十個聯合濟貧會（Poor Law Union）及其選舉產生的「管理人」負責。它們唯一的工作就是救助貧民和無家可歸者。濟貧管理人要設置勞動救濟所，據說是要暫時收容適合工作卻失業的人口。實際上，它們延續了舊有的濟貧院，甚至延伸到了先前沒有濟貧院的地方。但它們不受歡迎，且被認為是把納稅人的錢花在倫敦中產階級懼怕的對象，也就是那些「不值得救助」的窮人身上。結果，管理人也就不太情願經營建設勞動救濟所，因為任何舒適都只會被當成是在獎勵遊手好閒。

西敏付之一炬

不久，國會就面臨了更加急迫的房舍問題。一八三四年十月，一名文書銷毀大量計數棒時，不慎導致西敏宮失火。在諾曼人征服之前就由君王、法院、貴族、下議院議員、文官入住的這個建築群，八百年來這團凌亂的政府部門，全都付之一炬。只有石造的中世紀西敏廳倖存。這就彷彿整個國家的集體記憶全被一筆勾銷。透納(J. M. W. Turner)在一幅壯觀的畫作中，將這次事件描繪成了洗滌過去。取而代之的將是新時代、新秩序的象徵。

但新生事物該是什麼模樣？一八三〇年代的倫敦著迷於日後所謂的風格之戰。正如前文所見，喬治時代的城市建築是古典式、希臘式、羅馬式或混種義大利式。有些建築是「哥德」(Gothick）式的，例如霍勒斯・沃波爾的草莓山莊（Strawberry Hill），有時被稱作如畫風格（picturesque）。但教堂、博物館、銀行和俱樂部，卻只由希臘式和羅馬式彼此相爭。庫比特設計的住宅建築則始終是義大利式。

到了一八三〇年代，這套常規受到許多方面的攻擊。古典主義被視為法國革命和美國共和的式樣，巴黎的先賢祠（Panthéon）和華盛頓的國會大廈都選擇了古典主義。在高教會派的國教信徒看來，它召喚了基督教傳入前的異端過往，不適用於祈禱場所。看著舊西敏宮陷入火海，時年二十一歲的奧古斯都．普金眼見它的中世紀圍牆兀自挺立，同時近代建築卻「比一疊紙牌更快倒塌」，不覺欣喜萬分。虔誠的哥德式古老真理屹立不搖，在普金看來，哥德式建築是「一雙禱告的手向上帝升起」，而在柯立芝（Samuel Coleridge）看來，它「無限引人遐想」。在一座古典主義鋪天蓋地的城市裡，這完全是一場革命。

一八三〇年代開始時，品味已經在轉變了。首先從教堂開始。伊頓廣場聖彼得教堂（St. Peter's Eaton Square）這座滑鐵盧教堂是古典式建築，但僅僅十二年後興建的威爾頓坊聖保羅教堂（St. Paul's Wilton Place）和切斯特廣場的聖米迦勒教堂（St. Michael's Chester Square）卻是哥德式的。到了一八四〇年代，貝爾格拉維亞和皮姆利科廣場的所有教堂，皆由肯特郡硬質岩（Kentish ragstone）築成，以格羅夫納地產工程官的姓氏稱為昆迪教堂（Cundy church）。如今仍能看到它們瘦削的尖塔高聳入雲，越過大片溫暖的灰泥屋。

即使如此，負責新建西敏宮的委員們仍然引起了轟動：他們在一八三六年宣布，新西敏宮的競圖風格應當是哥德式或「伊莉莎白式」，顯然是為了與隔壁西敏寺的亨利七世禮拜堂保持一致。競圖由古典主義者查爾斯・巴里勝出，但要等到他找來普金協力畫出「哥德式風格」設計圖，符合了條件之後才能獲勝。於是清理了原址、修築了河堤，於一八四〇年奠基。

巴里為新建築提供的布局，本質上是古典式的，而他拒不承認普金發揮的作用。他整整四年不跟這個年輕人見面，表面上只找他幫忙裝飾性包層（decorative cladding）和室內設計。普金也還以顏色，他說這座宮殿「全是希臘式的，先生，古典本體加上都鐸的細節特徵」。但新宮殿成了展示新建築風格的契機，而普金為它提供了鑲板、玻璃、磁磚、配件、結構、地毯，乃至新的御座。他瘋狂工作著。

巴里承諾這棟建築工期六年，開銷七十五萬鎊，換算成今天的幣值，只略低於一億兩千萬鎊。結果花了三十年才完工，花費超出兩倍，並且被認為是普金的傑作，而不是巴里的。人稱大本鐘（Big Ben，本來是鐘的名稱）的鐘塔直到一八五八年才完工，那時普金已去世六年。它以渾厚的 E 自然大音階鐘聲，成為倫敦的特徵，以及帝國全境英國特質的象徵。二〇一二年為了慶祝女王登基六十週年，曾試圖將它更名為伊莉莎白塔（Elizabeth Tower），但這個新名稱未能流行起來。

更乾淨的倫敦

就在西敏大火發生之時，一種新瘟疫——霍亂正在肆虐，一八三二年的疫情光是在首都就造成五千人死亡。接著針對疫情起因展開了一場激辯：起因究竟在於倫敦的供水、空氣、煙霧還是人傳人？接連不斷的調查和調查委員會，都要求改善衛生設施、供水及污水處理，但全都毫無下文。改革運動隨後由堅強的曼徹斯特人埃德溫·查德威克（Edwin Chadwick）展開，他曾任職於《一八三四年救貧法》委員會，這時將注意力轉向了倫敦的下水道。

為了對抗霍亂而試圖將污水更快沖進泰晤士河的努力，只是讓疫情變本加厲，因為這直接將糞坑排進了河裡。引進抽水馬桶取代茅坑，也產生了同樣嚴重的後果。首都應當負責衛生設施的機構——九個下水道委員會，對於投訴完全無動於衷。這些既有的下水道破裂又陳舊，維修多半需仰賴私營業主。憑藉著豐富的數據及科學研究，查德威克在一八四二年寫成了一份《大不列顛勞動人口衛生條件報告書》（*Report on the Sanitary Condition of the Labouring Population of Great Britain*）。

查德威克不是政治人物，而是一個好鬥又自負的改革家。他對自己著作的宣傳成了通俗小報煽情的材料。他寫到未經處理的污物、塞滿下水的陰溝、污水從人行道溢流到地下室，水道被糞便阻塞。「大都會製造出來的全部污物，進了下水道的連一半都不到，」他寫道：「而是留存在房屋內部及四周的糞池與排水溝裡……貧窮可悲的居民如何能在這種地方生活，實在很難說。」查德威克的語言危言聳聽又有聲有色，描述著一個他的多數讀者所不曾想像過的城市。另外他還補上一句話：「未來的流行病將會不分貧富一體侵襲。所有人都會死。」他的報告立刻成為暢銷書。

國會對此表示支持，但如同過去屢見不鮮的狀況，它發現自己正在對抗不甘不願的倫敦城和反動的堂區委員會，兩者都懼怕可能涉及加稅的任何改變。倫敦城的霍亂死亡率是整個倫敦最高，卻仍宣稱自己的衛生設施「完善」。這時在倫敦大都會裡約有三百個地方政府組織，由國會通過的兩百五十項法案指導，每個組織都能諉過於他人，河岸街這條街道上就有七個不同的鋪路委員會。倫敦的政府是一團混亂，但一八三二年的革新卻略過了它。結果是任憑查德威克如何遊說，什麼事都沒發生。霍亂危機看來是度過了，至少一陣子。

火車之怒

我們很幸運能有一份準確的寶貴紀錄，留下了這座都會在一八三七年維多利亞女王登基時的模樣。隔年，倫敦印刷業者約翰・塔利斯（John Tallis）發行了首都每一條主要大街的雕版畫，共有八十八幅，附上一份商店或營業處所指南（一九六九年重印）。它所帶來的印象是一座異常整齊劃一的城市，建築物幾乎全是三到四層，其間點綴著帕拉第奧式教堂和營業處所。塔利斯的倫敦——他小心迴避了查德威克筆下那些疫病叢生的院落街和巷道——很漂亮、端莊，而且頗為無趣。

這些街道自羅馬時代以來就由人力與馬力供給。道路改善了。軋礫和碎石由庫比特引進了貝爾格拉維亞廣場，並迅速擴及全市。但街道嚴重壅塞，人車流量經常完全停止不動。馬匹的速度只有這麼快，而牠們每天在人行道上留下成千上萬噸的糞便，把男士的鞋和女士的裙子都弄髒了。一座現代化城市需要更加高效的移動方法，交通困難將使它大受損害。

一八三〇年，喬治・史蒂芬生（George Stephenson）啟用了他的利物浦和曼徹斯特鐵路，立即大獲成功。倫敦也沒有落後太遠。一年後，一群投資人提議興建一條從格林威治到倫敦橋的鐵路，採高架建築，以避免昂貴的土地購買。國會授予許可，第一班列車在一八三六年十二月開進了德普福車站。一份當地報紙報導：「一支樂隊在車廂頂上就位，官方號手吹響開車信號，列車在大砲發射和教堂鐘聲之中升火開行。」居民們跑上屋頂觀看。他們幾乎沒有意識到，噪音、煤灰和斷裂很快就要來到他們的生活中。

那時，第一波鐵路「熱潮」已經攫取了推行改革的國會，倫敦則是關注中心。從伯明罕到新路馬里波恩地界，以及從南安普敦到九榆樹（Nine Elms）的路線（隨後延伸到滑鐵盧）提交了計畫。一八三七年六月，就在新任女王即位時，羅伯・史蒂芬生（Robert Stephenson）從伯明罕開來的第一班「城際」列車，開出了穿越櫻草丘的隧道，前往康登鎮。它的車廂在那兒以繩索拖曳到尤斯頓廣場的終點站。觀光客蜂擁而來看它顯現，據說它的時速能高達駭人的五十英里。

鐵路對這座都會地理的侵擾出乎意料、不受控制且狂亂。國會或許支持社會改革，但它懷著瘋狂的熱忱迎接鐵路資本主義。國會裡的鐵路遊說團是這麼強大，使得英國最神聖的自由——私有財產被隨意拋棄。國會制定的個別法（private act）准許為了興建鐵路而強制購買，私人所有者則毫無招架之力（更別提他們的租戶），除非他們能夠動員政治反對力量。

倫敦受到劇烈影響。查爾斯・狄更斯（Charles Dickens）在小說《董貝父子》（*Dombey and Son*）裡，記載了史蒂芬生在康登鎮開挖隧道：

房屋被拆掉，街道被挖破和阻斷；這裡是一團混亂的手推車，被翻倒、亂扔在一起，亂七八糟躺在一座陡峭的不自然山丘底下；那裡橫陳著混亂的鐵寶貝，在意外形成的池塘裡濕透生鏽。到處都有哪兒也去不了的橋、無法通行的大街、矮了一半的煙囪巴別塔、破舊廉價公寓的殘骸，以及未完成的牆壁碎片。

新鐵路最著名的特徵，在於它的獲利能力。在積蓄變現利率通常為百分之三到五的那個時代，鐵路公司自稱能提供百分之十到十二的股息。結果造成了一八四三至一八四五年間的第二次熱潮，比第一次還激烈。它攫取了股市和國會，不計後果的程度猶如一七二〇年的南海泡沫。當時的氛圍近似於同時代那些「四九人」（Forty-niners）的加利福尼亞淘金熱。

鐵路熱潮標誌著斯圖亞特時代與喬治時代倫敦的特徵——零星擴張告一段落。不同於鐵路傳入多數歐洲城市時的狀況——受城市或國家政府權力管轄——倫敦似乎不存在抑制競爭、或對都市構造受到的衝擊預作規劃這類問題。薩默森評述官方對這類規劃的態度轉變。十七世紀以來不論有多脆弱，仍然延續下來的那份對公領域的責任感，「從貴族身上擺脫了，卻沒有搖進資產階級之中。」倫敦的土地任人爭搶，誰落後誰倒楣。

一八四五年國會會期開始時，列出了一千三百項鐵路法案。當時的一位史家約翰・法蘭西斯（John Francis）報導：「每張晚餐桌上，嚴肅可靠的男人們，都呼喊著鐵路的榮耀；他們讀到親王們舉行投標、貴族們成為準備委員會委員、侯爵們推著獨輪車、樞密顧問官按照正確的幾何原理修剪草皮。他們的文書離開了他們，到鐵路上打工。他們的家僕研讀鐵路報。」

泡沫在一八四七年迸裂，這時全國各地已經修築了四千英里鐵軌，全靠人手鋪設，不見蒸汽挖掘機或推土機。結果是路線荒唐地糾纏在一起，國會毫無興趣予以規範。浪費程度巨大，因泡沫崩潰而損失的財富同樣龐大。一幅漫畫呈現出維多利亞女王向哭泣的阿爾伯特親王(Prince Albert)懇求：「告訴我，噢，告訴我，最親愛的阿爾伯特，你買了鐵路股票嗎？」

第十四章　新都會的誕生　西元一八四八至一八六〇年

倫敦的另一張面孔

鐵路迸發的這座大都會，正在體驗一種全新的自我意識。龐大市民的生活條件一直是不時引起關切的來源，如同在琴酒之禍，以及費爾丁兄弟的活動期間那樣。但貧富分化，乃至貧民入住城市的程度都逐漸引起了注意，當然原因泰半是由於倫敦的健康因此受到威脅。

首先，沒有人負責確認貧窮的本質與程度。《一七七四年建築法》的倫敦，並不專為富人或中富階層量身打造。該法規訂定的第四級住宅，住戶是那些有固定工作、但沒有家僕的人，他們是技藝純熟的工匠、店主，以及倫敦城和政府機關的職員。而這種後來被稱作「值得救助的」和「不值得救助的」兩類貧民之間的區分，遍及於如何改革維多利亞時代城市的辯論之中。

其中一位早期的評論者，是社會改革家兼《潘趣》(*Punch*) 雜誌共同創辦人亨利・梅休（Henry Mayhew），他在一八四〇年代的研究，促成了他在一八五一年出版的著作《倫敦勞工與倫敦貧民》(*London Labour and London Poor*)。梅休試圖將貧窮分門別類及確認層次，特別是確認倫敦工匠與勞動者之間，從住處展現出來的差距。他注意到：「在其中一種住所裡，你偶爾會在玻璃燈罩下發現莎士比亞的小雕像；另一種則盡是塵土和口臭。」梅休寫道，聰穎的工匠自成一區，「馬虎的工人則幾乎都被沒完沒了的苦幹、少得可憐的食物和骯髒的住家變得殘忍……從西區的熟練工人來到倫敦東區的不熟練工人之中，道德和智識水準變化如此之大，我們彷彿來到了一片新土地，置身於另一個種族之間。」

梅休估計，倫敦的人口約有四分之一是「墮落者」（degenerates）。他們居住於一個陰暗世界，擁擠於每一呎多餘的空間；他們住在他人生命的間隙裡，在污水堵塞的水道沿岸，或在泰晤士河畔小溪加蓋的平台上；他們住在地板層層堆疊的木造棚屋裡，以及滿是無家者或「半定居者」（half-homed）的庭院。許多人是城市的浮渣，來來去去，是在冬季倫敦的煤氣廠與夏季肯特郡的啤酒花田之間往返的季節移工。

為這個新興的倫敦立傳的大師，則是查爾斯·狄更斯。他生於朴茨茅斯（Portsmouth），在肯特長大，是一位一文不名的海軍文書之子，十歲時移居康登。他在康登經歷了父親欠債、被關進王室內務法庭監獄所產生的不安全感和貧困。狄更斯的小說充滿了十九世紀中葉倫敦街頭的人物、景象、聲音甚至氣味，以至於維多利亞時代的這座都會，往往正是「狄更斯的倫敦」。儘管他的許多故事都被憂愁圍繞著，但憂愁仍被這座城市的友善和補救能力給緩和了。

狄更斯將棄兒、小人物和怪人高舉，為他們增色。很難想像他會把梅休的「不值得救助」一詞，用在《荒涼山莊》（*Bleak House*）的裘（Jo）、《我們共同的朋友》（*Our Mutual Friend*）的麗茲（Lizzie），或小氣財神（Scrooge）的員工鮑勃・克拉奇（Bob Cratchit）身上。最重要的是，狄更斯成了《一八三四年救貧法》以及他所見該法將赤貧制度化、並囚禁赤貧者等弊病的撻伐者。在他看來，由都市貧民向體面輿論展現出來的威脅「像是一條惡龍……處於非常虛弱無能的境地；沒有牙齒、沒有獠牙、氣息夠沉重了，幾乎不勞束縛。」勞動濟貧所和監獄並列為國家殘暴的化身。話雖如此，並不是所有勞動濟貧所都是狄更斯描述的那樣，它們是國家對倫敦混亂成長的受害者們負起責任所跨出的一步。

儘管滿腔憤怒，狄更斯卻不曾忽略倫敦的幽默。他陶醉於街頭的語言，像是匹克威克先生（Mr. Pickwick）的侍從山姆・威勒（Sam Weller）口中的考克尼口音（cockney）。考克尼原先是外省人對嬌生慣養倫敦人的侮辱用語（出處來自「公雞蛋」的矯揉造作）。但它轉變成了稱呼所有倫敦東區人的用語，據說是指那些在聽得見市場街拱頂聖母堂鐘聲的地方出生的人。這種方言日後以其同韻俚語而著稱——肥豬肉代稱謊言（豬肉派），麵包代稱金錢（麵包與蜂蜜）——即使狄更斯的作品裡沒有押韻。

從排水溝開始

在維多利亞時代中期，社會改革者和那些更注重推動國會政府改革的人，在首都的辯論逐漸展開。女王登基一年後，一群激進的下議院議員和其他人一同草擬了一部憲章，要求（男子）普選權、祕密投票、給予下議院議員年俸，這些人多半來自伯明罕、格拉斯科和英格蘭北部。所謂的憲章運動（Chartist）社團、俱樂部和「會議」組織起來，推進這項目標，常規政治也予以關注。保守黨領袖羅伯·皮爾在一八四一年獲選出任首相，他警告黨內同志必須「改革才能生存……要重新檢討一切民間和教會機制」。他廢止《穀物法》（Corn Laws）、降低麵包價格之舉，標誌著他的政黨轉向自由貿易路線。

整個一八四〇年代的一連串憲章運動示威，以一八四八年肯寧頓公地（Kennington Common）的一場群眾大會為頂點，這場集會即使平和，卻讓當局緊張。大約八萬名特警組成的一個小型軍團，被召來監控集會並保衛首都。英格蘭銀行和跨越泰晤士河的橋樑全都強化了防禦，女王則被送往懷特島上的奧斯本莊園。但集會徹底失敗，現場下著傾盆大雨，組織者和警方達成協議，把請願書裝上兩輛出租馬車送去國會。改革的爭論被擱置了。相較於同一年席捲了歐洲其他國家首都的革命運動，肯寧頓集會只是一場可憐兮兮的事件。

在大不相同的軌道上有所進展的，則是查德威克改善都市衛生設施狀態的運動。英國有句俗話說：革命始於下水道。十年堅持不懈的奔走，讓查德威克在一八四八年獲得勝利：政府設立了衛生總會（General Board of Health）和大都會下水道委員會（Metropolitan Commission of Sewers），兩者皆由查德威克掌理。每一座城市都要負責確保房屋具備自來水和適當的污水處理系統，雖然激烈的辯論使得政策落實屢屢延誤，查德威克有欠圓融的好鬥姿態更是毫無助益。

改革最重要的盟友不是理性，而是霍亂在一八四九年捲土重來，這次更連帶著傷寒。長年無所作為的倫敦城，任命了一位名叫約翰·西蒙（John Simon）的年輕外科醫師出任醫療官，他對倫敦城發揮的作用，證明了一如查德威克對全國發揮的作用。他也動用了改革最有力的武器——羞恥，迫使倫敦城法團直接掌控自己的供水、污水處理、垃圾收集和「公害清除」。

西蒙關閉了倫敦城一百五十五座屠宰場的半數，終結了將動物內臟、排泄物和血直接倒進史密斯菲爾德的露天水溝，流入艦隊溝的慣習。史密斯菲爾德的家畜交易用途結束了，屠宰業遷移到伊斯林頓的哥本哈根廣場（Copenhagen fields）。但倫敦城仍保留了它的食品批發市場，史密斯菲爾德買賣（死體）肉類、比林斯門買賣魚類、利德賀買賣家禽，斯皮塔菲爾德買賣果菜。倫敦城古老的壟斷利益是如此強大，使得這些市場一直存續到了一九七〇年代，史密斯菲爾德在二十一世紀仍在營運。

倫敦仍缺乏手段全面強制實施查德威克的改革，眼下，霍亂和傷寒仍然籠罩著倫敦。一八五四年，蘇荷的一位醫師約翰・史諾（John Snow）注意到，使用寬街（Broad Street，今天的布羅德威克街〔Broadwick〕）某處水泵的人群發病率最高，這處水泵顯然受到當地一個糞坑污染。但經由自來水管取水飲用的人發病率低，而疾病也在南華克取用泰晤士河受污染河水的人群之中肆虐。霍亂無疑與飲水相關。流行病學就此誕生。

一八五五年，國會終於新設了大都會工程委員會（Metropolitan Board of Works, MBW），由它正式負責所有下水道，以及首都全境的其他基礎設施。對上議院議員們做出的讓步，則是機關頭銜省略「倫敦」之名而採用「工程」一詞，藉此指出新機構應當迴避社會政策問題。國會也立法規定堂區委員會經直選產生，並將郊外的小堂區整併為十五個「地區委員會」。

新成立的大都會工程委員會由倫敦城代表和堂區成員組成，因此極為間接地向納稅人負責。它和納稅人一樣執迷於樽節，但它是日後建立大都會政府的範本，它也再不能忽視首都下水道的狀態。維多利亞時代的風趣之人席德尼・史密斯（Sydney Smith）寫道：「喝下一杯倫敦水的人，胃裡擁有的活物，多過地表上生存的男女和兒童。」狄更斯寫道，才跨過滑鐵盧橋，就傳來「最讓頭部和胃部腫脹的一股氣味」。

但還是要等到一八五八年的大惡臭（Great Stink），才逼著大都會工程委員會採取明確行動。那一年，反常的氣象使得泰晤士河散發出一股瘴氣，滲入新建的西敏宮，迫使人員疏散。即使史諾做了研究，但人們既然普遍相信霍亂是由氣味傳播，這股瘴氣也就引發了恐慌。迪斯雷利（Disraeli）被人看見從會議室裡衝出來，「他口袋裡的手帕……緊緊摀住鼻子，身體半弓著，驚慌地加快腳步。」格萊斯頓（William Ewart Gladstone）也一樣。派出的調查員發現，鄰近的泰晤士河岸上糞便堆積厚達六吋。《泰晤士報》宣告，惡臭應當證明了是「所有衛生改革者之中最能幹的」。

大都會工程委員會奉命借款三百萬鎊（相當於今天的二億五千萬鎊），立刻開始工作。當下議院議員遭受如此不便、生命也受到威脅，倫敦的稅務也就不再成為問題。結果是倫敦自納許以來所見最大規模的營建迸發。委員會的總工程師約瑟夫・巴札爾蓋特（Joseph Bazalgette），決心和熱情與查德威克不遑多讓，他提議在泰晤士河以北和以南興建兩條外流下水道，總長八十二英里。從漢普斯特德和巴勒姆（Balham）出發的另兩條下水道，則由重力驅動到艾塞克斯和肯特郡的沼澤。普特尼和肯薩綠地（Kensal Green）出發的另兩條下水道，到達東區時必須抽水處理。位於弓區修院磨坊（Abbey Mills）和埃利斯沼澤（Erith Marshes）克羅斯奈斯（Crossness）的兩處抽水站至今尚存。它們是工業世界中的奇蹟之一。

巴札爾蓋特的偉大計畫在一八八五年完工，興建了長達一千三百英里的隧道，四百六十萬鎊開銷在當時堪稱天文數字。他修築的堤岸大幅窄化了（因此也加速了）泰晤士河的水流，讓它在滿潮時成了洪流，危險地沖刷著喬治時代橋樑的基座。那時，倫敦的九家私營水公司已將管線盛裝尚稱潔淨的用水，並供應到城市大部分地區。倫敦最重要的一項近代基礎設施終於姍姍來遲，而它如今多半仍在正常運行。

鐵路的安置

一八四〇年代的鐵路熱潮多半完工於一八五〇年代，為倫敦帶來了東西南北四個方位的一整套終點站，地點卻極其不符需求。顯而易見，西面的地主在國會勢力夠強大，得以阻止自己的地產遭到闖入。伊桑巴德・金德姆・布魯內爾（Isambard Kingdom Brunel）設計的大西部鐵路（Great Western Railway）受到教會阻攔，不能從帕丁頓延伸到貝斯沃特。倫敦和伯明罕鐵路（London and Birmingham）不能穿過新路向南到尤斯頓，北方鐵路（Northern）也不能跨越國王十字進入倫敦城。至少在一開始，大東部鐵路（Great Eastern）也不能越過肖迪奇。

南方的路線比較容易，因為南倫敦的地主影響力較小、土地也較便宜，但泰晤士河成了幾乎無法逾越的障礙。倫敦橋與滑鐵盧之間出現了如義大利麵般纏結的鐵道，因為各鐵路公司都為了過河而曲折行進。有些鐵路到達了北岸，卻走不了更遠，因此有了坎農街、黑衣修士和查令十字等車站。一八七四年時，只有倫敦、查塔姆和多佛鐵路（London, Chatham and Dover）能從黑衣修士向北深入二百碼到霍本，它隨意拋出一座橋樑跨越盧德門山（後來拆除），遮蔽了著名的聖保羅教堂風景。

從東南方穿透西區的一條路線，鬥爭最為激烈。一八五〇年代初，四家不同公司都試圖從巴特西跨越格羅夫納地產，進入皮姆利科和西敏中部。它們施壓了十年，才得以在一八六〇年到達白金漢宮門前，多半是藉由訴諸女王前往奧斯本莊園的旅途便利。格羅夫納地產索取的代價驚人，要求鐵道過橋後沿著一條順陡坡下行的通道修築，今天的樣貌仍是如此。接著鐵道必須加蓋，以免煤煙染黑皮姆利科的晾衣繩，鐵道必須以包覆橡膠的枕木消音，在泰晤士河以北任何地方都不得鳴響汽笛。女王獲得了一個專用出入口和一列臥車。它們至今仍陳列於哈德遜坊（Hudson's Place），另一列臥車則停放在帕丁頓，供女王前往溫莎城堡之用——如今都已不再使用。

鐵路清拆街區對於倫敦房地產的破壞，是大火以來最嚴重的。公司委員會充斥著下議院議員，令它們肆無忌憚，它們會極力訴求「清除貧民窟」的社會利益，絲毫不顧及住在貧民區的人們。公司會收買土地出租人，在它們申請通過法案之前就將地點清空，而後自稱未曾迫遷任何人。家庭在數日之內就會被驅離，口袋裡只有一幾尼，但他們只能在鄰近的庭院和廉價公寓裡擠壓得更加逼仄。他們在那兒還得跟成千上萬建築工人爭搶空間，而建築工人正是被驅離了這些家庭的築路工程所吸引而來。

據官方估計，大東部鐵路通往肖迪奇的路線，迫遷了四千六百四十五人，但很有可能遠多於此數。蘭貝斯與倫敦橋之間的鐵道迫遷了四千五百八十人，又是只給一幾尼的補償金。通往滑鐵盧的西南鐵路，光是在九榆樹就拆毀了七百棟房屋。還有數千棟房屋為了利物浦街、黑衣修士和查令十字等車站而拆除。甚至就在查德威克極力奔走，反對過度擁擠對城市衛生的危害之際，國會也在通過鐵路法案。這種社會動盪就連國會都承受不起，只是遲早的事。一八五三年，樂善好施的貴族沙夫茨伯里勳爵（Lord Shaftesbury）要求鐵路公司明確說明清拆範圍，以及對貧民可能造成的影響。他至少可以訴諸羞恥，但也一如倫敦歷史上屢見不鮮的情況，金錢的力量大於羞恥，鐵路遊說團反駁：就算有這些痛苦，但事情至少辦成了。鐵路熱潮之後二十年內，倫敦的地面鐵路網已大多完成。這是倫敦歷史上驚人的一章，卻也是殘忍的一章。

走入地下

倫敦此時由鐵路終點站環繞，而北面和西面的終點站，距離多數乘客的工作地點都還有兩三英里距離。時任倫敦城工程官查爾斯·皮爾森（Charles Pearson）認為，這對商務的潛在影響極為不利。倫敦城的人口正在急遽減少，一八〇〇年的十三萬人，到了十九世紀中葉只剩半數。大火過後的房屋由銀行和商務辦公室取而代之。承載通勤公共馬車和出租馬車的新街道獲得通過，例如威廉王街（King

William Street）和維多利亞女王街，將英格蘭銀行與倫敦橋和黑衣修士聯結起來。但正是從馬里波恩以北的新路（今天的尤斯頓路）沿線鐵路終點站開出的公共馬車，造成了最嚴重的壅塞。

皮爾森的夢想是建設一條鐵路，將帕丁頓、尤斯頓、國王十字和倫敦城中心聯結起來，但這會涉及購買並拆除馬里波恩和布魯姆斯伯里各處新近落成的地產，這種事絕無指望。替代方案是走入地下。於是在一八五三年，皮爾森組織了大都會鐵路公司（Metropolitan Railway Company），路線從帕丁頓沿著新路到達法靈頓。建造方法是明挖覆蓋（cut-and-cover），由另一位鐵路時代的先驅約翰・佛勒爵士（Sir John Fowler）構思。意思是挖開整條新路，將鐵軌鋪設在壕溝裡，再予以加蓋。這也意味著整整十年的交通大亂。

皮爾森的路線始終未能與鐵路終點站適當嫁接，使得地面列車始終無法穿越倫敦城到達法靈頓。所有乘客都必須從地面往地下轉乘，如今仍是一項惱人的不便。尤斯頓站的伯明罕鐵路甚至拒絕興建轉車站，逼迫乘客們步行兩百碼到「尤斯頓廣場」搭乘皮爾森的地鐵（今天是大都會地鐵環線〔Metropolitan and Circle〕）。儘管如此，世界第一班地下鐵列車仍在一八六三年通車，格萊斯頓搭上了這班列車。它被宣告為「下黃泉之旅」(descend into Hades)，所有乘客都得在噪音與黑暗的地獄裡承受煤煙與廢氣。但這條路線從開幕當天起就是一大奇蹟，它載著三萬名渾身煤灰卻興高采烈的乘客往返倫敦城。公司宣布第一年獲得了百分之六點五的股息。

結果帶來了一八六〇年代的第三波鐵路熱潮，這次是地鐵熱潮，投資人爭相修築隧道。據鐵路史家約翰・凱列特（John Kellett）計算，要是一八六三年提案的每條鐵路都真正興建，它們會消耗掉倫敦城四分之一的陸地面積。國會最終理智起來，下令中止。它告知擬議從肯辛頓向東推進到倫敦城的區域地鐵（District Railway），該公司必須與大都會地鐵連接起來，形成環線。而在泰晤士河堤岸沿線，它也應當與巴札爾蓋特正在施工中的新下水道共同開鑿。

大都會工程委員會不僅堅持區域線沿著下水道而行，還在鐵路上方規劃了一條道路和花園，以紓解河岸街交通。巴札爾蓋特的堤岸因此成了倫敦難得一項貌似合作的計畫。即使如此，區域鐵路還是得殺出一條血路才能穿越西倫敦。在史隆廣場（Sloane Square），必須導引原有的西伯恩溪流過月台上方的一條管線，如今在大雨過後仍能聽見溪水在管線裡冒泡。環線直到一八八四年才完工（令人遺憾的是，二〇〇九年就不再是完整的環狀）。

一八六一年，國會通過了一條激進的規定，要求任何新建鐵路都必須以提供工人列車為前提，車資每英里一便士。這在概念上是為了讓那些被公司驅逐的人能搬到更遠的地方，並且乘車通勤工作。鐵路公司盡其所能阻擋這項法令，載送低收益的乘客前往即將成為低價值郊區地產之處，對它們來說無利可圖。大都會地鐵僅有的兩班工人列車，每天早晨五時三十分和五時四十分抵達帕丁頓站。話雖如此，新鐵路確實將數萬倫敦工人從貧民區解放出來，它們加速了工人階級、乃至中產階級通勤旅客的向外遷移。當時歐洲任何其他地方都看不到這樣的流散。

景氣循環

倫敦的發展這時固定在循環基礎之上。營造隨著市場好轉而激增，導致供過於求，進入了景氣循環經典的毛豬週期（hog cycle）。一八四〇年代晚期，鐵路熱潮帶來了一英里又一英里往往規模過大的房屋，最終苦無買主——以肯辛頓綿延不絕的義大利式街道和廣場為典型。到了一八四〇年代，就連庫比特開發的地產都找不到接手者。赫敏・霍布豪斯在她的庫比特傳記裡記載，格羅夫納地產在皮姆利科收到的地租，比該地先前的菜園還要少。庫比特在一八三八年已經開始拖欠地租了，使得格羅夫納地產別無選擇，只能免除他的債務。

破產與災難的故事迅速加乘。皇家財產局野心最大的商業冒險，是肯辛頓宮的花園。那兒的建築最早規劃於一八三八年，受到當地居民強烈反對。其中一位是景觀設計師J・C・勞敦（J. C. Loudon），他提議將肯辛頓花園與霍蘭德府（Holland House）霍蘭德勳爵的土地連成一氣，創造出一條從特拉法加廣場幾乎延伸到了牧者叢（Shepherd's Bush）的「綠色走廊」。王室不為所動。但該處的新地塊卻幾乎沒賣出多少。一八四四年，它們移交給一位名為布拉許福德（Blashford）的營造商，但他破產了。這片地產在一八五〇年代間歇地進展，以至於今天在肯辛頓宮花園漫步，也就走過了一系列維多利亞式的建築，從義大利式到東方式，到都鐸式，再到安妮女王復興式（Queen Anne Revival）。

北邊時運不濟的拉德布羅克地產，遭遇就更慘。《建築新聞》（*Building News*）在一八六〇年代注意到：「廢墟憂鬱的殘跡尚未全部清除。光禿禿的骨架，逐漸粉碎的裝潢，龜裂的牆壁和黏糊的水泥工程，夏日高溫和冬雨遺留在其上的有害痕跡，或許都還看得到……『抬棺街』（coffin-row）這句罵人的話被釘在死路上。」由於投機者的積蓄在諾丁丘的爛泥裡消失了，在這樣的推銷宣傳中，很多人都在絕望中出售了。一位名叫布雷克（Blake）的營造者獲得了罕見的成功，他買進了山頂稜線上的土地。他華麗的建築師托瑪斯・阿羅姆（Thomas Allom）將一絲貝爾格拉維亞的壯麗，帶到了肯辛頓公園花園街（Kensington Park Gardens）和斯坦利月牙街（Stanley Crescent）。

回到南肯辛頓，市場則堅固得多。一八五一年，王夫阿爾伯特試圖模仿法國一八四四年的工業博覽會，在海德公園舉辦了萬國工業博覽會（Great Exhibition）。德文郡公爵的園藝師約瑟夫・派克斯頓（Joseph Paxton）設計了一座水晶宮，吸引了六百萬人次前來參觀英國（及某些外國）的華麗展示，以及一些產品與設計。展品也包括了有史以來被發現的最大顆珍珠，以及印度的「光之山」（Koh-i-Noor）鑽石。維多利亞女王前來參觀四十二次。

萬國工業博覽會的淨收入十分可觀，交由一群委員負責投入慈善用途。帕克斯頓的宮殿被拆解，運到南倫敦的錫德納姆（Sydenham）重新組裝為水晶宮。它在一九三六年燒毀。而在鄰近的肯辛頓，阿爾伯特領導的委員們規劃了一個博物館區，從海德公園向南延伸到克倫威爾路（Cromwell Road），包含阿爾伯特廳（Albert Hall），以及工藝設計、地質學、科學、自然史及帝國等博物館。皇家科學院（Royal College of Science）日後與其他學院合併，成為帝國學院（Imperial College）。這個群落是倫敦罕見的國家資助文化之姿態。

這個博覽會引發了南肯辛頓的建築熱潮。這裡的土地過去曾由克倫威爾贈予他的祕書約翰・瑟洛（John Thurloe），瑟洛的後裔約翰・亞歷山大（John Alexander Thurloe）開發了瑟洛廣場（Thurloe Square）和亞歷山大廣場（Alexander Square）。這兩個廣場由一條大街連接，大街以它們的捐贈者命名為克倫威爾路。鄰近一處延伸到切爾西的地產，則由倫敦城參議亨利・史密斯（Henry Smith）遺留下來，「用於援助及贖回淪為土耳其海盜奴隸的可憐俘虜」，這在當時是惡名昭彰的恐怖根源。要是有任何奴隸的話，由此產生的街道也並未以他們為名。但史密斯的受託人確保了自己的名字得到銘記：昂斯洛（Onslow）、席德尼（Sydney）、薩姆納（Sumner）、艾格頓（Egerton）和佩勒姆（Pelham）。

當梅休在一八五〇年代初期從熱氣球上俯瞰倫敦，他詫異於「這座利維坦式的大都會，懸掛在上空的煙霧成了厚重的頂蓋。」他可以往西看到漢默史密斯和富勒姆（Fulham）、往北看到漢普斯特德和伊斯林頓、往東看到維多利亞公園和弓區、往南看到達利奇、錫德納姆和坎柏韋爾。但儘管威廉・科貝特（William Cobbett）將倫敦斥為「大囊腫」(great wen)，梅休卻欣喜於「那邪惡與貪婪……高尚抱負與人類英雄事蹟的怪異聚合……匯聚在這樣一個稠密焦點裡的美德與不公、財富與匱乏，都多過地球上任何其他地方。」

大陸的庇護所

自從一八四八年歐洲動亂以來，遷移到倫敦的難民從涓涓細流變成了滾滾洪流。卡爾·馬克思已經定居於肯蒂什鎮，正在大英博物館裡工作，同樣於一八四八年出版了他的《共產黨宣言》（*Communist Manifesto*）。該書在當時並未受到注意，或許是因為只出了德文原版。同時，倫敦也正在接待拿破崙的侄子路易·波拿巴（Louis Bonaparte），他隨即返回巴黎奪權，成為拿破崙三世。接著倫敦又庇護了被他推翻的人——路易·腓力（Louis Philippe），即使化名為平淡無奇的史密斯先生（Mr. Smith）。這座大都會也接納了奧地利的梅特涅（Klemens von Metternich）、匈牙利的科蘇特（Lajos Kossuth），以及義大利的馬志尼（Giuseppe Mazzini）和加里波底（Giuseppe Garibaldi）。它收容的俄國和波蘭流亡者不計其數。

法國貴族喜愛特威克納姆的別墅，今天仍名為奧爾良邸（Orleans House）。其他許多人則幾乎一文不名，他們聚集在地窖和咖啡館裡，憂愁地喝酒、策劃陰謀和寫作。境況較好的人前往布魯姆斯伯里和聖約翰森林，較貧窮的人們則繼續住在蘇荷，高爾斯華綏(John Galsworthy)後來形容這個街區「邋遢，滿是希臘人、被驅逐者（Ishmaelites）、貓、義大利人、番茄、餐廳、風琴、上色的東西、怪異的姓名、從樓上窗戶往外看的人。」我所能記得的也大致相同。

對於這許多新來者而言，倫敦是個失望之地。他們在祖國的同胞們，顯然未能回應他們經常發出的反抗呼聲。亞當・札莫伊斯基（Adam Zamoyski）在他對流亡者倫敦的記述裡這麼說：「正是他們設法想要開始幫助的這群人民拒斥了他們。一八六〇年代興起的偉大願景，逐漸消散在倫敦的霧中……他們變得宛如沒上發條的鐘。」

實情是，歐洲避難的這座城市，其長處建立在堅定不移的袖手旁觀之上。自從伊莉莎白以來，每一位英國領袖明言或不明言的政策，始終是抽離歐陸政治。倫敦是困頓之中尋求安全與舒適的理想去處，卻不是在外國鬥爭中尋求盟友的地方。它的溫順正是長處所在。

第十五章　維多利亞時代倫敦的成熟　西元一八六〇至一八七五年

倫敦、巴黎、維也納

一八四〇年代的倫敦終於取代了北京，成為全世界最大城市。到了一八六〇年，它已有二百八十萬居民，巴黎和維也納的人口只有它的一半。但這兩座城市與倫敦不同，它們都意識到自己的弱點。拿破崙三世的巴黎有著歐洲境況最惡劣的某些貧民區，富裕的居民們退到了自家府邸的圍牆後方，就連最寬敞的街道都只有五英呎寬，最窄的則不到一英呎寬。屋舍和條件最壞的監獄一樣擁擠。每七個嬰兒就有四個活不到一歲。

一八五四年，拿破崙三世命令塞納省省長奧斯曼男爵，在巴黎進行雷恩當年為倫敦規劃、卻未能實行的事業。這位省長提出了一套幾何型「星爆」的圓形廣場和林蔭大道，穿過他所謂的「人類沼澤」。他在短短十七年間就興建了八十公里長的大街，以及全新的供水和下水道系統。他的建築承包商們表現得就像一支入侵軍，把三十多萬居民掃進了後巷或城牆外的田野裡。同時成立的倫敦鐵路公司和大都會工程委員會，相形之下算是客氣了。

奧斯曼的動機兼具政治與建築，它是要「切開巴黎的內臟，那些反叛並築起路障的街區」，創造出「一個跟戰場一樣，經過戰略規劃的城市」。他建立了四個公園，兩座龐大的鐵路終點站，一所公立醫院，以及全世界最大的歌劇院。他在林蔭大道兩旁興建公寓樓資助自己的工程，每棟樓的樣貌都相同。這把維克多．雨果（Victor Hugo）搞糊塗了，他抱怨著始終無從分辨自己在城市哪個角落——這也是今天的常見問題。儘管如此，巴黎仍一舉成為高密度都市設計的楷模，被看作一個決定性的新城市，從布加勒斯特（Bucharest）到布宜諾斯艾利斯（Buenos Aires）都爭相模仿。

我一直苦思著：關於人居，有哪一點是奧斯曼已經理解、而二十世紀刀耕火種的開發者們卻不明白的，何以莫斯科、北京、巴西利亞的荒涼地畝，會這麼缺乏巴黎的那份魅力。答案想必在於，奧斯曼的營造者們理解人們會如何回應材質、裝飾、鋪面、綠色植物和街道家具。相較於今天的混凝土、玻璃和鋼鐵，他們選用的暖色系石材看來總令人寬慰。巴黎的林蔭大道或許看來單調，一如喬治時代倫敦的大道，但兩者都精通兼容都市建築的語言。

不讓巴黎專門於前，維也納急起直追。一八五七年，法蘭茲．約瑟夫（Franz Joseph）皇帝下令拆除維也納古老的防禦斜堤和城防工事，代之以彰顯帝國輝煌的一「圈」宮殿和城市建築。其中包括議會、市政廳、大學、博物館、美術館，以及一畝畝的公園綠地。新的歌劇院在一八六九年啟用，演出莫札特的《唐．喬望尼》（*Don Giovanni*）。這些機構完全勝過了倫敦所能提供的同類機構，在開放空間的供給方面，倫敦與其他城市的差異這時變得顯而易見。就連一八五八年由強盜貴族們統治的紐約，都撥出曼哈頓的七百畝地建立中央公園，面積是海德公園的兩倍大，由生於倫敦的卡爾弗特・沃克斯（Calvert Vaux）設計。

衰退與選舉權

倫敦一八五〇年代的信心昂揚，在一八六六年戛然而止。倫敦城首屈一指的貼現銀行奧弗倫—格尼公司（Overend and Gurney）破產了，股市重挫，失業率升高。直到英格蘭銀行證實了自己的放款者身分，能在萬不得已之際對受困銀行伸出援手，恐慌才告消退。倫敦東區對這次崩盤的感受最為強烈，該區繼碼頭之後的第二大產業是造船業。鐵甲艦在狗島、德特福、伍利奇（Woolwich）等處完工下水，包括近期布魯內爾設計的大東方號（Great Eastern）。同時，這項產業雇用了二萬七千人，建造英國三分之一的船舶。但在一八六六年底，這些工人幾乎全數失業。他們的工作機會多半遷移到了英格蘭北部和克萊德河（the Clyde），距離煤鐵產地更近。長久以來作為倫敦經濟基礎的碼頭本身，也只需要再過幾個世代就會步上後塵。仰賴市場經濟為生的這座都會，正在成為市場經濟的受害者。

於此同時，選舉權改革的壓力再次活躍起來，這次則以倫敦為先鋒。正當奧弗倫—格尼公司破產、東區經濟崩潰之際，新組成的改革聯盟（Reform League）開始號召集會。資深自由黨人約翰・羅素勳爵在一八六六年推動一項改革法案，但如同一八三二年，它在國會無法獲得通過，於是政府總辭。街頭的緊張對峙升高，同年五月，將近十萬名數量龐大的群眾衝破路障，湧向海德公園各處。隔年春天，另一批群眾也如法泡製，這次他們遭遇了約一萬名軍警。但政府這次讓步了，迪斯雷利通過了羅素的法案，街頭行動無疑帶來了政治結果。倫敦或許沒有奧斯曼的林蔭大道或維也納的環城大道，但在巴黎和維也納面對俾斯麥（Otto von Bismarck）執政的普魯士，遭受軍事失利之際，英國首都卻找到了一種不同的穩定來源。幾乎所有的工人階級成年男性，這時都有了投票權。

在倫敦歷史的所有時期之中，在格萊斯頓（William Ewart Gladstone）一八六八至一八七四年的第一屆首相任內，生活起來必定最令人興奮。他以典型的謙遜稱之為「有史以來建構得最棒的政府儀器」。倫敦走出了一八六六年的崩盤，巴札爾蓋特的下水道和堤岸正在興建中。街道整潔、照明良好。五歲以下的幼兒死亡率從一七五〇年代的三分之二，降低到了三分之一。霍亂最後一次爆發是一八六六年。倫敦或許有欠壯麗，但它有地面鐵路和地下鐵路，以及拔地而起俯瞰泰晤士河的國會大廈。吉爾伯特．史考特（Gilbert Scott）的外交部大樓，以及聖潘克拉斯車站酒店都完工了。

最重要的是，倫敦正在經歷人口劇變。人口增長為兩倍幾乎完全是因為鐵路，以及鐵路為擴張提供的刺激。鐵路公司毫不留情地消滅貧民的住家，但它們在城外促成的住宅面積，卻超過它們在城內所摧毀的，而這些住宅潔淨又寬敞得多。這既反映、也促進了工人人口的變遷，從所謂的藍領工作轉向白領工作，從製造業轉向服務業，以及最重要的金融業。

格萊斯頓的國會也回應了這些變遷。《一八三四年救貧法》最惡劣的面向，變成了赤貧病人的照護問題。這時依據法令，成立了大都會收容救濟委員會（Metropolitan Asylums Board），有權建立醫院和收容所，起初是為了勞動濟貧所而興建。影響十分顯著。到了一九〇〇年，倫敦會有七十四間向所有人開放的濟貧醫院（Poor Law hospital），只有中世紀建立的蓋伊醫院（Guy's）、聖巴托羅繆醫院和聖托瑪斯醫院仍是私立。至少在這方面，倫敦的福利領先全國。

一八七〇年通過了《福斯特教育法》（Forster Education Act），在教會獨占的教育權利未能涵蓋之處，設立學校董事會。由於一八六七年放寬選舉權，這項教育法案被說成是「教育我們的主人」。倫敦學校董事會由四十九位選舉產生的董事組成，女性也可參與投票並出任董事。得票最高的人是倫敦第一位女醫師伊莉莎白·蓋瑞特·安德森（Elizabeth Garrett Anderson），其次是激進社會主義者安妮·貝森特（Annie Besant）。《泰晤士報》宣告：「倘若權力是以對眾多人類善惡的影響來衡量，那麼在英格蘭國會之外，將不存在同樣強大的組織。」董事會將倫敦推上了改革最前線，讓學校成為義務教育，並且讓負擔不起學費的人們免費入學。

健康與教育的這些改革，只有在交通運輸方面能適度相提並論。通勤的增長導致壅塞問題愈發嚴重，成千上萬輛馬匹拖曳的巴士，從地鐵服務所不及的鐵路終點站載運乘客上班。一匹馬倒在交叉路口，就有可能導致整個街區癱瘓一小時。堤岸獲得成功之後，大都會工程委員會採取行動，在西區開闢新的大街。維多利亞車站藉由維多利亞街與西敏寺連接起來。沙夫茨伯里大街和查令十字路則穿過聖吉爾斯貧民區。諾森伯蘭大道（Northumberland Avenue）連接特拉法加廣場與堤岸，興建過程中摧毀了最後一座古老的河濱宮殿——諾森伯蘭府（Northumberland House）。

沿著堤岸本身，新建築開始伴隨著薩默塞特府，像是倫敦城中學（City of London School）、塞西爾酒店（Cecil Hotel）、薩伏伊飯店（Savoy Hotel）、全國自由俱樂部（National Liberty Club）。聖殿公會的律師們抗議巴札爾蓋特的堤岸延長穿過了它的花園，主張擁有「黃昏時分散步到河濱」這項由來已久的權利。他們被駁回了。但新路到達黑衣修士的倫敦城界時卻也戛然而止。上泰晤士街（Upper Thames Street）威嚴的貨倉擋住了築路工人，直到一九七〇年代。

品味轉變

這些倫敦的新建築顯現出來的規模與虛飾，在它們強加於上、且多半仍屬喬治時代的街景來說是完全新穎的。它們的風格多到令人不知所措。每一代人或許都會反叛先行者的品味，但從來不曾像維多利亞時代建築這樣激烈。喬治時代和攝政期的大都會是一場古典主義的慶典。到了一八六〇年代，它的黃色／黑色磚造連棟房屋和灰泥廣場，已經被看成既無聊又缺乏創意。前拉斐爾派運動（pre-Raphaelite movement）的鼓吹者約翰・拉斯金（John Ruskin），將布魯姆斯伯里貝德福德地產的高爾街（Gower Street）斥為「英國建築中無以復加的（nec plus ultra）醜陋」。史家唐納・歐森寫道：「要是攝政期重視柔和的灰泥，維多利亞時代就盡可能製造出最粗糙的石材；要是喬治時代偏好不張揚的灰磚，維多利亞時代就盡其所能產生最耀眼的紅磚；要是喬治時代追求節制、劃一、單色的正面，維多利亞時代就縱情於上釉的多色瓷磚……參差不齊的天際線……變化。」

哥德式建築在教士和議員之間仍持續受到青睞，但國內市場幾乎徹底拒斥了它。最晚到了一八五○年代，倫敦的住宅區仍繼續以義大利式的灰泥壁柱和富麗楣樑裝飾。當時尚在一八六○年代開始轉向，它不是轉向哥德式，而是轉向法蘭德斯式、伊莉莎白式和安妮女王式，任何紅磚、赤褐色或砂岩建築。一八七一年，當建築師E・R・羅伯遜（E. R. Robson）受雇於倫敦學校董事會，設計日後即將達到將近三百所的新學校，它們看來就像是直接從阿姆斯特丹的運河搭船送來的。它們以渦卷裝飾和山牆的嚴肅樣貌拔地而起，像眾多負責管教的門房那樣，對著倫敦一英里又一英里的連棟房屋皺眉表達不滿。今天從維多利亞車站搭火車出發，經過旺茲沃斯時，仍能看見其中一片學校建築。

從一八五三年國王十字車站清心寡慾的黃磚屋，到隔壁一八六五年動工的聖潘克拉斯車站的魔幻宮殿，僅僅相隔了十年。聖潘克拉斯的史家西蒙・布萊德雷（Simon Bradley）從後者的立面察覺到「與布魯日、索爾茲伯里、卡納芬（Caernarvon）、亞眠（Amiens）、維洛納（Verona）如出一轍」。南肯辛頓的大道幾乎在還沒動工之前，就拋棄了白色灰泥建築，採用紅磚新荷蘭建築。一個高檔藝術家群體在西倫敦梅爾伯里路（Melbury Road）的荷蘭公園（Holland Park）地產發展出來，以萊頓勳爵（Lord Leighton）充滿異國風情的萊頓屋（Leighton House）為頂點（如今是一處博物館）。格洛斯特路（Gloucester Road）附近的哈靈頓（Harrington）地產，突然出現了出奇不拘一格的荷蘭式建築——和我在荷蘭看過的完全不同。而在伊令（Ealing）自治市的貝德福德公園，整個街區都在一八七七年由諾曼・蕭（Norman Shaw）設計成別緻的紅磚屋，以前拉斐爾派的風格裝飾。麥達谷（Maida Vale）一英里長的額爾金大道（Elgin Avenue），應有盡有地呈現了每一時期的維多利亞時代品味。

對於喬治時代地產的長期租約面臨更新的地主來說，決定風格是令人頭痛的事。在騎士橋，漢斯鎮和卡多根廣場都被拆除，代之以壓倒性的磚紅色「蓬街荷蘭式建築」(Pont Street Dutch)。向南到切爾西，價值較低的喬治時代廣場與連棟房屋，其灰泥建築仍能不被打擾。波特蘭地產的馬里波恩則顯得混亂。連棟房屋未被改變，但它們的牆角則由山牆和角樓的衛城凸顯出來。在羅素廣場，捉襟見肘的貝德福德地產僅僅「更新」了門窗，為它們添加了笨拙的赤褐色緣飾。

最為戲劇性的創新，莫過於倫敦城對西敏大本鐘的回應。一八七七年召開了委員會，決定在倫敦橋下游新建橋樑過河，需要一片可伸縮的橋板，讓船隻得以駛進倫敦池（Pool of London）。倫敦城工程官霍勒斯．瓊斯爵士（Sir Horace Jones）為倫敦塔橋（Tower Bridge）規定的式樣，是要呼應鄰近的倫敦塔，如同大本鐘呼應西敏寺。這兩座紀念物都明確地尊重周遭環境，它們立即成為新倫敦的偶像。但倫敦塔橋並未得到這樣的尊重，一九七三年，一棟龐大的粗獷主義旅館成了它的鄰居。

閒暇的都會

都市更新者們也承認，內倫敦的居民仍然想要前門面向街道的個別房屋。這對於社會行為產生了必然影響。奧斯曼規劃下公寓林立的巴黎，將居民趕出門外，讓他們聚集在咖啡館和餐廳，使用集體的麵包房和廚房。倫敦有自己的酒館，但多半位於馬房小屋或貧窮的街道上，供僕役提神之用；也幾乎沒有自助餐館。倫敦人在家中不被打擾地休息與社交。威爾第（Giuseppe Verdi）的《茶花女》（*La traviata*）或普契尼（Giacomo Puccini）的《波西米亞人》（*La bohème*）所描述的公共空間概念，並未確立於維多利亞時代的倫敦。狄更斯、特羅洛普（Anthony Trollope）和高爾斯華綏小說中的場景，鮮少發生在公共場所（狄更斯的皮克威克先生除外）。特羅洛普筆下的帕利瑟家族（Pallisers）和高爾斯華綏筆下的福塞特家族（Forsytes）都是內向的家族，喬治・格羅史密斯（George Grossmith）《小人物日記》（*Diary of a Nobody*）裡的普特一家人（Pooters）也是。

中產階級確實聚集之處，是專業或智識群體。氣味相投之處可能是政治、軍隊、醫學、法律或學問，但俱樂部是焦點所在。十九世紀結束時，倫敦有一百個具名的俱樂部，包括八個陸海軍軍官俱樂部，五個牛津、劍橋畢業生俱樂部，以及九個女性俱樂部。女性共享的另一個領域則是百貨公司。牛津街和攝政街激發了直到一九六〇年代都為倫敦人家喻戶曉的合股公司，例如斯維爾斯與威爾斯（Swears & Wells）、斯萬與艾德加（Swan & Edgar）、馬歇爾與斯內爾格羅夫（Marshall & Snelgrove）、迪金斯與瓊斯（Dickins & Jones）、德本漢姆與弗里波迪（Debenham & Freebody），每一家的客戶群都有細微差異。

新的百貨店——絕非粗俗的「商店」——不斷向外擴散。第一家是郊區拓殖者威廉・懷特利（William Whiteley）在一八六三年的「百貨商」（universal provider），目的是要讓西伯恩路（Westbourne Grove）成為「貝斯沃特的龐德街」。懷特利不只提供衣服和食品，也提供美髮、購屋、擔保，以及新的「乾洗」（nettoyage à sec）服務。查爾斯・迪格比・哈洛德（Charles Digby Harrod）在萬國工業博覽會過後，帶著他的電報地址「倫敦的一切」（Everything London）來到騎士橋，即使這家百貨店直到一九〇一年才有了赤褐色的壯麗外觀。哈維・尼克斯百貨（Harvey Nichols）接著來到附近，肯辛頓的巴克斯（Barker's）、切爾西的彼得・瓊斯（Peter Jones）、西漢普斯特德的約翰・巴恩斯（John Barnes），以及巴特西的阿爾丁與霍布斯（Arding & Hobbs）也是一樣。最奇怪的是哩尾路的威卡姆（Wickhams），它跋扈的立面被小小的珠寶店持鏡者（Spiegelhalter）給切斷了，店主拒絕出售位於百貨店地址正中央的店面。這兩家店如今都已不復存在，但小小的持鏡者建築物仍在，純粹是倫敦古怪的一項傑作。

擴大了的社會經常惠顧娛樂領域。酒館、遊樂花園、劇場和音樂廳，提供了花團錦簇的都市生活。倫敦劇場曾由王室壟斷，據說（即使實務上並非如此）僅限於柯芬園和德魯里巷，直到特許在一八四三年放寬為止。劇場蓬勃發展，主要集中在河岸街、聖馬丁巷和乾草市場。伊斯林頓的沙德勒之井劇場（Sadler's Wells）重振了十七世紀以來，以多種表現形式大受歡迎的一處舞臺。蘭貝斯的皇家科堡劇場（Royal Coburg）贏得王室贊助，但更名為舊維克劇場（Old Vic）。郊區每一條商業街上很快都有自己的音樂廳。美術館的門票只需幾便士就能買到。

觀眾往往吵鬧，據報導，在沙德勒之井「迴盪著粗話、咒罵、口哨、尖叫、大吼、褻瀆、穢語——真是魔鬼般的喧囂。」狄更斯描述霍克斯頓的戲迷是「髒兮兮的男孩、律師樓裡的低階抄寫員、在倫敦城裡有帳房的大頭年輕人……精選過的各色浪子。」《潘趣》漫畫的主人翁魯賓・普特（Lupin Pooter），「放蕩」習性和耽溺於音樂廳令父親目瞪口呆。但倫敦人也穿過這些雜音，聽見了奧芬巴哈（Jacques Offenbach）、雷哈爾（Franz Léhar）、吉爾伯特與蘇利文（Gilbert and Sullivan）的歌劇，王爾德（Oscar Wilde）、皮內洛（Arthur Wing Pinero）和易卜生（Henrik Ibsen）的戲劇，並且在學園劇院（Lyceum）看見亨利・歐文（Henry Irving）與愛倫・泰瑞（Ellen Terry）合演莎士比亞劇作。

開放空間前進中

更為不祥的命運，落在倫敦向外擴張的路線上，倖存於菜園和磚場之間的那些小片開放空間。隨著娛樂用地縮小，一系列委員會呼籲保護僅存的這類土地，即使只是為了讓貧民戒斷「低俗墮落的樂趣……酒館、鬥狗、拳擊賽」。爭論往往聚焦於剩餘的公地，那是莊園主人私有的土地，但依照傳統權利對大眾開放。

最顯著的例子是由馬利恩・威爾遜（Maryon Wilson）家族所有的漢普斯特德荒原（Hampstead Heath）。到了十九世紀中葉，伊斯林頓和高門的高地泰半消失在磚塊與灰漿之下，一如東邊的格林威治和南邊的錫德納姆。漢普斯特德自從最古老的時代開始，就為不分貴賤的所有倫敦人提供娛樂。鐵路與銀行假日（一八七一年）的到來，讓娛樂變得勢不可擋。關於荒原的海報上呈現了近似布萊頓海灘（Brighton beach）的景色，包括警察在人群中追逐竊賊。

自一八二〇年代起，馬利恩．威爾遜家族一直在申請立法，要如同其他鄉間莊園一般，對荒原頂峰周圍的土地實施圈地。他們在漢普斯特德遭遇了完全不同的抵抗，抵抗者攜手奮起。荒原可是聖地！狄更斯筆下的皮克威克一家「將自己的根源追溯到漢普斯特德的大池塘」。濟慈（John Keats）如此描寫荒原：「對於一個久居城市的人／看著天空明媚的面貌／對著蔚藍的蒼穹的微笑」。康斯塔伯（John Constable）說，從漢普斯特德眺望倫敦的景色「全歐無與倫比」。倫敦最優雅的一次抗議行動，由雪萊（Percy Bysshe Shelley）、拜倫、蘭姆、赫茲利特（William Hazlitt），以及因為抨擊攝政王而被捕入獄的激進派雷夫．杭特（Leigh Hunt）等人加入。杭特從牢房裡寄出一首十四行詩，歌詠「大自然一己之地……谷中屋舍櫛比，遠方田園起伏／一簇簇暗色松樹和藍色景觀／還有那條清明之路穿越一切，每天在那兒遇見／冷靜臉龐、明亮眼神和順應早晨的雙腳」。

彷彿這還不夠，當時的馬利恩．威爾遜家主托瑪斯爵士（Sir Thomas Maryon Wilson）面臨了一個事實：漢普斯特德是倫敦最富有的週末度假者的住所。銀行家、律師和貴族早已聲明了他們對荒原山頂情趣的所有權，而他們不願與別人共享。一八七一年達成了妥協，馬利恩．威爾遜家族允許為別墅區開發日後的費茲約翰大街（Fitzjohn's Avenue），而村莊北邊和東邊的一大片土地，則由大都會工程委員會收購，成為開放空間。犀利的運動倡議者奧塔維亞．希爾（Octavia Hill）未能搶救瑞士屋（Swiss Cottage）周邊的田野，但十年後，位在高門邊界的國會山原野（Parliament Hill Fields）也被納入了荒原範圍。不情願的大都會工程委員會拒絕資助一個在荒原各處興建觀賞植物園的計畫布局，它對荒原看守人說，只需要「四處閒晃，灑莿豆種籽」。由此產生的荒涼，正是漢普斯特德的魔力所在。

漢普斯特德的戰火延燒於北部高地之際，其他鬥爭也在持續。一八六〇年代早期，倫敦鄰近地區公地保存協會（Society for the Preservation of the Commons in the Neighbourhood of London）成立，一八六六年通過一項法律，禁止莊園今後再行圈地。大都會工程委員會受到的壓力，使得他們在一八四五年收購維多利亞公園，一八五八年收購巴特西原野（Battersea Fields）。隨後則是黑荒原、哈克尼唐斯（Hackney Downs）、克拉珀姆公地、圖廷貝克（Tooting Bec）和埃平森林（Epping Forest）等地的公園。倫敦仍然落後於其他大小相仿的城市，但話說回來，它的許多居民也有了自己的後花園，即使不是大多數人。倫敦的街道本身也可以作為娛樂空間。

不間斷的貧困

即使有了這樣的進展，倫敦仍然包含著極端貧困和過度擁擠的地區。一八六二年來訪的杜斯妥也夫斯基（Fyodor Dostoevsky）震驚於倫敦的對比。他著迷於煤氣燈、摩肩擦踵的人群，以及富人與窮人輕易交流。但他驚駭於街頭的乞丐，尤其是西區的娼妓。其中包括被母親帶到乾草市場的女孩，「年約十二歲，緊抓著你的手臂，求你跟她們來」；另一個「不比六歲更大，衣衫破爛，赤足骯髒、臉頰凹陷……渾身瘀傷」。據估計，當時在倫敦有二萬名娼妓。她們的困境震驚了嚴峻的格萊斯頓，他深夜上街，試著幫她們找到住處。

維多利亞時代社會改革者的老前輩，是早期社會學家查爾斯·布斯（Charles Booth），他的助理團隊認真爬梳整座城市尋求資料，成員包括社會主義者貝特麗絲·韋布（Beatrice Webb），以及鼓吹女性就業的經濟學家克拉拉·科勒特（Clara Collet）。他們按照街道位置繪製社會分類地圖，揭露了赤貧就潛伏在大地產周邊之外不過數碼。布斯最初的著作《倫敦人民的生活與勞動》（*Life and Labour of the People*，一八八九年），確認了貧窮的主因之一在於倫敦工作的臨時性質。他雖是一位嚴謹的紀錄者，卻也是個冷酷的評論者。他寫道，一個帝國應當意識到，在「矮小非人的居民，他們所遭受的奴役」方面，英國的貧民窟與非洲叢林相似。有三分之一的倫敦人生活在貧窮中，即使他確實承認他所謂最低的一類人，也就是「被拋棄的倫敦……最低等、邪惡、半罪犯」，大概頂多只占了東倫敦人口的百分之二。

狄更斯的生涯在一八六〇年代步入尾聲時，他公開宣傳的也不只是西區的貧民區，還有極少人提起的倫敦城東泰晤士河沿岸棲居地。《孤雛淚》（*Oliver Twist*）裡，費金（Fagin）的雅各島（Jacob's Island）其實是伯蒙德賽的一個真實地址，被描述成了「五六所房子合用屋後的一條搖搖晃晃的木板走廊，透過木板上的窟窿可以看到下邊的淤泥。……房間又小又髒，室內密不透風，充滿惡臭，連用來藏污納垢似乎都嫌太不衛生」。狄更斯寫道，這裡橫陳著「怵目驚心的貧困，令人噁心的污垢、腐物和垃圾」。

當我第一次找到位於莎德泰晤士水灣（Shad Thames inlet）入口的雅各島原址，就連取而代之的廢棄倉庫都令我顫慄。那座倉庫如今改成了住家。倫敦的廉價公寓和棲居地早已消失。但某些最卑微住處的範例，仍逃過了清拆貧民區的推土機。它們被精心保存於原屬工人階級飛地的諾丁丘山門村（Hillgate Village），以及斯特普尼、貝思納爾綠地、南華克和蘭貝斯的後巷。保存最好的大概是在舊維克劇場後方，圍繞著惠特西街（Whittlesey Street）的康瓦爾公國（Duchy of Cornwall）地產。那兒的連棟小屋低矮到了恐怕是電影場景的地步——它們確實也經常成為電影場景。

總之，維多利亞時代人著迷於他們新揭露的城市之污穢與混亂，但這份著迷卻有些猙獰可怕之處。他們既震驚於狄更斯及其他作者書中充斥的水手、竊賊、娼妓、酒鬼和鴉片窟，卻也同樣受到吸引。狄更斯承認自己意識到了「憎惡的吸引力」。一八八八年，倫敦盡情欣賞了開膛手傑克（Jack the Ripper）在白教堂（Whitechapel）殺害五名妓女的懸案，從那時候起，圖書館編目裡約有一百五十本以此案為題材的書籍。

第十六章 慈善事業與國家的對決 西元一八七五至一九〇〇年

奧塔維亞．希爾

維多利亞時代晚期的倫敦，成了一座貪婪地成長的大都會。它幾乎動彈不得，至少在市中心是這樣。即使用水換新了，空氣卻污染了。它並不特別漂亮、甚至不特別可愛。外國人經常評論它的潮濕、濃霧、冬季的黑暗和陰沉的人群。約翰．拉斯金宣告倫敦是「一堆糟糕透頂的發酵磚結構，每個毛孔都在傾瀉毒素」。即使從狄更斯、柯南．道爾（Arthur Conan Doyle）到莫內（Claude Monet）、惠斯勒（James McNeill Whistler），每一位觀察者都運用倫敦的缺陷創造別出心裁的效果，但就連亨利．詹姆士（Henry James）這位仰慕者，都說它「本質上沉悶、笨重、愚蠢、枯燥、非人、庸俗，形式上令人厭煩」。不過他確實得出結論，倫敦「整體來說是最有可能的生活形式……最大的集合——最完整的彙編。」

此時正在轉變的是倫敦的良知，同時反映在一波慈善事業的高潮，以及更加堅決的政府改革訴求之上。前者由奧塔維亞．希爾這位了不起的人物體現，她在爭取倫敦開放空間的運動中已經是位識途老馬。這位身材嬌小的女性，父母都是窮人，卻有著冰冷的決心，她在一八六五年說服拉斯金為她買下一處馬里波恩房產，收容「值得救助的」貧民家庭，由商業投資人按照商業條款資助。希爾不久就買下租約即將到期的房產，予以修復並重新出租，而不是拆毀。她照顧租戶一絲不苟，只要他們記得繳納租金。她任用女性稽查員和收租人，每當「負責的」租戶遇上麻煩就提供協助。（她和梅休、布斯共有的）這種對貧窮之道德和不道德的區分，在維多利亞時代人的心態裡根深蒂固。

希爾向員工們頒布的行為準則，成了早期社會住宅的代名詞：「立即修繕、有效照料；終止過度擁擠；一律同意現金支付；嚴格記帳；最重要的是，把租戶安排妥當，讓他們彼此照應。」到了一八七四年，希爾已經有十五項房產計畫和三千名租戶，全部由她的助理們管理，並給予投資人百分之五的收益。英國國教會被人們普遍指控為在南華克和帕丁頓的貧民區行使地主權利，這時請求希爾負責管理它的多處地產，受她照顧的租戶因此又增加五千人。其他人也紛紛效法，包括狄更斯的朋友安琪拉·伯德特—庫茨（Angela Burdett-Coutts）和美國大亨喬治·皮博迪（George Peabody）。改良工業住宅公司（Improved Industrial Dwellings Company）和改善勞動階級狀況會社（Society for Improving the Condition of the Labouring Classes）等組織也加入他們的行列。他們全都強調良好的管理能讓地產財務健全，而慈善是一項好投資，它從不「以營利為目的」，只尋求適度而可靠的利益。

古老的既有地產很快也意識到，門前的貧民區對租約更新有害，為期九十九年的大量租約都在一八七〇年代和一八八〇年代到期。一八八四年，一篇對工人階級住房的報導發現，格羅夫納、北安普敦和教會全都向慈善事業公司提供地租折扣，以此替換門前的貧民區。倫敦幾乎每一處地產的邊緣，都有一個皮博迪或改良住宅公司的街區。許多這類地產湧現於格羅夫納廣場以北和牛津街兩側，一直存續到近幾年。我曾在一九七〇年代從塞爾福里奇（Selfridge's）百貨對面的大樓，載送租客去參加耶誕節午餐，見過那些昔日的賣花女和娼妓滑稽地回想「美好的梅費爾舊時光」。這些大樓如今多數都是私人公寓房。

一八七五年《克羅斯法案》（Cross Act 1875）對所謂「附則」住房（"byelaw" housing）訂立了新標準，近似於《一七七四年建築法》的第四級房產，要求所有房屋都裝設現代衛生管線。那時，慈善事業已將二萬七千人重新安置於當時所謂的「模範住宅」。一項調查顯示，慈善組織至少有六百四十個處理事項從安置經濟拮据的縫紉女工，到發送聖經給窮人。它們的所得總計為二百四十萬鎊，這是由慷慨的人（即使不是富人）支付的一筆為數可觀的「稅」。但世上所有的慈善組織，都無力因應大都會急速增長而產生的需求。在此時的深夜裡，光是在特拉法加廣場，露宿街頭的人數就約有四百人。

政府反擊，僅止於此

有件事理應讓倫敦人警醒（要是他們想留意的話），那就是英國其他城市正在超越他們。他們有學校董事會和收容所，卻沒有通盤的民主管理機構。曼徹斯特、里茲、伯明罕及其他地方，都同時展現了城市領導和社會事業。它們監督道路、學校和公共設施的修建。它們的市政廳很壯觀，伯明罕市政廳在一八三四年已經啟用，是希臘式建築。里茲隨後落成於一八五三年，義大利式建築，而阿爾弗雷德・沃特豪斯（Alfred Waterhouse）設計的曼徹斯特市民宮殿，則是一八七〇年代的哥德式。

古老的倫敦城在中世紀時，或許享有全國最為代議制的地方民主，這時卻已不復如此。在激進的哲學家約翰・斯圖亞特・彌爾（John Stuart Mill）看來，倫敦的市政廳是「現代營私舞弊與古代紈絝習氣的結合」。相較於大都會的其他地方，就連這樣的東西也還算是典範。它古老的堂區委員會、濟貧會管理人和不經選舉產生的大都會工程委員會，仍持續享受著貴族遊說者們在西敏提供的保護。

到了一八八〇年代，堂區委員會意識到自己時日無多，其中許多也確實努力想要駁斥「沒在治理，只知狼吞虎嚥」這樣的指控。它們設立了三十一個公共圖書館，開闢了兩百個小公園。公共浴池運動(public washhouse movement)在一八四〇年代，從倫敦碼頭附近東史密斯菲爾德的一處「實驗浴池」開始，第一年就迎來了三萬五千名浴客。《泰晤士報》表達了驚訝之情：「正是最低等的窮人，這些多年來不得不習慣忍受個人污穢的人們」，當他們這時得到一處浴室，「就熱切地利用他們所能負擔的一切設施，實現個人清潔」。一八七〇年代時，提供浴室已被認為是堂區委員會的首要功能。由此產生的紅磚和赤褐色建築，逐漸成了足以媲美圖書館的堂區之光——如今多數重生為時髦的餐廳或咖啡店。

對於大都會工程委員會來說，這一切都太遲了。一連串承包醜聞，就連向來處變不驚的國會也受到震驚。一八八四年，十二萬人集會於海德公園，受到當時正在增強的工會運動激勵，提出了一項迄今為止前所未見的要求：倫敦要有新政府。倫敦看到了遲來的產業騷亂跡象。碼頭工人領袖班．蒂利特（Ben Tillett）帶頭奔走，要求「碼頭工人的六便士」(the docker's tanner)，每小時六便士工資。一八八八年，弓區布萊恩與梅（Bryant & May）工廠的七百位「火柴女工」(match girls）展開罷工，爭取改善勞動條件。煤氣工人也開始罷工。這次被打破的不是威靈頓公爵府邸的窗戶，而是馬歇爾與斯內爾格羅夫百貨公司的窗戶。

倫敦地方政府的一個重要弱點，在於它不同於外省的市政府，缺乏任何具有權力的單一管理機構，能夠將稅收從城市的富庶地區重新分配到貧困地區。結果，東聖喬治教堂的堂區委員會得徵收令人破產的三先令九便士（3/9d in the pound）財產稅，而富裕的漢諾威廣場聖喬治教堂只徵收區區六便士。沒有交叉補貼，就不可能認真努力的救濟貧困。伯明罕的自由黨領袖約瑟夫．張伯倫（Joseph Chamberlain）怒吼，城市應當接受「公共責任的新概念，社會事業的新發展，群體對彼此之自然義務的新評估」。伯明罕正在控訴倫敦。

倫敦郡誕生

國會終於招架不住了。一八八八年，索爾茲伯里勳爵（Lord Salisbury）領導的保守黨通過了一項地方政府法案，以倫敦郡議會（London County Council, LCC）取代無人惋惜的大都會工程委員會，與外省各郡行政機構的相同改革同時進行。但索爾茲伯里仍堅決反對將首都劃為單一管理區。他說，這樣的機構會太大，從而太過強大。於是索爾茲伯里對倫敦城法團、濟貧會管理人都不予改革，令人意外的是，連非經選舉產生的堂區委員會也不予改革。他將它們看作是保守黨的堡壘，用以抵抗龐大且民主得令人擔憂的郡議會走向揮霍無度之虞的激進主義。

結果，新成立的郡管理機構，權力幾乎都是大都會工程委員會已經擁有的。倫敦郡議會掌管消防隊、泰晤士河橋樑、下水道，以及它所能出資興建的公營房屋，但不得管理學校、保健或福利。唯一算得上明智的是：即使並未採取重新分配堂區稅收的措施，但仍然設立了共同濟貧基金（common poor law fund），以平衡富裕和貧窮地區濟貧會管理人的負擔。這是一大突破。

即使權力有限，新的倫敦郡議會仍為倫敦政治注入一劑強心針。每個國會選區選出兩位郡議員，他們涵蓋了昂斯洛、康普頓、諾福克等勳爵地產的舊地產代表，以及席德尼．韋布（Sidney Webb）、約翰．伯恩斯（John Burns）等費邊社（Fabian）邊緣的激進人士，以及自由黨人查爾斯．迪爾克（Charles Dilke）。蕭伯納（George Bernard Shaw）透過他在激進派報紙《星報》（*Star*）上的專欄發出批判。議會主席是自由黨要人羅斯伯里勳爵（Lord Rosebery）。

女性這時在郡的所有選舉裡都有選舉權。既然投票資格是持有財產，排除掉女性產權人顯然就不公平。她們已經被選進學校董事會，或當選為濟貧會管理人。兩位女性從弓區和布里克斯頓（Brixton）當選郡議員，即使一直有人堅決試圖驅逐她們（理由包括她們的財產其實屬於丈夫所有）。到了一九○○年代，據估計已有十二萬女性在倫敦投票。地方民主遙遙領先於全國民主。

倫敦郡議會激進派議員的所作所為，一如索爾茲伯里所懼怕的那樣。韋布發表一份費邊社宣言，向倫敦警告「它的數百萬勞苦人民惱怒不滿」，並要求採取行動對付「投機者、堂區舞弊者、養房者、賣水奸商、市場壟斷者、土地出租人及其他社會寄生蟲」。他認為倫敦可望成為一個「自治公社」，與一八七一年的巴黎公社相呼應。韋布要求供水、煤氣、輕軌車、碼頭和醫院「收歸市營」。郡議會第一任文書，日後成為郡議會歷史學家的勞倫斯·高姆（Laurence Gomme），振振有詞地書寫著，要重振「中世紀特許狀的民主精神，以及與城市的羅馬、撒克遜起源同樣古老的市民傳統」。

一八九二年的第二屆倫敦郡議會選舉結果，郡議會議員聚合成了兩個群體，即自由黨的進步派（Progressives）和保守黨的溫和派（Moderates），進步派起初占多數。一八九四年的自由黨政府矯正了索爾茲伯里改革的一項缺失。它通過一項完整的稅負平等法案，以一套有利於貧窮堂區委員會的公式，向富裕的堂區委員會課稅。這項法案連同業已趨向平等的濟貧基金，帶來了大都會全境資源的劇烈轉移。堂區委員會又掙扎了十年，直到一八九九年，就連重新執政的索爾茲伯里也終於接受它們必須結束。它們成了二十八個經選舉產生的大都會自治市鎮，但另行選舉的濟貧會管理人和倫敦學校董事會則維持原狀，至少目前如此。索爾茲伯里期望，新的自治市鎮會跟他先前設想的堂區委員會一樣，強烈支持保守黨。

歷經了倫敦城外的倫敦毫無憲法地位的一千年之後，整個首都終於實現了一定程度上負責任的自治。「倫敦」這個名稱頭一次正式適用於舊倫敦城之外更廣大的範圍。即使如此，新的自治市鎮仍被切斯特頓（G. K. Chesterton）在他的諷刺作品《諾丁丘的拿破崙》（*The Napoleon of Notting Hill*）當中嘲弄，他預言自治市鎮之間到了一九八四年就會爆發戰爭——這個日期後來被喬治・歐威爾（George Orwell）借用到他更不幽默的反烏托邦小說。切斯特頓筆下的最後一場血戰，由連連告捷的（虛構）諾丁丘自治市，與南肯辛頓軍在坎普登（Campden Hill）山坡上展開。當一九八四年真正來臨時，我很遺憾諾丁丘的市民們並不記得他們過去曾有這樣一個光輝時刻。到頭來，自治市鎮將證明自己在倫敦政治領域裡，是比倫敦郡議會及其後繼者更強健也更成功的一大特徵。

如此遲緩的改革，說明了倫敦政治生態反覆出現的一項特徵。憲章運動期間，里茲的一份報紙曾經抱怨：「為何倫敦總是最晚開始行動？」一八八〇年代勞工騷動期間，身為報刊經銷商的下議院議員W・H・史密斯（W. H. Smith）在國會裡抱怨：「至少一個小時，倫敦西區最常有人出入的那些街道，應當完全任由亂民擺布。」他對於亂民竟打破了卡爾頓俱樂部（Carlton Club）的窗戶大感憤慨。他似乎並不知道，九年前巴黎街頭的相同騷亂，造成了一萬人死亡。倫敦活在自己的世界裡。

卡爾・馬克思將倫敦的相對被動，歸因於勞動人口分散和缺乏大工廠，大工廠裡的工人更容易組織起來。激進派人士法蘭西斯・普萊斯同樣抱怨工人的住處與工作場所「距離可觀，很多都相隔七英里遠」。自從倫敦城的行會和「閉鎖工場」（closed shops）衰落，倫敦工人階級一直都是在地、臨時且漂泊不定的。在剩餘的碼頭和公共事業之外，倫敦工人拒不組織工會，並且不斷被移民稀釋，外省移民多於外國移民。

即使倫敦曾經活躍於一八三二年、一八六七年和一八八八年的騷動中，社會史家羅伊・波特卻感到疑惑，為何就算在當時，「總體而言，公共秩序受到的威脅仍非常輕微」。他將此事歸因於「維多利亞時代倫敦的龐大規模，及其勞動階級的內部分化」。這座城市太大，無法被一致挑動起來。工人則置身於「小小的『島』，在地化且支離破碎」。換言之，研究倫敦歷史的最佳途徑，仍是經由它的地理。一座增長的城市可能會爆炸，除非存在著能夠紓解壓力的事物。倫敦則始終都有空間。

喜悅的運輸

空間需要運輸，正是在這個領域裡，倫敦再也不遲緩，即使這不能歸功於它無論新舊的政府。在「明挖覆蓋」的環線軌道之內有一片無人地帶，倫敦人在其中仍需步行，或以馬匹和四輪馬車的（極慢）速度行進。這種情況在一八七九年，因柏林發明了經由金屬纜線或軌道傳導電力，而有了轉變的可能。倫敦的鐵路企業家們看見了機會。歷經許多次起步失敗之後，倫敦城和南倫敦鐵路（Ciry and South London Railway, CSLR）開始從威廉王街的倫敦大火紀念碑（the Monument）附近挖掘深層隧道，穿過泰晤士河底，經過南華克到肯寧頓和斯托克維爾。它在一八九〇年開始營運，是全世界第一條電力機車運行的地鐵。它獲得了驚人成功。開業剛滿一年，就有一百萬人利用過這條日後成為地鐵北線（Northern Line）東段的路線。

倫敦的厚土被認為是挖掘深層隧道的理想環境，運用的是布魯內爾的盾構挖掘機（moving shield

excavator）。這些路線開始被稱為「管子」（tubes），而明挖覆蓋的大都會線、區域線和環線則是嚴格定義上的「地鐵」（undergrounds）。接著投入服務的是地面鐵路倫敦和西南鐵路（London and South-Western Railway），它在滑鐵盧的終點站長年苦於無法前往倫敦城。這時該公司挖掘了綽號「排水渠」（the Drain）的路線，從滑鐵盧到銀行，一八九八年啟用。於此同時，一家美國財團展開了一場更加宏大的冒險，要從牧者叢挖掘一條長隧道，穿過諾丁丘和貝斯沃特下方，沿著牛津街下方到達聖保羅教堂。這條路線當時稱為中央線（Central Line），月台由電梯通達，火車座椅加裝椅墊，十分舒適。如此的豪華簡直引起轟動。這條路線成了倫敦地鐵的貴族，因其固定票價而得名兩便士地鐵（Twopenny Tube）。

倘若大都會交通運輸的未來在於地下，那麼，地面鐵路的時代還有最後一篇悲傷的墓誌銘。一次資本主義的冒險蠻幹，使得大中央鐵路（Great Central）在一八九九年來到了倫敦。這是大亨愛德華・沃特金爵士（Sir Edward Watkin）的主意，幾近於執迷，他夢想以一條豪華列車路線，將英格蘭北部與同樣由他擔任主席的倫敦大都會線地鐵連接起來。他想像自己的列車從曼徹斯特直達貝克街，而後跨越倫敦中部到肯特郡，再經由海峽隧道前往巴黎。他的工人們甚至開始進行海底挖掘。事實上，他的鐵路終止於馬里波恩路，被迫在冬季開挖洛德的板球場以興建隧道。沃特金天花亂墜的夢想至今仍未能實現。

一九〇〇年五月，南非的波爾戰爭在馬菲京（Mafeking）圍城戰中達到最高潮。圍攻的詳情能夠鉅細靡遺地在祖國受到關注，主要歸功於四名受困圍城中的英國記者將自己的報導偷運出來。當這座城市解圍的消息在晚上九時三十分傳來，倫敦完全發狂了。市長官邸張貼這則新聞不到五分鐘，就有兩萬人聚集於街頭。而在柯芬園，華格納（Richard Wagner）歌劇《羅恩格林》（*Lohengrin*）的演出，被美術館方向傳來的呼喊打斷，全體演員和聽眾馬上起立高唱愛國歌曲——不是華格納的作品。威爾斯親王在包廂裡跟著打拍子。這一陣歇斯底里後來產生了自己的動詞：狂歡慶祝稱為「go mafficking」。即使這場戰爭是懸而未決的不幸之事，倫敦對它的感受，卻是一個帝國首都確信自己堅不可摧到了極點。

第十七章 愛德華時代登峰造極 西元一九〇〇至一九一四年

紀念維多利亞

一九〇一年一月，維多利亞女王駕崩，這使得全國對於應當如何頌揚她漫長的統治時期展開辯論。此時，倫敦當然能以自身的帝國地位為榮；它收容、雇用、餵養了六百萬人口，而且面積在短短四十年間擴大了一倍。一八八〇年代的騷亂過後，這座大都會並未顯現出多少自我懷疑的跡象，而且它覺得自己可以誇耀了，即使只誇耀一點點。正如佩夫斯納（Nikolaus Pevsner）所言：「隨著維多利亞時代的儉嗇精神消退，人們共同表達了這樣的渴望：西敏應當成為與大英帝國相匹配的首都，雄偉程度應與巴黎、維也納或柏林相當。」展現帝國氣派的地點就選在聖詹姆士的皇家建築群，此時仍只是一團頗為邋遢的混亂排屋和一個廣場，俯視著納許試圖創造的那個袖珍版攝政公園。

獲勝的提案出自建築師阿斯頓・韋伯爵士（Sir Aston Webb）之手，他設計了一條從特拉法加廣場穿越聖詹姆士公園，到達白金漢宮的林蔭大道。路線會穿過一座以海軍部為名的勝利拱門，沿著一條大道，來到一座以帝國象徵圍繞的維多利亞女王雕像。白金漢宮的門面也會重新裝修成與帝國相稱的風格。後者在一九一三年夏季，只用了國王出宮避暑的三個月就完工，古板的古典主義形式，在夜間照明燈下更好看許多。

倫敦這時有了空間，至少得以適度進行國家儀典，即使這需要從王宮與國會廣場之間或許最短的路線——鳥籠道（Birdcage Walk）上迂迴繞路。林蔭大道在納許精心打造的隨意景觀裡，也成了令人不適的添加物。此外，它不敢擾動從馬爾伯羅府到越過聖詹姆士宮的蘭開斯特府，這些私人和王室所有的花園。直到今天，它們仍背對著路過的遊行隊伍，彷彿有更要緊的事得做。

倫敦的另一個紀念物則幾乎淪為鬧劇。這是為了要重新啟動一項擱置許久的計畫，清拆奧德維奇周圍克雷爾市場（Clare Market）的貧民區，代之以一條向北通往霍本的巴黎式林蔭大道。三千人從這個大火前倫敦唯一倖存下來的街區被驅逐，而這個街區本來是能夠、也應當保留並且修復的，如今只剩一棟老建築——老古玩店（Old Curiosity Shop），還留在鄰近林肯律師會館廣場的市場邊緣。它正是狄更斯同名小說的靈感來源，他稱之為「一個古舊和珍奇東西的收藏所，它們似乎蜷伏在這個城市的零星角落裡，隱藏著各種各樣陳腐的珍寶，以躲避大眾的目光」。老古玩店現在由倫敦政治經濟學院（London School of Economics）所有，他們似乎不知道該拿它怎麼辦。

新建的國王道（Kingsway）在商業上是一大失敗。它不能穿越薩默塞特府到達堤岸，也只有一條有軌電車隧道（如今是道路）將它連接到泰晤士河。一九〇五年，新王愛德華七世前來剪綵通車時，他發現整條路上滿是碎石和圍籬。當時拍下的照片裡，他在一片看似戰場的地方策馬前行。殘留著古代倫敦威克記憶的新奧德維奇，直到一九三〇年代才完工，而國王道則為經濟困難的倫敦開發商之救生筏——政府部門吸引租戶。它不是香榭麗舍大街，而且是中倫敦最後一條全新的道路，直到一九六二年興建海德公園地下道（Hyde Park Underpass）為止。霍本始終是「城中」，是失落在倫敦雙城之間的一個地方。

新世紀、新風格

倫敦在其他地方進入愛德華時代慶典精神的方式，是將維多利亞時代晚期展開的更新喬治時代構造持續下去。它冷酷無情地進行這項工作。至少在那時，毫無尊重任何過去事物的想法，更不用說保存了。一場大規模拆除運動將會持續五十年之久，就連禮拜場所都不再神聖。在倫敦城內，十七座雷恩設計的教堂被拆除，多半讓位給銀行。只有浸潤著傳統的同業公會，才能保留住它們古老的會館。而在其他地方，隨著地產租約到期，持有者也就盡情破壞。倫敦的主要大街，在一八九〇至一九一〇年間的繁榮時代幾乎全都重建過。

而在風格方面，人們熱切想要脫離荷蘭式和安妮女王復興式建築家居的「甜蜜與明亮」。這種建築語言看來太過溫順，不適合偉大帝國，但何去何從卻不太明確。建築師約翰・布萊頓（John Brydon）呼籲懷著愛國心，復歸賀加斯最喜歡的建築師——雷恩和凡布魯（John Vanbrugh），他們的英國巴洛克風格業已「相當確立為民族形式、國家的民間風格」。布萊頓甚至宣告巴洛克是「未來的風格」，以他俯視國會廣場的壯觀政府辦公樓為代表。

到頭來，這成了萬事皆有可能的範例。安德魯・聖特（Andrew Saint）對十九、二十世紀之交倫敦的研究，提供了大量混雜兼容的例子。他列舉了仍以莊重的哥德式風格興建的教堂，例如富含美術工藝運動時期（Arts and Crafts）配件的史隆街聖三一教堂（Holy Trinity Sloane Street，一八八八年興建）。他接著逐一探討法國文藝復興式的麗池飯店（Ritz Hotel，一九〇三年興建）、拜占庭式的西敏主教座堂（Westminster Cathedral，一八九五年興建）、美國新古典主義的塞爾福里奇百貨（一九〇八年興建）、國會廣場上法蘭德斯式的米德塞克斯市政廳（Middlesex Guildhall，一九一三年興建），以及蘇格蘭貴族式的新蘇格蘭場（New Scotland Yard，一八八七年興建）。

倫敦的第一棟大型公寓樓，一八八〇年由諾曼・蕭興建，它同時凌駕於皇家阿爾伯特廳，以及隔壁由蕭自己設計的洛瑟小屋（Lowther Lodge）。同樣的高牆沿著維多利亞街、白金漢宮路、騎士橋、馬里波恩路、麥達谷和聖約翰森林聳立起來，一如奧斯曼的巴黎。這種新都市主義的租戶們，都不顧一切不願落於人後。一位評論者強調，住在公寓本身「並沒有在他們身上烙上失敗印記」，但「人們從外面看他們，都不該猜到租金其實很低廉」。

這時，倫敦的主要街道正在喪失一八三〇年代塔利斯所記錄的那種視覺一致性。實際上，作為倫敦景觀的決定性要素，街道這時已被個別建築給取代了。由於這些建築往往是使用者、而非地主委託建造，它們也就不免呈現出一種利己性格，而非睦鄰性格。這個時期倫敦的多數標誌性建築，呈現出布萊頓所認同的某種巴洛克式版本：老貝利街的中央刑事法院（Old Bailey，一九〇三年建造）、倫敦港務局（Port of London Authority，一九〇九年建造）、白廳的陸軍部（War Office，一九〇六年建造）、倫敦郡會堂（County Hall，一九〇九年建造）、衛理公會中央禮堂（Methodist Central Hall，一九〇五年建造），以及維多利亞和阿爾伯特博物館（Victoria and Albert Museum，一八九九至一九〇九年建造）。當納許設計的攝政街拆除計畫擬定出來時，巴洛克式建築被指定成為替代，正如出自諾曼・蕭之手的皮卡迪利飯店（Piccadilly Hotel），該飯店將攝政街與皮卡迪利街連接起來（見下文）。

這次巴洛克復興最令人滿意的範例，不在於公共建築，而在於喬治時代連棟房屋的逐步替換，像是在波特蘭和格羅夫納地產，在馬里波恩的維爾貝克街，以及梅費爾的公園街上。彎曲的屋頂輪廓線、三角楣飾窗戶、裝飾華麗的屋簷和門廊，甚至偶見一尊雕像，全都極力帶給立面一種獨特性格。倘若我們從街道路面向上看，我們會看到愛德華時代龐德街、阿博瑪爾街（Albemarle Street）和皮卡迪利街的商業建築驚人地多樣的立面，這是復興式建築（Revivalism）被視為激發靈感的標誌，而不被當成失敗的最後一個時代。它們是喬治時代單調風格的真正解藥。

西區劇場也紛紛效法。它的建築天才是法蘭克・馬查姆（Frank Matcham），他多半為斯托爾—摩斯（Stoll-Moss）娛樂帝國工作。他設計的神奇劇院裡，吉爾伯特與蘇利文、王爾德與蕭伯納在五彩繽紛的洛可可式天花板、天鵝絨布幕和小天使石膏像之間登臺演出。馬查姆的傑作是聖馬丁巷的大劇院（the Coliseum），而賽馬場、守護神（Palladium）和維多利亞皇宮（Victoria Palace）則讓老柯芬園和德魯里巷黯然失色。馬查姆認為自己是運用觀眾的空想為劇作家增色，他很高興聽到群眾蜂擁而來，如同欣賞舞台上的表演一般觀看他的「娛樂宮殿」。

到目前為止，豪華大飯店主要是鐵路公司的保留地，布朗酒店（Brown's Hotel）開業於拿破崙時代，克拉里奇酒店（Claridge's）則開業於一八五〇年代。一八八九年，薩伏伊歌劇（Savoy operas）的營收由製作人多伊利・卡特（D'Oyly Cater）家族用來建立新的薩伏伊飯店，從巴黎請來了凱撒・麗池（César Ritz）擔任經理，埃斯科菲耶（Auguste Escoffier）擔任主廚。麗池後來在皮卡迪利街上的同名飯店開幕於一九〇六年，這是倫敦第一棟鋼結構建築，它的臨街正面仿效巴黎的里沃利街（Rue de Rivoli）。餐廳這時比牛排館更多。一八九八年的貝德克爾指南（Baedeker）列出了西區六十家美味的餐廳。貧窮的人們則有「牛奶麵包」店，ＡＢＣ茶店（ABC tea shop）和喬・萊昂斯的街角茶館（Joe Lyons's Corner Houses）。

騎士橋的哈洛德百貨在一九〇一年重建，擁有倫敦第一部「自動手扶梯」。它還免費贈送一杯白蘭地，給搭乘手扶梯到達頂樓的驚恐顧客。其競爭對手塞爾福里奇百貨則在一九〇九年來到牛津街，誇張的古典風格出自芝加哥建築師丹尼爾・伯納姆（Daniel Burnham）之手，但經過不少修改。創辦人哈利・塞爾福里奇（Harry Selfridge）的金科玉律「顧客永遠是對的」，體現了這樣的概念：購物不只是購買而已，更是一種體驗。為了慶祝開幕，它展示了法國人路易・布列里奧（Louis Blériot）剛駕駛著飛越英倫海峽而來的那架飛機。

地方主義居於上風

倫敦的新政府也受到了信心十足的愛德華時代精神影響。這時最為活躍的，是索爾茲伯里意圖用來制衡倫敦郡議會揮霍無度的大都會自治市鎮。伍利奇、旺茲沃斯、德特福、切爾西和蘭貝斯的自治市當局一當選，市民就興建了堪比文藝復興時期王公的市政廳。較貧窮的市政當局則因稅負平等而得到解放，率先倡導貧民區衛生檢查、免費圖書館和公共浴池（包括土耳其浴池）。到了一九〇二年，光是坎柏韋爾就有六所公共圖書館和一間美術館。十五個自治市鎮自行為街燈發電。

位於倫敦與艾塞克斯郡邊界上的多功能自治市東漢姆（East Ham），為自己建了一座市政廳，佩夫斯納形容它是「愛德華時代地方當局權力與信心的絕佳倫敦實例」。不到十年，東漢姆人就有了新的集會廳、警察局、法院、圖書館、衛生所、消防隊、游泳池、技術學院和有軌電車站。反觀花錢謹慎的肯辛頓自治市，仍保留著古老的堂區委員會建築，簇擁在聖母修院教堂墓園（St. Mary Abbots churchyard）周圍。其中包括堂區委員會辦公室、小學、會議廳、救濟院和守衛室。同樣讓人想起昔日倫敦「一站式」堂區委員會政府的證明，則在沃爾瑟姆斯托（Walthamstow）留存下來。愛德華時代是倫敦地方政府獨立的全盛時期，但事實證明了太過短暫。

而在郡的層級，倫敦郡議會的進步派多數從一八八九年至一九〇七年，掌管了最初十七年的全市政府。一九〇四年，進步派接掌了倫敦學校董事會，這意味著郡議會連同技術學院，在地方稅收及酒類關稅支持下，控制了首都教育的每一層級。它擁有九百四十所學校、雇用一萬七千名教師，將免費餐點引進學校，實際上終結了首都境內嚴重的兒童營養不良。

倫敦郡議會的另一個事業領域——貧民區清拆，則更溫和地實現了。每一個自治市議會都獲得授權現地清拆及重建住宅，這為倫敦郡議會帶來了最早兩處地產，一處在貝思納爾綠地的界限街（Boundary Street），另一處則在泰特美術館後方的米爾班克。它們如今仍然矗立，築有山牆的安妮女王式建築出奇漂亮，它們位於樹木林立的街上，可以成為漂亮的私人公寓，其中一些目前也確實如此。而很快地便有了十二處這樣的地產。

市政發展的這些早期探索，既需要資源，也需要政治意志。如此作為有其代價。議會使得不設上限的房地產稅飆漲，稅負平等則意味著較富裕的自治市鎮受創最重，結果引發了納稅人強烈反彈。一九〇七年地方選舉中，二十八個倫敦自治市鎮有二十二個轉向溫和派（保守黨），即使自由黨在同年大選贏得壓倒性勝利。對高額地方稅的痛恨如此徹底地將進步派趕下台，使得更名為市政改革派（Municipal Reformers，其後則是保守黨）的溫和派，其後二十三年間都統治著倫敦郡議會。

耶基斯和狂野大西部

同時，倫敦地鐵正在推進著，狂熱程度一如一八四〇年代的地面鐵路。不同於紐約地鐵（subway）或巴黎地鐵（Métro），政府並未採取措施規劃或整合首都地下的隧道開鑿，即使它在城市基礎設施中的角色至關重要。自由市場號令的一切，英國政府都不敢質疑。它因此成了創造英國鐵道的最後一批「野貓」（wildcats）大展身手的理想領域。一九〇〇年，六十三歲的美國人查爾斯・泰森・耶基斯（Charles Tyson Yerkes）作為企業家和花花公子的氣力放盡，終於在費城和芝加哥因詐欺罪入獄。他被美國各大城市急於自行籌劃自己的地鐵系統所扼殺，這時他明白，倫敦不會如此干涉私營事業。

耶基斯來到倫敦，立刻買下了漢普斯特德到查令十字的南北地鐵線控制權。他接著買進原有的東西區域線，不顧一切將它電氣化，並成立大都會區域地鐵電車公司（Metropolitan District Railway Traction Company），開闢日後的皮卡迪利線與貝克盧線（Bakerloo line）。在這個帝國積累起來、卻尚未動工之時，這個潛在的倫敦地鐵網路已有一半是耶基斯和他的美國投機者同夥所有。

結果這成了一場與一八四〇年鐵路熱潮無異的泡沫。一九〇一年，三十二個隧道開鑿提案送交國會審議，但幾乎全部被否決。倫敦郡議會的進步派開始要求掌控，一九〇五年的皇家委員會甚至建議組成倫敦交通委員會（London traffic board）。但這隨著進步派在一九〇七年地方選舉落敗而失效。耶基斯帶著自己的三條新路線堅持推進，運用國會遊說手段封殺所有對手。

進展並不容易。漢普斯特德先前搶救過自己的荒原不被建築物入侵，這時他不要滿載倫敦人的列車充塞於優美的地貌上（或者該說地下）。當耶基斯承諾他會挖掘整個地鐵網最深的隧道，遠在荒原地下深處，居民們抱怨他會把水抽乾，製造出沙漠來，地震也會毀掉漢普斯特德的樹林。耶基斯就只是繼續進行，把他的北站設在一處名為格德斯綠地（Golders Green）的原野旁邊的十字路口。為這條路線供電的一座新發電廠，則在切爾西泰晤士河畔的洛茲路（Lots Road）興建。當地藝術家詹姆士．麥克尼爾．惠斯勒對此大為光火，要求把耶基斯「剖腹分屍」。這座發電廠如今是一座登錄建築。

洛茲路電廠還沒開始發電，實際上，就連新地鐵的任何列車都還沒上路，耶基斯就在一九〇五年返回美國時去世。儘管如此，他的路線還是興建了。鐵路史家克里斯蒂安．沃爾瑪（Christian Wolmar）估計，從一九〇三到一九〇七年，僅僅四年間，一共完成了六十英里的隧道，這是一項非凡成就，但它們在財務上卻絕非成就。貝克盧線不久就被描述成了「美麗的失敗」。開業一年後，耶克斯地鐵路線的股份只剩下發行時的三分之一價值。不同於早先的大都會線和中央線，它們受害於即將到來的機動公共汽車。

即使地鐵網隨後零散地延伸到郊區——特別是長長的大都會線延伸到烏克斯橋、瓦特福（Watford）和阿默舍姆（Amersham）——它本質上仍是耶基斯旋風般奔走於地下倫敦的五年間留下的模樣。「絕不誇張，」沃爾瑪得出結論，要是沒有耶基斯，「今天的很多條地鐵路線都不會動工。」此後就不再挖掘隧道，直到一九六〇年代的維多利亞線（Victoria Line），而後是銀禧線（Jubilee Line），以及更晚近的橫貫鐵路（Crossrail）。

同時，上面的街道……

正當耶基斯的挖土工人在首都地下鑽洞之際，地上的倫敦卻更為遲緩。有軌電車在一八八〇年代已經遍及於歐洲和美國城市，但倫敦最初的有軌電車直到一八九一年才引進。它沿著多半狹窄的倫敦街道中央鋪設軌道，卻始終無法吸引生意。直到一九〇三年，有軌電車路網才廣泛覆蓋，即使在那時，保守的自治市鎮仍然抗拒，唯恐它會把「不受歡迎的人」帶到他們的領地。漢普斯特德宣告，它不要讓有軌電車登上哈弗斯托克山（Haverstock Hill）。

至於公共馬車則屈服於科技之下。自從喬治・席利比爾的時代以來，它們一直是倫敦街頭的一大特徵，獨特的雙層型態持續演進，起先是車頂上以「刀板」分隔兩排板凳，而後是今天的「花園座」布局。第一輛汽油引擎巴士在一九〇七年由倫敦公共巴士公司（London General Omnibus Company）引進，不到四年，公共馬車幾乎全部消失。一九〇六年編號的路線，仍固守老司機們的路線，甚至到他們餵馬的乾草倉庫。這就意味著大多數路線都從郊區穿越壅塞的市中心再到郊區，完全打亂了任何制定時刻表的構想。我聽說，這正是八十八路公車拐彎抹角繞路的原因。倫敦混亂的公車路線，至今仍無法加以合理化改善。

計程汽車隨之產生，到了一九一四年，除了某些商用車輛之外，汽油引擎已將倫敦的馬車一掃而空。這對街道清潔產生了劇烈影響。隨著馬匹消失，馬房的用途也就轉變成了車庫和僕人住所。一九六〇年代保留區制度引進時，這些倫敦地景裡古色古香的角落受到不少珍視。但「汽車」還造成了另一項代價。一九〇六年，機動車輛在倫敦造成的死亡人數是二百二十二人。到了一九一三年，死亡人數攀升到六百二十五人，這個數字直到一九二〇年代交通號誌普遍裝設（第一組設於國會廣場）

才降低。二〇一六年時，死亡人數下降到一百一十六人，多半是由於人們騎自行車。

新分化的都會

新的運輸模式導致郊區進一步發散，也帶來大都會的新分化。倫敦城與西區之間最古老的分化，早已被界定而得到解決。另一種分化則介於倫敦的新舊工業區之間。藍領工作正在崩潰，特別在工程方面，尚存的職缺則在更專門的產業裡，例如印刷、菸草、珠寶、釀造、瓷器、家具和食材。伯蒙德賽的製革廠開始歇業，通常由「廉價」移工製作的成衣，取代了蘇荷區古老的熟練裁縫。散布於巴金（Barking）和布倫特福德之間泰晤士河沿岸的工廠，對於現代鐵公路網而言位置欠佳。更好的地點是工業用地，例如阿克頓（Acton）郊外的皇家公園（Park Royal），便成了歐洲最大的工業區。

隨著造船業在一八六〇年代消失，碼頭在商業上也陷入逆境。倫敦仍是英國的優良港口，但它已不再成長。各碼頭極力保持自己的專長，要停靠更大的船舶則需疏濬。一九〇二年，皇家委員會建議將碼頭收歸國有，倫敦港務局於是在一九〇九年成立。它和倫敦的有軌電車一起成為公有制的早期實驗，為碼頭區延長了半世紀的壽命。

倫敦此時的命脈是服務業。百分之六十的職缺由金融、法律、公共行政、休閒從業人員，以及輔助他們的文書、打字員和信差擔任。由於這個部門也包含零售和家庭雇傭，倫敦登記在案的勞動力有三分之一是女性。女工薪水不高，往往在閣樓或地下的擁擠廠房裡勞動。但妻子和單身女性能夠工作，稍稍舒緩了倫敦工人階級的赤貧。

移民在這支勞動力中的所占比例持續增加。舊有的飛地正在四散。法國人從蘇荷區漂移，這裡也是希臘人、義大利人、匈牙利人，以及移民躲避歐洲大陸衝突的其他人之避風港。加納萊托、卡薩諾瓦和卡爾·馬克思一度居住過的地方，讓給了性服務與飲食的供應者。德國人從費茲羅維亞（Fitzrovia）和夏洛特大街（Charlottenstrasse）漂移。義大利人從番紅花山（Saffron Hill）和克勒肯維爾遷走。另一方面，從東歐來到東區的人數難以可靠估算。據信一九〇〇年時，光是在斯特普尼就有四萬名俄國人和波蘭人。

最為顯著的是從俄羅斯帝國歐洲領土的反猶屠殺中逃難而來的猶太人，約有十萬猶太人來到了白教堂。這相應導致其中較富裕的人們持續湧入海布里（Highbury）、伍福德（Woodford）、史丹佛山（Stanford Hill）、亨頓（Hendon）和芬奇利，這一進展被稱為猶太人向上流動的「西北通道」。這些群體留下了他們的禮拜場所和餐廳，他們的家族在週末經常重遊舊地。至今在克勒肯維爾仍有一座義大利教堂、費茲羅維亞仍有一間德國教堂、蘇荷仍有兩座法國教堂。但我年輕時的異國勝地卻已不復存在，它們是夏洛特大街的施密特餐廳（Schmidt's）和白教堂的布魯姆餐廳（Bloom's）。

再向東去，華人水手從萊姆豪斯的碼頭上岸，就此消失無蹤。倫敦的唐人街詭祕、自足又遠離中心，一直存續到了一九六〇年代晚期才被塔村（Tower Hamlets）議會驅離。被驅逐的華人令人意想不到地遷移到了市中心，在不久前才因為取締街頭流鶯而被清空的蘇荷區爵祿街（Gerrard Street）落腳。

我曾經試著敘述這個族群「大遷徙」的故事，但在緊密團結的華人群體裡，卻找不到願意談的人。而在波普勒，有個當地議員自誇「為我們的人民收復了我們的學校」。華人自從一八五〇年代以來就在那兒生活。

萊姆豪斯的長篇史詩，令人清楚理解到了小說家華特・貝森特講述過的另一項倫敦特徵。他在一九〇一年的著作，將東區稱作倫敦的「大祕密」。東區的二百萬人口使它成了一個大於任何外省都會的城市，但它「沒有仕紳、沒有馬車、沒有軍人、沒有畫廊、沒有劇場、沒有歌劇院，他們什麼都沒有……沒人往東走，沒人想看到那個地方；沒人好奇。」貝森特同樣輕蔑泰晤士河南岸的倫敦，那又是另一座巨大的城市，十九、二十世紀之交的居民幾乎全是工人階級。有個法國人曾經聳聳肩對他說，那座城市唯一的大廈「是一間名叫象堡的酒館」。

儘管東倫敦和南倫敦的自治市鎮就業多半仍仰賴內城，但除此之外，它們自給自足，包括彼此獨立。經常聽說居民從不越過白教堂以西或泰晤士河以北的故事，如同許多西倫敦人從不跨越倫敦塔以東。英國國教會的一份住宅報告評述，東區「未經勘查，一如廷巴克圖（Timbuktu）」。查爾斯・布斯寫道：「需要寫上未知領域（這句話）的不是國內，而是城內。」相較於英格蘭北部火熱發展的城市，倫敦似乎在地理上劃分成了不同區塊。當喬治・歐威爾從諾丁丘入手描述倫敦的貧民，他以化名借宿於萊姆豪斯，盡其所能以一個異地旅客的角度書寫。

巨大的漣漪

與內倫敦之內這些分化同樣深刻的另一種分化，也在迅速產生。這是整個內倫敦與它不斷擴大的「甜甜圈」之間的分化。貝森特或許注意到了東區的孤立，但這相較於新興郊區的孤立卻不值一提。即使它們的居民會搭火車到市中心工作、偶爾娛樂，但對內倫敦的同時代人來說，這些人來自未知的國度。多數倫敦人對斯特普尼、羅瑟希德（Rotherhithe）和布里克斯頓稍微有些印象，但幾乎沒人知道卡特福德（Catford）、圖丁（Tooting）或埃德蒙頓（Edmonton）。

到了一九〇〇年代，這個倫敦已經延伸到倫敦郡議會的邊界之外，進入了薩里、肯特、艾塞克斯和米德塞克斯各郡。多數情況下，新的定居點並不是從既有村莊向外成長，而僅僅是吞沒了沿途的農場和田園。一如先前的擴張，最迅猛的發展是向西方，向都會的上風處，鐵路公司也想要保持這種發展。大都會西北方有一處九十度的弧形地帶，彷彿專為中產階級保留，或者期望如此。大西部鐵路拒不營運工人列車，唯恐將低收入居民引進他們的市場。

曾有一些社會工程的嘗試。慈善家亨利埃塔·巴奈特（Henrietta Barnett）一九〇九年在戈德斯綠地邊緣創建了漢普斯特德花園郊區（Hampstead Garden Suburbs），由雷蒙·昂溫（Raymond Unwin）和埃德溫·魯琴斯（Edwin Lutyens）按照花園城市原則設計，意在建立一個「混居社區」。這處地產空間運用得相當奢華，花園多過於郊區。它得到了兩座教堂和一間學校，即使缺少商店或車站。但它並未實現社會混合。

多數新房屋是向開發商租來的，但住者有其屋逐漸流行起來。隨著市場在一九〇五年之後開始衰退，開發者鼓勵購買更甚於租用。一九〇九年《倫敦晚報》（*Evening News*）刊登的一則廣告主張業主自住，因為這樣一來，「地區今後的體面和穩定都能得到保障。當一個地區的個別業主占多數，對地方政府的關心就會更大得多，得以避免無謂或輕率的開支。」隨著這些郊區在二十世紀前三分之一時間凝聚起來並且進一步擴張，它們成了一片堅若磐石的中產階級聚居地，圍繞著大都會。

倫敦南邊和東邊也有了同樣的發展，但並非毫無爭議。約翰．凱列特報導了大東部鐵路公司對於大西部鐵路公司郊區路線排除工人列車的反應。大東部鐵路公司總經理威廉．伯特（William Birt）抗議，他自己公司依法提供的列車，已經「為了一般乘客交通，而徹底摧毀了我們的鄰近地區」。為何大西部鐵路卻沒有被迫這麼做？儘管如此，他也採取了同一策略。大東部鐵路從埃平森林附近的中產階級聚居地排除了工人列車，特別是行經齊格威爾（Chigwell）、清福德（Chingford）、海諾（Hainault）、旺斯特德（Wanstead）等地，從寶貴的伍福德環線（Woodford Loop）上排除。

東部的這些郊區是倫敦的小小樂事之一。伍福德綠地（Woodford Green）是奢華的新都鐸式建築，旺斯特德隱藏著許多喬治時代排屋。最驚人的是羅姆福德（Romford）附近的季迪亞公園（Gidea Park）。它在一九〇九年明顯仿效漢普斯特德花園郊區而規劃，要成為一處當代住房的展示場，據說有一百位建築師參與。這裡只有兩種房屋，售價分別是三百七十五鎊和五百磅。它們包含了英國民宅復興式建築（domestic revivalism）的精采展示，其上覆蓋著美術工藝運動的裝飾風格，出自阿什比（Charles Robert Ashbee）、克拉夫・威廉斯—艾利斯（Clough Williams-Ellis）、貝利・史考特（Baillie Scott）、柯提斯・格林（Curtis Green）、泰克頓派（Tecton）及其他人之手。所有能想得到的每一絲才能，全都用來抵抗沃爾瑟姆斯托、雷頓斯通（Leytonstone）和莊園公園（Manor Park）節節逼近的人群。

泰晤士河南岸也可以看到同樣的防禦策略。喬治時代風格的格林威治和黑荒原，試圖阻擋新十字（New Cross）和路易舍姆；達利奇和坎伯韋爾抵抗佩卡姆、南華克和沃爾沃斯（Walworth）。高雅的里奇蒙和溫布頓（Wimbledon）也在抵抗普特尼和巴恩斯（Barnes）的高漲人潮。輪廓就是一切。一排排別墅宛如按照身高選拔的騎兵部隊，保衛居民不受半獨立屋和連棟房屋的步兵進犯。這一切全都任由市場擺布。倫敦的郊區正在重演十七世紀中葉大西敏的拓殖過程，這次是以最大規模重演。

這個新的外倫敦對社區或基礎建設毫不尊重。一開始，營造者沒有提供多少商業街、學校、教堂、商店或診所。對於城鎮或村莊設計都沒有考量，當然完全不考量基礎設施，除非有個仁慈的設計者想到，一家小小的店面或許有助於銷售。一切都是關於房屋。開發者並不在乎房屋的模樣，建築式樣書提供的是新喬治式、新都鐸式、新詹姆士式或新安妮女王式。關鍵在於工整，每一吋空間都作為私有財產而被分配並出售。沒有必要把寶貴的土地浪費在公共領域裡。

按照價格徵收的房屋稅，仿效《一七七四年建築法》的分級。但那項法律儘管按照個別街道為房屋分級，郊區的房價卻在一畝畝領地的各處，強加了相當於所得均一的效果。喬治時代的郊區在每一處聚居地內部都需要社會層次。愛德華時代的郊區沒有僕役，而是愈來愈需要車輛及相關基礎設施才能生存。那兒沒有庭院的親切感，也沒有連棟房屋的友好睦鄰。訪客經常論及無人陪伴一事。H．G．威爾斯（H. G. Wells）在小說《托諾—邦蓋》（*Tono-Bungay*）寫道：「倫敦沒有鄰居。」每個人都是孤島，每個家庭都住在要塞裡，「他們不知道左右鄰居的姓名。」這是英格蘭「新市鎮憂鬱」（new town blues）的早期版本。

儘管如此，郊區確實說到做到，為倫敦自古至今的呼喊提供了解答，帶來了逃出城市的污穢與濃霧、進入鄉間新鮮空氣的途徑，以及一個可說屬於自己的地方。一部描繪郊區幸福的暢銷小說《瑟比頓的史密斯一家》（*The Smiths of Surbiton*）可說是經典之作，它在一九〇六年首先連載於《每日郵報》（*Daily Mail*）。我所能找到最近似於這種逃離「市中心」之自由的類比，是美國向西部逃跑，來到洛杉磯和舊金山的廣袤農場。唐納．歐森引用的一首打油詩，總結了這份滿足：

他靠在窄窄的牆上
他的土地以牆為界，
思前想後，驚嘆著
他找到了這樣的幸福。
他無言以對，唯有狂喜；

抽著菸斗；感謝星相；

而且，還有什麼比這更美妙？

他感激那呻吟著的惡臭（鐵路）車廂。

自一八七〇年代以來持續進行的最新一輪擴張，到了一九一〇年也宣告結束。這座大都會又一次狼吞虎嚥豪取空間，而後再次筋疲力竭。運輸能力過剩。房屋證明了難以出售。一八九九年時，二萬七千棟房屋正在興建中。一九一三年，施工中的房屋總數則是八千棟。被解雇的建築工人數以千計。政府統計部門得出結論，倫敦的擴張終於達到顛峰，大概不可能再繼續。此刻正是全國其他地方急起直追的時候。

這座已經跨出泰晤士河盆地的大都會，仍顯露了許多貧窮，但多數窮人、甚至赤貧之人，仍能指望勞合・喬治（David Lloyd George）自一九〇九年和一九一一年開始實施推行的老年退休金和國民保險。幾乎在社會每一層級，倫敦人都享受著一百年前無法想像的生活方式。喬治時代的倫敦取暖和照明都靠明火、用水靠河水、運輸則靠馬匹。因此它和伊莉莎白或斯圖亞特時代的城市並無二致。

二十世紀的倫敦人再也不需要走路上班，而是可以乘坐地鐵或汽油巴士、計程車或自用車。擁有自家前門和花園的人數前所未見，並由下水道、自來水和中央供暖系統服務。他們有電燈、瓦斯爐和熱水。他們的衣服由機器縫製，食物儲藏櫃裡滿是進口食品。辦公室有打字機和電氣線路。倫敦的電話訂戶多過整個法國。

文化生活也回應著這些新奇事物。美國再也不是脫離殖民的閉塞之地，這時向熱切期待的倫敦輸出音樂劇和電影。散拍音樂（Ragtime）、一步舞（the one-step）和兔子抱舞（bunny hug）大為風行。倫敦人可以從留聲機上聽錄製的音樂，並造訪公共圖書館、游泳浴池、技術學院和電影院。報紙每天把世界新聞帶到家門前。不過二十五年間，就發生了一場史無前例的技術革命——即使不是網際網路之前最偉大的成就，也是偉大成就之一。

城市往往受害於政治，也同樣會受害於其主人。倫敦人，實際上是這段時期的所有英國人，有時會被認定為自鳴得意、幼稚無知，享受著愛德華時代極樂的小陽春。但他們沒有理由預期到二十世紀往後三十年間即將遭逢的雙重災禍，當然也無從抵禦。歷史學家芭芭拉・塔克曼（Barbara Tuchman）寫道，自古以來歐洲人所推進的一切藝術之中，唯一全無長進的就是政治的藝術。儘管歐洲世故練達，它卻改不了戰爭這個習慣。僅此一次，花了一百年與歐洲大陸維持友好關係的英國，無法在歐洲各國彼此不和之時置身事外。大禍在召喚著它。

第十八章　大戰及其後　西元一九一四至一九三〇年

前線上的首都

城市不喜歡危機。它們帶來了不確定，通常對生意有害。一九一四年八月，當歐洲各國紛紛發出最後通牒並集結軍隊，倫敦城置身於一種難以掩飾的恐慌狀態。英格蘭銀行派出一名特使前往財政部，會晤財政大臣勞合·喬治，向他表達「倫敦城的金融及貿易利益完全反對我國介入戰事」。《經濟學人》（*The Economists*）也同意，它指出歐洲大陸上的「爭吵」，並不比阿根廷共和國與巴西的爭吵、或是日本與中國的爭吵更與英國相干。英國的孤立主義從未表現得如此露骨，即使由於衝突始於巴爾幹半島，事不關己在當時似乎並非毫無道理。

而在首都其他地方，這股具體的戰爭氣息則引起了不同反應。在即將到來的整個敵對行動中，大眾輿論和媒體始終保持著一種驚人的極端愛國主義。即使政治人物持保留態度，但事態很清楚，英國很快就必須履行它與法國以及俄國的「協約」，至少也要信守它對比利時領土完整的承諾，畢竟德軍的入侵這時正在侵害比利時。但即使如此，倫敦城仍不為所動。首相阿斯奎斯（H. H. Asquith）說，銀行家是「我所必須應付的一群最笨的人……（處於）消沉狀態，宛如老太婆在主教座堂的鎮上為了茶杯喋喋不休。」

隨著戰爭準備加速，倫敦城的看法也變了。軍隊動員緊鑼密鼓、政府花費增加、倫敦城必須發行更多公債，利潤隨之積累。戰爭狂熱顯而易見。一輛募兵巴士巡迴於東區，吹噓著「往返柏林，免費」。任何商店或公司的名稱要是有一絲條頓人色彩——即使是比利時或俄國的盟國——也容易遭受攻擊。我的祖父加入了一支律師學院連隊（Inns of Court company），每天午餐時間都在格雷律師會館廣場出操。

歐洲市場及此時處理大多數全球航運的波羅的海交易所關閉，加上進口原物料短缺，使得就業率一開始暴跌百分之十三。隨著動員加速，跌勢得以反轉。倫敦製造恩菲爾德步槍（Enfield rifles）和馬克沁機槍（Maxim guns），加上彈藥、車輛、補給及被服。失業率立即在一九一五年下降為百分之一點八，嚴重的勞力短缺則一直持續到戰爭結束。兒童提早放學，兼差工作。勞動濟貧所關閉，遊民被圍捕、收容所被要求交出身體健全的被收容人。相關產業的工會成員在四年內增加了百分之八十。

被引進工廠、醫院和整體勞動人口的女性人數前所未見。多數人從事文書工作，特別是文官部門工作，但伍利奇兵工廠的女性員工人數從一百二十五人增加為二萬八千人。公車上、商店裡、軍中甚至警察部隊的職業女性顯而易見，留下了大量記載。一份報紙說起女性「半夜走過大都會，無人保護、不被騷擾，在戰時工作給予她們性別的這份新生自信之中安全無虞……這在世界末日之前本來是不可能的事」。

倫敦顯然得利於戰爭。碼頭工人的工資加倍，所得增加的速度大概是史上最快。無家可歸的人隨著職缺激增而減少，需求增加則填補了一九〇〇年代住宅熱的供給過剩。有些報導提及家具短缺，甚至連鋼琴都短缺，「像樣」的工人階級家庭少了鋼琴就不完整。歷史學家傑瑞·懷特（Jerry White）論及學校照片的差異。伯蒙德賽韋伯街（Webb Street）的一所貧民區學校，戰前拍攝的照片裡「衣衫襤褸、頭髮剪短的小祖宗們怒目而視，赤裸的腳趾穿透了開口笑的鞋面……有些人甚至沒鞋可穿」。戰後在同一所學校拍攝的照片，則是儀容整潔的少年們身穿西裝外套、擦亮的皮鞋和開領襯衫。倫敦的嬰兒死亡率持續下降，從一九〇一年的百分之十五，到一九二一年只剩百分之六。倫敦郡議會一位官員將此事歸因於學校供應免費餐點導致營養不良情況減少，以及貧民所得增加。

戰爭也導致白廳對於國家強制執行清教主義，產生了不尋常且非理性的執迷。酒館必須提早打烊，而在一項極端措施中，「招待」他人喝酒，甚至是配偶請對方喝酒，都構成刑事犯罪。英國惡名昭彰的准許賣酒時間（licensing hour）正是採行於第一次世界大戰期間，直到一九八八年才中止。體育賽事受到限制，但劇場和音樂廳座無虛席，餐廳亦然。倫敦充斥著身穿軍服的人，他們擠滿了火車站，在公園和廣場裡遊行。聖馬田教堂堂牧迪克·薛帕德（Dick Sheppard）讓地下聖堂向無家可歸的軍人「永遠敞開大門」，這些休假的軍人在查令十字車站被拋下，不知該往何處去。

戰爭結束時，共有十二萬四千名倫敦人戰死，包括百分之十左右的二十歲至三十歲男性。對這座城市的人口而言，創傷最深的經驗是空襲來臨。空襲始於一九一五年五月齊柏林飛艇轟炸東倫敦，在達爾斯頓、霍克斯頓和史特拉福（Stratford）投下一百二十枚炸彈，多半是燃燒彈，造成七人死亡。齊柏林飛艇之後則是哥達（Gotha）雙翼轟炸機，而後更大的巨人轟炸機在一九一七年秋天出現。主要的影響在於士氣。空襲引發恐慌，主因之一是城市對空襲似乎毫無防備。碧翠絲．韋布（Beatrice Webb）記載，空襲「毀壞了倫敦人的神經，結果就連在富裕和有教養的人們之間，也引起了大量丟人現眼的恐慌。」她回想自己帶著書和香菸避難。成千上萬人逃離家園，來到漢普斯特德或高門的宿舍，或者遠到布萊頓。直到一九一八年五月，倫敦的防空兵力才足以抵抗攻擊，空襲次數隨之減少。那時已有六百七十名倫敦人喪生。自從維京人入侵以來，這個大都會第一次置身於前線。

一九一八年十一月十一日上午十一時，信號煙火的發射標誌著停戰生效。群眾湧上街頭，重演馬菲京解圍時的情景。據估計有十萬人聚集於市長官邸外，此地對於多數倫敦人來說仍是情感的焦點，其他人則擠滿了西區。歡慶帶來了極端行為的謠言。作家馬爾科姆．穆格瑞奇（Malcolm Muggeridge）宣稱，他當天深夜看見情侶在公園野合——這則軼事被廣泛複誦，但也廣受質疑。較為莊重的象徵則是聖保羅主教座堂裡肅靜的群眾。倫敦人的心情多半如釋重負，按照H．G．威爾斯的說法，渴望結束「這場終結戰爭的戰爭」。

倫敦向左轉

這場被稱為「大戰」的戰爭，也是第一場被定義為「總體戰」的戰爭。因此，關於一個現代國家在全面動員時能有何等作為，這場戰爭引起了大眾關注。勞合・喬治仍然掌管著這個國家，這位首相在戰前的財政大臣任內，已經大幅推進了公共福利。這時他以國民聯合政府（national coalition）領袖的面貌出現，承諾政府要打造「適合英雄生活的國家」。他沒有具體說明這個概念的意涵，言外之意是一個能夠打敗德國的國家，最終肯定也能夠打敗貧困。

勞合・喬治在一九一八年十二月立即舉行了一次「戰時」選舉（"khaki" election），這是第一次允許所有二十一歲以上男性，以及所有三十歲以上女性投票的全國選舉。聯合政府的候選人獲得壓倒性勝利，他們多數是保守黨人，但也有一些聯合自由黨人。但一元復始的期望，卻因政府舉債從一九一四年的八千萬鎊，增加到一九二〇年的五億九千萬鎊而變質。這意味著公共支出被大刀闊斧刪減（因其執行者艾瑞克・格迪斯爵士〔Sir Eric Geddes〕而被稱為「格迪斯的斧頭」）。英雄凱旋歸來的國家沒有繁榮的經濟，只有財政緊縮。一九二〇至一九二二年的經濟衰退期，逼得政治家們對德國毀於戰爭的政治經濟，採取不智的報復作為。

一九一九年春，保守黨仍掌控著倫敦郡議會，但新興的倫敦工黨從兩席成長到十五席，瓜分掉自由黨的數千票。工黨的口號「倫敦自治」（Home rule for London），借自當時動盪不安的愛爾蘭。它呼籲將燃煤、麵包、牛奶、肉類，乃至客運交通的一切全都收歸市有。更重要的是，工黨控制了二十八個自治市鎮的十二個。工黨黨員赫伯特・莫里森（Herbert Morrison）當選哈克尼市長，克萊門特・艾德禮（Clement Atlee）則是斯特普尼選區的下議院議員。工黨最著名的人物則是時年六十歲的波普勒市長喬治・蘭斯伯里（George Lansbury），他是虔誠的基督徒，也是左翼報刊《每日先驅報》（*Daily Herald*）主編。身為和平主義者的蘭斯伯里，日後擁護史達林的蘇聯政權，他宣告自己計畫要「在地上打造天國」，或至少在波普勒打造天國。

蘭斯伯里首先點燃戰火，他的理由強而有力。一九二〇年，他大幅增加波普勒的開銷，推行女性同工同酬及一項住宅計畫。結果，他連稅負平等過後的預算也超支，課稅需求增加將近一倍。他也拒絕加收倫敦郡議會、收容救濟委員會和倫敦警察廳加徵於自治市稅的規費。由於這些規費是強制繳納的，一九二一年七月，波普勒的市議員們和支持者一同遊行到法院，共有二十五位男議員和五位女議員被捕入獄。市議會在布里克斯頓監獄裡開議。

經過不少緊張忙亂的調停，議員們獲釋出獄，作為讓步，一套更激烈的稅負平等新方案因而獲得實施。倫敦最貧窮的十五個自治市鎮應繳納的稅額減少，最富裕的西部自治市鎮則增加。「波普勒主義」（Poplarism）贏得勝利，但這場爭議深深分裂了工黨的倫敦，只有貝思納爾綠地和斯特普尼支持波普勒的對抗行動。工黨內部傾向共產主義的左翼，與以赫伯特・莫里森為首、渴望體面和爭取中產階級選票的溫和派之間的鬥爭，直到一九二〇年代衰退期之後仍然持續。雙方經常出現分裂的遊行和罷工。

工黨的黨內衝突，以及工黨與倫敦郡議會保守黨（市政改革派）多數之間的衝突，在一九二四年拉姆齊・麥克唐納（Ramsay MacDonald）短暫的工黨少數政府期間始終持續著。工會聯盟（Trade Union Congress, TUC）一九二六年發動的總罷工並非始於倫敦，但倫敦市的碼頭工人和運輸工人起而響應，為了聲援礦工而停止工作。內政大臣溫斯頓・邱吉爾（Winston Churchill）動員運糧貨車、巴士和英軍部隊，並在海德公園設置糧食倉庫，引起了社會關注，也導致罷工者和警察斷斷續續地爆發市街戰。這場衝突最後由政府獲勝，倫敦約有十萬名破壞罷工者（工賊）協助政府。一如既往地，直接行動的呼聲只獲得首都冷淡回應。

貴族倫敦之死

內倫敦的房產市場遭受一股新奇的趨勢打擊，那就是西區的魅力喪失大半。自一八八〇年代以來，大地產持有者及其租戶先後歷經了農業蕭條、所得稅上漲和嚴苛的遺產稅。遺產稅在一九一四年提高到價值一百萬鎊以上的地產需徵收百分之二十，一九一九年又提高為二百萬鎊以上的地產需徵收百分之四十。許多家族在大戰期間都失去了男性親人，這也使得工資上漲、家務人員宿舍一空。萊坊（Knight, Frank & Rutley）等地產經紀人的廣告，讀來宛如翻開《德倍禮年鑑》逐一點名一般。威靈頓公爵、薩瑟蘭公爵（Duke of Sutherland）和諾森伯蘭公爵（Duke of Northumberland），以及亞伯丁、北安普敦、佩特雷（Petre）、托爾馬什（Tollemache）等貴族都在出售土地。據估計，英格蘭四分之一的陸地面積在這四年內轉手——多半轉給了土地上的自耕農——這大概是解散修院以來最大規模的土地轉讓。

而在倫敦，隨著九十九年租約到期，出售變得更加頻繁。貝德福德公爵在戰前已經賣掉了柯芬園。他用這些錢購買俄國沙皇發行的公債，大受損失。這第一處舊倫敦地產，此時成了一片破敗的倉庫區，環繞著舊市場的廣場。接著，伯克利勳爵賣掉了梅費爾地產的大部分。一九二五年，霍華·德·瓦爾登家族將波特蘭街賣給了約翰·艾勒曼爵士（Sir John Ellerman），使他在迄今為止不對外人開放的大地產業界，成了罕見的新產權所有人。

只在社交季節使用的貴族排屋，似乎成了不必要的奢侈品，但買家極少。結果是整條公園巷（Park Lane）以及皮卡迪利街都因銷售困難而被拆除。此時仍未受到保護管制（conservation controls）保存的喬治時代及維多利亞時代漂亮豪宅，為了重新開發而消失無蹤。一九一九年，索爾茲伯里侯爵賣掉他在麗池飯店後方阿靈頓街上的宅第，該處重新開發成了一座龐大的公寓樓。公園巷損失了仿效羅馬法爾內西納別墅（Villa Farnesina）的多爾切斯特府（Dorchester House），以及格羅夫納邸（Grosvenor House）、卡姆爾福德邸（Camelford House）、奧爾伯里邸（Albury House）和切斯特菲爾德邸（Chesterfield House）。德文郡公爵也賣了由威廉·肯特設計、位於皮卡迪利的豪宅，豪宅的花園向北通往伯克利廣場上羅伯·亞當設計的蘭斯唐邸（Lansdowne House）。如今尚存的只有蘭斯唐邸的立面。一九三八年被拆除的，是諾福克公爵位於聖詹姆士廣場東南角的鍍金豪宅，它的音樂室被搶救下來，展示於維多利亞和阿爾伯特博物館。

這時候的巴黎很幸運，該市年代相同的街區——瑪黑區（Le Marais）並不在都市更新的路線上。該區淪為貧民區反倒將它保存了夠久，得以在日後重生。而在聖詹姆士廣場的貴族聚居地之外，幾乎沒有一座十八世紀的倫敦豪宅能保存下來。赫敏・霍布豪斯的著作《失去的倫敦》（*Lost London*）讀來令人心痛。在皮卡迪利街的大宅之中，唯有阿普斯利邸和進出俱樂部舊址，還多少保存著原有的形式。要是其他大宅能夠再堅持兩代，它們的光輝或許會得到更好的守護。

除了大宅之外，另外還有其他損失。堤岸上的塞西爾酒店被拆除，改建為歐威爾筆下的龐然大物——殼牌麥斯大樓（Shell Mex House，河岸街八十號，本書出版社所在地）。一九三七年，位於薩默塞特府隔壁，由羅伯・亞當設計的阿德爾菲開發區被拆除了中央街區，代之以一座古怪的裝飾藝術（Art Deco）仿製品。難以出租的奧德維奇最終轉手給了美國投機商歐文・布希（Irving T. Bush），當英國廣播公司使用布希大樓（Bush House）作為它的國際頻道總部，布希之名曾短暫傳遍全球。被拆除得最沒意義的，則是索恩設計的新古典主義建築英格蘭銀行。它的損失被普遍視為這段時期倫敦城最嚴重的蓄意破壞行為——還有不少拆除行為也在競爭這個獎項。英格蘭銀行表示它需要更大空間，但它後來在別處擴充也就得到更大空間了。

最能象徵舊倫敦逝去的，莫過於納許設計的攝政街消失。該處的房舍仍遵行著納許嚴格的租賃條件，立面每四年就要重新粉飾灰泥，每年都要清洗。一九二〇年代，從皮卡迪利街延伸到攝政街的皮卡迪利飯店老闆們表示，他們的建築物需要擴大後部。既然納許已經作古、無人提出抗議，皇家財產局就讓諾曼·蕭興建了新巴洛克式臨街正面，荒唐地凌駕於它的鄰居之上。丹麥都市規劃專家拉斯穆森（Rasmussen）說，在諾曼·蕭看來，「灰泥正面……可說是一句罵人的話」。有一陣子，這家飯店座落在扇形上，宛如一隻大象在百合花田裡迷路，這是倫敦規劃的典型失敗。它使用的波特蘭石隨即變黑了。

皇家財產局顯然熱切想要擺脫納許的傑作，最終也實現了全面摧毀。這位建築師在滑鐵盧坊的豪宅倒下了，皮卡迪利圓環以北，以及沿著攝政街到朗豪坊的全部立面也跟著倒下，英國廣播公司的廣播大樓不久就在朗豪坊興建起來。替代建築全都參考了蕭的厚重巴洛克式，立面是石砌而非灰泥。第一次世界大戰的老兵們，將拆除現場與法蘭德斯戰場相提並論。新的攝政街體現了二十世紀的巴洛克復興——厚重、乏味，但未必毫無特色。唯有利柏提百貨（Liberty's）顯現了才情。崇尚美術工藝運動風格的百貨公司老闆，在攝政街一面興建了巴洛克式臨街正面，但後方則興建了新伊莉莎白式立面，用兩艘舊戰艦取下的木料製作，不用釘子、而是用椿固定。按照佩夫斯納的說法，它意味著「對第一次世界大戰後，那個突然降臨於英國的更古老、更愜意世界之懷舊」。

「英雄之家」

在某方面，勞合·喬治政府決心不被左派比下去。它承諾過要提供適合英雄居住的家園，一九一九年，早期福利國家的一位無名英雄——克里斯多佛・艾迪生（Christopher Addison）首倡一項住宅及城鎮規劃法案。艾迪生是著名醫師、自由黨（日後轉為工黨）下議院議員，戰時曾任勞合・喬治內閣的軍需大臣。他接掌了一個名為衛生部的機關，其業務不僅包含保健，還有學校、監獄、住宅、救貧法，以及整個地方政府的相關方面。艾迪生讓地方議會——在倫敦是倫敦郡議會及自治市鎮——不僅負責清拆貧民區和城外地產，也負責提供房屋給所有需要的人，租金僅取決於支付能力。每一處住所也必須擁有浴室。為了支應可能的巨大開銷，多過一便士地方稅收益所能提供的資源，將由明顯措手不及的財政部支應。

白廳與地方政府現實情況之間的聯繫很薄弱。正當格迪斯的斧頭猛擊白廳之時，財政部卻對公營房屋慷慨到了幼稚的地步。公共部門的供給立刻呈現爆炸式增長。一九一三年時，倫敦百分之六的新建房屋由公共機構建造，到了一九二〇年則成了百分之六十。轉包一團混亂，浪費程度巨大，承包商的幫派把持了物料。一九二一年，亨頓的房屋讓市議會花費了一千多鎊，是私營部門房價的三倍。營造者安裝了「浴室」，但它們兼作廚房、洗碗間和洗衣房使用。兩年後，財政部刪減補助，開銷隨之大減。艾迪生被迫辭職。

至少房屋蓋起來了。位於米爾班克和界限街的倫敦郡議會戰前原有地產，模仿的是喬治・皮博迪和奧塔維亞・希爾等慈善家的工作成果。一九一八年後在達格納姆（Dagenham）郊外貝肯翠（Becontree），以及薩頓（Sutton）附近聖赫利爾（St. Helier）的地產則宛如新市鎮，分別計畫要容納十二萬居民和四萬居民。十五處同樣的地產也在未開發地興建，最終容納了二十五萬人。不同於內倫敦那些地產，它們的位置遠離可能租戶的住處，更別提他們可能找到工作的地方。它們純粹只是發散，得不到多少火車、學校、商店或醫院服務。據報導，一位新來的住戶敲著鄰居家門追問：「發生什麼事了？怎麼會這麼安靜？」

一九二三年，艾迪生原先的職位由內維爾．張伯倫（Neville Chamberlain）接替，他是自由黨領袖約瑟夫之子、伯明罕艾德巴斯頓（Edgbaston）選區的下議院議員。這個不動聲色、認真勤奮的知識人，執迷於行政管理——一位傳記作家形容他「一張苦瓜臉」（weaned on a pickle）——一九一九至一九二一年間曾任職於名稱怪異的政府「不衛生地區委員會」（unhealthy areas committee）。這段經驗讓他直面全國某些最惡劣的貧民區。身為衛生大臣，他全力投入公共福利的全面改革計畫，一直擔任這個職位直到一九三一年，其間曾一度中斷。張伯倫一就職就宣布，他為改革準備了二十五項法案，後來真正實施的數目是驚人的二十一項。他甚至拒絕了財政大臣的任命，只為了完成自己對這個萌芽中的福利國家所做的工作。

《一八三四年救貧法》此時幾乎已經過時了一世紀。濟貧會管理人、勞動濟貧所、療養所、收容所和「院外救濟」早已日薄西山。一八八〇年代，張伯倫的父親曾提案討論將它們整併在新設的郡議會之中，一九〇九年則有一個委員會提議將它們廢除。但直到一九二九年，張伯倫才終於得以通過一項法律，最終將濟貧會管理人納入地方政府掌控。這是在一場兩小時半的演說，獲得下議院公開鼓掌贊成之後達成的。要不是一九三八年誤判希特勒（Adolf Hitler）的意圖，張伯倫將會被譽為偉大的社會改革家。

張伯倫法案將大都會收容救濟委員會的七十五個療養院、熱病醫院和精神病院交由倫敦郡議會管理。它們與古老而獨立的慈善醫院並行——且互相競爭。就這樣，倫敦郡議會的公共衛生委員會在一九三九年時，掌控了英格蘭所有公共部門醫院的百分之六十。倫敦可以自詡為「帝國最大的地方衛生管理機構」。事實上，福利國家並不始於一九四五年的工黨政府，它最強大的推手，是一位賦權於保守黨倫敦郡議會的保守黨政府的衛生大臣。

在此同時，多半由工黨執政的自治市鎮當局，則證明了是最勤奮的創新者。在整個戰間期間，他們掙扎於蘭斯伯里的社會主義與莫里森的溫和改良主義之間。蘭斯伯里的個人魅力鮮明，有著讓聽眾激動落淚的非凡天賦。他在整個一九二〇年代始終大受歡迎，甚至當選國會議員。一九二九年，拉姆齊·麥克唐納短暫復出執政時，任命蘭斯伯里為就業大臣。蘭斯伯里讓倫敦有幸得到攝政公園裡一座兒童的划船湖，以及海德公園九曲湖的露天泳池（Lido），並堅持讓男女共同使用，此舉激怒了《泰晤士報》。在歷史學家A·J·P·泰勒（A. J. P. Taylor）看來，它們是麥克唐納愚昧無知的一九二九年首相任期中，唯一值得稱道的紀念物。

這些自治市鎮，實際上是戰間期倫敦的兩黨地方政府，本質上仍然忠於莫里森的溫和改良，以及韋布的「煤氣和水社會主義」（gas-and-water socialism）傳統。那時湧現於法國和德國各大城市的早期叛逆跡象，完全不見於倫敦。條理分明的莫里森是一位「新」通勤倫敦人，他來自郊區的萊奇沃思（Letchworth），而非西敏、芬斯伯里或貝思納爾綠地。在他推動下，伍利奇在一九二〇年代興建了一千多棟公營房屋。伯蒙德賽的公共衛生則贏得讚譽，有免費的結核病治療、牙醫和居家訪視員。它也興建游泳池，並設立一個「美化委員會」，將教會墓園改造成小公園。甚至還有了新品種的「伯蒙德賽大麗花」（Bermondsey dahlia）。稅負平等的作用一如預期。

第十九章　發散的高潮　西元一九三〇至一九三九年

飢渴的大都會

內維爾・張伯倫可以改革福利國家，但他無法應付一項更大的挑戰，那就是控制倫敦再度失控的地產市場。地方議會可以興建房屋，但他們就跟開發商一樣，只是把房屋丟在田野裡，並且收取租金。他們不提供基礎設施、或任何看似有計畫社區的事物。一九二七年，張伯倫成立了一個名聲響亮的機構——大倫敦區域規劃委員會（Greater London Regional Planning Committee）。它的全部作為就只是在三年後記載，以查令十字為中心，方圓十一英里之內，綠地正以每年一千畝的速度消失。

一九三二年，張伯倫這時接任財政大臣，但仍緊盯著自己的老部門，政府則推行了英國第一部內容詳盡的《城鄉規劃法》（Town and Country Planning Act）。它考量到倫敦的現況，賦予地方議會制定土地利用方案的權力，包括在業已建築林立的地點上，開發商則「受到建議」，在拆除或重建之前先徵得議會同意。這是自十七世紀以來，除了法律附則和建築法規之外，第一次試圖管理大都會成長的努力。對於街道寬度和結構體高度都擬訂規定加以控制——後者的營業用房產限高一百呎、住宅限高八十呎。該法極力避免基礎設施或開放空間的相關規定。地方議會可以禁止拆除歷史建築，但在只能支付補償金的情況下，使得這項規定形同具文。

法令的膽怯讓它多半落得無效。一九二九至一九三一年的經濟大蕭條，對倫敦的影響不如全國其他地方嚴重，但隨後產生的政治氣候，卻不利於政府限制私人事業。一項提交給西敏請求保存諾福克府的請願，卻因成本為由而被置之不理。當時的審美品味並未延伸到限制亞當設計的波特蘭坊的逐步拆除，或阻止查爾斯．霍登（Charles Holden）設計的倫敦大學理事會大廈（London University Senate House）高過貝德福德地產。偶爾有些抗議信在媒體上刊載，例如美術工藝運動的建築師阿什比（Charles Robert Ashbee）哭號：「過去的任何美麗物體……可以應用於圖書館、俱樂部、博物館、學校或堂區用途的，（卻反而）都被拆毀，按照舊材料價錢賣給拆除者。」但沒用。一九三〇年代將會看到舊倫敦遭受大轟炸之前最嚴重的褻瀆——而且破壞程度很可能更甚於大轟炸。

最具象徵性的蓄意破壞行為，發生在一九三四年莫里森從保守黨手中奪下倫敦郡議會之時，這場勝利讓工黨得以掌權，直到一九六五年倫敦郡議會廢除。莫里森渴望展現自己認真追求現代化的形象，他決定拆毀從泰晤士河眺望聖保羅教堂的每一幅風景中，最引人入勝的一景：雷尼設計的壯觀滑鐵盧橋。他召集新聞記者到現場，看他揮舞鐵槌敲下第一塊石頭，並宣告「在首都中心，我們需要交通大動脈，不需要古老的紀念碑」。這回至少引發了勃然大怒。新聞輿論撻伐莫里森的「美感盲目，近乎庸俗」和「粗俗的功利主義」。倫敦城法團原先計劃拆除雷尼設計的另一座橋——倫敦橋，也因此延遲了三十年。這兩座橋後來都被毫無修飾的石頭傷疤給取代，彷彿把加納萊托的風景畫塗抹成白色。莫里森將更多車流引進西區的意圖，後來被減少車流的努力取代。滑鐵盧橋的消失，使倫敦開始與巴黎及其他歐洲國家首都漸行漸遠，它們都繼續認為自己的歷史中心值得尊重、值得美感上協調一致。莫里森及其繼任者們則只不過把泰晤士河畔看作一連串建築工地，直到第二次世界大戰過後，歷史建築管制規範出現為止。

半獨立城市

除了滑鐵盧橋，首都四面八方的人車運動，也是倫敦郡議會的盲點之一。再沒有哪座城市這麼缺乏促進交通的作為了。唯一新建的道路是由中央政府修築，多半僅限於東部大道（Eastern Avenue）和西部大道（Western Avenue）紓解穿越壅塞郊區的車流。北環路和南環路籌劃中，京斯頓外環路（Kingston bypass）也興建了。這些公路如磁鐵般，引來了逃離東區和碼頭的新消費業務。其中包括沃利斯吉爾伯特公司（Wallis, Gilbert and Partners）設計的裝飾藝術式建築——胡佛工廠（Hoover Factory）和泛世通輪胎工廠（Firestone Factory），以及其他人為吉列刮鬍刀（Gillette razors）、派蓮滅火器（Pyrene fire extinguishers）、柯瑞斯電器（Curry's electrical goods）、麥健士牙膏（Macleans toothpaste）和史密斯薯片（Smith's crisps）設計的廠房。在經濟大蕭條最嚴重的一九三一年，皇家公園有十五家工廠宣告勞力短缺。同年，美國福特（Ford）汽車公司來到達格納姆，為倫敦郡議會孤立的貝肯翠地產帶來了就業機會。一九三三年大蕭條結束時，倫敦提供了英國所有新職缺的一半。

倫敦的車主人數增加六倍，從一九二〇年的十八萬七千人，增加到一九三〇年的一百萬人出頭，同時一輛汽車的平均價格，則從六百八十四鎊下降到二百一十鎊。一九三七年的一份報告，因此提議興建一個由輻射狀和環狀的高速公路、新隧道，以及快慢車分道構成的路網，但未曾獲得實行。鐵路的延長和電氣化也無助於事態，南方郊區的低密度開發因此加速。一九二九年，第二屆麥克唐納政府創立了倫敦旅客運輸委員會（London Passenger Transport Board, LPTB），它在一九三三年已經接掌了首都的所有地鐵和部分地面鐵路，成了世界上最大的公共運輸事業。委員會執行長法蘭克・皮克（Frank Pick）和設計師查爾斯・霍登，為都市運輸的舒適與氣派建立了新標準。霍登設計的地鐵站受瑞典影響甚深，它們是戰間期建築最令人興奮的創造，一如設計領域裡哈利・貝克（Harry Beck）以電路圖為藍本創作的地鐵路線圖。今天用的本質上還是同一張路線圖。

倫敦旅客運輸委員會大概是倫敦在二十世紀前半期最接近於規劃管理機構的事物。歷史學家萊昂內爾・埃舍爾（Lionel Esher）稱之為「倫敦區域發展的首要動力」，純粹是因為它決定將鐵路延長通往之處。它主導了一波從內城湧向郊區的移動，規模遠大於先前所有的這類擴張。兩次大戰之間的倫敦人口只增加了百分之十，但建築密集的區域加倍了。到了一九三九年，大都會直徑已達三十四英里，規模驚人地擴充為一八八〇年的六倍。

其中多數來自大都會鐵路公司的「鐵路地帶」（Metroland）口號之下，興建於米德塞克斯數百處農場上的樓房。這個郊區極樂的美夢自一九一九年起實施，承諾要「把綿延起伏的宜人田野，轉變成幸福家園」。鐵路公司甚至請人創作一首流行歌〈我小小的鐵路地帶家園〉（My Little Metroland Home）。人口密度低，土地利用缺乏效率，對基礎設施的要求高得荒唐。但沒人在乎。

都會發散創造出來的鄰里街區缺乏特色，它們的差別僅限於價格。唯一多少有些個性的地區，是位於猶太人社會流動至西北通道上的那些地區。這些社區從一九二二年啟用第一座猶太會堂的戈德斯綠地，向外擴展到了亨頓、磨坊山（Mill Hill）和埃奇威爾（Edgware）。進入這些地區的移民，尤其來自納粹德國的移民，在一九三〇年代末是這麼熱烈，據估計，倫敦西北部接待了英國全體外國出生人口的四分之一。戈德斯綠地號稱是一九二〇年代繁忙程度第五名的地鐵站，還有一座最大的劇院，即擁有三千五百席的巨大「賽馬場」。

南部鐵路的電氣化列車，終於把泰晤士河南岸的倫敦完全帶進了通勤地帶之內。肯特出現了中產階級占絕大多數的住宅區，從伍利奇向南延伸到埃爾瑟姆（Eltham）、卡特福德和貝克斯利（Bexley）。值得注意的是，如同在倫敦北部一般，海拔高度每升高五十呎，房價便隨之上漲、花園面積也變大，例如在錫德納姆、布羅姆利（Bromley）和奇斯爾赫斯特（Chislehurst）。到了西南方，開發性質則更趨近於鐵路地帶，例如在默頓（Merton）、薩頓、埃普索姆（Epsom），以及里奇蒙的山坡周圍。建築產量變得狂亂，半獨立式房屋從開工到完工，興建時間不到一個月。整個農場在數週之內就會消失。

郊區文化

這時，倫敦的熟悉外貌被摧毀的規模引發了焦慮。第一次世界大戰前，在肯辛頓愛德華茲廣場（Edwardes Square）興建一座公寓大樓的企圖被阻擋下來，但在一九二〇年代，布魯姆斯伯里的恩斯萊花園（Endsleigh Gardens）被公誼會會堂（Friends Meeting House）吞噬，康登鎮的整條莫寧頓月牙街（Mornington Crescent）則成了卡瑞拉斯捲菸廠（Carreras cigarette factory）。後者是讓倫敦最典型的城鎮景觀特徵——花園廣場再也無法承受的最後一擊。看來似乎沒有什麼可以阻擋貝爾格雷夫或格羅夫納廣場的格羅夫納大樓了。結果一九三一年通過了一項法律，專為保存全倫敦四百六十一處廣場而制訂。而在這項法律之後，倫敦郡議會在一九三四年宣布設立一條「綠色環形帶」(green girdle)，隨後成為環繞該市整個建築密集地區的一條綠帶。它也撥出二百萬鎊經費，購買「可從倫敦完全都市化地區立即取得的」公共娛樂用地。在這項計畫下購得的土地，只有恩菲爾德獵場（Enfield Chase）和無雙公園（Nonsuch Park）。青草或許最終能夠保全，但對於歷史建築仍尚未考慮。

在此同時，倫敦的新郊區生活方式強行進入了國民意識之中。文學界看待它的方式，帶著不少紆尊降貴的憤世嫉俗。作家羅莎蒙・萊曼（Rosamond Lehmann）保證她要「對最近突然出現的這些小平房放火……我——就是要把它們全都炸掉。」在來自英格蘭北部的 J・B・普里斯特利（J. B. Priestley）看來，郊區是新的英格蘭，這裡有著「巨大的電影院、舞廳和咖啡館、附帶小車庫的平房、雞尾酒吧、伍爾沃斯超市（Woolworths）、大客車、無線電、健行、貌似女演員的火柴女工、賽狗和越野賽車、游泳池，以及為了香菸禮券而付出的一切」。對於郊區史先驅艾倫・傑克森（Alan Jackson）來說，他的研究主體被看作顯露出一種「忠於當地、缺乏群體精神的膚淺」。他們身上沒有任何足以激起外人興趣或好奇之處。按照傑瑞・懷特的說法，居民們「以虛假的若無其事」談論著「趕上最後一波」。他們的妻子說著「幸會」，並「在惠斯特牌聚會（whist party）前，將蜜餞擺放在桌墊上」。

始終眼光獨到的拉斯穆森是一位更加冷靜的觀察者，他對郊區則更為贊同。他把郊區看作是「城鎮中心從城市向外伸展……讓人們無需為了購物或玩樂而走進城鎮」。郊區是城市的新版本，即使它被剝奪了城市的服務和樂趣。詩人約翰・貝傑曼（John Betjeman）是後起的市郊吟遊者，他對郊區就更不批判：「歡欣地駛進萊斯里普花園（Ruislip Gardens）／是紅色的電氣火車／隨著一千次謝謝和不好意思／輕盈地下車的是伊蓮……」他的女主角加快腳步，「進入郊區邊緣／還剩下幾處樹籬／我們失落的樂土尚存——又到了米德塞克斯鄉村。」貝傑曼對這個新倫敦的癡迷從來不曾喪失。他從哈羅（Harrow）高地向外看，彷彿置身於溫布利（Wembley）郊區波濤起伏中的一座岩石小島：「向西去，肯頓（Kenton）上空有一片風暴雲／佩里韋爾（Perivale）有一束港口燈光。」

另一條更有力的不同進攻路線，出自歐洲前來的新一波流亡建築師。貝特霍爾德・盧貝金（Berthold Lubetkin）、華特・格羅佩斯（Walter Gropius）等人，將德國包浩斯（Bauhaus）風格的簡樸、幾何設計引進了倫敦。高門的高點一號樓（Highpoint One，一九三三年建造），以及麥斯威爾・弗萊

（Maxwell Fry）在京斯頓的現代屋（Modern House，一九三七年建造）等建築，或許都是孤立的反常個案，但它們樸素的現代主義完全征服了倫敦的建築聯盟學院（Architectural Association School），乃至《建築評論》（*Architecture Review*）雜誌的內文。有些郊區開發商甚至在自己的式樣書中偶爾測試包浩斯設計，例如新理想家園公司（New Ideal Homestead）。機智的駕駛沿著西大道（Great West Road）前往希斯洛機場，就可以看見幾座一九三〇年代的「包浩斯」別墅，有著「環繞式」角窗和平坦屋頂。它們顯然未能流行起來，有些得在屋頂上加蓋四落水式屋頂（hipped roof）。

這些新「現代主義者」確實做到的，是阻擋了另一個來自德國的半進口貨——戰間期裝飾藝術建築的裝飾風格。後者曾在薩伏伊、河岸皇宮（Strand Palace）等飯店、西倫敦由沃利斯吉爾伯特公司設計的工廠，以及郊區新的歡樂堡壘「超級電影院」（super-cinemas）興盛一時。其中許多電影院是由俄國流亡者西奧多・科米薩耶夫斯基（Theodore Komisarjevsky）設計的。後者現存的圖廷格拉那達（Granada Tooting）電影院，想要以它巨大的沃立舍劇院管風琴（Mighty Wurlitzer）召喚出新「電影」的娛樂解脫，讓成天孤立於新住宅區的妻子們的無聊得到緩解。

就它所吞噬的土地來說，這段在一九三九年隨著第二次世界大戰爆發戛然而止的榮景，是倫敦歷史上範圍最大的。有一個新詞稱呼它所引發的反應，「都會恐懼症」（metrophobia）。一九三七年由張伯倫政府組成的巴洛委員會（Barlow Commission），再次要求適當規劃倫敦土地利用、分散工業、清空貧民區、促進交通便利、保衛綠地空間和歷史建築。沒有人反對這個理想，甚至在一九三五年通過一項雄心勃勃地命名為《限制帶狀發展法》（Restriction of Ribbon Development Act）的法律。但白廳政府部門與在地現實情況卻徹底脫節。當局想說什麼都行，但方向盤和引擎連接不起來，而引擎則是市場。

人和空間只要不受規範，人就會占用空間。英國國會對於一九二〇年代的勞工騷亂，以及專制政權在歐洲猛烈復甦深感不安。它似乎認為都會發散是一股平撫力量，簡直是一種麻醉劑。實情是，都會發散帶來的一切，都令倫敦人趨之若鶩：房屋、花園、火車站。提供社群或基礎設施不是他們的事。還能取得土地的時候，政府為何要阻止他們？正如傑克森所言，郊區的現實是「成千上萬人的生活水準轉變了」，超越他們的父母所能夢想的一切。正是這同一股力量，在二〇一〇年代推動著「行政住宅區」（executive estates）同樣粗心且毫無規劃地發散於英格蘭各地鄉間。

即使戰前的人口統計學家做了預言，但倫敦的魅力仍絲毫不減。就算倫敦的街頭並非遍地黃金，它的郊區仍草木林立，這份吸引力也就足夠了。倫敦不只是地表最大城市，其他城市更沒有這麼高比例的人口住在房屋裡，房屋有水電供應和前門、花園，還有火車載他們去上班。至於房地產市場，榮景則氣力放盡。倫敦的成長在一九三九年達到八百六十萬人口的巔峰，這個數字直到二〇一九年才被刷新。一如上一次「大戰」前夕，這座大都會彷彿暫停下來，觀望今後的事態演變。

第二十章　戰時大都會　西元一九三九至一九五一年

大轟炸

一九三八年九月，張伯倫在慕尼黑會議後宣布他帶回了「我們這個時代的和平」，當時在公眾和國會中都引起了一片歡騰。即使在一九三九年初，人們仍然希望透過外交手段遏制德國擴張，或至少讓英國無需介入當時仍侷限於東歐的衝突。德國入侵波蘭卻掃除了這點希望，因為波蘭的安全受到英國保證，如同一九一四年的比利時。但張伯倫的宣戰卻沒有獲得一九一四年那樣的極端愛國主義回應，那些還記得一九一四年的人們說起此時此刻，只因恐怖而感到麻木。

眾所周知，希特勒不想和英國開戰。他對於將領們擬訂的入侵計畫——海獅作戰心存懷疑，因為皇家海軍的實力仍然完整，而且一九四〇年春季的不列顛空戰讓他喪失了制空優勢。儘管如此，為了防衛倫敦，英國仍然採取了不顧一切的緊急措施，在倫敦周圍各郡農地上，以碉堡和機槍掩體布置了三道防線。就我記憶所及，它們全都不復存在。希特勒占領倫敦計畫的相關報導——他妥當地將總部設在布魯姆斯伯里的倫敦大學理事會大樓——都出自日後希特勒相關產業的幻想。一九四〇年秋天，海獅計畫宣告放棄，英國首都轉而著手防禦空襲，這是大不相同的戰爭，效力則更加可疑。

這個可能性重新喚起了倫敦的大戰記憶，由於目前所知的轟炸技術進展，它確實令人驚恐。伯特蘭・羅素（Bertrand Russell）寫道，「戰爭一爆發，」首都就會立刻「被夷為平地」。它會成為「一片巨大的極端混亂，醫院會被衝擊，交通會停止，無家可歸的人會尖叫求救……這些將由敵人來決定它的條件。」這種看法並不限於左翼哲學家。邱吉爾在一九三四年也警告過，會有三、四百萬人從倫敦逃往鄉間。白廳在一九三七年預測，兩週轟炸將造成六十萬人死亡，而醫院只準備了三十萬張病床。結果，倫敦組織了大約六十六萬婦孺向鄉間疏散，包括學校人口的一半。這次行動據說未曾發生任何重大意外就順利完成。

德軍對碼頭區三心二意的轟炸始於一九四〇年九月，但準度不佳且多半隨機。倫敦從一開始就實施了夜間燈火管制，雖不受歡迎，卻被認為有效。這時稱為安德森避難所（Anderson shelters）的金屬製隧道被分布在後花園中，以預防炸彈爆炸。它們在市中心幾乎派不上用場，阻止人們在警報響起之後擠進地鐵站月台的努力也毫無指望。車站迅速被人潮淹沒，當局只能讓步。

對於一九四〇年冬天的倫敦人來說，這場戰爭與其他戰爭截然不同。他們每夜都面臨著死亡迫在眉睫的可能性，就好像他們在大戰的戰場上一樣。一九四〇年十二月二十九日，一百三十架轟炸機每分鐘投下三百枚炸彈，讓聖保羅教堂周邊地區陷入火海，只有主教座堂奇蹟似地倖存下來。舊倫敦城大約有三分之一遭到轟炸。隨後，希特勒將注意力轉向俄國前線，然後在一九四四年捲土重來，進行了十四次「小轟炸」（baby blitz）。接著則是從那年六月持續到一九四五年的V-1飛行炸彈和V-2火箭攻擊。

人們對轟炸的體驗各自不同。作家伊莉莎白・鮑恩（Elizabeth Bowen）說到每天晚上，倫敦人都會「感覺到生與死的界線變窄……陌生人在街角對彼此說晚安、祝你好運，這時天色先是變白，而後隨著夜色轉暗。每個人都盼望著那天夜裡不要死，更多人盼望著不要死得無人知曉。」所謂「大轟炸精神」（Blitz Spirit）已經廣受駁斥，它其實是由白廳為了激勵士氣而編造的愛國主義概念。人們反倒肅然接受了這是件會持續到底的事。儘管如此，仍有數千名被疏散的兒童不等轟炸結束就回家，因為他們認為政府反應過度。

年輕人看來對空襲泰然處之，即使恐怖就近在眼前。一九四一年一月，一枚炸彈殺死了一百一十七名在地鐵銀行站避難的人。我的母親那時還是大學生，她自願成為東區的一名救護車駕駛。日後被問起那是怎樣一回事時，她只會說那就「像是在開救護車」，即使我們後來明白了，那段經驗對於一個剛滿二十歲的女子是何等創傷。在遠離恐怖之處，有一種怪異恐怖的常態。即使在遍體鱗傷的倫敦城裡，上班族也適應了每天的不便。英格蘭銀行行長孟塔古・諾曼（Montagu Norman）每週有兩三天睡在辦公室，但他的怨言主要在於缺乏業務使人無聊。

市民的堅毅，而非「精神」，成了戰爭敘事的一部分。小事至關重要：米拉・海絲（Myra Hess）在國家美術館的午餐音樂會；風車劇場（Windmill Theatre）裡的歌舞女郎，劇場「從不關門」；一張聖保羅教堂穹頂屹立於火海中的照片；倫敦塔壕溝裡生長的糧食作物；諾爾・寇威爾（Noël Coward）

的歌曲〈倫敦驕傲〉(London Pride)。城市捲入了一種新的戰爭——或許近似於三十年戰爭——這是全體人民和軍隊一同參與的衝突。

這正是美國播音員艾德·蒙洛(Ed Murrow)鮮活地向大西洋彼岸傳達的倫敦。他即時報導了大轟炸,述說著女孩們若無其事地身穿連衣裙走路上班,富人們在旅館大廳喝酒,同時聽見炸彈在他們周圍爆炸。一位聽眾對蒙洛說:「你把倫敦的死者放到了我們家門前,而我們知道,這些死者就是我們的死者。」他出力摧毀了「三千浬大海之外發生的事,等於不曾真正發生過」的觀念。在邱吉爾看來,蒙洛發揮了至關重要的作用,讓奉行孤立主義的美國在一九四一年轉向參戰。

如同所有轟炸城市的行動,大轟炸也是為了摧折平民士氣,誘導他們改變政府和政策。在英國或德國,這兩件事它都做不到。它甚至沒能中斷戰時工作,而民防任務——空襲防禦、救火、為流離失所者提供食物和住處——則為大眾帶來了他們在前一次大戰所欠缺的參與感。日後的調查顯示,自殺與精神痛苦降低了,關於群眾恐慌和「炸彈神經症」(bomb neurosis)的預言純屬廢話。

大轟炸即使為時短暫,卻成了倫敦在二戰中的決定性事件。被稱為第二次倫敦大火的大轟炸,造成的平民死亡人數約有三萬,由此造成了一項驚人的統計數字:死於第二次世界大戰的倫敦人,每三人就有一人是平民,而非軍方人員。總計約有十萬棟房屋被夷平,受損的房屋數量則是十倍。東區的部分地區裡,有一半的房產變得不適於居住。

對於轟炸機進攻能力的信心,激起了皇家空軍在戰時自始至終對德國施放同樣的武力。結果,倫敦的苦難相較於德國簡直微不足道，據估計，五十萬德國平民死於轟炸。德國的城市，甚至中世紀留存至今的小鎮，整個戰爭期間都遭到無謂的野蠻攻擊。空軍官兵執意相信他們的機群能夠打贏戰爭，甚至有可能無需地面戰鬥。這對於雙方而言，都證明了是代價高昂的毀滅性誤算。

勘察殘骸

一九四五年五月八日，歐戰勝利日當天，倫敦人走上街頭歡慶。但此時更像是療傷止痛的時候。對英國來說，這場勝利得不償失。倫敦看來更像是戰敗國的城市——焦黑、破敗、廢墟斑斑。隨著和平到來，德國和日本的製造商爭先恐後恢復生產。英國持續存在的勞工效能低落和缺乏投資，則被掩蓋在「我們最好的時光」這種說法背後。倫敦首要的障礙是一種幻覺：它獨自屹立不搖（我們在學校裡不斷被這樣教導），勝利的果實該由它享用。其實，勝利大多是美國人和俄國人努力掙得的。勝利的果實會由他們獲得，確實也是這樣。

一如前一場大戰過後，英國人期望著一部打贏了戰爭的國家機器，也能善加利用和平。工黨打出「現在贏得和平吧」（Now win the peace）這句口號，在一九四五年大選爆冷門擊敗邱吉爾領導的保守黨，正暗示了這個期望。因此，當盟軍占領下的德國開始了迅速得驚人的復興，不列顛人卻似乎仍在等待政府有所作為。統制經濟仍在實施，白廳維持著對食品、建材、新聞紙和布料的配給，彷彿市場經濟不可信賴。清苦的生活條件幾乎不見好轉。一九四六年與一九四七年間的冬季，結冰氣候襲來，燃煤卻短缺。照片呈現出數以百計的倫敦人排隊購買馬鈴薯。邱吉爾後來以「排隊烏托邦」（queuetopia）定義社會主義。

唯一一次短暫地對商業重建方向表示贊同，是一九四七年宣告以費爾利航空（Fairey Aviation）位於希斯洛的舊有測試跑道作為「倫敦機場」，取代交通不便的克羅伊登（Croydon）。希斯洛機場的客運量三年間就加倍，達到二十五萬人，一九五五年達到二百五十萬人，一九六〇年更達到五百萬人。官方持續向當地居民保證，希斯洛機場的每次擴建都是最後一次，但這些保證都被公然破棄，飛機跑道在人口密集的地區裡激增。

倫敦遭受的實體毀壞雖然並不廣泛，卻很可觀。成千上萬離開城市的人三三兩兩地返回，卻只見到被毀壞的家園和事業。倫敦城失去了三分之一的辦公室和多數倉庫，它僅存的製造業與商業活動也大半隨之損失。金融業則遭遇了外國企業逃離，外企短期內也不會回來。倫敦城的世界金融首都地位看似終結了，紐約華爾街（Wall Street）的崛起則反映了美國的主宰地位。即使聯合國仍在倫敦的衛理公會中央禮堂舉行第一次會議，但它的總部，連同世界銀行和國際貨幣基金的總部，卻都在美國的土地上。

在經濟領域之外，常態的某些跡象再次浮現。迪奧（Dior）的「新風貌」（New Look）一九四七年在巴黎推出，立刻大受矚目（也提振了民心士氣），這讓許多人開始疑惑，為何倫敦的設計師們仍受配給制約束。伯爵府（Earls Court）汽車展於一九四八年恢復舉行，即使此時汽油短缺，購買汽車也需要等待候補。同年，藝術委員會成立，這對倫敦大大有益，劇場和美術館也隨之復甦。倫敦在一九四八年主辦儉樸奧運（austerity Olympics），這意味著它重新獲得某種國際地位。父親帶我去看了開幕典禮，我還記得坐在他肩膀上看聖火點燃。

什麼樣的城市？

一九四二年，正當敵對行動進行到最高潮，戰時內閣發表了倫敦政經學院前院長威廉・貝佛里奇（William Beveridge）探討戰後福利改革的一份報告，藉此假裝一切如常。這份報告與他在前一場大戰期間，和勞合・喬治討論過的內容相符。倫敦城鎮規劃的相同演練，則交給了參與過一九三七年巴洛報告的學院派建築師派屈克・阿伯克隆比（Patrick Abercrombie）。人們期望他把大轟炸當成一次機會，一個新時代的開端。他將向倫敦郡議會負責。

戰爭結束意味著這些計畫得以付諸實行。但它們將由一個決意進行中央集權改革的政府主導，而不是交由地方實施。張伯倫對濟貧會的安排脫離了倫敦掌控，改由白廳的「國民救助」(national assistance）體系掌管。衛生大臣安奈林・貝文（Aneurin Bevan）極其厭惡倫敦郡議會的莫里森，尤其樂於剝奪倫敦最為寶貴的醫院，改由他新設的國民保健署（National Health Service）指揮。就連住宅方面都是「國有化」當道。邱吉爾卸任之前，計畫在原先的噴火式戰鬥機工廠廠址興建一百萬間組合式平房，「數小時內就搭建起來」。結果徹底失敗，事實證明，「組合屋」的單位造價是一間尋常郊區半獨立屋的三倍。其中一些仍存在於南倫敦的卡特福德，別緻可愛、且「被登錄」。

阿伯克隆比的倫敦規劃構想，規模更是宏大。它們出自一九三〇年代橫掃歐洲、壓倒了獨裁國家和民主國家建築理論的規劃理論革命。效命於希特勒的阿爾伯特·史佩爾（Albert Speer）將柏林想像成了嶄新的日耳曼尼亞（Germania），按照帝國規模予以規劃。蘇維埃俄國則實行了史達林災難性的都市主義。東歐的整座城市都被拆光，改建成國有建築排列於兩旁的一條條大街。即使這些構想有一部分需歸因於古典幾何學和帝國輝煌——希特勒把柏林看作新羅馬——它們的專制意涵卻破壞甚大。它們毫不尊重自古演進而來的歐洲都市文化，也不尊重歷史建築。

這些構想深受法裔瑞士建築師柯比意（Le Corbusier）影響。本名夏爾—愛德華·讓訥雷（Charles-Édouard Jeanneret）的他，在一戰前就喚起了國際現代建築協會（Congrès International d'Architecture Moderne, CIAM）的現代主義運動，它視「建築為社會藝術……能夠改進世界的一件經濟及政治工具」。它在倫敦的分支名為現代建築研究小組（Modern Architecture Research Group, MARS），成立於一九三三年，柯比意呼籲該小組成員「將被視為不可分割的單位，理智地重新配置於全國……好讓我們實現我們的巨大任務。」他們必須「照亮家園，從而照亮千百萬工人的生活」，「要以雄壯、高貴和尊嚴的精神」追求這項目標。

年輕建築師們完全被柯比意迷住了。正如全能的國家曾經投入技術支援戰爭，國家此時也應當「發動」和平，決定人類居所的未來，建築師則是執行這項和平攻勢的將帥。柯比意要他們回想路易

十四、拿破崙和拿破崙三世這些法國的偉大君王，「那是心智力量支配群氓的黃金時代……人們可能微不足道，但我們稱為人之物是偉大的」。按照英國現代主義泰斗麥斯威爾·弗萊（Maxwell Fry）的說法，建築師應當「只對能夠理解我們的人發言，其他人就隨他們去」。

柯比意和他的追隨者們，在多數專業領域裡都被當成瘋子。他提倡拆除整個巴黎塞納河右岸地區，改建成一列列六十層樓高的混凝土大樓。倫敦的建築聯盟則以一項倫敦重建計畫做為答覆。除了倫敦塔、聖保羅教堂和大英博物館，這項計畫幾乎沒留下多少建築物，這三座地標周圍則布滿了巨大混凝土板建築（slabs）和高速公路。大轟炸彷彿是一股助力，在建築師宛如歌劇的事業裡不過是序曲，他們要按照自己的願景重塑所有的都市生活。我還記得一九六〇年代晚期，建築聯盟裡的建築師學徒仍在談著這套論調。他們都沒在開玩笑。

意識型態付諸實踐

阿伯克隆比曾任新設的英格蘭鄉村保存委員會（Council for the Preservation of Rural England）秘書長，但他也在自己的家鄉——利物浦的大學擔任市鎮規劃教授，用當時通行的語言說話。他痛斥倫敦的過往是「過時、惡劣和不適的住房，不完善的社區，互不相通的道路系統，產業擁擠，低層次的都市設計，開放空間分配不均，糟糕的上班路日益壅塞」當道的時代。尼克·巴拉特（Nick Barratt）的倫敦規劃史著作所呈現的他，抱持著「規劃者特有的對地圖上整齊美麗形狀的那份熱愛，但令人遺憾的是、極少考慮既已存在的事物」。巴拉特說，阿伯克隆比的手指「渴望著摧毀與重建」。

計畫的中心準則借自一七六〇年代的約翰·格溫，認為倫敦以犧牲全國其他地方為代價而成長得太大，應當予以抑制。二戰前首先提出討論的綠帶應當從此不容更改，專為務農和休閒而保留。而在綠帶之內，城市應當適應汽車時代，要有五條「環路」和多條放射狀道路。一條內環路圍繞倫敦城、南華克和西區，盡可能穿越被轟炸過的區域。第二條環路穿過諾丁丘、櫻草丘、伊斯林頓直到羅瑟希德、佩卡姆和克拉珀姆，後來被稱為高速公路方塊（Motorway Box）。第三條是北環路和南環路。另兩條則計劃修建在更外圍。倫敦城方面則拒不接受，它自行提議了一條外環路，在舊城牆路徑之外。倫敦城方案其實修築了部分路段，包括沿著「倫敦城牆」經過巴比肯的一條雙向分隔道路，以及沿著河邊的上泰晤士街和下泰晤士街。

光是阿伯克隆比規劃的道路，就要花費數十億鎊，過程中驅離的倫敦人數量更多於大轟炸。但在他為城牆和城外之間的倫敦擬訂的計畫裡，這些人無足掛齒。他說，這個倫敦「破舊了」，「單調沉悶的」老建築不適合現代生活。五十多萬人應當搬遷到倫敦周圍各郡八個新建的「衛星市鎮」，包括東區百分之四十的人口。被指定為住宅用途的區域將禁止工業進入。每個地方的道路旁邊都會是公園綠地。實行規劃不會向任何人請求許可。

人口密度、土地利用和建築物高度都會被嚴格限制。未經定義的「醜惡事物」會被消滅。阿伯克隆比對於他所謂的「有機社區」（organic communities）很敏感，即肯辛頓、伊斯林頓、哈克尼、斯特普尼等歷史悠久的「村莊」。這些社區會以圍牆隔開，孤立在無交通流量的平靜之中，宛如都市博物館的展品。倫敦的其他地方則必須重新來過。新的大都會將要終結「暴烈競爭的激情」，成為一個「秩序與效能兼具，美麗又寬敞」的地方。這項計畫留存於一部黑白短片裡，可在網路上收看，片名為《驕傲之城》（*The Proud City*）。

自從雷恩以來，還沒有哪個人試圖把大都會當成一片畫布，任他揮灑個人願景的。雷恩還可以說他有一片被大火清空的場地，阿伯克隆比卻是在任意處置一座擁有七百萬生靈的城市。一九四七年，新通過的《城鄉規劃法》為他的計畫提供了武器，這是第一項堅持要求地方政府積極控制今後發展的法律。它賦予地方議會准許或否決營建的權力，且無需為利益損失提供補償。它也包括了歷史建築保護，並將準備擬訂歷史建築清單。二戰時烏茲沃特委員會（Uthwatt Committee）的一項提案，將為公共開發提供財源，它要向私人建築的盈餘開徵一筆「改良稅」（betterment levy）。唯有「極端艱困個案」會得到救濟，經費來自一筆三億鎊的中央基金。

但在此同時，一次類似的更新也正在進行，與倫敦城在大火後對雷恩計畫的回應不相上下。一九四四年通過的一項法案，已經准許遭受轟炸的建築即刻重建，就連輕微受損的建築也不例外。作為戰時辦公室之用的任何住宅房產，也可以繼續用作辦公室。此外，《一九四七年城鄉規劃法》有個「附件三」（third schedule）漏洞，准許遭受轟炸的任何結構體立方容積增加百分之十，以利重建，這項便利措施有可能凌駕於正常的分區規劃。

這套原先預期的緊急措施，無論設計時的用意多麼良善，都成了阿伯克隆比的敗因所在。《一九四七年城鄉規劃法》是重建的強大遏制因素，但也招來了豁免和規避，實際上則是貪腐猖獗。附件三漏洞十分明顯。負責修法的城鄉規劃大臣路易斯・希爾金（Lewis Silkin）後來承認：「我們沒想到它可能會被濫用。」但他也沒有進行任何修正。這符合了白廳在規劃首都這方面表現拙劣的悠久傳統。一如任何計畫，阿伯克隆比計畫的唯一問題，在於它和敵人接戰之後能夠存活多久。

城市反撲

阿伯克隆比的敵人是戰後倫敦那些受傷的生靈。平心而論，這座城市看來糟透了。建築物又黑又髒。污染和煤煙遮蔽了曾令維多利亞時代人和愛德華時代人欣喜的那些視覺細節，一九四〇年代的倫敦人幾乎看不到它們。那時簡直無法想像，這些變得一片漆黑的龐然巨石有絲毫迷人之處。被轟炸的街道一副缺了牙的模樣，滿是瓦礫。萊昂內爾・埃舍爾在他的重建史著作裡描述：「髒兮兮的連棟房屋挺立之處，腐爛的沙袋滲漏到人行道上，地窖裡鼠滿為患，幾個夏天沒割過的草堵塞了後花園。」鋪天蓋地的色彩是黑色，唯有偶爾的一樹翠綠，以及巴士、電話亭和郵筒散布於各處的鮮紅。我忘不了那些紅色，它看來始終都像是才剛重新漆上的。它們是倫敦在逆境中綻放的笑容。

但有些東西仍在塵土中活動。轟炸隔天早上觀察倫敦街頭，就會注意到手持筆記本的男人們在廢墟中徘徊。他們的興趣不在於柯比意的烏托邦，而在於營利。其中許多人畢業於戰前的倫敦產業管理學院（London College of Estate Management），在拆除並重新開發西區舊豪宅的過程中贏得了聲譽。他們是一場新榮景的前導者。他們的做法是在空襲隔天一早打電話找遍地產經紀人，尋找不顧一切想出售的茫然持有者。他們知道，沒有哪座還活著的城市能在他人沉睡時靜止不動。這時的倫敦和一六六六年時一樣，都在為了生存而鬥爭。人們需要工作之處，工作就意味著辦公室。收益必須持續流動。當炸彈不再落下，阿伯克隆比這種知識分子是地主、租戶或開發商最不需要的。當倫敦從塵土中抬起頭來，它望著白廳和郡會堂的居民們，向他們說「不」。

這類事業家其中有些想要商店。亨利・普萊斯（Henry Price）在大轟炸的廢墟上，打造了他的五十先令裁縫店（Fifty Shilling Tailors）帝國，「品味裁縫師」孟塔古・伯頓（Montague Burton）也是如此。其他人只想要建築用地，其中包括哈羅德・薩繆爾（Harold Samuel）、喬・利維（Joe Levy）、查爾斯・克洛爾（Charles Clore）、費利克斯・芬斯頓（Felix Fenston）、傑克・柯頓（Jack Cotton）和馬克斯・雷恩（Max Rayne）這些將在未來家喻戶曉的名字。一九六〇年代，年輕的商業線記者奧利佛・馬里奧特（Oliver Marriott），對於少數幾個沒沒無名的倫敦人，是如何突然成為百萬富豪有了興趣。馬里奧特在《房地產熱》（*Property Boom*，一九六七年）一書中，記載了這些人利用倫敦規劃群體的輕信易騙，以及《一九四七年城鄉規劃法》缺陷和漏洞的整個過程。隨著一九四〇年代告終，一場新戰爭的前線似乎開啟了。一邊是一套激烈意識型態的大軍，另一邊則是非正規軍的游擊隊，他們心中充滿野望，還有不少貪欲，橫亙於他們之間的是倫敦房地產市場這片戰場。

節慶插曲

一九五一年出現了某種停火。這是戰後工黨的銘文，在南岸（South Bank）的英國節（Festival of Britain）受到稱頌。節慶場地圍繞著一座新音樂廳展開，這裡的英國理想不是出於現代主義者之手，而是出於戰前的自由黨掌權者之手。諷刺作家麥可・弗萊恩（Michael Frayn）稱之為「草食動物」，現代主義者則是肉食動物。它對新的柯比意派和阿伯克隆比毫無敬意，除了滿足後者的夢想，在泰晤士河上設立了文化區之外。它無憂無慮、如詩如畫。節慶的館閣裡展示著英國科學與工業的奇蹟，在大都會中心煥發著溫暖與繽紛色彩。埃舍爾寫到從特拉法加廣場「沿著諾森伯蘭大道的陰鬱深淵」接近節慶地點，跨過泰晤士河上一座臨時橋樑，來到一個稀奇古怪的遊樂場。那兒盡是「維多利亞時代的氣球，大小錢腳踏車（penny-farthing）……埃米特建造的火車（Emmett trains）……甜口糧，伊林喜劇（Ealing comedies）。」

我記得它是從《鷹》（*Eagle*）畫刊的一篇漫畫創造出來的，被倫敦史上最濕熱的一個夏天給浸透了。二十五年後，我為了英國廣播公司的一部周年紀錄片，採訪了當時仍健在的許多位節慶作者。他們一再回想起自己是何其熱切地想要表現出樂觀與熱情，表現出他們深受戰爭摧殘的青春夢。小了一代的我，很難理解他們想要回應的創傷有多深，有些情況下還伴隨著一種對於現代主義者有可能獲勝的恐懼。

邱吉爾認為英國節是社會主義宣傳。當他在一九五一年英國節閉幕後重新執政，他下令徹底清拆所有館閣，包括發現圓頂（Dome of Discovery）和雲霄塔（Skylon），只留下節日音樂廳（Festival Hall）。這處地點立即罹患了「節慶枯萎病」（festival blight），它是所有為了一次性活動而設計的地點都會遭遇的詛咒。即使位於值錢的土地上，它仍淪落到廢棄狀態，直到倫敦郡議會建築部門攫取這處地點。一九六八年，它在節日音樂廳旁邊一處地點，興建了混凝土建築海沃德美術館（Hayward Gallery），姓名不公開的「創意團隊」據說陶醉於它的醜陋。兩座戶外雕塑館始終未被使用，這個地點從那時候起就一直不受喜愛、卻也不被拆除。海沃德建築群和隔壁由丹尼斯．拉斯登（Denys Lasdun）設計、一九七六年啟用，更為優美的國家劇院（National Theatre），至今仍是倫敦文化史上一段革命篇章的紀念碑。上游地點的其他部分則成了一處停車場，今天多半仍是如此。至少，同樣引人爭議的二〇〇〇年千禧巨蛋（Millennium Dome）設法留存了下來，並且重生為一處成功的娛樂場地。

第二十一章 房地產大熱 西元一九五一至一九六〇年

游擊隊接管

一九五〇年代，一個更有自信的倫敦逐漸興起。年輕人變得不受管束，從大西洋彼岸美國的一切事物中，尋求新的世代認同。他們愛上了搖滾樂、咖啡店、牛仔褲和皮夾克。美國的比爾・哈雷和他的彗星樂團（Bill Haley & his Comets）一九五七年來到滑鐵盧車站時，有幸成為史上第一支引發暴動的搖滾樂隊。他充滿爆炸力量的舞曲，比「貓王」艾維斯・普里斯萊（Elvis Presley）和英國土生土長的克里夫・李察（Cliff Richard）更早走紅，貓王和李察的第一首暢銷單曲，分別誕生於一九五六和一九五八年。一道鴻溝逐漸隔開了年輕的倫敦和老倫敦，隔開了被戰爭改變人生的人們，和他們很快就聽膩了戰爭故事的子女。

戰時的遺緒之一是關於黑市的淡淡誘惑，由於電影《布萊頓棒棒糖》（*Brighton Rock*）的反派平基（Pinkie）而永垂不朽。伊林製片廠（Ealing Studios）製作的一系列喜劇電影，呈現了在陰鬱中追求輕鬆愉快的渴望。戰後倫敦生活的艱苦，諷刺地表現在《到皮姆利科的護照》（*Passport to Pimlico*，一九四九年）、《薰衣草丘幫派》（*The Lavender Hill Mob*，一九五一年）和《師奶殺手》（*The Ladykillers*，一九五五年）等電影中。一九五九年的音樂劇《一切都變了》（*Fings Ain't Wot They Used T'Be*）則哀嘆「我們的啤酒曾經充滿泡沫／如今它只是冒泡的咖啡」。

信心一詞卻不適用於愈發受到削弱的倫敦郡會堂。二戰以來的工黨和保守黨政府，都把戰間期都會主權的高漲扼殺於萌芽狀態。倫敦郡議會喪失了衛生保健和醫院，自治市鎮和濟貧會管理人則失去了貧民。昔日倫敦民主的支柱，只剩下教育、住宅和規劃仍在。莫里斯這時在白廳，再也沒有人說起倫敦自治這回事。不僅如此，「倫敦」陸地面積的四分之三，此時落在倫敦郡議會的轄區之外，彷彿十七世紀倫敦城相較於西敏的功能失調，這時又在倫敦周圍各郡重演。

更為激烈的是保守黨在一九五一年執政之後，立即不分好壞，將戰時管控措施一律取消的決策。房屋大臣哈羅德．麥克米倫（Harold Macmillan）撤除了《一九四七年城鄉規劃法》多項具有約束力的條款，從而取消了阿伯克隆比計畫的效力。他宣告自己有志於「解放人民……幫助做事的人；開發商、創造財富的人，不問地位尊卑。」此時幾乎沒剩多少卑微之人了。一九五三和一九五四年，所有建築執照都終止了，業已失效的烏茲沃特改良稅，以及對建築材料的限制也一併終止。

由此傳達的訊息是放任自流。附件三漏洞直到一九六三年才撤除，被稱為「黃牛專章」（spiv's chapter）的它，助長了戰後倫敦街頭的視覺一致性遭受摧毀。走過聖詹姆士廣場、波特蘭坊、貝斯沃特路，你幾乎可以看出炸彈的落點所在。填充的新建築（infills）比鄰居們高出至少兩層樓，在構圖和群體審美都留下傷疤。這是倫敦與戰後歐陸城市最明顯的差別。倫敦的規劃是最壞的那種——經由豁免而規劃。

儘管財政部對所得課稅，它卻令人難以置信地未曾考慮對資本利得課稅。隨著退休基金從飆漲的房地產價值裡迅速大撈一筆，貸款流向了房地產公司。倫敦新的土地出租人是珍珠集團（Pearl）、保誠集團（Prudential）和諾里奇聯合（Norwich Union）。哈羅德·薩繆爾的土地證券（Land Securities）是它們之中最大的開發商，從一九四四年的零資產增長到一九五二年的一千一百萬鎊，再增長為一九六八年的二億零四百萬鎊資產。二戰過後數年間，馬里奧特列出了一百一十位百萬富豪，他們的財富通常都從區區數百鎊開始增長。本應適當地為整個倫敦帶來利益的價值，卻被極少數個人給吸走了。

宛如羔羊般任憑如此宰割的，則是被轟炸、人口減少和地產稅重創的倫敦舊有地產。它們被劃為住宅用地，若是略施小計，它們的持有者對於自己房產的價值其實幾乎沒有概念。貝德福德地產將北布魯姆斯伯里邊緣不那麼雅緻的街道和廣場，賣給了迅速增長的倫敦大學，該校接著就把它們拆除或毀損。在它南邊有一片廣袤的區域，其中一部分是大英博物館對面的廉價公寓，早先賣給了大英博物館作為新建大英圖書館之用。但它被一場早期的保存鬥爭阻擋下來，計畫中的圖書館則被安放在聖潘克拉斯鄰近的尤斯頓路上，那兒的一處露天廣場本應與斯默克的龐大柱廊相得益彰，但從那時到今天都徒然浪費空間。

波特曼地產將馬里波恩一百五十畝土地賣給了馬克斯．雷恩，他把大半個貝克街和波特曼廣場周邊地區都拆除了再開發。他和另一位開發商麥斯威爾．約瑟夫（Maxwell Joseph）接手了國教會財務管理委員會（Church Commissioner）貝斯沃特地產的大部分，把那兒一畝畝的灰泥排屋夷為平地。馬里奧特記述，帕丁頓隔壁的東伯恩連棟房屋（Eastbourne Terrace）從協商、拆除到重建只花了雷恩一千鎊，然後他帶著二百九十萬鎊利潤揚長而去。一九五〇年，格羅夫納地產決定放棄整個皮姆利科，那兒的租約惡化，轉為多重占居狀態。唯有庫比特的營造品質才能拯救它們不被拆除。不到二十年，「獨立的」皮姆利科又回復了原有的地位。

躊躇的公領域

即使一九五三年終於獲得倫敦郡議會批准的阿伯克隆比計畫，隨著一九五〇年代進展而逐漸喪失了連貫性，但它仍是城市裡唯一的計畫。儘管倫敦郡議會躊躇不決，它仍試著至少對一些遭受過嚴重轟炸的開發區保持控制權。其中包括聖保羅教堂周圍，象堡、以及斯特普尼、波普勒和弓區等東區「村莊」中心。不過結果令人失望。曾經被建築物環繞的聖保羅教堂南面，毫無意義地被留白。北面由威廉．霍爾佛德（William Holford）設計的一處高聳露天廣場，受到倫敦城的上班族強烈避忌，因而在隨後遭到拆除。位於象堡的南倫敦樞紐，按照倫敦郡議會規劃者的本意，是要成為「南岸的皮卡迪利圓環」，但它被完全排除，改成了兩個巨大的環型交叉路口，行人則被迫走進隧道裡。

阿伯克隆比的抱負在一個方面倒是獲得滿足。至少二十六萬倫敦人被遷出城外，來到倫敦周圍各郡的新市鎮，進入斯蒂夫尼奇（Stevenage）、赫默爾亨普斯特德（Hemel Hempstead）、韋林（Welwyn）、哈特菲爾德（Hatfield）、哈洛（Harlow）和克勞利（Crawley）。斯蒂夫尼奇的村民們大怒，在他們看來，倫敦東區被傾倒在他們家門口，他們用城鄉規劃大臣的姓氏稱之為「席爾金格勒」（Silkingrad）。戰後倫敦之於赫特福郡和艾塞克斯，猶如戰前倫敦之於米德塞克斯。向外遷移的範圍也涵蓋了切爾姆斯福德（Chelmsford）、盧頓（Luton）、紹森德（Southend）、梅德斯通（Maidstone）、多爾金（Dorking）、布拉克內爾（Bracknell）和雷丁（Reading）等更為遙遠的城鎮。斯特普尼等東區自治市鎮大約失去了一半的家庭，以及眾多通勤人口。

因此，阿伯克隆比實際造成的影響只是加速了半個世紀以來市場一直在做的事情，為倫敦向外擴張注入新的推動力。它跳過了如今由法律明文規定的綠帶，擴張到英格蘭東南區域各地。倫敦一如預期分散了，但它用辦公室填滿了市中心，將員工遷移得更遠，從而加重了公共及私營交通運輸的壓力。既有的建築密集區並未變得更加稠密，建築物反倒吞噬了更大片的鄉間。倫敦不需要阿伯克隆比的計畫就做得到這點。市場好幾百年來始終都是這麼做。

倫敦郡議會確實知道的一件事，是關於公營房屋，並在此處進展神速。倫敦郡議會和自治市鎮最初的成果，由貝肯翠和聖赫利爾為代表的戰前地產領先。在倫敦中心的成果則是公寓大廈（mansion flat），它們多半有前門、樓梯間、喬治式窗戶和傾斜屋頂。它們很少超過六層樓高，模仿愛德華時代的私營公寓。它們受到歡迎，沿著街道和圓形庭院創造出新的街坊。

一九五〇年代中期，這種風格徹底轉變了。隨著現代主義者在郡會堂逐漸得勢，在首席建築師羅伯．馬修（Robert Matthew）和萊斯利．馬丁（Leslie Martin）領導下，設計政策變得輕蔑個別房屋、傳統街道和連棟房屋，一如他們輕視戰間期郊區那樣。新的大都會應當由高樓與混凝土板大樓、刻意不具特色的大門、通道和共有開放空間構成。這些構想傳到了白廳，一九五六年後，白廳文官們為高樓公寓提供地方議會補助，每添加一層樓，金額也隨之增加。

這種新風格最初表現於西敏市議會位於皮姆利科的邱吉爾花園（Churchill Gardens）地產，出自兩位建築聯盟學院的年輕畢業生菲利普．鮑威爾（Philip Powell）和伊達爾戈．莫亞（Hidalgo Moya）之手，他們早在一九四六年就在競圖中獲勝。他們提議興建一個由九到十一層樓不等的三十二棟大樓組成的住宅區，過程中拆除的皮姆利科房屋比大空襲摧毀的更多。這片住宅區如今是一件過時之作，後來的景觀稍微緩和了它空虛的地畝。這片地帶甚至還注入了一些叛逆的小屋和私家花園。

一九五二年，倫敦城打破終生維持的習慣，興建了一座自己的公營住宅大樓，儘管它位在城界之外巴比肯北邊的黃金巷（Golden Lane）。設計競賽的勝利者是三位京斯頓藝術學院（Kingston school of art）的教師——彼得．錢柏林（Peter Chamberlin）、傑佛瑞．鮑威爾（Geoffrey Powell）和克里斯托夫．邦（Christoph Bon），那是一座十六層高的混凝土板大樓，當時是英國最高的住宅。它違反了倫敦建築限高一百呎的規定，但似乎沒人擔心。

倫敦郡議會不甘示弱，一九五八年，它「搬出城外」來到羅漢普頓（Roehampton）里奇蒙公園（Richmond Park）邊緣的奧爾頓莊園（Alton）。這處由蘿絲瑪麗・斯特恩斯特德（Rosemary Stjernstedt）設計的住宅區，是在俯瞰公園的斜坡上建立的一排十一層高混凝土板大樓，自覺地效法柯比意在馬賽興建的馬賽公寓（Unité d'Habitation）。「混雜」其間的四層樓複式公寓（maisonettes）軟化了它，彷彿在為混凝土板大樓明目張膽地冒犯公園的田園風光請求包涵。羅漢普頓對全國的公共住宅產生了巨大影響。

倫敦的高樓生活始終無關於密度。摩天大樓住宅區每一畝收容的人數，難得多於昔日的連棟房屋；實際上，今日倫敦人口最密集的住宅，位於維多利亞時代風格的南肯辛頓。奧爾頓的每畝一百人是郊區的標準比例。就連布里克斯頓的拉夫伯勒（Loughborough）、南華克的布蘭登（Brandon）和路易舍姆的皮普斯地產等宛如峭壁的住宅區，每畝也只略多於二百人。在當時的香港，英國殖民官員正以每畝兩千人的密度，將華工擠進樓房裡。

這些建築始終是一種政治宣言，強加一種都市生活的新風格，以此對抗倫敦傳統住宅市場喜好的風格。有些高樓大廈利用了地面層的意象，自稱「空中街道」或「垂直街道」。如今不可能擁有的後花園，則由「社區開放空間」取代。租戶在任何意義上都不擁有自己的公寓，甚至不是合作持有。他們必須仰賴「公家」供養他們。社區群體不是從街道性質產生的，而是由上級命令產生的。

倫敦城彷彿被這種新意識型態所激勵，在一九五七年決定擴展黃金巷計畫，將整片被空襲摧毀，約有四十畝的克里波門坊作為一項宏觀設計來進行開發。自一九六五年起，巴比肯要向北延伸到倫敦城牆，代號為「十一號路線」（Route 11），沿途要建立六座平淡無奇的辦公大樓。馬里奧特提供了一份令人毛骨悚然的記載，論及相關人等的腐敗、無能和動作神速，尤其是倫敦城某位前市長。這片地產再次由錢柏林、鮑威爾和邦三人設計，按照柯比意原則規劃成了一片強大逼人的視覺統一。周圍的街道交給來往車流使用，兩旁是三層樓高的停車場，支撐著一個基座。這個基座將成為一條「空中街道」，構成十三棟混凝土板大樓，以及三座四十四層高住宅大樓的基礎，這是全歐洲最高的住宅高樓。

巴比肯屋村的粗獷主義語言提供了第一個大面積範例，展現出阿伯克隆比及其追隨者為整個倫敦設想的模樣。它最初預計要成為倫敦城的上層甲板（City deck），從聖保羅教堂東北到利物浦街，再繞到倫敦塔。如同都市設計一般，它也一敗塗地。沒有證據顯示大眾想要在空中三層樓高的混凝土平臺上行走，也沒有人想過要詢問大眾。倫敦城不得不在周圍的街道邊緣鋪設鵝卵石，好讓行人不可能在地面層行走。結果是除了持有鑰匙的居民之外，很少有倫敦人會走近這個地方。即使是興建當時，在埃舍爾看來，它也完全是「皮拉內西式壯麗」和「冥河般幽暗」，「要是人群不來，再寬廣也不過是空間，人群會不會來似乎令人懷疑」。

半世紀過去，原先為了平臺而設置的酒吧、商店和社區中心仍然無人進駐，花園不讓大眾進入，而且花園多半空蕩蕩，因為不在的居民愈來愈多。重門深鎖的巴比肯屋村受到全世界粗獷主義者仰慕，但它必定是任何歐洲城市中心裡最空曠的三十畝地。這片地產的長遠未來想必是個未知數。現代都市主義的歷史上，從來沒有這麼大一片空間，能以這麼高昂的機會成本，僅只為這麼少數人提供專屬的便利。位於其邊緣的倫敦博物館，外觀是如此不友善且令人難以欣賞，使得博物館董事們請求倫敦城允許它逃往新址，這個願望後來得到同意。博物館獲准遷移到一個較不粗獷的環境——史密斯菲爾德肉類市場舊址。

位高權重的朋友們

儘管一九五〇年代的公共住宅有這麼多缺陷，但在一九五〇年代結束時，地方議會興建的房屋已經趕上了大轟炸摧毀的數量。這件事本身就是一項真正的成就，但道路的境況就沒那麼好了。理由之一是倫敦郡議會的經費，用來購買修建、拓寬或重新調整道路所需的土地完全不夠。這因而帶來了阿伯克隆比傳奇的最後結局，那不是公共利益與開發資本主義的衝突，而是兩者勾結。

倫敦郡議會想要紓解倫敦的交通路線，開發商為他們提供了紓解之道，但有代價。他們會暗中積累地點，特別是道路交叉口附近的地點，讓倫敦郡議會能夠利用，藉此換取郡議會對鄰近土地的高度及密度放棄控管。正當歐陸城市對街道密度和天際線外觀制訂法規並予以遵守之際，倫敦卻把它們拿來出售。一如伊莉莎白時代和斯圖亞特時代，當局在破壞自己的法律這方面產生了某種既得利益。發現規劃許可「可供協商」這點，催生了房地產熱的全新篇章——這個篇章從那時以來始終在破壞倫敦的規劃。

這種交易在一九六三年首度達成，准許哈利・海姆斯（Harry Hyams）位於聖吉爾斯圓環（St. Giles Circus）的中間點大樓（Centre Point）增加到容積率許可高度的三倍。它的辦公空間價值激增，使得海姆斯讓它保持空置，任由它在資產負債表上繼續增值——其他人日後也用豪華公寓重施故技。倫敦郡議會獲得的回報，則是取得新牛津街和查令十字路口一片興建環形交叉路口的用地，儘管郡議會後來發現其實並不需要這塊地。沒有進行調查和公開辯論，甚至不曾公布決定。海姆斯花費三百五十萬鎊，帶走了一千一百萬鎊利潤，按照烏茲沃特的改良稅規定，這筆利潤本該由倫敦獲得。蘇荷區一處新興的「錫盤巷」（Tin-pan Alley）音樂區域被抹滅，只換來一座空置的辦公大樓。

高樓和混凝土板大樓突然從景觀裡噴湧而出，因為中央政府、倫敦郡議會和自治市鎮共謀和他們自己的法規作對。控制公園周邊、泰晤士河沿岸或西區中心高樓建築的協定完全瓦解。維多利亞鹿啤酒廠（Stag Brewery）舊址的一棟混凝土板大樓，俯視著一處規模更適宜於郊區外環路的迴旋環形交叉路口。它本來是為了避免交通號誌需求而設計的：如今號誌燈卻點綴著這個路口。

在尤斯頓路上，喬・利維（Joe Levy）獲准興建一棟籠罩著攝政公園的高樓，以換取一條用來阻塞交通的地下道。利維用地下道的二百萬鎊，賺回了二千二百萬鎊利潤。在騎士橋，哈羅德・薩繆爾為波瓦特紙業（Bowaters）興建的一棟辦公大樓，把一處繁忙十字路口的生命力給吸乾了，倫敦郡議會興建四百呎高樓和甲板通道的計畫則被廢棄。它壓制了整個街區，隨後由建築師羅傑斯勳爵（Lord Richard Rogers）設計的一棟更加淒涼、泰半空置的公寓大樓取代。騎士橋始終未能找回自己的個性，它的生命力沿著布朗普頓路（Brompton Road）流走了。倫敦的規劃者們能創造出開發收益，卻不能吸引人群前來。

為私人資本與公權力這種不神聖同盟作東的，不只西區而已。傑克‧柯頓獲准在諾丁丘兩邊興建一棟沉悶的高樓和一棟混凝土板大樓，以交換該區邊緣的一條街道拓寬。在白教堂、沃克斯豪爾、漢默史密斯和伊斯林頓天使驛站（Angel Islington），昔日倫敦生活的其他樞紐也被摧毀，改建成新的十字路口。這值得將它們與逃過這種命運的自治市市場（Borough Market）、富勒姆大道（Fulham Broadway）和康登鎮等鄰里街區兩相對照。

最著名的虎口脫險發生在皮卡迪利圓環。一九五九年，倫敦郡議會同意支持傑克‧柯頓的莫尼科（Monico）辦公大樓開發案，意圖在皮卡迪利重演中間點大樓對聖吉爾斯造成的效果。唯有在柯頓公開交易細節，卻意外引發新聞輿論強烈抗議之後，中央政府才喊停。乾草市場的另一頭就沒有這麼幸運。當一座供紐西蘭政府使用的十八層高樓公然違反聖詹姆士的高度限制，連倫敦郡議會都予以制止之時，內閣卻推翻了郡議會的反對，因為提供大英國協國家使用的高樓必定不成問題。結果是在帕摩爾街口的交界處，必然是整個西區最荒涼的一處街角。

麥克米倫在首相任內准許康拉德‧希爾頓（Conrad Hilton）興建一座俯瞰海德公園的大飯店，違反公園周圍興建高樓或高樓俯瞰王室宮殿的各項禁令。希爾頓顯然是用倫敦要是拒絕興建他的高樓，就「永遠得不到希爾頓飯店」這句話，嚇住了麥克米倫。這個決策讓國防部起而效法，在騎士橋廢棄的軍方馬廄原址，為騎兵軍官興建高樓宿舍。殼牌石油揚言將總公司搬到荷蘭，則再次讓政府推翻郡會堂決議，允許他們在南岸興建一棟白雲母材質的大樓。

倫敦郡議會規劃委員會在這段時期，由比爾・費斯克（Bill Fiske）和理查・艾德蒙斯（Richard Edmonds）兩位議員主持。他們倒不是腐敗，而是不足以勝任，他們的團隊則與開發商有著公私利益任意轉換的旋轉門關係。艾瑞克・傑克森（Eric Jackson）的倫敦郡議會正史敘述，任何容積率差異「都受到最仔細的調查……對照鄰近任何其他開發案」。這分明是一派胡言。一篇報導估計，規劃委員會對每項申請案平均只花四分鐘處理。

這些早期開發商在跟規劃者打交道時，幾乎全都求助於同一位建築師——親切的理查・塞弗特（Richard Seifert）。出生於瑞士、戰時曾在皇家工兵部隊服役的塞弗特「上校」，由於擅長任意擺布官員而聲名大噪。更重要的是，他暗中行事、依照預算準時提交成果，這種才能在他的專業裡難得一見。塞弗特是中間點大樓、以及另外十多棟著名混凝土板大樓與高樓的設計者，他成了雷恩之後最多產的倫敦建築師，一九六〇年代中期的每年營業額高達二千萬鎊。他的標誌是菱形的橫楣和直櫺。《建築》（*Building*）雜誌認為，光是在倫敦就有六百棟建築物出自他的公司之手。他總是討人喜歡，就連那些和他脣槍舌戰的對手們也都喜歡他，但他破壞了倫敦的街景，對背景或地平線全無感受。我在一九八九年最後一次和他狹路相逢，那時正為了從他在南華克的一棟高樓下，搶救玫瑰劇場遺址而進行抗爭。他唯一關注的就只是自己如期完工的名聲。

無可爭論的是，這群人在極短時間內就提供了倫敦亟需的事物——工作所需的辦公室。他們為自己大賺一筆。除了繼承家業的人們之外，薩繆爾、海姆斯、利維、柯頓和克洛爾之流成了英國最有錢的人。他們近似於伊莉莎白一世時代的私掠商人，那些在公海上被釋放出來，從周圍的無政府狀態中盡其所能劫掠的野貓經營者。法蘭西斯・德雷克起碼不得不跟君王分享戰利品。這些開發商多半把自己賺來的錢賦予資本，而且幾乎不需要跟稅務機關分享。

因指揮大轟炸後的戰後重建而實施的規劃失敗，替後來控制倫敦成長的微薄努力定了調。開發商變得趾高氣昂，對他們造成的都市環境後果漫不在乎，規劃者們則無動於衷，有一段時間還假裝自己在實行阿伯克隆比的計畫。每當一個新的巴比肯屋村、希爾頓飯店和中間點大樓拔地而起，反對下一個的理由就隨之削弱。每拆光一組十足健全的建築物，也就自動確認了下次清拆。早年的漢諾威、格羅夫納、伯克利和波特曼等廣場，由個別排屋組成的布局消失無蹤。它們就跟任何其他地方一樣，成了區區建築工地。

在一個問題上，倒是採取了協調一致的行動，即使又一次無法歸功於倫敦（或中央）政府。自從狄更斯時代開始，首都就一直是「霧濛濛的倫敦市鎮」。城市和霧成了同義詞，以至於「霧霾」幾乎是倫敦性格的一部分。觀光客幾乎都預期它會發生。一八五八年的大惡臭，在一九五二年怪異地重演，這是人們記憶中最嚴重的一次豌豆湯霧霾（pea-souper smog），產生於異常的氣候狀況。霧霾濃重到滲入屋內，使得西區的戲劇演出不得不中止，因為觀眾再也看不到舞臺。據稱，這場霧霾造成八千人死於非命。

下議院後座議員傑拉德・納巴洛（Gerald Nabarro）提出了一項私法案《清淨空氣法》（Clean Air bill），試圖控制首都的燃煤排放。令人難以置信的是，這項法案在煤業遊說團施壓之下被政府否決，這與政府遲遲不願清理泰晤士河如出一轍。一場堅持不懈的運動隨之展開，終於在一九五六年通過一項修正案。倫敦緩慢地改用無煙燃料，最終在一九六八年全面禁止燒煤，豌豆湯濃霧成了過去式。倫敦空氣中其他更不可見的污染物很快就取而代之。

第二十二章　搖擺的城市　西元一九六〇至一九七〇年

寬容的首都

一九六〇年代構成了倫敦歷史上一個不尋常的黃金時代，據說，大都會在這十年間擺脫了戰後的拘束時代，進入了「搖擺的」現代性。一九六〇年，在一樁受到大幅報導的訴訟案中，倫敦一處法院拒絕了政府以猥褻為由，查禁D・H・勞倫斯（D. H. Lawrence）的小說《查泰萊夫人的情人》（*Lady Chatterley's Lover*），儘管該書長久以來始終在「暗中流通」。事件本身無足輕重，但它釋放出一波涵蓋了社會與文化行為的自由化，開啟了支持者與反對者一致稱呼的「寬容社會」（permissive society）。倫敦的全球形象轉變了。

一年後，避孕藥引進，一開始「僅供妻子們在處方下服用」。一九六四年，經過十三年保守黨統治之後，工黨政府再次當選，戰後年代最激進的一位內政大臣——羅伊・詹金斯（Roy Jenkins）上任。不到一年，死刑執行和「笞刑」體罰就終止了。一九六七年，大不列顛加入了多數為北歐國家的一小群國家行列，將同性戀行為合法化。妊娠二十八週之內的墮胎也獲得准許。一九六九年，分居兩年後離婚也得到允許。由宮務大臣實施的戲劇審查也宣告廢止。

儘管改革在多數情況下並不完整，它卻對一座首都城市開放且流動的社會產生了立即影響。同志酒吧和藝穗劇場（fringe theatre）蓬勃發展。幾乎每個週末都有某種示威或遊行。音樂劇《毛髮》（*Hair*）的裸露場面，在一九六七年引發了軒然大波。披頭四（Beatles）從利物浦來到倫敦，他們的第一首暢銷單曲〈愛我吧〉（Love Me Do）在一九六二年發行，披頭四狂熱傳遍全球。身穿羊絨的「摩斯族」（Mods）與身穿皮衣的「搖滾客」展開了造型戰爭，有時演變成街頭實戰。當時由我接待著參觀倫敦的美國人，對女孩裙子之短、以及同性伴侶在街頭牽手的景象都大感驚奇。

一九六六年，法蘭克・克里克洛（Frank Crichlow）開在波多貝羅路（Portobello Road）旁的紅樹林（Mangrove）餐廳，組織了第一次諾丁丘嘉年華，熱鬧地召喚了倫敦的西印度文化，從此成為年度盛事。倫敦的人口開始變動，城市既有的群落也跟著改變。服裝業避開了龐德街和攝政街，移殖於瑪麗・官（Mary Quant）的國王路和約翰・史蒂芬（John Stephen）的卡納比街（Carnaby Street）。劇場跨出了西區，來到伊斯林頓的國王頭（King's Head）等酒吧。多半局限於傳統爵士樂的夜總會場景，迸發成迪斯可舞廳，從公園巷的馬鞍房（Saddle Room），到兩千名「扭扭舞者」夜夜擠滿漢默史密斯宮（Hammersmith Palais）。西倫敦人在紅磚巷（Brick Lane）發現孟加拉咖啡館，在萊姆豪斯發現中國餐廳。餐酒館和咖啡吧搶走了傳統酒館的生意，它們顯然分成大眾酒吧、沙龍和私人酒吧三種。

詹金斯改革構成了戰後國家與新世代倫敦人之間的某種協定。自二戰以來似乎在文化上落得敬畏紐約和巴黎的這座城市，如今活過來了。市場對於消除文化與社會障礙、以及創意能量釋放做出了回應。時尚雜誌和彩頁副刊大行其道。倫敦這時受到《春光乍現》（*Blow Up*）、《風流奇男子》（*Alfie*）、《親愛的》（*Darling*）等邪典電影頌揚，它們指涉性、階級或戰爭，再也不像伊林喜劇片那樣假正經。一群咄咄逼人的小說家和劇作家興起，稱為「憤怒青年」（angry young men），成員包括阿諾・韋斯克（Arnold Wesker）、金斯利・艾米斯（Kingsley Amis）、大衛・斯多瑞（David Storey）、哈羅德・品特（Harold Pinter）和約翰・奧斯本（John Osborne）等人。女性則以謝拉芙・德蘭妮（Shelagh Delaney）和導演瓊・利特伍德（Joan Littlewood）為代表。觀看利特伍德在斯特拉福東劇院（Stratford East theatre）執導的演出，是令人興奮的異國之旅，特別是在一九七〇年觀看《投影儀》（*The Projector*），該劇重演了十八世紀針對倫敦房地產發展的抨擊。倫敦社交季的概念則呈現出新的特質，自一九五九年起，核裁軍運動（Campaign for Nuclear Disarmament）每年都舉辦遊行，從奧爾德瑪斯頓（Aldermaston）走到特拉法加廣場。

一九六六年，美國《時代》雜誌來到倫敦，自命不凡地宣告倫敦是個「搖擺的城市」。該市青年如今自成一個「階級」，正在擺脫這座首都的「自鳴得意，以及往往隨著特權標籤而去的大部分趾高氣昂」。它反倒正在呈現一種「完全不見於紐約的愜意和社會階層混合」。這樣的讚賞令倫敦興高采烈，彷彿它贏得了城市競賽的奧斯卡獎。

倫敦的地主們展開了一項當時看來極為艱鉅的行動。他們遵守一九五〇年代的清淨空氣法令，開始清洗這時仍然鋪天蓋地的黑色建築，恢復它們的色彩。一整個全新的城市以暗紅色、粉杏色、灰色、奶油色和白色等色調現身。這導致了對維多利亞時代和愛德華時代建築品質與細節的新意識，它們長久以來都被看作是無可救藥的幽暗。聖保羅教堂的柱廊從黑白相間，變成了一九六五年的純白色，批評家伊恩・奈恩（Ian Nairn）則痛惜著「明暗變化的喪失」。

同時，戰後房地產投機的迸發在一九六二年達到最高潮，在中倫敦添加了五千萬平方英呎的辦公室，是大轟炸摧毀範圍的五倍。這與政府和倫敦郡議會規劃者的意圖恰好相反，他們的本意是要把辦公室從首都分散出去。一九六四年保守黨敗選，這種更新的多半混亂和醜惡引發大眾反感，起了一部分推波助瀾的作用。新上台的工黨政府立刻對首都的私人辦公室建築實施全面禁制，並勵行辦公室分散政策。

也就在同一時間，新政府犯下了一個眾人公認的重大錯誤。經濟事務大臣喬治・布朗（George Brown）決定倫敦需要更多旅館床位，於是每個房間新增一張床都由國庫補助一千鎊。結果是一團混亂，因為受到衰退期侵襲的辦公室開發商爭相搶食，由他們喜愛的建築師塞弗特帶頭，唯恐這波好運畫上句點。

由於補助是按照每間房計算而不管大小，十來間所謂「兔子籠」（rabbit-hutch）旅館突然在騎士橋、蘭開斯特門、克倫威爾路、埃奇威爾路迸出，多半出自塞弗特之手，甚至有一棟俯視著肯辛頓宮。政府最後一次以這種規模直接資助公共建築，是為了安妮女王教堂和滑鐵盧教堂，而它們是由當時的著名建築師設計。「塞弗特旅館」則從那時到現在都是糟糕透頂的結構體。它們座落在公園或喬治時代廣場附近，不免為日後的侵擾開了先例。

又是倫敦政府

保守黨政府已經在一九六〇年委託埃德溫·赫伯特爵士（Sir Edwin Herbert）撰寫一份報告，承認倫敦郡議會的缺陷。他逕自提議廢除倫敦郡議會和大都會自治市鎮，由大幅擴充的大倫敦議會（Greater London Council, GLC）取代，將米德塞克斯全境和薩里、肯特和艾塞克斯等郡部分地區涵蓋在內。這一層級之下將是三十二個新的倫敦自治市鎮，每一個規模都比先前的大了兩到三倍。

新成立的大倫敦議會一如倫敦郡議會、大都會工程委員會等前身，權力將是受限且「戰略性的」。它將準備一項新的大倫敦發展計畫（Greater London Development Plan, GLDP），該計畫負責更新阿伯克隆比計畫，專注於主要幹道和全面發展。它仍保有住宅權力，多半是對於舊有的倫敦郡議會地產，也對高層建築和歷史建築負有責任。它無權控制仍由內政部掌管的警察，以及仍由國有化的倫敦運輸局（London Transport）掌管的大眾運輸。

更重要的是賦予新自治市鎮的權力，赫伯特形容它們是倫敦「地方政府的首要單位」。這些權力包括住宅、社會服務、地方道路、廢棄物收集、規劃與發展控制。自治市鎮由第一線的地方政府強化。赫伯特由此強調了大都會的權力平衡，一如索爾茲伯里在十九世紀末的精心安排。

赫伯特提案受到地方政治迎頭痛擊。工黨掌控了倫敦郡議會數十年之久，保守黨政府認為，將倫敦郡範圍擴張到保守黨占優勢的各郡，是奪回首都唯一可能的方法。但在米德塞克斯消亡之際，保守黨的薩里郡和肯特郡卻不願喪失領土，即使成效極微仍全力反擊。肯辛頓和切爾西設法將名稱保留在兩者合併的自治市鎮中。康登涵蓋了原有的霍本、聖潘克拉斯與漢普斯特德。基爾本與馬里波恩加入了新的西敏市。赫伯特試圖巧妙地合併內城的富裕及貧窮區域。但即使付出了這些努力，保守黨在工黨的黃金年代——一九六四年，仍然無法在第一次大倫敦議會選舉中獲勝。他們以三十六席對六十四席的差距落敗。

首都政府職權的持續混亂，最好的範例莫過於教育的命運了。新的外倫敦自治市鎮奮力保有自己的學校，抗拒赫伯特在大倫敦議會之下新設倫敦教育管理機構的提議，而原有的內倫敦自治市鎮則奮力維持團結。妥協方案是設立一個內倫敦教育局（Inner London Education Authority, ILEA），這是原先倫敦郡議會的遺緒，由大倫敦議會的相關成員組成。這個不尋常的混合體存在了三十六年之久，幾乎始終都由工黨掌控。

高樓、矮樓

新的大倫敦議會有一項困難的遺產。它不但幾乎不營運任何事物，其「戰略性」決策也需要自治市鎮合作，否則就會跟它們起衝突。但它起初確實有所成就。它的功能之一是編列及保護首都的歷史建築，並將藍色紀念牌（blue plaques）分發到知名人士的舊居。它在這方面的活躍引人注目。在一群歷史學者和建築師指導下，它為建築物保存建立了新標準，將若非如此就在劫難逃的數百處倫敦街道和紀念物保存下來。

大倫敦議會原應對高層建築提出的政策就不那麼成功了。由於建築許可已經賣給了中間點大樓、希爾頓飯店和眾多塞弗特旅館，郡會堂實際上放棄了管理。將高樓建築聚集起來，讓它們遠離泰晤士河的必要性曾受到討論，但在「適當之處」允許它們興建的空洞提案，卻為多年的貪腐和例外開了大門。唯一具體實施的管制是對聖保羅廣場的景觀，至少從更漂亮的倫敦西側和格林威治眺望的景觀受到了管制。倫敦仍是當時世界上的古老城市中，對自己的天際線全無任何政策的獨一無二例子。一九六九年，巴黎准許興建蒙帕納斯大樓（Tour Montparnasse），結果引起了普遍的抗議怒吼，使得巴黎市中心從此再也不曾遭受如此玷污。

在某方面，輿論正在轉變。新的大倫敦議會來臨時，郡會堂的住宅部門正在經歷對於高樓公營住宅的疑慮。它們證明了難以出租且不受歡迎，只有最絕望的租戶才需要。彼得・威爾莫特（Peter Willmott）和麥可・楊（Michael Young）早在一九五七年對貝思納爾綠地進行的調查，就報導過居民想要保持舊有街頭社區的親密和活力。「我們不把（貝思納爾綠地）看成一堆石頭。」一位受訪者說：「重要的不是建築物，我們喜歡這裡的人。」他們覺得自己在街道上比在高樓裡更能自由與人交流。沒有人主動偏好後者。

對這個巨大住宅區（mega-estates）新時代的批判來自四面八方。地方史家尼古拉斯・泰勒（Nicholas Taylor）寫到出生地格林威治的那些巨大住宅區：「被堆進這些空中樓閣的是成千上萬公屋租戶，他們在市場上別無選擇，卻又不得不默認民選委員及其專業顧問的判斷……（他們的）眼鏡被廢墟中英勇升起的烏托邦之純粹政治美感給弄得模糊。」哈克尼的派屈克・萊特（Patrick Wright）後來寫道，一條條街道上健全無虞的房屋，只為了政府重建補助的利益而被拆除。結果之一是自治市鎮所收容的人數，趕不上它所驅逐的人數。龐大的大倫敦議會特羅布里奇（Trowbridge）住宅區興建於一九六六年，但幾乎從一開始就人口外流，淪為貧民區。它的高樓群在二十年後被炸掉。

在規劃史家萊昂內爾・埃舍爾看來，到了一九六〇年代中期，倫敦的官方建築師不再被「戲劇化的轉變、革命推翻的舊事物，或象徵著光明力量戰勝黑暗力量的新都市模式」給吸引。一九五三至一九五六年間的倫敦郡議會首席建築師萊斯利・馬丁逃到了劍橋，他在劍橋的學生得出結論，最好的住宅將是「圍繞著一片矩形開放空間，四邊各建一棟高樓」。在埃舍爾看來，這不過就是喬治時代人發明的倫敦建築公式，也就是馬丁和它的同事們花了十年拆除的對象。

政府政策需要時間趕上這種心意轉變。它這時花了長達十年時間興建一處現代住宅區——直到一九七〇年代仍在建造——而不是只用幾週時間就修復人口密度相同的維多利亞時代連棟房屋。到了一九七〇年，大倫敦議會已經興建了三百八十四棟超過十層高的大樓。但它們卻不清楚究竟要怎麼「放倒」（laid on their sides），這成了建築報刊上諸多漫畫的題材。

一個代價慘重的答案於一九六八年降臨在紐漢（Newham）景寧鎮（Canning Town）的一處住宅區。二十二層樓高的羅南角（Ronan Point）是在公營住宅追逐補助的十年間，廉價地興建起來的一棟典型高樓。十八樓的一個瓦斯爐爆炸，炸掉了這棟高樓用以承重的側板，使得一整個屋角完全倒塌。四名租戶死亡，十七人受傷。建築被修復了，但幾乎沒人選擇入住。十六年後，這個住宅區被拆除，由兩層樓的連棟房屋取代。

這時，高樓公營住宅區已經成了貧窮倫敦的一大特徵，一如喬治時代的廣場是富裕倫敦的特徵。高樓公寓往往由問題家庭或初來乍到的移民入住，讓它們更加不受歡迎。我研究過當時瓦平和狗島的住宅區，看到其中許多顯然已經轉手到脫離公家掌控。狗島上薩穆達（Samuda）住宅區的走廊上滿是野狗，而瓦平公寓的租金冊據說被賣到了奈及利亞。

熱衷於高樓生活的人們，後來把目光轉向了私營部門，從沒有家累、又有錢付給門房的年輕人中間，找到了更樂意接手的人。這些租戶比較沒有鄰里意識的需求，他們家境富裕，通常尋求的是一處居停、而非永久的「家」。當艾利森和彼得·史密森（Alison and Peter Smithson）這對建築師伉儷，被問起他們在波普勒設計的粗獷主義風格羅賓漢花園（Robin Hood Gardens）住宅區何以迅速惡化，他們抱怨它的「租戶找錯人了」。言下之意是，現代建築師始終未能服務到倫敦人的正確階級。

羅南角災變發生時，高樓公共住宅的時尚僅僅維持了二十年。但根據估計，它收容了二戰以來重新安置的四分之一公屋租戶。城市街頭忙碌的多樣性和偶遇，被毫無特色的走廊和電梯取代，後花園則被無人控管的開放空間取代。新的高樓並未收容更多人，反倒收容了更少人。自一九五〇年至一九七〇年，倫敦人口減少百分之九，內倫敦人口減少百分之十七。

城市鄰里街坊的概念，當時由美國社會學家珍・雅各（Jane Jacobs）在《偉大城市的誕生與衰亡》（*The Death and Life of Great American Cities*，一九六一年）一書中分析。雅各對於人們何以喜愛街道的記述，深植於她對街道社會地理學的理解之中。那正是前門、臺階、從樓上窗戶往下看見道路的視野，以及租戶的性質與延續性、家庭結構和就業等等相對無形的因素所構成的社會地理學。雅各認為街道既社區化又「自律」，實際上是一個微型政體。她將最寬泛定義下的都市保存抽離懷舊領域，放進了實用社會學。這本書受到建築師和規劃者閱讀與讚賞，但它傳達的訊息卻被忽視了。即使高樓沒落了，倫敦建築師也不再興建傳統街道。彷彿他們都喪失了這門手藝。

應當用什麼取代高樓是另一個問題。某些自治市鎮試圖重建倫敦連棟房屋，但外貌標新立異。西敏在皮姆利科的沃克斯豪爾橋路創造了利林頓花園（Lillington Gardens，一九六一年）。紅磚而貼近地面的它覆蓋著綠色植物，每一間公寓都拚命追求個性。高架街道或甲板上的「看臺」（grandstand）街道曾短暫流行，例如布魯姆斯伯里的布倫瑞克中心（Brunswick Centre）號稱「城市中心地位的意符」。其他則興建於富勒姆的里波頓路（Reporton Road），以及康登聖約翰森林亞歷山大路五百二十間公寓房的「塔廟」（ziggurat）。每完成一間公寓房就花掉納稅人十萬鎊，這個金額當時被認為是胡亂鋪張。

只要中央政府持續提供補助，地方議會的建築師們就繼續拆除街道，追求新耶路撒冷的新幾何學。最受歡迎的是高密度、低成本，「系統建造的」混凝土板大樓，展現於一九六〇年代末在南華克沃爾沃斯興建的兩處巨大住宅區——艾爾斯伯里和海格特（Heygate）。我後來和一位驕傲的政府大臣凱斯・約瑟夫爵士（Sir Keith Joseph），一同參觀了據說是全歐最大住宅「建築群」的艾爾斯伯里，這個住宅區就是由他自己的柏維斯（Bovis）公司建造的。核心概念是街道建在空中，寬度足夠讓一輛牛奶卡車沿街行駛。但它表現得實在不像一條街道，因為得搭乘一部時好時壞的電梯才上得去，居民們則和他們的座車分開。海格特苦於犯罪猖獗，後來被拆除，艾爾斯伯里預計也會步上後塵。

新的低層樓房意識型態最為戲劇性的範例，是倫敦自己的「新市鎮」，座落於格林威治以西，泰晤士米德（Thamesmead）的泰晤士河濕地上。這是大倫敦議會首次嘗試一個現代主義的「水上巴比肯屋村」。它在一九六五年動工，由圍繞著一處帆船船塢的混凝土公寓構成，預計收容六萬人，三分之一房屋私有。這個計畫複製了巴比肯屋村的粗獷主義美學，而它在泰晤士河邊的草地上看來格格不入。它也重蹈了倫敦郡議會貝肯翠住宅區的覆轍，幾乎沒有考量運輸、購物或其他基礎設施。地面層由於河水氾濫的風險，而被宣告不適於居住。

這個地點與泰晤士河渡口相距甚遠，相對孤立，使得它難以出租，三分之一的房產由初來乍到的移民入住。泰晤士米德成了史丹利・庫柏力克（Stanley Kubrick）的反烏托邦電影《發條橘子》（*A Clockwork Orange*）場景所在。一九七二年，計畫規模縮減為四萬五千人，整個計畫後來轉手給了皮博迪住宅信託（Peabody housing trust）。五十年過去，泰晤士米德的中心商店區一片荒涼。水池裡沒有帆船，只有垃圾，但一個維多利亞式鐘塔以某種方式被移植進來，好讓情況看來振作一些。泰晤士米德從來不是以人道的市鎮規劃為根基，而是根植於建築師的幻想。二〇一九年，皮博迪預計得斥資十億鎊興建一處新的市鎮中心，以期振興倫敦的一個地區，有朝一日擴張到與西敏同樣大小。

另一種不同形式的「地方創生」（place-making），則由新的克羅伊登自治市激發。一九六五年，克羅伊登市議會雄心勃勃的主席詹姆士・馬歇爾（James Marshall）擬訂計畫，要創造他夢想中的「郊區迷你曼哈頓」，或至少是一個小型阿伯克隆比計畫。他建造的辦公室數量，在當時跟伯明罕一樣多，雙向分隔道路和地下道穿過他的新市鎮中心。即使有這份決心，建造出來的樓房卻缺乏鼓舞人心的力量，成果也無法持久。克羅伊登不同於伊林、里奇蒙等郊區，沒有一處獲得保存的歷史核心能夠吸引人潮。但至少，倫敦有一個角落曾經嘗試實現規劃者的願景。

未來在過去之中

即使一九六〇年代的倫敦新建築未能回應城市文化的革命，一種不同形式的革新卻播下了種籽。一九六七年，一位保守黨政治人物鄧肯・桑茲（Duncan Sandys）在國會提出一項措施，賦予地方議會權力劃定所謂「保留區」。《城市公益設施法》（Civic Amenities Act）授權它們宣告具有建築或歷史重要性的鄰里街坊，它們可以禁止或管制街區內的發展，其中的推定更有利於禁止。

桑茲的保留區在一個明顯渴望這類規訓的大都會各處都站穩了腳跟。十年之內，它們就擴散到除了巴金之外的每一個倫敦自治市鎮。一九七五年時，已經設立了二百五十處保留區，多半位於先前的喬治時代建築或維多利亞時代早期建築街區。它們最終擴展到涵蓋了大部分西敏、肯辛頓和切爾西住宅區，康登和伊斯林頓的多數住宅區，以及大都會其他地方也到處都有小塊孤立的保留區。保留區將成為一項對倫敦外貌影響更大的規劃工具，影響程度在歷史上前所未見。以下的事實是對倫敦政府的一項負評：最有益於二十世紀晚期倫敦的兩項革新——保留區和一九五六年納巴洛的《清淨空氣法》——需要由國會下議院議員主動提出私人法案倡議，而不是出自市鎮或郡會堂、甚至白廳倡議。

保留區一開始的效果是凍結房地產價值，因為按照定義，它們讓拆除和再開發都變得不可能。但時日既久，土地出租人發現，保留不但不會損失房地產價值，還會讓地產升值。需求導致價格高於修復成本，從而吸引私人資金投入先前蕭條地區的重建。現實情況是，當都市拆除重建於政府政策失寵時——尤其因為成本——資助它們的公共資金也隨之消失。保留讓私人資金取代了公共資金。隨著屋主和地主將房地產賣給有能力花錢修復的人，中倫敦大片地區也開始改變性質。這不免引起爭議，因為既有的居民逐漸被新來者取代，社會學家露絲・格拉斯（Ruth Glass）將這個過程描述為「縉紳化」。

一九五七年的《租金法》（Rent Act）對租金部分解禁，仍給予所謂的現有租戶一定程度的保障。但這時地主有了誘因，不只提高租金、更誘迫租戶離開，為修復和出售讓開道路。這種日後稱為「使眼色」（winkling）的手段，最惡名昭彰的早期實行者是肯辛頓的彼得・拉赫曼（Peter Rachman）。他集中心力驅逐年邁的租戶，轉賣給西印度群島人和其他移民，並從過度的擁擠中獲利。這促成了遏制這種行徑的遲來措施。拉赫曼在西伯恩公園路旁的核心地產，後來被西敏市清拆，改建為西敏市的西伯恩花園住宅區。

事實上，縉紳化不久就發展成了某種程度的自嘲。地產經紀人羅伊．布魯克斯（Roy Brooks）在《觀察家報》（*Observer*）刊登廣告，如此推銷半廢棄的物業：「具挑戰性……有前途……需要愛護……適合不顧一切想要寫出齷齪東西的作家」。中產階級父母會對子女搬到倫敦的部分地區表示震驚。「先驅」們曾經到達櫻草丘、諾丁丘、伊斯林頓和坎柏韋爾，他們這時開始「移殖」富勒姆、巴特西、北肯辛頓、基爾本和肯蒂什鎮。長年居住的居民對此反彈是可以理解的，他們覺得遭受入侵。

慣常的清拆形式就只是等待老租戶消亡，等待更新取代他們周遭的位置。調查顯示，在《一九五七年租金法》約束下，主動與地主發生衝突的租戶不到百分之十。問題與其說是驅逐原有居民，更不如說是新居民創造的社區型態。這是倫敦鄰里街區「屬於」誰的問題。下文還會再談。許多新保留區都是為了中產階級倫敦人而建造的，只是在二十世紀，隨著居住者逃離城市往更潔淨、更不擁擠的郊外，而落入市場低端。在這層意義上，它們都被「再縉紳化」了。在某些地區，包括我在康登住過的地方，地方議會的回應是買下保留區的街道，用作供應既有居民的社會住宅。結果這成功創造了「混合」街區，而且比拆除重建還要便宜。

要是這項政策在戰後能夠更有力地實施，倫敦的傳統社區就有可能保存下來——縉紳化也會減輕。正如評論家湯姆．戴克霍夫（Tom Dyckhoff）所言，老街不只吸引有錢人而已。富人和窮人「對這個稠密、有歷史意義的城市之固有價值、對它的審美形式、歷史層次、以某種方式促進和睦的能力，或它純然令人興奮之處，逐漸共享著同一份愛」。存在於這份美德目錄裡的某種事物，我只能名之為城市的靈魂。戰後數十年間意圖將它摧毀，我至今仍視之為一項重大專業犯罪。

一九六〇年代尾聲轉向保留，得益於政府政策的反轉。《一九六九年住宅法》在羅南角災變之後通過，以恰好相反的措施取代高樓補助，此即提供修復之用的改良撥款。「改良區」取代了再開發區，成為規劃的關注焦點。到了一九七〇年代，倫敦的街道和廣場已經被看作是資產、而不是城市更新的障礙。這十年始於一場文化大革命，又終於另一場。大半個美國被中產階級遺棄，留給赤貧者的那種內城，在倫敦卻沒有被消滅，而是被重新利用。

第二十三章 衰退年代 西元一九七〇至一九八〇年

年代很難按照人們指望的那樣，條理分明地概括它所在的歷史階段之性質。但倫敦的一九七〇年代，看來是在推翻一九六〇年代。首都振作了起來，其文化、社會及領土的動脈都注入了新血。搖擺之城的觀光業蓬勃發展，可能在這十年間翻倍增長（觀光統計數據不可信）。大都會產生了磁石般的吸引力，從外省甚至外國吸收青年和人才。到了一九八〇年代，倫敦人口三萬以上的移民群體，據說甚至比紐約更多。

七〇年代反撲

一如自古至今的歷史，新來者是摩擦的起因。一九六二和一九六八年，兩黨政府先後推行了限制大英國協移民的法案，這個議題成了政治上的重大問題。一九五八年的種族暴動受到大幅報導，但保守黨政治人物以諾·鮑威爾（Enoch Powell）在一九六〇年代晚期的一連串煽動演說，卻讓倫敦的保守黨得票數激增（即使保守黨黨魁愛德華·希思〔Edward Heath〕將鮑威爾撤職）。一九六七年大倫敦議會選舉，保守黨驚人地奪下八十二席，大勝工黨的十八席，並且控制了倫敦三十二個新自治市鎮的二十八個。即使工黨的英鎊貶值政策幫了保守黨大忙，但保守黨的得票數在移民入住區域顯然較高，例如在傳統上支持工黨的蘭貝斯，時年二十四歲的約翰・梅傑（John Major，日後出任首相）就突然當上了住宅委員會主席。三年後的一九七〇年，希思的保守黨強大到了在全國選舉擊敗工黨，組織新政府。

移民持續鞏固他們在歷史上的聚居地。愛爾蘭人仍集中於基爾本、西印度群島人自從一九四八年倫敦運輸局招募第一批「疾風號」（*Windrush*）移工開始，就來到了布里克斯頓和北肯辛頓。隨後是亞洲人大量湧入，首先來自巴基斯坦、印度和孟加拉，而後是被逐出東非的這些亞洲人。移民往往定居於先前陷入蕭條的地區，錫克人在紹索爾（Southall）、印度人在西漢姆（West Ham）、越南人在金士蘭路，孟加拉人則在如今被猶太人騰空的白教堂。

位於斯皮塔菲爾德佛尼爾街（Fournier Street）街角的一間喬治時代小教堂，體現了倫敦人口的這些外來變遷。它最初是在一七四三年由雨格諾派建立的新教教堂，後來改成了猶太會堂，如今是一座清真寺。北肯辛頓的諾丁丘嘉年華不顧鄰里街區迅速縉紳化、或定期與警察發生衝突，始終堅持舉行。它日益壯大，成了全世界最大的族群街頭嘉年華，將如今平靜的北肯辛頓轉變成了倫敦多元性格的鮮活示範。

一九七三年，希思政府設法讓英國加入了歐洲共同市場（European Common Market）。這帶來了新的貿易機會，卻也帶來了新的競爭。倫敦的金融這時也在跟巴黎、法蘭克福、布魯塞爾、阿姆斯特丹等商業中心競爭著卓越地位。如同早先倫敦城的歷史，它的產業主力——金融業和專業服務，同樣受害於難以改革的「閉鎖工場」和限制性慣例。碼頭和汽車業也是一樣。倫敦必須自我更新，以面對來自歐洲的競爭。一九七〇年代的倫敦突然發現自己處於守勢。

英國加入歐洲共同市場之時，西方經濟正因產油國壟斷集團——石油輸出國家組織（OPEC）將油價上漲三倍而蒙受重創。同時發生的還有一連串罷工，反對國家強行實施法定工資限制，使得超出法定加薪幅度的更高工資成為非法。一九七四年時，保守黨政府的稽查員實際上已經在審查我所任職報社的記者薪資單。電力供應和公共服務大受損害。就連在戰時，都不曾限制企業每週營業三天。夜間的倫敦一片怪異恐怖，有些街區燈火明亮，隔鄰的街區卻一片漆黑。我還記得那時開車穿過停電的巴恩斯，駛向遠處山丘上燈火耀眼的羅漢普頓。

自從一九二六年總罷工以來，工會的實力展示在此時最為積極。孤注一擲的希思政府試圖在一九七四年提前改選，他們提問：「誰統治英國？」（Who rules Britain?）選民們做出了答覆：「不是你們。」但重返執政的工黨，在哈羅德·威爾遜（Harold Wilson）初任首相及隨後吉姆·卡拉漢（Jim Callaghan）執政期間，卻未能讓問題好轉，並在一九七八和一九七九年間的「不滿之冬」達到極點。墓地停止安葬死者，萊斯特廣場上垃圾堆積如山。一九六〇年代的倫敦變得分裂又混亂。一度搖擺的大都會看來也陷入了英國病（die Englische Krankheit）之中，這是歐洲大陸稱呼佝僂病的成語，如今推而廣之，用以諷刺整個搖搖欲墜的英國經濟。

維持首都治安

即使當時極少被注意到，但日後成為倫敦一大災害的最初跡象卻在此時顯現，在某些地方就跟十八世紀的琴酒威脅一樣嚴重。那就是麻醉藥物使用。一九六〇年代晚期，大麻和LSD（麥角酸二乙醯胺）在酒吧和夜總會都買得到，但「更強的藥」多半仍限於數千名登記有案的成癮者，他們可以憑處方取得。記者們會去訪問每夜在皮卡迪利圓環博姿（Boots）藥妝店門外的排隊人群，他們正在等候隔天使用的海洛因發放。

一九七一年通過的《濫用藥物法》（Misuse of Drugs Act）取消了這些供給，帶來慘重後果。它逼著強力藥物走入地下，進入正在興盛的禁藥產業之中。不到十年，海洛因使用者的估計人數，就從全國六千人激增到六萬人。毒販的推銷能力比博姿藥妝店更強。在倫敦較貧窮的地區，持有及交易毒品的嚴刑峻罰，為倫敦的犯罪幫派提供了勒索取財的新來源，成了倫敦所謂的非正式經濟根深蒂固的一環。這項法律同時刺激了警察腐敗。由內政部控管的倫敦警察廳，長久以來都是自成一格的共濟會。自十九世紀以來，這支警力與倫敦罪犯群體的關係幾近於相互包容。一九六〇年代和一九七〇年代，克雷（Kray）和理查森（Richardson）這兩個幫派家族，就在當局眼前經營著性產業、夜總會和敲詐勒索帝國，散發著一股下流的魅惑。

自一九七二年起，「大都會警察」由銳意改革的總監羅伯·馬克爵士（Sir Robert Mark）領軍，他與一九七四年隨著工黨重返執政而回任內政大臣的羅伊・詹金斯攜手合作。馬克公開宣告：「一支優秀警隊所捉拿的罪犯，多過它動用的人力。」在詹金斯支持下，他解散了倫敦警察廳刑事偵緝科（criminal investigation department, CID），終結該部門與東區幫派犯罪行為的相互勾結。當記者們為了這種激烈作為是否必要而提出質問，馬克回答：「就看著銀行搶案減少吧。」搶劫是倫敦新聞界的每月必備內容，結果正如馬克所言，刑事偵緝科解散之後，搶劫案幾乎完全停止。馬克在一九七七年退休，此後，他的警官們在毒品經濟中找到了獲利更加豐厚的收入來源。

高速公路方塊

到了一九七〇年代初，倫敦政府可以自詡達成了二戰結束以來它所擔負的一項基本職責：終結了群聚的貧民住宅區。貧民區或許仍然存在於高樓的樓梯間，以及拉赫曼之流地主所造成的過度擁擠地下室裡。但即使現代建築怪誕可怕，金錢還是投注下去，數十萬倫敦人不分新舊，都得到了新住所。一九七〇年代中期，在人口穩定流失的這個首都裡，據說住房數多過家戶數。

大倫敦議會的另一項明確職責就沒有這麼成功了，那就是讓首都保持暢通。英國各地的城市都在經歷自己的阿伯克隆比時刻。伯明罕、布里斯托、利物浦、諾丁罕、新堡（Newcastle）和格拉斯哥都拆毀了仍然豪華的維多利亞時代城市中心，代之以城內替代道路、迴旋交通方案和環路。納稅人和地稅納稅人的花費是天文數字。民間機構與市民尊嚴遭受悲慘損失，旅行時間加快的益處則微不足道。

弔詭的是，倫敦卻很幸運，因為它的阿伯克隆比計畫在倫敦郡議會之下重生，並由大倫敦議會接手，只是它太過野心勃勃了。有一陣子，大倫敦議會不屈不撓。戰後道路計畫的實施指南，是由柯林・布坎南爵士（Sir Colin Buchanan）在一九六三年一份名為《城鎮交通》（*Traffic in Towns*）的報告中提出，它引起了轟動。一九四〇年代，《建築評論》就極力鼓吹「交通現代主義」（traffic modernism）。布坎南說，奉行它就意味著一種「交通建設……好讓人們能和汽車和睦相處」。按照巴比肯屋村的式樣，將整座城市的地面層用於交通，把行人分配到遍及全市的樓上「甲板」，則是最好的實行方式。

甲板成了倫敦規劃者們夢寐以求的聖杯。布坎南宣告，它會帶來「讓城鎮中好幾代人為之喜悅的事物，舒適、封閉、多樣的氛圍，狹窄的巷道，形成對比的開闊廣場，光與影的效果，還有噴泉和雕塑」。這個天國會藉由手扶梯和電梯，與樓下熙熙攘攘的交通相連。一幅插圖顯現出費茲洛伊廣場不知所措地座落在一片由混凝土板大樓、空中甲板、道路支線、雙向分隔道路和立體交叉道構成的迷宮裡，這一切全都為了取代托特納姆宮路（Tottenham Court Road）路口的一處交通號誌。史密森夫婦宣告，未來的倫敦是「快速道路網」穿過一個由高樓和甲板構成的城市，宛如「針灸刺進我們由蠢人打造的城市裡」。

這個前景令大倫敦議會的議員們目眩神迷，他們會用這句話回應所有批評者：「但我們被告知，未來就是這樣。」布坎南和阿伯克隆比一樣，出身於一個烏托邦思想根深蒂固的種姓。他提出抗議，說自己的概念並非「建議」，只不過是個「最不荒謬的替代選項」。他並未描述最荒謬的選項可能會是怎樣。他的交通分流概念至少在理論上必須重建整個城市。大倫敦發展計畫將阿伯克隆比的五條環路減為三條，但光是環繞內倫敦的高速公路方塊，造價就需要五億鎊（換算成二〇一九年的價格，是七十五億鎊）。會有十萬棟左右的房屋必須拆毀，替代住所則要消耗掉倫敦整整一個世代的新公共住宅存量。驅離規模會很可怕，外部成本則很巨大。

在這些提案送交討論同時，又出現了一件與大倫敦發展計畫無關的稀奇事，這是白廳一項舊計畫的遺跡，要興建一條都市高速公路，將尤斯頓路連上通往牛津的A40公路。這條稱為西路高架道（Westway）的公路從北肯辛頓上空經過，一九七〇年由時任運輸大臣的夏舜霆（Michael Heseltine）在當地居民的怒火之中啟用。電視諷刺劇《部長大人》（*Yes Minister*）提到，這條路唯一的用途就是協助下議院議員返回大學母校。另一條計畫從本頓維爾到M11高速公路（以及劍橋）的同類聯絡道路則未曾興建。大眾對於西路高架道的反應，讓政治人物和大眾都體驗到了高速公路方塊穿越中倫敦時會有何等遭遇。大倫敦發展計畫送交協商，以高速公路方塊為最重要的展品。前往影響所及的伊斯林頓、康登、切爾西、旺茲沃斯等地區出席會議的議員和官員們，能夠全身而退算他們走運。

結果，保守黨在一九七三年大倫敦議會選舉落敗，新當選的工黨廢除了高速公路方塊及所有相關討論。幾小段路段當時已開工，至今尚存，包括黑牆隧道（Blackwall Tunnel）兩端的東十字路（East Cross Route），以及牧者叢環形交叉路口北端通往西路高架道的四百碼西十字路（West Cross Route）。規劃考古學的行家們可以看見一條匝道的尾端，匝道通往不存在的高速公路方塊，從西路高架道出口處險惡地伸向拉德布羅克街（Ladbroke Grove）。

布坎南時代的其他遺產就更怪誕了。在一段時期裡，倫敦城和西區的所有新建築都必須包含高架基座，等候甲板時代到來。巴比肯屋村至今仍是這些建築裡最完整的，但「上層甲板的倫敦」還包括下泰晤士街、帕摩爾街的紐西蘭屋（New Zealand House）和馬里波恩路上的舊嘉實多大樓（old Castrol House）。究竟要怎麼指望它們連接在一起，委實令人大惑不解。

甲板精神的一件珍品，是《經濟學人》在聖詹姆士街旁的十五層高樓廣場，一九六四年由史密森夫婦設計。我在那棟高樓裡工作過五年，至今還記得為了勸誘行人使用甲板，讓它發揮聖詹姆士「市鎮廣場」的預定用途，而進行的各種瘋狂嘗試。一如主禱文廣場（Paternoster Square）和巴比肯屋村的狀況，倫敦人就是不願意拋棄他們所認定的「地面」。他們寧願在人行道上野餐，也不願意上樓到視線之外。這座高樓的「登錄」，使得露天廣場無法在二〇一八年更新時被建築物取代。

在此同時，更為務實的郡會堂正為了倫敦的移動籌劃兩項重大益處，分別是公車路線，以及新建地鐵維多利亞線和銀禧線。維多利亞線完工於一九七一年，這是五十年來第一條地鐵路線，終於將大片被忽視的倫敦東北部與市中心聯結起來。銀禧線接著在一九七九年完工，連接了西北部。相較於後來的橫貫鐵路，它們造價不貴也不突兀。同時也在伍利奇興建一道泰晤士河防洪閘，並於一九八四年啟用。它與其說是為了保護倫敦不受漲潮侵襲，更是為了防範逆流而上的風暴潮與湧入河口的潮水重疊。就當下而言，倫敦似乎安全無虞。

柯芬園大決鬥

高速公路方塊正在激辯之際，另一場戰鬥也在進行中，日後證明了是大倫敦議會的規劃者們最後一次試圖重新組織內倫敦。未被開化的皮卡迪利圓環，一九六二年從傑克．柯頓手中搶救下來之後，被移交給了西敏市議會，議會提出了由建築師霍爾佛德勳爵設計的三座中間點式高樓和一片巨大甲板。政府在一九七二年否決了這個提案，理由是它「留給交通吞吐量的空間不足」，只增加了兩成，而非必要的五成。不到一年之後，交通就不再被視若神明，這個方案終於胎死腹中，皮卡迪利得以安寧。

東方不遠處座落著同樣易受攻擊的柯芬園，這是在舊有的果菜市場北邊，由倉庫構成的一個街區。市場預定在一九七四年遷往南岸的九榆樹，郡會堂的建築師們為這個地區提出了一項再開發計畫。它又將被上層甲板覆蓋，由沿著霍本與河岸的雙向分隔道路圍繞，並預計拆毀該地區六成的建築和八成的住宅。

由於郡議會已經為了高速公路方塊而飽受攻擊，柯芬園計畫在當地引起居民、商業和政治人物一致的爆炸性反應。它受到倫敦《標準晚報》的抨擊，該報總編查爾斯．溫圖（Charles Wintour）精準判斷了該報讀者、甚至整個倫敦的情緒。倫敦的歷史結構可以因為「老舊過時」而摒棄，這種觀念終於變得不可思議了。

我當時在記者工作上打過交道的那些官員們，對於他們所認定「城市的未來」遭受如此激烈反對，都感到困惑又憤怒。在一場聽證會上，一位大倫敦議會工程師對監察官說，拆除整條少女巷（Maiden Lane），沿著河岸興建一條雙向分隔道路是必要的，「不然我們可以跟你打包票，西區會陷入癱瘓」。我後來結識了其中許多人，但這些人似乎都沒有意識到，自己這時正在考驗倫敦大多數人口的情緒，而且用的是純屬捏造的未來學。

柯芬園方案在一九七三年的氣候年裡，被一樁罕見的政治破壞行動給封殺了。同情抗爭者的環境大臣傑佛瑞・里朋（Geoffrey Rippon），指示他的官員們策略性地挑選遍及柯芬園地區的二百五十棟建築，予以登錄保存。此舉立即阻撓了方案。當工黨在那年稍晚掌控了大倫敦議會，這個方案和高速公路方塊，以及皮卡迪利圓環一併被忘卻。整個柯芬園都依照新的《城市公益設施法》被宣告為保留區。

這場運動拯救了柯芬園地區，但爭議轉向了倫敦是否搶救了形體，卻未能搶救靈魂這個問題上。隨著新的使用者湧入柯芬園，據論證，柯芬園的舊社區已經被相當於「商業縉紳化」（commercial gentrification）的發展給摧毀了。實際上，市中心社區如流沙般變動不居。貝德福德伯爵的地產是提供給貴族的。後來的市場則提供給搬運工和推銷員，接著又被需要更新的建築物裡，年邁公屋租戶和低價租屋的新來者構成的破碎鄰里給取代。唯一的問題在於：由誰出錢更新，更新是激烈的還是漸進的？

大倫敦議會隨後對自己在該地區的租戶提供了保護，但這時已無法阻止從巴比肯屋村式闍割獲救的柯芬園，發展成中倫敦最具吸引力、最多采多姿也最受歡迎的街區之一。長畝零售商的活力，以及七晷（Seven Dials）迷人的後街和小鐵匠鋪科明慶（Comyn Ching）所擁有的三角地，都與劇場和柯芬園歌劇院形成均衡。這處三角地被搶救而免於拆除之後，由建築師泰瑞・法雷爾（Terry Farrell）令人讚賞地完成修復。是城市的構造決定了它的用途，而非相反。在柯芬園，由調整型建築（adaptable building）構成的一整個街區被保存下來，以接待越過其邊界蔓延而來的下一波倫敦人。但沒有這樣的人潮入住巴比肯屋村。

時代的墓誌銘

高速公路方塊、皮卡迪利圓環和柯芬園的這一連串事件，示意著一九七三年是倫敦規劃的革命時刻。巴士底監獄被衝破了，但全面革命還遠在未來。一九七〇年代開始時，希思政府決定要興建全新的白廳群落，將唐寧街與國會之間的區域全部拆除，改建成混凝土板高樓。吉爾伯特・史考特設計的外交部，約翰・布萊頓的財政部，以及諾曼・蕭的新蘇格蘭場，會因此全部消失。另一個提案則是拆毀納許設計的整個卡爾頓府連棟房屋。英國鐵路（British Rail）想要拆毀聖潘克拉斯車站，他們在一九六一年已經消滅了尤斯頓車站。只有在騎士橋和皮卡迪利圓環覆蓋上層甲板的計畫被廢止。

在倫敦城內，倫敦城法團想要擺脫利德賀和比林斯門的市場。大英博物館施壓要求夷平南布魯姆斯伯里。皇家藝術學院試圖拆除肯辛頓的女王門（Queen's Gate）北端。河畔和巴特西的發電廠在關閉之後也陷入危險。舊寬街（Old Broad Street）的倫敦城俱樂部（City Club）要拆除，英國廣播公司對面的朗廷酒店（Langham Hotel）也是。至今仍很難想像倫敦政府在一九七〇年代開始時所設想和規劃的城市。

一九七〇年代結束時，這些損失不是靠著官方行動或心意改變而避免，而是靠著群眾抗議，抗議由喬治學會（Georgian Group）、維多利亞協會（Victorian Society）和拯救英國遺產協會（SAVE Britain's Heritage）等團體組織，並得到媒體和地方活動家協助。詩人羅伯・格雷夫斯（Robert Graves）領軍的一場運動，從破壞者手中搶救了切爾西的阿爾伯特橋（Albert Bridge）。人們發現一座中央橋墩就完全足以支撐整座橋。朗廷酒店、倫敦城俱樂部和聖潘克拉斯車站也被搶救下來。《標準晚報》在一九七四年發起的另一場運動，則把文官趕出了薩默塞特府，文官的座車也不得在騎兵衛隊校場停放。

戰鬥未必都能勝利收場。壯麗的羅斯柴德（Rothschild）家族豪宅其中一間連棟房屋，從皮卡迪利街的海德公園角那端消失，由一間乏味的現代旅館取代。匯聚於奧德瑞奇以南諾福克地產上的十八世紀和十九世紀街道被一掃而空，替代的建築物醜惡到了隨後又被拆除的地步。喬治時代風格的北布魯姆斯伯里，在倫敦大學的蓄意破壞建築行徑之下慘遭重創。沃本（Woburn）和托靈頓（Torrington）兩處廣場幾乎被徹底消滅。帝國學院將維多利亞時代的帝國研究院（Imperial Institute）夷為平地，只留下塔樓。藝術及教育機構證明了是倫敦文化遺產最為狂熱的摧毀者。

倫敦城內也蒙受重大損失，包括倫敦大火紀念碑旁的煤炭交易所（Coal Exchange），以及恩典堂街的霸菱銀行（Barings Bank）。上泰晤士街和下泰晤士街沿線的數十棟舊倉庫為了倫敦城的微型外環路而消失，隨後雙向都被限縮成只剩一車道。到了一九八〇年代，過去三十年來拆毀的所有歷史建築和街道，或許都不會被拆除了。可惜時間不站在它們那邊。

一九七〇年代在壓抑的氛圍中結束。這十年標誌著這座城市的士氣墜入戰後以來的新低點。繁榮的城市不會流失人口，而倫敦的人口從二戰前八百六十萬的巔峰，減少到六百七十萬。十九、二十世紀之交以來的人口預測一直都在說倫敦風光不再，這時似乎終於言之成理了。首都的成長正在趨緩。一九七七年，雷吉・古德溫爵士（Sir Reg Goodwin）領導的「老工黨」大倫敦議會，上任不過四年就被改選下臺。取而代之的是由熱衷投機的右翼人士霍勒斯・卡特勒爵士（Sir Horace Cutler）所領軍的保守黨。

此時，住宅、高速公路和全面更新等方面的現代主義共識已經瓦解，大倫敦議會在智識上失去了方向。一九七九年，大倫敦議會興建的房屋不到九百棟，其中一半在泰晤士米德。升級倫敦主要幹道的努力以全面潰敗作收。南環路尤其被嘲弄成了「由交通標誌連接起來的後街」。道路容量這時被認為是有限的，首都的移動交由倫敦運輸局處理。至於戰略規劃，則完全不值一提。

當我回顧這個時期，我只能想起一連串的抗爭，對抗著當時看來的一個重大錯誤，而犯下錯誤的這一代人發現自己負責掌管一個偉大的都會，卻對城市生存、呼吸和變化的動力毫無概念。即使憲制責任要由人民選舉產生的官員承擔，但其實，民選官員聽取的建議，卻出自非經選舉產生的建築師、規劃者和承包商聯盟。批判政治人物也就近似於責怪病人遵從醫師指示。

對於這些醫師，我幾乎不予同情。許多人是我的朋友，但對於倫敦，他們毫無謙卑，只有傲慢。在戰後初年接受訓練的他們，把這座大都會當成了他們的專業怪僻和利益來源，引領著不分左右、輕信易騙的政治人物走上意識型態的花園小徑，來到虛假的烏托邦。從一九五〇年至一九七〇年代中期，他們對倫敦、乃至英國其他都市所造成的毀壞，比希特勒的全部炸彈都更加嚴重。救正這一毀壞所需付出的代價，在二十世紀結束時會很巨大。就我所知，建築專業從來不曾對這個時期進行過調查，更不曾表現出一絲悔意。

第二十四章　都會重生　西元一九八〇至一九九七年

郡會堂的攤牌

一九七〇年代末期的倫敦，面臨著一項獨特的挑戰。一九七九年瑪格麗特・柴契爾（Margaret Thatcher）當選首相，政治氣候隨之起了變化。她鄙夷共識，而且不介意讓任何人知道。她也厭惡地方政府，可能是由於她父親在其中的經歷所致。這時的大倫敦議會是由保守黨人霍勒斯・卡特勒爵士領導，而他支持柴契爾夫人，渴望改革。一九七八年，他請求經驗豐富的里茲市議員法蘭克・馬歇爾爵士（Sir Frank Marshall）構思治理首都的新構想。結果產生了一項計畫，賦予大倫敦議會戰略規劃、道路及鐵路等責任，同時將住宅及社會服務完全交由自治市鎮負責。他也建議將倫敦的衛生服務交由（交還）郡會堂。這其實是莫里森式的主張，多少為倫敦的市政管理機構恢復了一些尊嚴。

這些構想全都白費了。隨著柴契爾夫人著手實施全國樽節計畫，經濟陷入衰退，工黨奪回了大倫敦議會。就在選舉隔天，議會的溫和派工黨領袖安德魯・麥金托什（Andrew McIntosh）隨即被缺乏行政經驗的激進活動家肯・李文斯頓（Ken Livingstone）發動政變推翻。李文斯頓即將證明，他在倫敦的舞臺上是個既令人耳目一新、又讓人驚恐的存在。他來自南倫敦的諾伍德（Norwood），先後遷居哈克尼和康登。他唯一的職業似乎是漂泊的地方議員兼煽動家，有著刻薄的幽默、現成的左翼觀點，而且喜愛蠑螈出了名。最重要的是，對於柴契爾夫人為了將英國救出一九七〇年代的低谷，而試圖採取的一切作為，他都展現出盲目的憎恨。

往後五年間，李文斯頓並未治理倫敦，反倒把大倫敦議會當成政治武器使用，導致許多工黨要人出走，轉投新成立的社會民主黨。他從不枯燥乏味。他在郡會堂裡掛滿標語，炫示著首都的失業率。巴士和地鐵的票價降低（直到法院出手制止），大倫敦議會對當地納稅人徵收的規費加倍，大量撥款提供給了極左翼團體。李文斯頓甚至把滑鐵盧橋下游，南岸硬幣街（Coin Street）一片提供三百名租戶的大倫敦議會土地撥給了當地社會運動者。該地至今尚存，宛如一個小小的市郊住宅區，座落於首都最昂貴的其中一處地段上。

李文斯頓在招惹柴契爾夫人回應，她也確實回應了。一九八三年的一份白皮書，標題犬儒地取作〈提高城市效率〉（Streamlining the Cities），將倫敦政府斥為「一項經常性開銷」。大倫敦議會要被全部廢除，首都將由它的自治市鎮營運。如需進一步監督，則由白廳的一位大臣提供。斯圖亞特王朝的星室法庭復活了。世界上再沒有其他城市遭受過此等羞辱。所有政治陣營全都反對廢除倫敦政府。自從大都會工程委員會以來，首都事務第一次不受任何地方選舉產生的機構監督。李文斯頓興高采烈地接受了倫敦市的殉難。大倫敦議會在一九八六年三月死去之時，倫敦施放了前所未見的盛大煙火，彷彿李文斯頓正在試圖重演蓋伊．福克斯（Guy Fawkes）的火藥陰謀。倖存的內倫敦教育局蹣跚延續到一九九〇年，然後它也被解散，學校被移交給自治市鎮，其中許多學校又被移交給中央政府，成為「學苑」(academies)。倫敦無情地遭受中央控制。

郡會堂被刻意空置。大倫敦議會廢除隔年，我在它覆蓋著灰塵的空蕩會議室裡舉辦了告別派對，甚至由李文斯頓就「主席」之位。這棟建築的其他部分有的成了旅館，有的成了民宿，有的成了水族館。政府接著更以一種高高在上的蔑視姿態，興建一座巨大的摩天輪，讓它更加矮小。倫敦政府曾經跳動著的心臟，淪落為迪士尼樂園。

倫敦自治市鎮的命運也沒好到哪去。柴契爾夫人在一九八五年為她看來揮霍無度的自治市鎮規定了地稅上限，多半是工黨統治的自治市鎮。由此引發的地方議員服從派與對抗派之間的鬥爭，讓人想起二戰前的波普勒。有些自治市鎮陷入了派系鬥爭的混亂，例如哈克尼和蘭貝斯，並由如今從事自由工作的李文斯頓及其友人大力推波助瀾。柴契爾夫人給予公屋租戶「購買權」(right-to-buy)也受到激烈質疑。支持這項政策的論證言之成理——不管怎麼說，租戶事實上都是一處資產的終生持有者——但房屋以原價三折到七折售出，一半的利潤並不歸於興建公營房屋的自治市鎮，而是歸於財政部，卻動搖了這種論證。

倫敦很快就因為缺乏自治而嘎吱作響。運輸、消防、公園和廢棄物清理等服務都需要監督，由白廳之外過多的「半官方機構」(quangos)營運——根據一份計算，多達一百個。一個怪異的倫敦清算機構（London Residuary Body）延續了大倫敦議會的某些功能。政府甚至設置一個三心二意的倫敦規劃顧問委員會（London Planning Advisory Committee），柴契爾夫人則建立中央政府倫敦辦公室（Government Office for London），理論上由一名「倫敦事務」大臣（minister "for London"）掌管。不管廢除了什麼，官僚的經常性開銷都沒有廢除。人們總要等到民主被剝奪之後才能重視民主。

柴契爾夫人對地方政府的觀念，最為堅決地表現在一個不計後果的決定上——廢除名為「地稅」（rates）的地方房產稅，改徵人頭稅。地稅和多數稅捐一樣不受歡迎，但它們容易理解也容易徵收，依據的是一間房屋推定的市場價值。它們也是累進的，隨著房屋價值而增加。新的人頭稅則不分貧富都徵收齊一稅率，即使它並不苛刻——最終每人約需繳納四百鎊——卻為左翼煽動提供了天賜良機，終於導致一九九〇年特拉法加廣場的一場激烈暴動。人頭稅的不得人心，對於柴契爾夫人在那年下臺發揮了一部分作用，使得繼任首相約翰．梅傑以稍微更加累進的市政稅（council tax）予以替代。

目標倫敦

身為英國首都的倫敦，也逃不過國家政治磨難的牽連。自從愛爾蘭民族主義在一九七〇年代重新展開武裝對抗，倫敦就遭受愛爾蘭共和軍（IRA）炸彈攻擊。這些行動通常都由所謂「潛伏小組」執行，因此難以偵防。最初成為目標的是西區的百貨店和旅館，例如哈洛德百貨和希爾頓飯店，目的在於擾亂觀光旅遊。柴契爾夫人強硬應對共和軍，這意味著一九八〇年代初期，首都幾乎每月都有某處地點遭受襲擊。

一九八四年，愛爾蘭共和軍炸毀了布萊頓的格蘭德酒店（Grand Hotel），試圖一舉消滅柴契爾夫人和她的整個內閣。隨後進入了一段間歇期，但在一九九〇年代柴契爾夫人下臺之後，攻擊重新開始，希斯洛機場和唐寧街十號都曾遭受迫擊砲攻擊。接著是一九九二年倫敦城內波羅的海交易所前損失慘重的炸彈攻擊，這次攻擊造成三人死亡，財物損失八億鎊。倫敦城的規劃者們准許拆除受損嚴重卻仍然壯觀、曾是全球航運支點的交易所，改建為佛斯特勳爵（Lord Norman Foster）怪異的酸黃瓜大樓（Gherkin）。如此的蓄意破壞，近似於一九三〇年代拆毀索恩設計的英格蘭銀行。

炸彈攻擊隨著一九九九年的《耶穌受難日協議》（Good Friday agreement）而停止，此時倫敦已被愛爾蘭共和軍攻擊五百多次，死亡五十人。有時它們幾乎成了倫敦生活的一部分。報社的新聞編輯室裡，每隔一段時間都會迴盪著這樣的吼叫：「炸彈！停下印刷機。」爭取關注的恐怖攻擊是倫敦身為首都所付出的代價，整體而言，它泰然以對。相較於治安機關及其他人日後應對伊斯蘭主義恐怖攻擊時突然開始疑神疑鬼，更成了鮮明對比。不管怎麼說，倫敦都是「傳達訊息」之地，從一九六〇年代的核裁軍運動和反越戰抗爭者，到二〇一九年的氣候變遷運動者皆然。它仍然確確實實是個全球首都。

碼頭區復興

有一項成就要歸功於「直接統治」時期。大倫敦議會在規劃上的呆滯，使得倫敦昔日的產業景觀多半凍結在廢棄狀態。碼頭區在整個一九七〇年代都奄奄一息。一九七五年，倫敦碼頭區經手的貨物總值，被希斯洛、蓋特威克（Gatwick）以及不久之後的史坦斯特（Stansted）等機場超越，一九八一年十二月，最後一艘船隻載著倫敦的貨物駛離。這項曾經強大的產業由下游的提伯利（Tilbury）接棒，東倫敦長達數英里的河濱地帶則隨之荒廢。

製造業的同步衰退幾乎同等劇烈。一九六〇至一九九〇年間，製造業部門的職缺減少了八成，自從二戰以來，倫敦的失業率在一九八〇年代第一次高於全國平均。英國失業問題最嚴重的七個地區都是內倫敦的自治市鎮，新來的移民受害尤烈。產業空洞化的速度顯然快過服務經濟的增長。

最後一波絕望的鬥爭，來自一群組織完善的工人——印刷工人。這些所謂的「勞工貴族」有著閉鎖工場的工作慣例，從中世紀活字印刷發明一路延續至今。每一間印刷房的運行都受到嚴謹的規範保護，卻由於電腦發明而無可救藥地過時。報紙從歷史上的根據地——艦隊街向外遷移，是由工黨政府的環境大臣彼得・修爾（Peter Shore）促成。一九七九年，他向報界大亨魯道夫・梅鐸（Rudolf Murdoch）核發許可，准許他拆除倫敦碼頭區全歐最精美的一排喬治時代倉庫，以新建印刷廠。這處有可能成為東區柯芬園的建築群，就此夷為平地。

修爾並沒有意識到，梅鐸意圖運用圍牆保護的碼頭區來擊破印刷工會的勢力。結果這導致了倫敦最後一次持久的勞工暴力抗爭，即一九八六至一九八七年的瓦平暴動（Wapping riots），目的是阻止梅鐸運用未加入印刷工會的工人營運新印刷廠。運動者們未能獲得廣泛支持，抗爭也逐漸流失。瓦平暴動導致了印刷「小教堂」（倫敦印刷工會的通稱）衰亡，以及整個報業製作成本大幅削減。它為倫敦留下了驚人的十家日報和晚報，這是西方城市裡獨一無二的閱讀範圍。

至少倫敦碼頭區現在有了新用途。其他碼頭地點則陷入休眠，顯然需要政府採取行動。大倫敦議會曾經指派相關的自治市鎮組成聯合委員會，以調查這些碼頭的未來，但它似乎跟自己正在討論的土地一樣呆滯。甚至在大倫敦議會還沒垮臺之前，白廳在一九八一年就做出了初步決定，要將整個地區授予倫敦碼頭區開發公司（London Docklands Development Corporation, LDDC）。當地自治市鎮大怒，但它們幾乎無法抱怨。環境大臣夏舜霆犀利地說道：「我們從他們手上收走權力，因為他們弄得一團糟。」一年後，在財政大臣傑佛瑞・侯艾爵士（Sir Geoffrey Howe）倡議下，狗島的碼頭區更被宣告為一處「企業特區」，十年不受規劃管制和免稅。

狗島被稱為島，只是因為它的碼頭。它是自成一格的倫敦。一九七〇年，自命為「總統」的泰德・約翰斯（Ted Johns）宣告狗島從當地的塔村市議會「片面獨立」，這個計畫為時甚短卻受到大幅報導。島上金絲雀碼頭周圍的舊西印度碼頭，成了藝術家經常光顧的倉庫和閣樓，此處被宣傳為波普勒的創意區。倫敦碼頭區開發公司在一九八二年突然終止了這個用途，邀請外國人占多數的投機者們，前來倫敦第一處自由港取得土地。這處場所幾乎吸引不了倫敦投資人，他們對一個距離市中心如此遙遠的地點避之惟恐不及。

歷經許多次起步失敗，金絲雀碼頭由一家加拿大公司奧林匹亞和約克（Olympia and York）收購，該公司由賴希曼（Reichmann）兄弟持有，柴契爾夫人本人對他們很有好感。他們對這個地點的信心不同凡響。他們試圖預先出租三棟高樓，包括由美國著名建築師西薩・佩里（César Pelli）設計的歐洲最高樓。倫敦的辦公室租戶仍然迴避，開發案只租出了六成，奧林匹亞和約克公司在一九九二年申請破產管理。據說它當時每天虧損三千八百萬鎊。我那時預言，金絲雀碼頭會跟雪萊筆下的奧西曼迪亞斯（Ozymandias）「兩條極大的石腿」一樣，成為破敗荒原中一個思慮不周的商業冒險，錯誤時刻的錯誤地點。

倫敦城回歸全球

我這個預言失準了，原因有二。一九八六年十月，倫敦的商業結構經歷了堪稱前所未有最激烈的劇變。時任財政大臣的奈吉爾・勞森（Nigel Lawson）對倫敦城的金融機構解除管制，解散它們的獨占權利、撤銷它們的限制性慣例，這次改革人稱「大爆炸」（the Big Bang）。這是一夜之間完成的革命。勞森在金融領域創造的這片蠻荒大西部，受到近期全球歐元及油元市場迸發所支持，擺脫一切拘束的倫敦，這時處於從中獲利的絕佳位置。

外國銀行湧入這個看似自由的城市。即使傳統銀行業立即喪失工作機會，湧入倫敦的公司卻在一九八五到一九八九年間，讓倫敦城的租金上漲了百分之五十二。金絲雀碼頭本身得到卡達的一個主權基金拯救，外國銀行則對碼頭區的便宜工作場所十分受用。它們不介意波普勒在哪裡，只要它有一間電腦化的交易大廳，不抽稅，也沒有多管閒事的政府。到了一九九〇年代末期，狗島雇用的人數多達五萬，它新設的住宅區沿著泰晤士河岸伸展。從狗島上位於南方一英里處的都市農園麥塞特（Mudchute）看去，狗島的高樓怪異地聳立於放牧的綿羊和駱馬之上，宛如杜拜的某處電影場景。

我預測錯誤還有第二個理由。金絲雀碼頭這個私人資本主義的象徵，受到大政府提供大規模紓困。柴契爾夫人震驚於這個商業冒險一開始的失敗，決定投注資金。她和賴希曼兄弟的友誼，已經讓她新開鑿了一條穿越萊姆豪斯下方，抵達碼頭入口處的公路隧道。這條隧道造價三億鎊，據說是全世界最昂貴的一英里柏油路。更加鋪張的是，柴契爾夫人下令動工延長地鐵銀禧線，從西敏通到碼頭。它的每一處車站都由一位知名建築師設計，是倫敦最傑出的幾座現代建築，特別是理查・麥考馬克爵士（Sir Richard MacCormac）設計的南華克站，以及麥可・霍普金斯爵士（Sir Michael Hopkins）設計的西敏站。三十三億鎊的造價也讓它成為全世界最昂貴的鐵路。政府甚至向工會要求讓步，同意由司機員駕駛列車，即使列車原先設計為無人駕駛。這簡直不是自由市場基本教義派柴契爾夫人的作為。

包含地稅和國稅減免的代價，金絲雀碼頭是英國最奢侈的私營部門更新計畫，在一個可能最不需要這種慷慨的首都裡，據估計花費了八十億鎊左右。它振興了碼頭區的這一部分。佛斯特勳爵設計的地鐵銀禧線金絲雀碼頭新站，值得成為倫敦的一處重要轉運站。住宅高樓聳立於四面八方。這個開發案幾乎是一座封閉式的城市，與波普勒和周圍的倫敦隔開。一如中世紀的西敏，一個新城市實體在大眾贊助下被創造出來，與舊有的城市實體分庭抗禮。

在金絲雀碼頭之外，還有更重大的挑戰。遙遠的皇家碼頭群（Royal Group of docks）在一九八六年動工興建倫敦城市機場（City airport），機場隔壁是一處幾乎無路可通的展覽中心。它由一條無人駕駛的高架鐵路連接，荒謬的是，這條鐵路卻不與地鐵網絡連接（直到後來將終點站設在銀行站）。實際上，倫敦碼頭區開發公司是在複製上一世紀大都會漫無章法的發散。它就是跟著市場走。

這個新興東倫敦的社會基礎設施或凝聚力幾乎不被考慮。沒有社區營造的嘗試，也沒有商業街，甚至沒有跨越泰晤士河的渡口，可讓南倫敦納入新財富的範圍之中。最明顯的復甦出現在年輕私人買主的高樓生活，但由此產生的市鎮景觀很荒涼。碼頭區住宅戒備森嚴的大廈，與舊碼頭怡人的連棟房屋和紮根於街道的鄰里街區大相逕庭。這樣一個倫敦能不能找到自己的獨特性格，只有時間才能證明。

新商業經濟

金融大爆炸對倫敦城的衝擊很劇烈，不過好壞參半。大衛·基納斯頓（David Kynaston）寫道，在此之前，倫敦城被看作是「一個不愛國的賭場，付給自己駭人聽聞的高薪，只為了慶祝英國產業的滅亡」，由老派的人際網絡和獨占權利支配，很快就會被歐洲及其他地方迅速發展的城市給超越。隨著一九八〇年代來臨，這種情況幾乎在一夜之間改變。一九八六年，我訪問了美國摩根史坦利（Morgan Stanley）銀行的一位主管，他負責評估許多個城市作為歐洲總部所在地的可行性。他向總公司回報，倫敦勝過巴黎、布魯塞爾和法蘭克福，不只因為解除管制，也因為辦公室容易取得、專業服務和「一流的西區」工作場所之品質。這位銀行家說，這座城市「有最好的外派薪資、沒有語言障礙、有花園住宅、人本尺度建築，是一座活生生的迪士尼樂園，是連結過去與現在的紐帶」。法蘭克福的德意志銀行發現，年輕員工紛紛請願派駐倫敦，直到在倫敦工作的人數多過法蘭克福總行。

金融大爆炸的破壞性也不容否認。一年後的一九八七年十月，發生了黑色星期一（Black Monday），全世界的股市突然暴跌，倫敦的股價創下一九二九年以來最大跌幅。一場大風暴同時襲來，倫敦遭受時速高達一百英里的破紀錄強風襲擊，導致皇家植物園邱園（Kew Gardens）損失了三成樹木。我注意到布魯姆斯伯里倒落的懸鈴木無法被鋸掉，因為鏈鋸不斷碰撞到嵌入樹枝中的戰時炸彈破片。倫敦從來不讓我們忘記它的歷史。

隨後的復甦未能持久。一九八九年十月，通貨膨脹的威脅，加上銀行利率上升到百分之十五，使得辦公室和房屋價格突然下跌。一九九一年，二百三十家房地產公司破產，辦公室租金從一九八九到一九九二年下跌了三成。倫敦城內的寬門（Broadgate）開發案幾乎就在女王宣布啟用同時，開發商羅瑟霍（Rosehaugh）即因負債三億五千萬鎊而申請破產管理。據報導，倫敦城和碼頭區高達三分之一的辦公場所空置。住宅市場達到顛峰，自有住房經歷了「負資產」（negative equity）。住宅「危機」曾經意指房價飆漲，但如今則是指房價暴跌。它們直到一九九四年才恢復。

儘管如此，倫敦的經濟卻堅定地走上了新方向，由金融服務業掌控。倫敦城法團得以宣告，外國銀行在倫敦的數量，從一九五九年的七十六家增加到了五百八十家。全球六成的國際債券業務由倫敦交易所經手，貨幣交易則勝過紐約與東京的總和。據說，倫敦的美商銀行比紐約更多，日商銀行比東京更多。這座城市恢復了第二次世界大戰過後喪失的金融地位。

整個一九九〇年代裡，金融服務的職缺從六十萬個增加到將近一百萬個，占了大都會整整四分之一的勞動力。考量到這些職缺的乘數效應，倫敦幾乎已經成了單一產業市鎮——或者兩種產業，加上觀光業。一九九〇年代結束時，倫敦人的平均所得比全國所得高了三成，首都的財富也保護了英國經濟，使它在國際收支中不致崩盤。

倫敦勞動力的性質這時也有了變化。每年都有大約三十多萬新來者從地球各個角落來到倫敦，他們多半年輕、流動，渴望從事本地人不願做的工作。這導致低薪、自由職業的就業人口，興起於觀光、速食、信差、宅配、私人出租車等服務。這種現象的高端市場版本，則是教師、護理師、社工和家庭看護等提供勞力的仲介機構（labour-only agencies）的增長。這樣一股破碎且未受工會保障的勞動力，近似於十九世紀時的零工化。

分化與矛盾

二十世紀開始時的倫敦，顯然仍能免於在英格蘭較不富裕的地區，以及法國、德國的城市中經常遭遇的那種族群及群體緊張。這座大都會習慣了移民，尤其是因為它的經濟仰賴移民。但這是有代價的，代價就顯現於住宅市場的性質。新來者並不是耐心等待住宅候補名單何時輪到自己的那些安定的倫敦人，他們多半也無力負擔自有房屋日益高漲的價格。他們就只是想要在住宅市場看似並未反映人口持續下降之現況的倫敦，找到一處休息空間。

地方自治市鎮依法必須安頓找上門來自稱無家可歸的英國人和外國人家庭，甚至安頓個人。但傳統的公營住宅區始終未能從一九六〇年代和一九七〇年代高樓帶來的危機中恢復名譽。柴契爾夫人統治期間，公營住宅興建的公共補助幾乎完全斷絕。可用的這類資金都被重新導向非營利的住宅協會（housing associations），它們多半在規模較小且經過翻修的地點動工。對於最貧窮的倫敦人來說，住宅方面的援助也就轉變成了資產調查得出的住房補貼（means-tested housing benefit），且通常直接支付給私人地主。結果之一是，國家對於公共住宅的總體援助，在柴契爾夫人任內依實價計算其實還增加了，從房屋建造轉為租金補貼。金錢更直接地送給了迫切需求的人們。

柴契爾夫人給予公屋租戶購買住家的權利，造成了諸多後果。它顯然縮減了公營住宅區的規模，從而減少了公共住宅的長期存量。但在倫敦某些地區，按照這個方案售出的房屋，多達三分之一流入了租屋市場，並且再以短期租約重新出租給先前擁有它們的地方議會。它們接著由國家住房補貼的受領者入住。在某些地區，這一比例高達八成。

這種購房出租（buy-to-let）市場獲益於稅收利益的情況難以證明，但它確實將供給注入了住宅市場更廉價的一端。我研究過紐漢的住宅，這個自治市鎮承受著巨大壓力，而我被告知，若非購房出租的租賃激增，市議會絕無可能應付有時多達每年五千人的移民。我被帶著參觀一條約有五十棟前公營住宅的街道，每一棟先前都由一兩位年邁租戶終身居住。他們搬到海邊去了，而他們的每棟房屋現在都有多達二十人入住。這類房產的相關規範不足，居住條件也往往極其惡劣，但總是有床位了。可用的社會住宅供給增加了。

在柴契爾夫人及其繼任者約翰・梅傑統治下，倫敦經歷了無庸置疑的復甦。但如同許多次革命，它也是二元對立的。這是私營部門對抗公部門、開放市場對抗閉鎖市場、新的外來者對抗舊的城內人。富裕與貧窮的街區差距擴大了，後者仍然極度匱乏。一九九〇年代，英格蘭最貧困的十個地方政府區域有七個在首都之內，包括塔村、紐漢和南華克。一九九〇年代的倫敦不同於一九六〇年代，它更鋒芒畢露、更錙銖必較、更不分階級、更多元也更無所寄託。舊的壁壘正在崩塌。威爾斯親王在一九八一年七月與黛安娜・史賓賽（Diana Spencer）結婚，贏得了全球關注，兩人的婚事被理解成預示著一種王室成員更不分階級的型態，但這總有些不太可能。黑人政治人物也躋身要津，倫敦市第一批黑人下議院議員——伯尼・格蘭特（Bernie Grant）、布德能（Paul Boateng）和黛安・艾伯特（Diane Abbott）都在一九八七年當選。同志節慶則慶祝著同性戀自由。

就連倫敦的聲音，長久以來作為階級界線指標之一，如今也有了微妙的變化。帶著「河口英語」（estuary English）中的某些元素，它開始標準化為一種通俗的「標準英音」（received pronunciation）。英國廣播公司的新聞播音員發音的抑揚頓挫，與二十五年前大不相同了。「是」變成了「yeh」，子音被放棄了，俚語甚至髒話都進入了日常口語。卡瑞・邱吉爾（Caryl Churchill）對於這段時期的諷刺作品

《一大筆錢》（*Serious Money*），其中主體不是「名流」，而是向上流動的「雅痞」。新的粗俗是粉紅色香檳和保時捷跑車，新的娛樂場所在倫敦城東邊而不在西邊，特別是在霍克斯頓和肖迪奇迅速發展的街區裡。

後果之一是政治效忠對象的轉換。倫敦的工人階級向右轉，文官、學者、媒體和「創意人員」組成的中產階級則左傾。工黨的選票在縉紳化的伊斯林頓，比流動的塔村和南華克更穩固，後兩地的「貧窮白人」都變得右傾。當我看到一群身穿皮衣的快遞車手，在柴契爾夫人出現在一家炸魚薯條店的電視螢幕上時向她歡呼，這一幕令我印象深刻。倫敦第一位右翼的英國國家黨（British National Party）市議員，一九九三年從狗島選區選出，那兒曾經是東區選出共產黨議員的地方。

在社會學家看來，這是一種社會原子化的過程。隨著商業街衰敗、圖書館關門、教堂空無一人，群體的一致性隨之喪失。倫敦自治市鎮的獨立報刊幾乎完全消失了。人們注意到街坊鄰里變動得更加頻繁，新來者來自更遙遠的地方。在衰退的一九九〇年代初期寫成的首都社會史著作裡，羅伊・波特（Roy Porter）很悲觀。他說，倫敦幸運躲過了「宗教迫害、種族屠殺、政治暴力和全面戰爭的恐怖」。但他看見的是一個走下坡的城市，人口還在減少，也沒有理由相信人口會停止減少。波特預言，未來的電腦化數位工作場所，將會出現在東南方仍在擴張的「遠郊」，例如梅登黑德（Maidenhead）、雷丁、賴蓋特（Reigate）、七橡樹（Sevenoaks）、巴西爾登（Basildon）、切爾姆斯福德、瓦特福和聖奧爾本斯。在他看來，「唯有盲目信奉自由市場慈悲的人」，才能把倫敦的經濟想成長遠而言安全無虞。有一種

「對未來的新悲觀、新焦慮」。

這種情緒也反映在回顧昔日忠誠與必然性的著作之中。這時候的倫敦作家往往和波特一樣悲觀。彼得・艾克羅伊德（Peter Ackroyd）浮光掠影式的大都會傳記飽含憂鬱，即使結尾是稍稍積極向上的「我將再起」(resurgam)。對艾克羅伊德而言，倫敦始終處於一種「正在形成的狀態」。派屈克・萊特（Patrick Wright）召喚的舊達爾斯頓——《穿越廢墟之旅》(*A Journey through Ruins*，一九九一年），是對哈克尼面目全非的悲嘆，他諷刺地將這本書獻給柴契爾夫人。伊恩・辛克萊爾（Iain Sinclair）對郊區的觀察研究，對於消逝的敦親睦鄰情誼充滿了懷念。更嚴酷的反烏托邦則貫串了一整代倫敦小說家，從巴拉德（J. G. Ballard）的《高樓》(*High Rise*，一九七五年）到馬丁・艾米斯（Martin Amis）的《倫敦戰場》(*London Fields*，一九八九年）和莎娣・史密斯（Zadie Smith）的《白牙》(*White Teeth*，二〇〇〇年）。對他們所有人而言，倫敦似乎是個被柴契爾夫人的破壞給擾動的城市，面對新世紀感到侷促不安。

第二十五章 孤注一擲 西元一九九七至二〇〇八年

泰晤士河畔的卡美洛

要是有哪座城市在二十一世紀開始時能比得上倫敦，那就是紐約了。姑且不論外貌，它們在文化上和經濟上都是一體兩面。它們共享的不只有銀行、商店、品牌、時尚和食物，還有戲劇、音樂劇、電視節目、暢銷書、新聞業，以及最重要的英語。美國口音激增於倫敦的廣播中和街頭上。世上兩個最大的英語城市是孿生兄弟，即使長得不像。

一九九六年，美國雜誌《新聞週刊》(*Newsweek*)在梅傑政府末年，派了一隊記者前來報導競爭對手《時代》雜誌三十年前調查過的這座大都會。搖擺的倫敦如今是什麼模樣？《新聞週刊》嚴肅地報導，倫敦已經告別了「搖擺」，變成一個更加成熟、華麗、深沉，卻又不減時尚的地方。它如今是「地球上最酷的城市……時髦地折衷於洛杉磯的無限新奇，和巴黎凍齡保存的美貌之間」。這看來是合理的預言。

這份讚美受到東尼・布萊爾（Tony Blair）大加利用，英國政壇的這把新掃帚，熱切地想要掃除柴契爾過往帶來的痛苦與分裂。一九九七年當選首相之後，他宣告「酷不列顛尼亞」（Cool Britannia）誕生，他的公關人員們則暗示唐寧街不亞於全新的卡美洛宮廷（Camelot），這個典故不只來自亞瑟王傳說，也來自甘迺迪（John F. Kennedy）總統任內的白宮。心存懷疑的下議院議員譚姆・戴利耶爾（Tam Dalyell）反倒將它與路易十六的宮廷相提並論。貴族頭銜被分發給了倫敦的藝術「寶貝」們，這些人擁擠在唐寧街的臺階前，爭相與新時代的甘迺迪合影。

虛華的方案從白廳傾洩而出，落在熱切期盼的首都身上：申辦二〇一二年奧運、奢華地過度設計的地鐵路線——橫貫鐵路、河畔新建泰特美術館，乃至沿著泰晤士河興建一條需求程度可疑的超級下水道。倫敦本身已經成了金主爸爸。倫敦基礎建設的投資不久就多達英格蘭北部的二倍半，公共政策研究所（Institute for Public Policy）的北方分部憤恨地估算出這個結果。

大都會成了布萊爾「計畫」實施的舞臺，計畫的風格重於內容，布萊爾的助理喬納森・鮑威爾（Jonathan Powell）稱之為「拿破崙式」。所謂的新工黨（New Labour）並未逆轉柴契爾時代的結構改革，反倒幾乎是在戲仿它們。它增加了運用於醫院、學校和公共服務的私人融資，並在一九九七年進一步出售倫敦地鐵路網，組成兩家公司負責經營。其中一家五年內就破產，這兩家公司最終都被納入倫敦交通局（Transport for London）旗下，重新回歸公有。

歷經針鋒相對的柴契爾時代，和解的情緒無疑大受歡迎。工黨政府就職不久，這種情緒就在一九九七年黛安娜王妃去世時不經意地得以圓滿。它成了一樁足以和她十六年前嫁入王室相提並論的事件，同時布萊爾攫取了公眾注目，擁護著黛安娜身為「人民的王妃」留下的記憶，倫敦則湧現出一波彷彿傳遍全球的哀慟。塑膠紙包裹的花束在肯辛頓宮門外堆積如山，也有動議要求以死去的王妃為希斯洛機場和M25高速公路更名，但迅即遭到阻止。

安全的城市，其實沒那麼安全

布萊爾最初的成就是結束北愛爾蘭的衝突，解除了英國三十年間斷斷續續遭受的恐怖攻擊。但這段喘息空間對於倫敦卻很短暫。布萊爾渴望在世界舞臺上獲取一席之地，這使得他把握二〇〇一年基地組織（al-Qaeda）對紐約發動恐怖攻擊的機會，加入美國總統小布希（George W. Bush）在中東發動的復仇戰爭。二〇〇三年的伊拉克戰爭引發了全球抗爭，包括將近一百萬人走上倫敦街頭遊行。政府起初「由於顧慮草皮」而不准遊行群眾進入海德公園，但很快就放行了。這大概是首都街頭出現過最大規模的集會遊行。

但與布萊爾宣稱的「入侵伊拉克會讓倫敦更安全」大不相同，大都會成了新一陣恐怖攻擊的目標。二〇〇五年七月，倫敦大眾運輸系統遭受四枚炸彈攻擊，造成五十二人死亡，這是首都歷來傷亡最慘重的恐怖攻擊事件。如同後來的攻擊，很難將行兇者與任何有組織的陰謀聯繫起來。多數都是「孤狼式攻擊」（lone wolves），甚至全部都是，這使得他們的行動難以預防，或者難以被當成協同一致的「對倫敦戰爭」（war on London）來應對。

在愛爾蘭共和軍的例子裡，接連幾任政府都拒不提供恐怖分子「宣傳的氧氣」。反之，伊斯蘭主義者卻得到了大量宣傳。即使切勿「屈服於恐怖行動」的呼籲不時發出，中倫敦從二〇〇〇年代初期開始，卻愈來愈像一座圍城。國會廣場和白金漢宮周圍的地區滿是路障、護柱和武裝警察。國會門外甚至地鐵車站裡，都看得到自動武器。進入商店、劇場和博物館都要搜查提袋。

外國人對於倫敦喪失鎮定都感到驚訝。我曾經數到四十名警員在與「保衛」白金漢宮的衛兵交接。英國在中東的冒險不但未能保衛其首都，反倒將首都轉變成了歐洲最危機四伏的城市。在倫敦已經站穩腳跟的穆斯林人口，這時占總人口百分之十二，趨近於全市最大的信仰活動群體，但他們卻被單獨點名為對公共安全構成風險的集體。治安產業一旦就定位，它本身也就成了一種既得利益，甚至連降低「威脅等級」都會抗拒。架設在整個西區的路障，至今仍然紋風不動。

在首都的治安維持因恐怖活動而分心之際，更陰暗的威脅則是毒品市場，以及藉此壯大的街頭幫派。三分之一的倫敦年輕人自稱定期或偶爾使用藥物，多半是搖頭丸和大麻。這樣的市場必然引來供給。未經規範的藥物流通提高犯罪率、危害移民街區，有些街區的主要收入來源正是毒品交易。結果是倫敦監獄的受刑人有四分之一是因為使用毒品或相關犯罪行為而入獄，而監獄本身又成了藥物的主力消費群。我在貝思納爾綠地參加過一場毒品研討會，與當地社工及其他人討論合法化的可能，會後有兩位衣冠楚楚的年輕人跟我打交道，他們指控我「想要砸我們的飯碗」。英國政府堅決執意予以壓制，即使一切證據都顯示壓制手段弊大於利。

布萊爾景氣

新的千禧年開始時，倫敦已多半擺脫了一九八〇年代和一九九〇年代保守黨統治下的積怨。經濟從一九九二至一九九四年的短暫停滯復甦，這時正處於長期上揚階段。倫敦這時經歷了對內「投資」的新來源，因為它的銀行和房地產市場成了全世界移動財富的藏身之處。布萊爾的助理彼得．曼德森（Peter Mandelson）說了一段話，讓某些黨內同志大感意外：他對於「人們富有得流油感到非常自在……只要他們有繳稅就好」。移民富翁幾乎不繳任何稅，他們有辦法把自己列入「客居者」（non-domiciled）這個範疇。

於此同時，幾乎就在一夜之間，倫敦的人口不再減少了。它的人口數在一九八五年曾跌到六百六十萬的低點，但與人們的預期恰好相反，在二十、二十一世紀之交又大幅增長，二〇一九年達到九百萬大關，超越了一九三九年創下的最多人口數。蓬勃發展的部門是金融服務，大約占了四分之一就業人口，但家務和海外觀光也都有百分之十五，私人保健及教育等個人服務也是。最顯著的是創意產業興起，美國經濟學家理查．佛羅里達（Richard Florida）發現，它是二十一世紀都市再生至關重要的驅動力。一個世紀前仰賴金錢、製造業和流通的倫敦，這時更加轉向設計、行銷、藝術和媒體。不管怎麼定義，「創意」工作者的人數據估計都與金融相當。

這些新活動通常是規模較小的自由職業及創業冒險，尤其受到城市較古老的區域吸引，來到了西區附近的地下室和舊倉庫，來到克勒肯維爾、肖迪奇和南華克。在馬里波恩，世界上最先進的某些診斷醫學，就深藏在哈雷街（Harley Street）的地下。蘇荷區的後街則有著最高科技的電影後製工作室。為了馬匹和馬車而設計的建築物，如今接待著最尖端的科技。

這正是數位革命曾經承諾要把財富從大都會分散出去而產生的新經濟，但它帶來的結果恰好相反。工作者們需要場地聚集和建立關係，咖啡館又興盛起來，宛如仿效著十七世紀的倫敦城。一度在劫難逃的文化活動得到鞏固。出版商發現自己出版了更多書籍，即使在傳統報刊改為線上版之際，專門雜誌和週刊的銷量仍在增加。西區劇場不再預言自己行將衰敗，票價也上漲了。我在一九七〇年代曾經疑惑，何以在倫敦每夜都能舉行三十場現場演出。到了一九九〇年代，現場演出清單增加了一倍多。同樣在擴張的還有拍賣行、喜劇俱樂部，乃至公開演說和辯論。

將經濟活動分散到倫敦之外的一切努力都被擱置了。政府的每項新提案——從北部開來的新高速鐵路列車、希斯洛機場新建跑道、補助第一次購屋自住的屋主——全都在幫助首都。倫敦平均每人的附加價值毛額（gross value added）增加到了高於全國平均七成。那時在曼徹斯特一場商業會議上，我從頭到尾只聽見與會者要求倫敦「停止偷竊我們最優秀的人才」。首都被蘇格蘭領導人亞歷克斯・薩蒙德（Alex Salmond）稱為「暗星經濟，勢不可擋地從英國其他地方吸取資源、人力和能量」。

二〇〇一年的調查確認了倫敦人口回升，同時顯示，倫敦人這時有百分之三十七出生於海外，自稱並非「白種英國人」的則有百分之五十五。房地產市場大幅成長。一九八〇年代發生在柯芬園的情況，這時重演於國王十字、舊街（Old Street）、伯蒙德賽和沃克斯豪爾等一度破敗的舊市中心邊緣。我曾在肖迪奇市政廳觀看過骯髒的東區拳擊賽，那兒後來成了一間米其林星級評等的餐廳。我父母在巴比肯屋村的舊公寓二〇〇一年出售時，地產經紀人形容它「要到時尚的霍克斯頓很方便」。

再往外走，住宅縉紳化也擴及於工人階級長年聚居的郊區。曾經聚焦於倫敦西北的報紙房地產增刊，開始主打哈克尼、克萊普頓、斯托克紐因頓、沃爾瑟姆斯托、弓區、新十字、佩卡姆、巴勒姆和旺茲沃斯等東北部及南部地區。作家伊恩・辛克萊爾別出心裁地沿著倫敦的「薑黃線」（ginger line）——環繞城市的地上鐵路線旅行。據說，星巴克不會擴展到這條線之外，在這裡「你還能花兩百鎊租到一間雅房」。它也是倫敦縉紳化的大陸棚——維多利亞時代連棟房屋之止境。

再次轉向，李文斯頓

布萊爾在一件事情上確實言出必行。一九九四年，地方民主委員會（Commission for Local Democracy）敦促以民選市長的形式，恢復倫敦的地方自治。一九九五年，我在委員會主席任上，遊說當時的反對黨領袖布萊爾，請他保證進行這項改革。他一開始不情不願，對地方政府並不比柴契爾夫人或梅傑更同情多少。但在他意識到市長一職有可能繞過跟他愈來愈不合的工黨地方黨部之後，就對這個想法熱衷起來了。他克服了自己的地方政府發言人法蘭克・道布森（Frank Dobson）強烈反對，這項措施出現在工黨一九九七年的宣言之中。

倫敦在一九九八年針對是否設立市長職位舉行公民投票，獲得七成二選民支持，一九九九年，國會通過法案，以大倫敦政府（Greater London Authority, GLA）形式恢復首都的民主。這是僅僅一百多年來第四個這種版本的管理機構。如同大都會工程委員會、倫敦郡議會和大倫敦議會，這個機構的權力是空泛且「戰略性」的，市長負責管理道路和運輸，但不負責管理地面鐵路。倫敦頭一次能夠監督自己的警力，即使監督權必須與內政部共享，這種安排也證明了確實造成混亂。一位倫敦警察廳總監約翰・史蒂文斯（John Stevens）告訴我，他得向二十個外部機構負責。

新設立的市長向民選的倫敦議會（London Assembly）負責，議會可以否決、但不能修改大倫敦政府的預算。由於中央政府仍然掌控著地方的幾乎所有開銷，此舉幾乎不具意義。最直接的爭論在於市長辦公室要設在何處。郡會堂是顯而易見的選擇，為了收回郡會堂本應不惜一切努力，結果反而決定在倫敦塔對岸的南岸另建一座蛋形的市政廳（City Hall）。市政廳由佛斯特動爵設計，他在現代倫敦建築的地位，愈來愈像塞弗特了。

倫敦城法團的問題又一次被迴避了。它在倫敦城的市長官邸裡仍然像是個奢華的梵諦岡，甚至牢牢把持著「市長閣下」(Lord Mayor）這個頭銜。關於倫敦真正的「市長」究竟是誰，在觀光客之間引發了不少混亂。倫敦城最重要的貢獻是管理倫敦的某些公園，包括漢普斯特德荒原和埃平森林。它也用盡全力掌握著自己對於規劃和開發的控制權。

第一屆倫敦市長選舉在二〇〇〇年舉行，而歷史報應不爽，當選者是肯・李文斯頓。這位前大倫敦議會主席說自己已經改變了，不再只代表一個好戰的左翼宗派，而是代表「所有倫敦人」。他出現在任何有可能吸引大眾注目的場合，他的當選至少有助於把倫敦市長一職放回政治地圖上。很難想像今後還有誰想要廢除這個職位。

交通運輸是新市長能夠行使某些權威的唯一一個領域。李文斯頓對政府推行的倫敦地鐵私有化提出質疑，卻徒勞無功。他引進了一種旅遊票——數位牡蠣卡（Oyster card），並且開始用一種鉸接的單層雙節巴士（bendy）取代雙層的路霸（Routemaster）巴士。他也開始經由電子收費系統，對進入市中心的私家車輛徵收擁擠稅（congestion charge）。由於市中心區的車輛只有百分之十二是私家車，這對於交通壅塞問題幾乎毫無作用。柴契爾夫人直接統治有一項備受譴責的遺緒，李文斯頓也無法終結，那就是對倫敦道路工程解除管制。無處不在的道路施工，抵銷了擁擠稅帶來的任何益處，並持續禍害倫敦交通，這與管理更為嚴謹的巴黎和紐約街道成了鮮明對比。

房地產熱恢復垂直

李文斯頓還有另一項政策優先，而它造成了既明顯且永久的影響。他對摩天大樓深深著迷，有一次他對我說，他想要倫敦「看起來更像曼哈頓」。按照記者彼得·比爾（Peter Bill）的說法，他會在規劃會議上咆哮：「再高一點。」他的二〇〇二年倫敦計畫裡幾乎就只有一項具體政策，就是在通勤鐵路車站旁邊興建五十層摩天大樓。倫敦城在積極活動的首席規劃師彼得·里斯（Peter Rees）領導下，也懷抱著同樣熱忱。起初他堅守著一項政策，將高樓聚集於聖保羅教堂以東，恩典堂街和主教門一線之外的區域。但倫敦城既已允許了這條線以西的巴比肯屋村和國民西敏（NatWest）舊大樓興建，這項約束也就很難強制實行。

高樓這時密集又快速地出現在地平線上。它們都有著華而不實的行銷標籤，例如酸黃瓜、碎片（Shard）、起司刨絲器（Cheese-Grater）、火腿罐頭（Can of Ham）、手術刀（Scalpel）、迴旋溜滑梯（Helter-Skelter）、對講機（Walkie-Talkie）和尖頂（Pinnacle，後來廢棄）。對講機大樓的外形為了最大化可出租空間而設計成弧線形，導致光線和熱能經窗戶反射，足以讓樓下人行道的車輛變形、甚至煎熟雞蛋。這些結構體幾乎不受任何限制，因為就是沒有任何阻礙它們的政策。就連高樓本來不得阻斷望向聖保羅教堂的視線這條禁令，也是收放自如的。建築師雷姆・庫哈斯（Rem Koolhaas）獲准在主教座堂東邊緊鄰的土地上，為銀行業貴族羅斯柴德家族設計興建一座乏味的大樓。不得在泰晤士河走廊沿線興建高樓的政策被廢棄了，聖保羅教堂後方不得出現肉眼可見的「牆」這道禁令也一樣。每一次違背政策，都在為下一次違背開先例。

既然米爾班克的河濱在一九六〇年代已經獲准興建一棟高樓，也就難以反對幾乎正對岸的沃克斯豪爾聖喬治碼頭興建一棟四十九層高樓的提案。這座結構體被看作是一位規劃者的「試驗」，它會宰制西敏到切爾西之間的泰晤士河，因此就連通常默不表態的蘭貝斯自治市也予以否決，政府的一次調查也反對興建。它被說成是開啟了「將極高層建築任意散布於倫敦各地之先例」。但在二〇〇五年，李文斯頓表態支持，時任環境大臣的約翰・普雷斯考特（John Prescott）也支持，於是大樓動工。沃克斯豪爾塔（Vauxhall Tower）是迄今為止對倫敦地平線最嚴重的侵犯。它沒有發揮任何市民機能，它的豪華公寓幾乎全部空置。《衛報》（*Guardian*）後來報導，大樓裡二百一十四個單位，有一百三十一個是海外持有。價值一千萬鎊的頂樓公寓屬於一名不在英國的俄國人，選民名冊上登記的大樓住戶也只有十四人。

同樣的爭議也降臨在伯蒙德賽九十五層高的碎片塔（The Shard），它一時之間成為歐洲除了莫斯科之外最高的建築物。碎片塔是一位東區購物大亨歐文・塞拉（Irving Sellar）的怪癖，他的建築師倫佐・皮亞諾（Renzo Piano）解釋，動機僅只是塞拉「想把它蓋起來」。除了一貧如洗的南華克之外，其他自治市鎮都無法容忍這樣一個結構體，它對低層樓房林立的所在位置——伯蒙德賽全無一絲尊重。它在二〇〇三年取得普雷斯考特准許，但財務問題，加上景觀及遺產保存組織提出大量反對意見，導致工期延遲。

即使從遠處看去，它不可否認是一座穩重的方尖碑，但建築批評家歐文・哈瑟利（Owen Hatherley）仍然公允地敘述，它在自治市大街落腳，是把大街霸凌「到沉默……一樁都市兇殺行徑……純屬侵略與傲慢」。行人為了穿越它的建築工地，被迫經過一片迷宮般的人行道。一如倫敦城內的酸黃瓜大樓和「倫敦之眼」摩天輪（London Eye），碎片塔僅憑它的尺寸，就硬是在現代城市裡取得了標誌性地位。

辦公大樓很少受到商業租戶歡迎，也幾乎沒幾棟能賺錢。它們很昂貴，可租空間中需要高比例的服務空間。正如開發商斯圖亞特・利普頓（Stuart Lipton）對《不動產公報》（*Estates Gazette*）說的話：「它們需要兩倍時間興建，造價比貼地大樓（ground-scraper）貴五成，而且效能至少比傳統大樓低百分之五。」他在二〇一六年前來拯救倫敦城，承接主教門二十二號遭遇財務問題的原訂尖頂大樓地點時，表述了這個論點。他興建了一棟六十二層的玻璃混凝土大樓，樓地板面積寬大、正面平淡無奇，使得它甚至得不到一個綽號。

一連串興建高樓的交易都以災難收場。碎片塔證明了幾乎無法出租，必須由倫敦各種鋪張表演所能指望的最終求助對象——卡達主權財富基金出手相救。酸黃瓜大樓的造價大於它完工時的估值。隆起的對講機大樓得由中國資金搶救。不過收益對海外投資者幾乎不成問題，他們想要的是保密與安全，這正是倫敦低度干涉的管制者們大量提供的。

不可避免的結果是投資從商業地產轉向高端住宅地產。二〇〇七年，李文斯頓獲得了新的權力，得以推翻地方自治市鎮的反對，鼓勵興建更多摩天大樓，讓它們「促成倫敦天際線更新與改進」。他宣稱他所有的住宅高樓都會有五成「平價住宅」（affordable）——與一九五〇年代的高樓公營住宅區如出一轍。這是他完全無意實行的主張。李文斯頓准許興建的所有高樓——他離職時，約有兩百棟二十層以上的高樓已經落成或仍在興建——全都供私人投資之用，其中許多、甚至大多數都泰半空無租戶。

高樓生活的形象顯然歷經了轉變。當高樓由貧窮租戶攜家帶眷入住，並由缺乏興趣維修及監督的自治市鎮擁有時，高樓或許不受歡迎。但作為居停，或作為國際市場的備用投資（stand-by investment），它們卻證明了很理想。在紐約、柏林、新加坡等城市，當地法律和租賃權往往規定房地產必須由國人持有、或在規定時間內有人入住。二〇一七年，紐西蘭完全禁止不具永久居留證明的外國人購買房地產。換言之，城市規劃應當考量某種特定建築形式對其鄰里及社區的衝擊。

倫敦的規劃者和他們政治上的主人並未展現這種考量。新世紀最初二十年間在大都會升起的新高樓，吸引購買者的理由，正是它們根本不該獲准興建的理由。它們提供隱私、保密、封閉式的安全，也沒有愛打聽的鄰居。這些高樓的所有權往往隱藏在離岸公司背後，使得它們成了空中的銀行金庫。平方英呎被買進又賣出，通常就跟公司股份一樣，建築物還沒興建之前就已被買賣。景寧鎮的一棟大樓被中國投資者收購，幾乎完全只剩下外殼。

每一年，倫敦的規劃者、建築師、議員和開發商，都會齊集於法國坎城的年度建築業博覽會——國際地產投資交易會（ＭＩＰＩＭ）。這場盛事有奢華的娛樂，還有沒完沒了的投機手段。我最後一次參加時，一位開發商對我說，他認為關於倫敦的外貌，在坎城海灘上做出的決定，多過於在倫敦任何一個自治市鎮議會的會議室。地方對一項計畫的反對，會由地方議會要求所謂的「一〇六條款」（section 106）特許權作為回應。這包括開發商以「平價」提供少許可用的住處——通常是八折優惠價——或為自治市鎮內其他地方的小學或游泳池提供經費。二〇一八年為了碼頭區的「倫敦之巔」

（Spire London）而付給塔村自治市的款項，據報導是五千萬鎊的鉅款。由於這筆款項並不付給個人，它被稱為一種「合法化的賄賂」。倫敦從海姆斯和列維的時代兜兜轉轉，又回到原點。規劃不過是「協商」的問題。

彷彿是在象徵這種新權力平衡，布萊爾在一九九九年廢除了皇家藝術委員會，這個藝術標準的獨立捍衛者，長久以來都是許多商業建築師的眼中釘。他以建築與都市環境委員會（Commission on Architecture and the Built Environment, CABE）取而代之，並任命開發商群體的元老斯圖亞特·利普頓為委員會主席，這一步甚至連開發商們都意想不到。建築與都市環境委員會歡迎沃克斯豪爾塔，說它「明白易懂又迷人」——即使它確實反對碎片塔。

布萊爾時代的榮景持續很久。它繼承了梅傑政府末年的經濟回升，並受益於英國脫離歐洲貨幣體系（European Monetary System）之後的英鎊貶值。這座大都會從一九七〇年代的谷底堅決復甦。二〇〇七年，布萊爾讓位給黨內同志戈登·布朗（Gordon Brown）時，倫敦繁榮的三大支柱——金融、觀光和房地產——士氣出奇高昂。幾乎沒有人想到驕兵必敗這種可能性。

第二十六章　浮華的構造　西元二〇〇八年至今

明星強森冉冉升起

二〇〇八年，一場發端於美國、並迅速席捲全歐的銀行業破產侵襲了倫敦。它導致了一九三〇年代以來最嚴重的金融信心崩潰，將英國推入一次短暫卻劇烈的衰退。一如先前的類似情況，倫敦仍相對安然無恙地度過。即使有一家外省銀行——北岩銀行（Northern Rock）破產，但由於政府援助蘇格蘭皇家銀行（Royal Bank of Scotland, RBS）和駿懋銀行（Lloyds）這兩家最重要的銀行，倫敦再沒有一家銀行獲准破產。即將卸任的戈登・布朗工黨政府（二〇〇七至二〇一〇年在位），及接任的大衛・卡麥隆（David Cameron）與尼克・克萊格（Nick Clegg）聯合政府（二〇一〇至二〇一五年在位）將流動性大量注入信貸系統之中，預防了嚴重損害。

對倫敦而言，情況更像是緊衣縮食度日。房地產市場躊躇了，下跌一年之後維持水平。地方政府遭受最大打擊，財政大臣喬治・奧斯本（George Osborne）實行嚴厲的樽節政策，往後十年間，倫敦地方議會喪失了四成到五成的中央政府撥款。這使得它們的人均稅收（revenue per head）喪失了百分之三十七，反觀全國其他地方則喪失百分之二十九。

二〇〇八年衰退期間，倫敦市長一職由李文斯頓交棒給了保守黨人鮑里斯・強森（Boris Johnson）。強森畢業於伊頓公學、牛津大學，形象與「大咧咧」（cheeky chappie）的李文斯頓截然相反，但他不按牌理出牌的幽默和不講空話，則與前任相同，兩者都是市政領導的美德。他的過往、他的引經據典、沒完沒了的失言或多采多姿的私生活，似乎都不足以減損他的人氣。他大手大腳花用公款，簡直成了執迷。

狂熱的自行車騎士強森，一上任就把李文斯頓的自行車網絡收為己用，這些自行車被稱為「鮑里斯自行車」（Boris bikes）。它們每年會虧損一億六千萬鎊。同時，這位市長將一條穿越西區的道路重新設置為自行車道，自行車騎士為之欣喜、計程車司機則大發雷霆。堤岸的幹道被縮減成了雙向各一線車道，導致沒完沒了的塞車。到了二〇一八年，整個內倫敦唯一一條暢通無阻的要道，是馬里波恩／尤斯頓路。戰後的布坎南規劃至此真正死去了。

倫敦政經學院的倫敦研究專家東尼・崔佛斯（Tony Travers）估計，在市政府負責管理所有道路的紐約，約有九成道路可供直達交通之用。而在支線道路由自治市鎮負責管理的倫敦，單行道、「迷宮」和路邊停車，將直達交通的空間限縮到了只剩百分之二十。結果在首都市內產生了一畝畝的柏油路面，除了通行和路邊停車之外別無用處，這是無法用於住宅、購物、遊樂甚至園藝的土地。倫敦的空間運用很鋪張。

強森對於高樓建築則逆轉了個人立場。他在野時指控李文斯頓製造「泰晤士河畔的杜拜」，執政後卻成了摩天大樓最熱烈的提倡者。獨立論壇新倫敦建築（New London Architecture, NLA）報導，他任內由規劃體系通過的高樓建築數量增加了一倍。他也委託執行了華而不實的計畫，相當於布萊爾最為鋪張的表現。他資助一條在東區跨越泰晤士河、持續製造虧損的纜車路線。他花了五十萬鎊，在史特拉福的奧運會場地興建一座巨大的迴旋溜滑梯塔——「一個媲美艾菲爾鐵塔的偶像」——並為警察訂購不堪使用的水砲。在喬治・奧斯本協助下，強森批准了在聖殿區興建一座造價六千萬鎊的「花園橋」（garden bridge）跨越泰晤士河，據說不花費任何公帑。結果證明，兩人各自保證提供三千萬鎊公帑，任何損失皆由強森承擔。潛在開銷增加到一億七千五百萬鎊，隨後整個計畫宣布放棄，這時已有四千三百萬鎊消失在「顧問」口袋裡。沒過多久，疏於照顧的漢默史密斯橋不得不封閉，因為沒有人願意負責維修，拿不出三千萬鎊的維修費用。倫敦政府並不健康。

強森取消了李文斯頓購買三百五十輛單層巴士的計畫，並訂購新的雙層巴士，承諾要恢復倫敦人頗為珍視的一份自由——紅燈暫停時任意從車尾平台上下車。每輛舊巴士以八萬鎊拍賣，新巴士則要價三十五萬鎊。結果，車尾平台證明了幾乎無法使用，強森的繼任者取消了訂單。倫敦的公車使用量自二〇一四年開始下降，每年減少百分之三左右。二〇一六年離任時，強森的市長任期顯然被看作是區區一張名片，供他日後捲土重來，在西敏更上層樓。

暴動之城、奧運之城

二〇一一年八月發生了一件事，這樣的事件每隔一段時間，都會讓倫敦停下來反思。警察在托特納姆（Tottenham）殺害一名黑人嫌疑犯，由此引發了暴動。夏季炎熱的大半個星期之中，從伍德格林（Wood Green）、斯特雷特姆、恩菲爾德、伍利奇到克羅伊頓，甚至到牛津圓環，年輕人在街上橫衝直撞。攻擊目標大多是商店，其中有許多都付之一炬。警察隱身於幕後，治安法官則承受巨大壓力，要對從街頭撿走遺落商品的竊盜行為確定刑罰。暴動顯示了即使在一個通常穩定的城市裡，平靜與暴力的界線都極其脆弱。

二〇一六年，工黨的沙迪克·汗（Sadiq Khan）當選為新任市長，為市政廳帶來了更冷靜、更沉悶的情緒。如同強森在位時期，權力始終受到限縮的市長一職，愈來愈像是專供胸懷大志的政治人物自我推銷的平臺，而不是市政領導事務。這個新職務不但未能增進「倫敦自治」，反倒不尋常地耗盡了倫敦的政治支持。倫敦無法仿效曼徹斯特，後者在二〇一五年經由協商，從白廳手中取回了保健服務和鐵路的控制權。倫敦在鐵路方面仍然只能掌控地面鐵路。在伯明罕、利物浦、布里斯托和南約克郡的民選市長們積極活躍之際，倫敦卻又回到了過去的無精打采。二〇一八年，當新建的橫貫鐵路無法如期通車，預算暴增時，幾乎沒有引起什麼抗議。

汗面臨的最大挑戰是幫派犯罪及持刀行凶犯罪遽增，倫敦警察廳這時理論上是他的權責範圍。在首都的整體犯罪率下降二十年——並持續下降——之後，多半發生於年輕男性的持刀行凶事件激增。起因看來是毒品幫派間爭奪地盤的戰鬥，警察對此除了大量攔檢搜查黑人青少年引發爭議之外，毫無因應之道。但除了毒品經濟大發利市，以及樽節政策造成更多青年俱樂部關門這兩個耳熟能詳的起因之外，這類犯罪突然暴增的理由卻沒有得到解釋。倫敦能否有朝一日接受挑戰，如同荷蘭和美國愈來愈多的州那樣，將藥物市場合法化，看來不太可能。大麻的公然交易——警察愈發視若無睹——導致了缺乏解決之道的無政府狀態。幾乎沒有人提及現況與十八世紀琴酒威脅的相似之處，那時成為最終解藥的是徵稅、規範和強制執行，而非一昧禁制。

二〇一一年的暴動引發了一種憂慮：建築物起火燃燒的畫面，可能會對隔年倫敦奧運的形象造成何等影響？這是無謂的擔憂。二〇一二年的倫敦展示了歡快、安全和不惜花費，令人刮目相看。這座城市成了一台向全球放送的電視機。由於強森呼籲未持有奧運門票的人們遠離倫敦，以免壅塞或騷亂，那年八月的倫敦宛如鬼城。特派列車載運著觀眾前往史特拉福附近黎河谷（Lea Valley）的奧運賽場。奧運官方車輛則被分配了特殊車道，以及將號誌燈轉成綠燈的遙控器。贊助商要求從奧運使用道路沿線清除競爭對手的廣告，就連廁所坐墊上都有贊助商的標誌。那一年的觀光業下跌了百分之八。

奧運花費不予控制成本，結果預算從一開始的二十四億鎊暴增為九十五億鎊。後續估計的開銷總額更趨近於一百五十億鎊。但隨著奧運會被宣告為大獲成功，這一切全都得到原諒，卡麥隆首相保證，出口總值高達一百三十億鎊，這是個荒誕的數字。但無庸置疑，那年夏天的倫敦湧現了一股自豪，正如暴君尼祿的交易（Nero's bargain）所確信的，「麵包與馬戲」換來了大眾的滿足。二〇一二年的倫敦不尋常地反轉了倫敦的節制傳統。

住宅危機——或者不是

緊接著二〇一二年奧運而來的，是一種懸置的歇斯底里感，包括對於奧運「遺產」的大量爭議。觀光業並未增長，體育賽事減少，史特拉福的一處巨大場地仍迫切等待著再利用。有一點倒是獲得一致同意：奧運的遺產必定與住宅有關，因為住宅正「陷入危機」。完全無法從政治辭典裡排除掉這個詞。

即使表面看來未必如此，但在一九九〇年代和二〇〇〇年代全期，倫敦的房價與其他的成功城市其實並無二致。二〇〇八年崩盤過後十年間，倫敦的房價指數其實還落後於全球趨勢。按實價計算，它每年增長百分之三，反觀紐約是百分之五點五、舊金山百分之十三、斯德哥爾摩則是百分之十四。墨爾本、新加坡、巴黎、布魯塞爾等城市，全都經歷了住房成本上漲的強烈壓力。原因則是同一個。二十、二十一世紀之交的大城市，引來的居民超出住宅市場的供給能力。即使建築業遊說團極力請求許可，但新建築並不是解答。墨爾本等城市，以及加州的其他城市都有大量樓房。新建築每年增加的供給，再多也不可能超過一兩個百分點，而在倫敦，這僅僅占了年度購買額的百分之十四。既然每小時就有十人來到倫敦定居，就得讓更多人棲身於可取得的空間。問題在於要如何最完善地達成這個目標。

倫敦在一個方面的表現不同凡響，那就是數百年來低密度發散，導致土地及建築利用缺乏效能。地理學家丹尼．道靈（Danny Dorling）估計，倫敦在世界任何地方的任何大城市裡，人口密度都是最低的。倫敦政經學院二〇〇五年的城市調查顯示，紐約、莫斯科和東京的人口都遠比倫敦更稠密。巴黎的人口密度是倫敦四倍，每平方公里二萬人。還不只是這樣。二〇一一年調查顯示，倫敦房地產的臥房數量多過住戶。地產經紀商第一太平戴維斯（Savills）在二〇一五年報告，據估計，有一百萬倫敦家戶由於居住人數不足（under-occupation）而被「隱匿」了。

倫敦人愛好房屋甚於任何一種公寓，更加重了此一窘境。他們長久以來都把所得的一大部分用來投資於隱私權、客廳，可能的話還要一個花園。據倫敦野生動物信託（London Wildlife Trust）指出，首都三百八十萬家戶中，二百萬戶擁有某種花園地，這個比例遠高於任何與倫敦大小相仿的城市。二戰以來的政府始終逢迎著這種偏好，提供抵押貸款補助、首次購屋者補助和協助購屋（help-to-buy）補助。這些優惠的積累效果，則是政策執意出資，助長住宅的效能低落。

彷彿這還不夠，倫敦的地產稅——一九九三年後是市政稅——與地產價值關係極小，最高估價組別（valuation band）只比最低組別高了三倍。二〇一九年傳出消息，一間價值一億鎊、俯瞰海德公園角的頂樓公寓，支付的地方稅約為二千鎊，而在紐約價值相同的一處房產，則需繳稅二十五萬美元。除此之外，購屋的高額印花稅超過一百五十萬鎊——對高價房產課徵到多達百分之十二——阻止了年長持有者縮小住房規模（downsizing）。在一座繁榮城市的住宅供給中最不需要的就是遏制搬遷。它導致過度投資、「空間囤積」和價格膨脹，阻止了市場流動和稠密化。英國中央政府治理這座大都會的表現始終拙劣，公眾住宅在這些政治與市場壓力的影響裡舉步維艱。地方議會仍在努力應對它們一九六〇年代及一九七〇年代住宅區的遺緒，其中許多都必須拆除或翻修。這些住宅區此時多數移交給了住宅協會，它們是首都社會住宅的新監護人。如前文所述，整個泰晤士米德都轉手給了皮博迪信託，為貧民提供住宅的重擔則繼續向住房補貼轉移。二〇一三年的一份研究顯示，三分之一的補助受領者——大概是最貧困的人——都在私營部門租賃。

將近一百年過去，公部門住宅「區」的概念，過時程度似乎一如私人「大地產」的概念。二〇一六年，蘭貝斯宣布將要新建一千棟公營房屋，但這些房屋要提供給候補名單上的二萬一千人，其中有超過一千八百五十家無處居住，還有一千三百家處於嚴重的過度擁擠狀態。只給予其中一千家一處終生資產，公帑的這種用途看來實在怪誕。但公共住宅遊說團受到房屋營造商慫恿，他們大力敦促的不是讓既有住宅存量的人口密度更高，而是要建造更多新樓房。這樣的投資只會把資源從真正難以取得住宅的人們身上分散掉。他們不像專業術語說的那樣，是渴望獲得更便宜「更平價」住家的人，而是真正需要合適住房的人。如同十九世紀時那樣，政策似乎集中心力於那些「值得救助的」窮人。倫敦的住宅「危機」存在於扭曲的住宅政策，而非住宅興建不足。

想要繼續興建樓房供社會租賃之用的地方議會，不可避免的後果就是將部分的舊有公營住宅區賣給私營部門，從而交叉資助了「平價單位」。路易舍姆廣大的皮普斯住宅區，以及南華克的海格特就是這種情況。新的海格特住宅區由於鄰近象堡而被稱為「大象公園」(Elephant Park)，其建築品質高明，邊界則認真地融入了沃爾沃斯現今殘存的部分維多利亞式建築。但當二千七百間新公寓，只有百分之二十五能以折扣價出租，更只有七十九間租給了被界定為極端貧困的「社會福利」租戶時，就爆發了政治抗爭。

考慮到南華克的住宅百分之五十五是公營，某些朝向縉紳化的變動或許看似合理。但將此事看作「在倫敦市內長久以來被當成窮人保留區的地方，公共住宅區遭到侵蝕」的人們，無法被這種變動安撫。由於倫敦經歷著劇烈的內向移民，這樣的爭論幾乎不可能得到解決。不容否認的是，人們記憶猶新，沃爾沃斯被自己的民選議會撕裂了不只一次，而是兩次。

在一九六〇年代的高樓公寓應當翻修、而非拆除之處，風險在於貪便宜抄捷徑，甚至還會發生更慘重的後果。二〇一七年，北肯辛頓的格蘭菲塔（Grenfell Tower）在一場廚房小火災延燒到外牆包層之後整棟陷入火海，成為煉獄。七十二人死亡。由此得知，還有更多棟大樓也因為外牆包層材料缺陷和消防設施不足，而面臨同樣風險。這些建築物的維修甚至監控，顯然已非地方議會能力所及。羅南角災變發生五十年後，倫敦仍然未能面對高樓生活內在固有的危險。

世界都會倫敦，勉強算得上

到了二十一世紀第二個十年間，規模不可計量的外國資金流入，已對較為富裕的街區產生了顯而易見的影響。它們都在清空。李文斯頓認為資金流入將有助於提振社會住宅，這套理論荒誕不經。地產經紀人報告，「一流的西區」八成的銷售都賣到了海外。二〇一九年的一項調查指出，倫敦三萬筆高端房地產由外國人持有，而且大概無人入住，其中一萬筆在西敏。這肯定是低估，因為就連東區都受到影響。二〇一七年在波普勒羅賓漢花園售出的八百間新公寓，只有十七間落入倫敦買家之手，而後其他的都被賣給了海外。

晚間漫步走過切爾西國王路附近，或肯辛頓菲利摩爾（Phillimore）地產附近一度人口稠密的街道，會發現夜裡幾乎沒有一間開了燈的房間。騎士橋海德公園一號（One Hyde Park）或越過皇家阿爾伯特廳的肯辛頓花園一號（One Kensington Gardens）等新建的豪華開發案，整個樓層都一片漆黑，其中許多樓層顯然尚未裝潢。二〇一一年的調查顯示，肯辛頓和切爾西是沃什灣（the Wash）以南唯一人口減少的英格蘭自治市鎮。某些街區的人口遽減，造成了商店關閉、未被充分利用的社區診所（GP surgeries）和空置的社區停車位。

這種入住凍結的後果之一，是十七世紀以來習見的倫敦人口西向漂移戛然而止。新倫敦人都在向東移動，移住碼頭區一度空置，有著封閉高樓住宅區的土地。倫敦不缺土地，只缺一開始引起私人開發商興趣的土地。二〇一四年，房產經紀公司斯特靈・阿克羅伊德（Stirling Ackroyd）確認大倫敦地區有足夠的可開發地點，可容納五十萬人，大多在東部。需求也毫無問題，至少會有來自全球的投資者。歐洲最高的住宅大樓計劃在狗島興建，即六十七層的倫敦之巔，內有八百六十一間公寓，每間平均以一百萬鎊的售價上市。

碼頭區以東座落著另一個倫敦，迄今極少開發。達格納姆、雷納姆（Rainham）和達特福德（Dartford）難得出現在任何戰略計畫上，更遑論倫敦的任何旅行指南上。泰晤士河東段仍被康拉德（Joseph Conrad）在《黑暗之心》（*The Heart of Darkness*）裡說成「像是一條伸展著身子的巨蛇，頭潛在海裡，身子一動不動蜷伏在莽莽曠野上」。偶爾有些為這個地區另取新名稱的嘗試，例如東泰晤士河走廊（East Thames Corridor）和泰晤士河門戶（Thames Gateway）。漫遊在這些地區，也就是想像自己置身於亨伯河（the Humber）或塞文河（the Severn）河口，或紐約長島的空曠土地上。同時也會意識到，儘管有各種關於倫敦耗盡土地的說法，其實仍有新的定居區域。二〇〇〇年代，強森在泰晤士河口為倫敦市新建機場的構想被斥為不切實際，而香港正是在此時興建了新機場。隨著壅塞和污染籠罩著愈來愈大片的西倫敦，希斯洛機場再次擴建也同時引發戰端，倫敦以東的地點顯然仍有可能掌握大都會的未來。

榮景的盡頭

到了二〇一六年，房地產復甦十年的衝擊已是顯而易見。倫敦的房價停滯了，然後實際上開始下降，儘管額度因地區和調查而異。軼聞報導提及，在較為富裕的街區銷售額暴跌了一成到兩成。倫敦第一座摩天大樓——中間點改裝成了豪華公寓，卻發現無法售出，空置了一半。二〇一八年，地產經紀人報告，倫敦有五萬四千間公寓以一百萬鎊或一百萬鎊上下的價碼上市，每年據估計有四千名買主。新倫敦建築論壇在他們位於商店街（Store Street）的辦公室裡陳列的現代與未來倫敦模型，將這個大都會呈現得宛如針墊，規劃體系裡二十層以上的建築至少五百四十棟，此外還有二百五十棟已經落成或仍在施工。

它們的用途幾乎全都是高檔公寓。自從它在戰後公營住宅建築成為主打之後，經過五十年衰退，倫敦高樓再次登上舞臺中央，成為廣場之於喬治時代城市的意義——城市建成環境（built environment）的決定性特徵。唯一的問題在於，誰會購買它們？又是哪個所得水準的人會買？考量到這些大樓的高額服務費，以及市場對外國買主的依賴，倫敦又一次付出了「自古至今無能規範其成長、亦無能遏阻房地產投機氾濫」這項代價。它在建造家園，卻不努力確保它們有人居住——也不努力決定由誰入住。

漸漸地，首都近期規劃史的後果也變得顯而易見。介於四分之一到三分之一的中倫敦如今被保留下來，這項了不起的成就，有效地永久穩固了它在十九世紀和二十世紀的樣貌。但這些地區開始變得宛如都市叢林裡的林間空地，四周圍繞著解禁的一條條、一塊塊密集高樓。因此，西敏的四分之三是保留區，但又被維多利亞和帕丁頓盆地周圍的高樓群，乃至某個開發商能夠成為漏網之魚的任何其他地方給隔斷，例如在大理石拱門和海德公園角。既無計畫、也未經協調，開發案就會突然迸發於伊斯林頓的城市大道（Ciry Road）沿線、象堡周圍，以及泰晤士河岸看似隨機的地點。防止泰晤士河成為峽谷的戰鬥正在節節敗退，倫敦的地平線如今實際上被解除管制了。

弄清倫敦人對於城市這種新風貌作何反應的嘗試少得驚人。新倫敦建築二〇一四年的一項民意調查，確認了長久以來反對居住於高樓的傾向，三十四歲以上的人有七成都抗拒。對於摩天大樓是否「改進了天際線」，意見更加旗鼓相當，四成五贊成，四成反對。對於高樓讓倫敦看起來更好或更壞，意見則不相上下。

我個人的觀點是，現代城市居民認為自己的演變多少是不可避免的——與居民們一絲不苟地投注關心加以捍衛的鄉村不同。彷彿僅憑城市的大小，就使得它們受到命運決定。它們看來肯定任憑市場經濟處置，當利害攸關高額金錢，市場的力量往往最強大。足以粉碎一切規劃或規範企圖的數字力量，在發展中世界的大城市裡仍顯而易見，任何人飛過墨西哥城或拉哥斯上空都能證明這點。

專制國家的城市表現得大不相同。這些地方往往決定自我摧毀，再按照當時的風尚自我重建。奧斯曼在十九世紀的巴黎這麼做過。一九六〇年代，我看見推土機剷平布加勒斯特的古老大街，一九八三年，我又看見它們剷平中國成都的古城區，更令人心碎的是，我知道他們總有一天會後悔。在倫敦，自由市場與數字的粉碎力量始終與決策相持不下。古老的定居點成形於羅馬總督們的決定，隨後則成形於君王駐節西敏，同樣也成形於拒絕在泰晤士河上新建橋樑，乃至規劃鐵路的失敗。一九七〇年代保留區依法介入，對首都產生了劇烈衝擊，可能是倫敦大火以來最大的衝擊。另一個決定性時刻，則是大轟炸過後關於內倫敦全面更新的爭論，一直延續到了一九七〇年代。

二十世紀結束時，戰略規劃的實質崩潰與房地產利益的力量，幾乎容不下公共決策或大眾贊助的餘地。但有些地區仍然必須予以規劃。它們主要是許多大型工業場地，先前是碼頭、鐵路及公共設施。內倫敦地區有三個這樣的地點在等待決策，分別是巴特西發電廠、史特拉福以北的黎河谷，以及國王十字的舊鐵路用地。每一個例子的結果，都說明了倫敦政府在二十、二十一世紀之交的長處和弱點。

巴特西、史特拉福、國王十字

巴特西的核心議題是保留一座二十世紀中葉的發電廠，那兒有四根著名的煙囪。政府要求發電廠應當原地保留，而且沒有多作解釋，也要求地鐵北線開出一條支線通往廠址。開發商得到的回報，則是獲准對廠址本身進行後來變得激烈的過度開發。

一個馬來西亞財團獲得許可，要在這處場址興建四千二百三十九間公寓，規模是巴比肯屋村的兩倍。諾曼・佛斯特、法蘭克・蓋瑞（Frank Gehry）等建築師，受託設計這些由窄小的峽谷隔開、宛如峭壁的混凝土大樓。為了增添這個專案對於預期投資者的吸引力，此地的主要廣場被命名為馬來西亞廣場（Malaysia Square），按照馬來西亞國花大紅花（木槿）的意象設計。整個專案被稱為一個「村莊」，諷刺意味強烈。這個開發案完全不假裝成是為倫敦人設計的，二〇一三年一月由馬來西亞「房屋及地方政府部長」在吉隆坡啟動，市長鮑里斯・強森則在二〇一四年訪問吉隆坡促銷。隨著市場在二〇一〇年代中期走向疲軟，本來就極少的「社會」住宅部分更被削減到只剩三百八十六間。這個專案在二〇一八年遭遇財務困難，不得不由馬來西亞政府紓困，但紓困協議隨後因涉嫌貪腐而遭受調查。

巴特西建立的這個模式，由泰晤士河下游九榆樹和沃克斯豪爾的原商業用地延續下去，以美國大使館新址為中心，興建得宛如護城河裡的加固鐵籠。這裡的一連串高樓大廈，容納了兩萬間左右的豪華公寓。這裡並沒有混合使用權、工作機會或社區機能等規劃要求。九榆樹與十九世紀的郊區如出一轍，開發者們只管建造，然後把錢收進口袋。結果，中倫敦的一大片面積實際上被外國收購，賣到了外國去。要是外國投資人賺飽，市場崩盤了，很難想像這個地區五十年後會是什麼模樣。九榆樹步上維多利亞時代拉德布羅克地產後塵的風險肯定存在——屆時它會歷經一段價值暴跌、淪為廢墟的過程。

更加主動介入的都市更新方式，則在奧運盛會之後的東倫敦史特拉福以北嘗試。這個地點由於政府拒絕拆除奧運體育場而受到阻礙，體育場對於多數團隊運動賽事都太大，即使在當時也只是斷斷續續使用。要承認七億鎊為了僅僅兩週的娛樂而被浪費掉，是政府所無法承受的。體育場最終以一千五百萬鎊的代價送給了西漢姆聯隊足球會（West Ham United FC），而該隊球迷對它的規模和缺乏貼心服務深感厭惡。一如鄰近的水上運動中心和排球中心，這些龐大的結構體就只有「掏空」鄰里的用處。

所謂的倫敦資產開發公司（London Legacy Development Corporation）拒絕對這個地點進行任何傳統街道布局，而是支持一大片出奇龐大的樓房，租給開發商，期望能回收一些奧運賽事的成本。先前的選手村成了一片公寓住宅區，將市場租金與「平價」租金混合，以達成某種程度的社會多樣性。它目前是這個地點發展最成功的地區，面向黎河沿岸的一個小公園。

最冒險的決定是沿著運河岸邊，模仿維多利亞時代的南肯辛頓，並由維多利亞和阿爾伯特博物館、沙德勒之井芭蕾舞學校（Sadler's Wells Ballet）、時尚學院（College of Fashion）、英國廣播公司，甚至華盛頓史密森尼學會（Smithsonian Institute）等文化資產輸血。十一億鎊的花費將由六百間豪華公寓彌補，包括在一處地點興建四十層高樓。當這座建築物被發現，就算從二十英里外的里奇蒙公園，都能清楚看見它位於聖保羅教堂背後，興建計畫就被廢棄了，這是倫敦近年歷史上難得一見的視覺敏感。

一個經典的倫敦對比，就座落在黎河對岸正西方的地區——哈克尼威克（Hackney Wick）這片飛地。那是由進駐了河邊舊倉庫的文青單間公寓、酒吧和工作坊構成的街區，與新舊房屋和公寓融合在一起，它們有的公有、有的私有。一個引人入勝的選項，本來是可以為奧運會場提供簡單的基礎設施，並作為低層樓房企業特區出租，像是變成一個「大哈克尼威克」（Greater Hackney Wick）。這個選項的一種版本，開創於南方黎河注入泰晤士河之處。部分以廢棄貨櫃建成的三一浮標碼頭（Trinity Buoy Wharf），在金絲雀碼頭凝視之下，成了一處引人注目的非正式「創意」群落。但如今看來，史特拉福反倒有可能經歷倫敦房地產耳熟能詳的景氣循環故事。

一九八〇年代，英國鐵路理事會在國王十字車站面臨的問題，是該處不再需要的卸貨場，能否接待一個巴比肯屋村、一處金絲雀碼頭或一個泰晤市米德住宅區。歷經一連串起步失敗，開發商阿根特（Argent）被要求保留既有的倉庫、煤氣儲存槽、自然公園和運河，並在計畫邊界內為康登市議會建造一個新的混居社區。這是一項艱鉅任務。他們得到的回報，則是可以在車站附近擁有一處中層建築的辦公區。

阿根特立刻將倉庫租給了倫敦藝術大學（University of Arts），引來了一群美術館和餐廳，它們逐漸開始全面運行，制約了這個開發案的進展。此地與史特拉福的對比再鮮明不過了。煤炭卸貨場（Coal Drops Yard）作為一處維多利亞式老建築中的高檔購物區而開張。社區領域則是公共及私人住房混合，有自己的商店、診所和學校。辦公區密集開發，但並非壓倒性的開發，也被 Google 選為倫敦總部所在地。

運河邊的階梯不久就成了受歡迎的野餐場所，倉庫本身也成了觀光地點。毫無疑問，關鍵因素正是將新構造、新用途和舊有構造與用途的精心融合。該處以西，在一九七〇年代另一場對抗辦公室開發案的戰鬥過後，康登水閘（Camden Lock）舊工業用地的修復也達成了相同成就。國王十字是倫敦的這些更新中最最成功的。

泰晤士河畔的脫歐

二〇一五年，卡麥隆政府保證同意舉行公民投票，決定英國在歐洲聯盟的會員資格，藉此贏得了大選。自古至今，倫敦都受益於與歐洲大陸之間貿易、投資和人群的交流。它是一座歐洲城市，而且永遠都會是。同時，它對商業的首要關注，使它對歐洲的許多衝突和危機不聞不問，這麼做通常對它有利。它始終是半獨立的，過去一世紀以來，它都引人注目地一腳踏在歐洲、另一腳踏在紐約。

儘管整個聯合王國投票決定脫離歐盟，倫敦仍以六成對四成的票數決定續留。許多觀察家認為這場公投與其說是斷然拒絕歐洲，更多是外省英格蘭對它們所認為的倫敦自我中心與成功發出抗議。但就連倫敦的投票結果也絕非意見一致。許多自治市鎮跟外省一樣不滿。東區的黑弗靈（Havering）顯示出全國最高的脫離票數之一，多達七成支持脫歐。這提醒了人們，即使首都很富有，首都內部仍有些極度貧困的地區。首都市民扣除住房開銷之後的可支配所得，低於英國的平均水準。它的兒童貧困程度則高於平均，向內流入的移民比率，則為它帶來最人滿為患的住宅，以及最多的露宿街頭人數。換言之，它未能克服成功常見的壞處。

本書寫作之時，最後的結局仍不明朗，但過往經驗提示，英國脫歐將不至於嚴重影響倫敦的長期繁榮。即使有些活動可能會分散到歐陸，但城市的全球地位看來穩固，一如它作為教育及觀光目的地的文化吸引力。脫歐更有可能是在示意著已經發生一段時日的情況：輕微衰退，過熱的經濟放緩下來。不管西敏會發生什麼事，倫敦都會扮演著它始終如一的角色：英國通向歐陸的橋樑。

終章

週六早晨的自治市市場是一片驚人景象。維多利亞式巷道、鐵路拱橋和倉庫都擠滿了小吃攤和開放式廚房。這裡的人群可能穿不透，因為成千上萬顧客與行人和觀光客混雜在一起。他們外溢到了周圍的街道、河邊的碼頭和主教座堂墓地。這是南華克，面貌一如喬叟時代——邋遢、生機勃勃、不可抗拒，一個生機洋溢的倫敦。

在東邊咫尺之遙籠罩著此情此景的，則是一道魅影。伯蒙德賽碎片塔光潔明亮的側面高聳入雲，龐大、沉默、多半空置，窗戶覆蓋著窗簾，大門戒備森嚴，彷彿即將遇襲。這座大廈看似毫無目的，它周圍的人行道一片死寂。也許有一天碎片塔會人群雲集，自治市市場則會一片空蕩、堆滿灰塵。但我懷疑。

倫敦正是這種矛盾的綜合體，而我承認，它的部分吸引力也正緣於此。它是一個多樣而古怪的地方，市民們逐漸習慣於互相衝突的街景，習慣於現在和過去永無休止的爭論。所有城市都是這種力量的解決之處，在房地產市場的需求，與管理機構導引這個市場服務於更廣大意圖的努力之間。倫敦一開始是非比尋常的。它並非作為堡壘或宗教信仰中心而誕生，它的目的在於貿易，貿易需求主宰了它早期的成長。管理機構試圖規範這樣的成長，即使鮮少成功。如同十二世紀的一位見證者威廉・費茲斯蒂芬，總結他有生之年的倫敦時這麼說道：它「真是座好城市——要是有個好領主的話」。倫敦難得有個好領主。

從都鐸時代開始，關於這座城市應當如何成長的爭論一直是受關注的焦點。星室法庭在規劃第一個柯芬園時，下令設計露天廣場，甚至指名由伊尼戈・瓊斯擔任建築師。最早發出的許可之一——一六四三年對林肯律師會館廣場發出的許可，試圖「挫敗那些終日試圖興建非必要且無益之建築，填塞一小片殘存天空之人的貪得無厭行徑」。「無益」一詞指的是「對大眾」無益。

從倫敦大火開始，政府超越了倫敦城的權限，取得對建築物核發許可的權力，以及對街道安全及形式發號施令的權力。它或許並不關心市民的健康或福祉，或者不關心東邊沿著河岸混亂地落腳的「令人厭惡的買賣」。但在西邊，君王與地主們攜手合作，以確保擴張的「利潤」能輸入這個大都會。從聖詹姆士廣場的布局，經過十八世紀的建築法令，再到約翰・納許和托瑪斯・庫比特的企業，人們對於倫敦應有的樣貌形成了共識。

富裕的市民因此享有的街道和建築，或許比任何地方的任何其他都市更潔淨、也更寬敞。房屋式樣是古典的，但從不招搖——至少直到納許為止——房產等級由法律明定，為社會每一層級服務，只有最貧窮的人除外。隨著房地產市場起起落落，由此產生的建築被證明對環境具有非凡的適應性。即使到了今天，某棟後街馬房的閣樓上仍有可能藏著一家數位新創公司，而斯皮塔菲爾德一座豪宅的外殼裡，可能藏著一間血汗製衣工廠。世界上最昂貴的商用樓地板面積，並不在倫敦城內某棟摩天大樓，而在十八世紀的伯克利廣場周圍。連棟房屋和廣場反映著一種純粹的資產階級品味，也絕非事實：一九八四年，英國廣播公司為它製作的倫敦肥皂劇《東倫敦人》（*EastEnders*）尋找一處無產階級背景時，它沒有選擇某棟自治市的高樓公寓，而是以達爾斯頓法塞特廣場（Fassett Square）為藍本的維多利亞式「阿爾伯特廣場」（Albert Square）。

倫敦拖拖拉拉地從立法規範建築物，轉而對它的基礎設施和貧民生活條件表示關心。由市場引領的鐵路引進至關重要。鐵路對房地產市場的擾亂，遠超過倫敦大火以來的一切，並將公眾輿論聚焦於極端貧困狀態上，按照梅休和布斯的說法，四分之一的倫敦人正在這種處境中度日。爭論從一八四〇年代到一八八〇年代激烈進行著，首先是對於城市的供水和下水道狀態，而後是貧民的住房。關於後者，回應首先出自慈善事業，而後出自市政民主緩慢而痛苦的誕生過程。直到二十世紀來臨，倫敦才終於獲得其他英國城市自一八三〇年代以來已經享有的治理機構。

即使在那時，也還是花了很久時間，才能刺激倫敦郡議會和大都會自治市鎮進行都市更新。它使得郊區得以持續擴張，以因應所有倫敦人逃離貧民區的新興需求，但過程中除了法定的「工人列車」之外，幾乎沒得到多少協助。擴張節節推進。一八八〇年之後五十年間，倫敦的陸地面積驚人地增加六倍，新郊區吞併了幾乎整個米德塞克斯郡，加上部分的艾賽克斯和薩里。同時，內城則發生了「逆向縉紳化」，維多利亞時代早期的租約到期，破敗的街道由那些沒有能力遷居郊區的人們入住。

結果是為一九四〇年代阿伯克隆比的革命，為他將倫敦斥為一座「過時城市」，以及他徹底更新倫敦核心構造的提案敞開了大門。他說，倫敦必須「為了汽車時代量身打造」，它的歷史街區被貶低成了過時的群落。由此產生的無疑是倫敦歷史上破壞最烈的一段時期，數十萬工人階級的倫敦人被移入公營住宅區，其中許多住宅區設計得太過拙劣，不得不早早拆除。社區遭受衝擊，鉅額金錢被浪費，居民被趕出了維多利亞式的住家，而本來是可以用更低廉許多的花費修復它們的。心灰意冷的規劃者和困惑的政治人物最終承認了失敗，多半放任房地產市場不計後果地自訂規則。大都會才從一次可能的苦難中倖存，又得面臨另一次。

二十、二十一世紀之交，倫敦的戰略規劃看似幾乎完全放棄。對於倫敦的持續成長應予鼓勵還是阻止，不見任何辯論。歷經大轟炸和阿伯克隆比而倖存的古老地區，多半經由地方指定而得到保衛。但更廣泛的規劃則僅限於文件檔案和良善意圖。新倫敦並未明確關注現代建築應如何與老建築並存，而這種關注是國外城市的常規。與所在街道毫無關聯的高樓拔地而起。幾乎沒有指導密度、用途和社會混合的努力。在地商業街的購物任由凋萎。倫敦的地平線被拋棄著聽天由命。

最激烈的辯論是關於倫敦「屬於」誰。自十九世紀以來，大片區域愈來愈走向單一階級市鎮。這種狀況迅速改變。正如中產階級自治市鎮在一九六〇年代及一九七〇年代容納了公共住宅區塊，縉紳化也掌控了許多工人階級自治市鎮。這些變化應當在何等程度上受到量化及組織，或是這種組織應當依據哪一套都市人口理論，始終不清楚。

在我看來，沒有誰「有權」擁有一座偉大城市。倫敦始終都是外來移民和向外移民的載體，是歐森所謂沒完沒了的「來者和去者」的載體。它的經濟活力一直仰賴移民。在二十一世紀，隨著三分之一的倫敦市民出生於海外，劃定移民禁入區的概念站不住腳。同理，像二十世紀中葉似乎有過的意圖那樣，將任何地區「凍結」在單一群體或階級，這種概念也是不切實際。我記得領導紐漢二十六年，先是議會主席，而後當選市長的羅賓・威爾斯爵士（Sir Robin Wales）告訴過我，他的自治市的問題可以這樣總結：「我們的中上階級（ABC1s）就是不夠多。」紐漢缺少各種各樣至關重要的消費力和地方事業，主要是由於議會所有權過剩。

在此同時，倫敦從來不是一個缺乏地方性格的城市。它是由社區、由公民組成的集體，公民在民主時代裡自然會尋求對自己的街坊鄰里一定程度的控制權。他們要得到保護，不受房地產市場的嚴酷所害，不受工作、娛樂和購物場所的消失所害。他們要自己的社區裡有某種社會混合。安娜・明頓（Anna Minton）對於二〇〇八年海格特居民被驅散到郊區的記述，重現了維多利亞時代鐵路來臨之後，南華克人口被驅散的過程，即使較不嚴酷。

現代城市能夠展現的社會關懷，應當多過上一章描述的扭曲住宅策略所引發的社會關懷。井然有序的城市，會在房地產市場的流動，與貧民和移工的需求、街坊鄰里存續和凝聚的美德之間做出權衡。它關懷自己的無家可歸者和無行為能力者。

換言之，都會「屬於」它的全體市民、屬於它所在的國家，也屬於世界。在任何一個歷史階段裡，都會在這幾種從屬之間要如何分配，都是政治決策問題。正因如此，我才用了這麼大篇幅討論倫敦這個建成現象，討論城市的構造在一代代市民從街頭來來去去之後仍會長久存在。當我看著這些街道，我試著想像那些必定走過人行道、住在屋簷下的人們，他們的職業、階級和國籍範圍。我認同批評家羅恩・摩爾（Rowan Moore）將倫敦總結為「一座當下之城，太實際而無法成為未來的烏托邦理念，太凌亂而不能成為歷史楷模，卻能讓流通於世界的不管哪種力量具體成形。」正是這股力量推動著我盡我們所能，將那些數百年來證明了受歡迎、持久又能適應環境的建築保存下來。

或許從兒時對於被轟炸、被污染，幾乎全黑的城市景觀最初的記憶開始，我就看到了今天的倫敦是無與倫比更好的生活環境，前所未有地更潔淨、更富裕、更多樣也更有趣。它的大眾運輸改進了，食物改善程度更是不可估量。街頭所見的面孔、聽聞的語言，都不是某一國的城市所能看到聽到的，而是一座世界性城市的。它最嚴重也最晚近的損失，是在今天必定廣受歡迎且生機盎然的數萬棟房屋和商用建築，而它們的眾多替代品則代價高昂、耗能且往往空置。但我們還是能夠試著以舊精神設計新城市。

當倫敦的歷史在一九七〇年代來到某種轉捩點時，我很高興能夠在場。我在柯芬園搶救成功之後很久走過那兒，遇見當地的一位前議員，他曾要求予以拆除，改建成另一座巴比肯屋村。我問他會不會不喜歡它轉變成現在的模樣。他不情願地承認自己其實喜歡，但他說不上來他和自己的同事們到底哪裡出了錯，只能怪罪「規劃者們」。在倫敦各地，我疑惑著有多少政治人物、建築師和營造者可能會跟他所見相同。

我對於今日倫敦的回應，在我最愛的兩段漫步路線裡最能清楚說明。對我而言，它們帶來的變化與喜悅，一如自然主義者走過田野和森林所得。它們的動物、植物、礦物都很豐富，而且隨著季節不斷變遷。我的第一條路線在倫敦城內。它從盧德門圓環（Ludgate Circus）的繁忙，經過卡特巷和盧德門山南坡藥劑師公會（Apothecaries Hall）的後巷。它穿過偶爾存留的排屋與老聖保羅教堂總鐸區之間的巷道。路線越過維多利亞女王街，在哈金丘和羅馬浴池、三一巷（Trinity Lane）和學院街（College Street）再次親近，而後下行到道門的華爾溪舊道，羅馬人曾在那兒崇拜密特拉神。

隨著恩典堂街的高樓巨塔聚集在我們左方，我們從勞倫斯．龐特尼山和洛瓦特巷下行，來到雷恩精緻的山上聖母教堂，而後穿越東聖鄧斯坦教堂（St. Dunstan's）被轟炸的廢墟，在諾曼人的倫敦塔現身。我們已經穿越了一千年的歷史——要是把羅馬浴池算進去，則是兩千年。我們所見的風景並不歸功於任何一個雷恩或阿伯克隆比，而是要歸功於中世紀的倫敦城參議和堂區委員會，他們如此深刻地將這些舊巷道嵌入倫敦的土壤中，因此沒有哪個修路工人膽敢抹滅它們，也沒有哪個建築師膽敢粉碎它們。

第二段大不相同的漫步穿過西區北部，從堤岸經過阿德爾菲，深入柯芬園後街。它穿過窄小的布里奇坊（Brydges Place），最窄處不過四十公分寬，上行到倫敦最不起眼的環形交叉路七晷，而後轉向西，進入異國風情的唐人街。不同於倫敦城，這裡的街道多半筆直，規模是喬治時代的，樓房上層仍然擁有十八世紀建築法令規定的空間尺寸。引人入勝的不是建築，而是它們的用途。今天的蘇荷區不可能歸類。它有一部分是紅燈區、一部分是高檔餐廳區，然後在布魯爾街（Brewer Street）以北，門、窗和名牌都指出了電影業的聖殿，以及全世界後製作樞紐的剪輯室。好萊塢的衛城必須盡力討好蘇荷區的地下室。衡量這些保留街區生產力的真正指標，在於喬治時代蘇荷的就業密度為每公頃一千三百人，是大規模翻新的金絲雀碼頭二千三百人的一半以上。

向西走，我們發現了多采多姿的卡納比街，至今仍作為一處雜亂的零售步道而存在，這個一九六〇年代的遺跡，位於自負的攝政街陰影下。遠處則座落著倫敦未被留意到的其中一項樂趣，愛德華時代重建的新龐德街（New Bond Street）立面，宛如一幅巴洛克風格羅馬的連環漫畫。龐德街的「郊區」艾佛瑞街（Avery Row）是皇家財產局的修復典範，修復了一片由單間公寓和倉庫構成，貫穿整條街來到西梅費爾荒廢街道的髒亂「邊境」。

這些街道都在城市保持冷靜、沒有尖叫著投入市場懷抱之處蓬勃發展。它們是以構造為本質之處，歡迎著轉瞬即逝的市場所要求的任何事物。倫敦有它的群集，其中有些很壯觀。但顯然，讓城市恆常保持警覺的創意點子，渴望的是歲月流逝的光澤。我走過的這些街區可以在帕丁頓、國王十字、克勒肯維爾、肖迪奇、伯蒙德賽和蘭貝斯重現。它們的祕密在於其建築，因為祕密就在被建築吸引而來的人群之中。

我曾經想像，有朝一日我會看見倫敦完成。我會看到每個建築工地完工、每項道路工程收拾妥當。我會從櫻草丘眺望，認為這個大都會做得真好。成功的城市卻從來不是這樣。我的倫敦沒有鐘點、沒有季節、沒有年份或世紀。它永遠都做著自己的事。我們可以接受或不接受，但它不在乎。它或許是一件有缺陷的傑作，但它無疑是傑作，是世上最令人興奮的人造物。

倫敦歷史時間表

西元四三年	倫敦在羅馬皇帝克勞狄在位期間創建
西元六〇年	布狄卡反叛；倫敦被劫掠
西元八〇至九〇年	興建倫敦橋
西元一二〇年前後	倫敦大片地區遭受祝融之災
西元四一〇年	羅馬撤離不列顛；倫敦城廢棄
西元六〇四年	梅利多成為首任倫敦主教；聖保羅教堂創建
西元八三〇年前後	維京人第一次侵襲泰晤士河
西元八八六年	阿佛烈大帝收復倫敦，宣告倫敦為「堡」
西元一〇一六年	克努特加冕為王
西元一〇四二年	懺悔者愛德華在西敏建立王廷
西元一〇六六年	諾曼人征服，倫敦免於侵奪

西元一〇八七年 第一次倫敦大火；聖保羅教堂燒毀
西元一一八九年 選出第一位倫敦城市長
西元一二〇九年 重建倫敦橋
西元一二九〇年 驅逐倫敦城猶太人
西元一三四八年 黑死病來襲
西元一三八一年 農民反叛；瓦特．泰勒被殺
西元一三九七年 迪克．惠廷頓初任市長
西元一四七六年 卡克斯頓在西敏設立印刷廠
西元一五三六至一五四一年 解散修院；教會財產大規模移轉到王室
西元一五七一年 格雷欣爵士的皇家交易所開幕；以安特衛普交易所為榜樣
西元一五七六年 伯比奇劇場在芬斯伯里田地開幕
西元一五八〇年 伊莉莎白一世頒布第一批詔令，限制倫敦成長
西元一五九八年 史鐸的大都會調查發行
西元一六一六至一六一九年 伊尼戈．瓊斯建造格林威治王后宮和白廳國宴廳
西元一六三〇年 貝德福德伯爵獲得許可，興建柯芬園露天廣場
西元一六四九年 查理一世在白廳被處決（倫敦塔由於引發暴動之虞而被駁回）

西元一六五三年　第一間咖啡屋開張

西元一六六〇至一六六九年　皮普斯日記記載了首都大小事

西元一六六五年　聖奧爾本斯伯爵贏得許可，興建聖詹姆士廣場

西元一六六五年　大瘟疫

西元一六六六年　倫敦大火，摧毀全城八成

西元一六七三年　雷恩開始重建聖保羅教堂

西元一六八三至一六八四年　結冰的泰晤士河上舉行冰霜市集

西元一六八八年　奧蘭治的威廉到來；他和瑪麗興建了肯辛頓宮

西元一六九四年　英格蘭銀行創辦

西元一七〇二年　倫敦第一份報紙《每日新聞報》問世

西元一七一二年　立法興建五十座「安妮女王」教堂，其中十二座在首都落成

西元一七一七年　韓德爾《水上音樂》在泰晤士河上演奏；「輝格黨」漢諾威廣場與「托利黨」卡文迪許廣場開始規劃。

西元一七二一年　格羅夫納廣場開始規劃

西元一七二九年　沃克斯豪爾遊樂花園開放，接著是一七四一年拉內拉赫遊樂花園開放

西元一七三九年 托瑪斯・科拉姆創建育嬰堂
西元一七四八年 亨利・菲爾丁被任命為弓街第一位有給職治安法官
西元一七五〇年 倫敦橋完工之後，第一座橋樑在西敏啟用
西元一七五一年 立法課稅及抑制琴酒消費，開始控制琴酒危害
西元一七六八年 皇家學院創辦，十年後遷往薩默塞特府；約翰・威爾克斯在米德塞克斯選區當選國會議員
西元一七六九年 新的收費橋樑興建於黑修士
西元一七七四年 建築法為喬治時代房屋分級
西元一七八〇年 戈登暴動，倫敦最慘重的民亂
西元一八一二年 納許發表「皇家大道」計畫，從卡爾頓府到攝政公園
西元一八一八年 教堂建築法預示了「滑鐵盧教堂」
西元一八二〇年 「皇家大道」工程開始
西元一八二五年 庫比特從格羅夫納莊園租用貝爾格拉維亞
西元一八二九年 大都會警察法
西元一八三二年 大改革法案更新國會，開啟了救貧法修正
西元一八三四年 西敏宮毀於大火；競圖時要求重建為哥德式建築

西元一八三六年　自格林威治到倫敦橋的倫敦第一條鐵路啟用
西元一八三七年　鐵路將伯明罕與尤斯頓連接起來
西元一八四一年　穀物法撤廢降低倫敦穀價，救濟蓬勃發展
西元一八五一年　萬國工業博覽會催生了肯辛頓建築熱潮
西元一八五八年　大惡臭刺激了倫敦污水處理改革；堤岸開始興建
西元一八六三年　第一班地鐵列車從帕丁頓出發，由馬里波恩路地下駛入倫敦城
西元一八六六年　倫敦城銀行倒閉，倫敦造船業崩盤
西元一八六七年　海德公園暴動促成第二次改革法案；多數倫敦男性獲得選舉權
西元一八七〇年　佛斯特教育法設置初等寄宿學校；女性參與學校董事會選舉並出任董事
西元一八七一年　漢普斯特德荒原從開發中保留下來，保持「野生」
西元一八八〇年　諾曼・蕭在阿爾伯特廳旁興建第一批豪華公寓
西元一八八八年　倫敦郡議會取代大都會工程委員會；女性可在地方選舉投票
西元一八九〇年　第一班「管子」地鐵列車運行，從威廉國王街到斯托克維爾
西元一八九一年　第一批有軌電車到來
西元一八九九年　倫敦城界之外的堂區委員會政府，由大都會自治市鎮取代

西元一九〇三年　耶基斯的皮卡迪利線與貝克盧線動工

西元一九〇四年　倫敦郡議會接管寄宿學校

西元一九〇七年　第一批汽油巴士上路

西元一九一五年　齊柏林飛艇空襲倫敦碼頭區

西元一九一九年　艾迪生的「英雄之家」帶動了猛烈的建屋熱潮

西元一九二九年　倫敦旅客運輸委員會成立，日後成為倫敦運輸局

西元一九二九至一九三一年　華爾街崩盤與經濟蕭條對倫敦影響甚微

西元一九三二年　第一部城鄉規劃法

西元一九三四年　倫敦郡議會宣布在倫敦周圍設置「綠帶」

西元一九四〇至一九四一年　大轟炸

西元一九四四至一九四五年　V-1 飛彈與 V-2 火箭襲擊倫敦

西元一九四七年　城鄉規劃法使得地方規劃真正生效

西元一九四八年　倫敦舉辦「儉樸」奧運；國民保健署讓醫院脫離倫敦郡議會控制；倫敦運輸局招聘的移民，搭乘帝國疾風號輪船抵達

西元一九五一年　英國節

西元一九五三年　阿伯克隆比報告通過，成為倫敦計畫

西元一九五六年 因應霧霾問題惡化，頒行第一部清淨空氣法
西元一九六三年 訂定祕密協議，允許倫敦第一座摩天大樓——中間點大樓興建
西元一九六五年 大倫敦議會取代倫敦郡議會；巴比肯屋村開始在倫敦城牆北端興建
西元一九六六年 第一屆諾丁丘嘉年華
西元一九六七年 城市公益設施法為倫敦建立保存區域；保守黨在地方選舉大獲全勝，在倫敦三十二個新自治市拿下二十八個
西元一九六八年 羅南角公寓大樓倒塌
西元一九七三年 規劃革命，皮卡迪利圓環、高速公路方塊和柯芬園提案全部失敗
西元一九八一年 李文斯頓掌控大倫敦議會；倫敦最後一處碼頭關閉
西元一九八四年 泰晤士河防洪閘啟用
西元一九八六年 大倫敦議會廢止；大爆炸轉變倫敦城
西元一九九〇年 特拉法加廣場爆發人頭稅暴動
西元一九九七年 工黨試圖拋售倫敦地鐵
西元一九九九年 大倫敦政府成立
西元二〇〇〇年 李文斯頓當選大倫敦市長

西元二〇〇一年　調查顯示，倫敦人口再次增長

西元二〇〇三年　反對伊拉克戰爭的龐大示威在倫敦舉行；普雷斯考特批准在伯蒙德賽興建碎片塔；倫敦摩天大樓熱潮起飛

西元二〇〇五年　伊斯蘭主義者在大眾交通工具引爆炸彈，造成五十二人死亡

西元二〇〇八年　鮑里斯．強森當選大倫敦市長，發起市民自行車方案

西元二〇一二年　倫敦奧運在史特拉福舉行

西元二〇一六年　沙迪克．汗當選大倫敦市長

西元二〇一六年　倫敦人在全國公投中拒絕脫歐

西元二〇一七年　格蘭菲塔大火，七十二人死亡

作者的話

本書是簡史三部曲的完結篇，前兩部分別是《英格蘭簡史》（*A Short History of England*）和《英倫視野下的歐洲史》（*A Short History of Europe*）。相較於龐大的通史，簡史的用意在於對過去提供更為濃縮的觀點，但我亦希望不至於過度簡化。就倫敦而言，能對一個地方挖掘得更深一些固然令人愉快，但一如既往，技巧不在於包含，而在於捨去，要是我遺漏了哪個受人喜愛的街區或地標，請容我在此致歉。本書敘事按照時間先後順序，因為我相信要將事件與其起因聯繫起來別無他法。這點尤其適用於我對倫敦有形外觀的強調，關於倫敦的多數傳記都並不熟悉這個主題，在我看來，世界上沒有哪個城市能將它的變遷年代表露得如此清晰。

我的資料來源取自於在倫敦度過的一輩子，取自數百本著作（其中一些列舉於後文的延伸閱讀部分），以及在倫敦的政治、商業及文化生活中，與人們進行的無數次談話。倫敦自有絕佳的傳記作者，最近的成果是史蒂芬·殷伍德（Stephen Inwood）、傑瑞·懷特（Jerry White）、彼得·艾克羅伊德（Peter Ackroyd）等人的出色概述；班·溫勒伯（Ben Weinreb）和克里斯多佛·希伯特（Christopher Hibbert）的《倫敦百科全書》（*London Encyclopaedia*）仍然不可或缺；塞柯與瓦伯格（Secker &

Warburg）出版的歷史著作、新倫敦建築的研究、《佩夫斯納指南》、倫敦圖書館的書架、倫敦學家（the Londonist）部落格，以及維基百科的倫敦貢獻者們，也一樣不可或缺。

我和太多朋友漫步過倫敦街頭，無法一一提及。倫敦政經學院的東尼・崔佛斯（Tony Travers）對本書的幫助始終不變，特別在倫敦政府相關問題，以及探勘倫敦較不為人知的郊區兩方面，我的弟弟湯姆也是。馬庫斯・賓尼（Marcus Binney）在一九七五年和我以及其他人創立了拯救英國遺產協會，隨後又共同成立了二十世紀協會，他一直都是我的朋友，為了保護倫敦老建築而奔走不懈。我也要向本市的市民協會、保存協會及公益設施協會不計其數的志工致敬，少了他們無償且不為人知的努力，倫敦今日的樣貌將會大不相同。如同那句形容雷恩（Wren）的話：「若要尋找他的紀念碑，請環顧四周。」（*Si monumentum requiris, circumspice*）。

我想要感謝閱讀並評論過本書初稿的諸位專家：卡洛琳・巴隆（Caroline Barron）、理查・辛利（Richard Hingley）和東尼・崔佛斯。在他們糾舉之下若還有任何錯誤，皆由我本人負責，我也樂於在後續版本訂正。我也要感謝企鵝的出版團隊：丹尼爾・克魯（Daniel Crewe）、康納・布朗（Connor Brown）、塞西莉亞・馬凱（Cecilia Mackay）、娜塔莉・華爾（Natalie Wall）、崔佛・霍伍德（Trevor Horwood）、麥克・戴維斯（Mike Davis）、露絲・基利克（Ruth Killick）、艾米莉亞・費爾尼（Amelia Fairney）以及艾莉・哈德森（Ellie Hudson）。

延伸閱讀

以下著作曾由本書內文徵引，或曾作為本書資料來源。此處並未包含純屬地方史的著作。

Ackroyd, Peter, *London: The Biography*, 2000

Barratt, Nick, *Greater London*, 2012

Barron, Caroline, *London in the Later Middle Ages*, 2004

Bill, Peter, *Planet Property*, 2013

Boughton, John, *The Rise and Fall of the Council House*, 2019

Bucholz, Robert and Joseph Ward, *London*, 2012

Clunn, Harold, *The Face of London*, 1970

Cohen, Phil, *On the Wrong Side of the Tracks*, 2013

Cruickshank, Dan, and Peter Wyld, *The Art of Georgian Building*, 1975

David, Terence, *John Nash*, 1973

Dorling, Danny, *All That Is Solid*, 2014

Esher, Lionel, *A Broken Wave*, 1981

Glanville, Philippa, *London in Maps*, 1972

Hanley, Lynsey, *Estates: An Intimate History*, 2007

Hatherley, Owen, *A New Kind of Bleak*, 2013

Hingley, Richard, *Londinium: A Biography*, 2018

Hobhouse, Hermione, *Lost London*, 1971

Hobhouse, Hermione, *Thomas Cubitt*, 1971

Inwood, Stephen, *A History of London*, 1998

Inwood, Stephen, *City of Cities*, 2005

Jackson, Alan, *Semi-Detached London*, 1973

Jenkins, Simon, *Landlords to London*, 1975

Jenkins, Simon, *Companion Guide to Outer London*, 1981

Kynaston, David, *The City of London*, 2011

Marriott, Oliver, *The Property Boom*, 1967

Mayhew, Henry, *The Unknown Mayhew*, ed. E. P. Thompson and Eileen Yeo, 1971

Minton, Anna, *Ground Control*, 2009

Minton, Anna, *Big Capital: Who Is London For?*, 2017

Moore, Rowan, *Slow Burn City*, 2016

Nairn, Ian, *Nairn's London*, 1966

Olsen, Donald, *The Growth of Victorian London*, 1976

Palmer, Alan, *The East End*, 1989

Pevsner, Nikolaus, *The Buildings of London*, various dates

Picard, Liza, *Restoration London*, 1997

Picard, Liza, *Dr Johnson's London*, 2000

Picard, Liza, *Elizabeth's London*, 2003

Picard, Liza, *Victorian London*, 2005

Porter, Roy, *London: A Social History*, 1994

Rasmussen, Steen Eiler, *London: The Unique City*, 1934

Sheppard, Francis, *Infernal Wen*, 1971

Sinclair, Iain, *Lights Out for the Territory*, 1997

Sinclair, Iain, *London Overground*, 2016

Stedman Jones, Gareth, *Outcast London*, 1971

Summerson, John, *Georgian London*, 1945

Thorold, Peter, *The London Rich*, 1999

Travers, Tony, *London's Boroughs at 50*, 2015

Weinreb, Ben and Christopher Hibbert, *London Encyclopaedia*, 1983

White, Jerry, *Metropolitan London*, 1982

White, Jerry, *London in the 20th Century*, 2001

Wright, Patrick, *Journey Through Ruins*, 2009

Zamoyski, Adam, *Holy Madness*, 1999

國家圖書館出版品預行編目 (CIP) 資料

日不落．倫敦：創建、破壞與改革，泰晤士河畔的邊境小鎮如何登上世界舞台 / 西蒙．詹金斯 (Simon Jenkins) 著；蔡耀緯譯. -- 初版. -- 新北市：臺灣商務印書館股份有限公司, 2021.12
面；　公分. --（歷史．世界史）

譯自：A short history of London : the creation of a world capital

ISBN 978-957-05-3379-8（平裝）

1. 歷史 2. 英國倫敦

741.711　　110018704

日不落．倫敦：

歷史．世界史

創建、破壞與改革，泰晤士河畔的邊境小鎮如何登上世界舞台

A Short History of London: The Creation of a World Capital

作　　者──西蒙．詹金斯（Simon Jenkins）
譯　　者──蔡耀緯
發 行 人──王春申
審書顧問──林桶法、陳建守
總 編 輯──張曉蕊
責任編輯──徐鉞
特約編輯──劉毓玫
封面設計──盧卡斯工作室
內頁排版──薛美惠

行銷組長──張家舜
業務組長──何思頓

出版發行──臺灣商務印書館股份有限公司
231023 新北市新店區民權路 108-3 號 5 樓（同門市地址）
電話：（02）8667-3712　傳真：（02）8667-3709
讀者服務專線：0800056196
郵撥：0000165-1
E-mail：ecptw@cptw.com.tw
網路書店網址：www.cptw.com.tw
Facebook：facebook.com.tw/ecptw

局版北市業字第 993 號
初　　版──2021 年 12 月

印 刷 廠──鴻霖印刷傳媒股份有限公司
定　　價──新臺幣 600 元

法律顧問──何一芃律師事務所

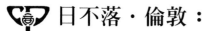